台 湾 研 究 新 跨 越

项目资助：

◎ "国家2011计划" ——两岸关系和平发展协同创新中心资助项目

◎ 国家社会科学基金2011年重点项目"构建台湾海峡两岸关系和平发展框架研究"（项目批准号：11AZZ005）

海峡两岸关系和平发展简论

李非 李鹏 等著

厦门大学出版社
XIAMEN UNIVERSITY PRESS
国家一级出版社
全国百佳图书出版单位

图书在版编目(CIP)数据

海峡两岸关系和平发展简论/李非,李鹏等著.—厦门:厦门大学出版社,
2015.12
(台湾研究新跨越)
ISBN 978-7-5615-5732-7

I.①海… II.①李…②李… III.①海峡两岸-关系-研究 IV.①D618

中国版本图书馆 CIP 数据核字(2015)第 274124 号

官方合作网络销售商:

厦门大学出版社出版发行

(地址:厦门市软件园二期望海路 39 号   邮编:361008)
总 编 办 电 话:0592-2182177   传真:0592-2181406
营销中心电话:0592-2184458   传真:0592-2181365
网址:http://www.xmupress.com
邮箱:xmup @ xmupress.com
厦门市万美兴印刷设计有限公司印刷
2015 年 12 月第 1 版   2015 年 12 月第 1 次印刷
开本:720×1000   1/16   印张:19   插页:2
字数:332 千字
定价:60.00 元
本书如有印装质量问题请直接寄承印厂调换

序　言

　　《海峡两岸关系和平发展简论》作为两岸关系和平发展协同创新中心的重要研究成果之一，是作者在先后完成《海峡两岸经济关系通论》《台湾经济发展通论》等多部相关论著的基础上，针对 2008 年国民党重新执政后两岸关系和平发展出现的新形势、新问题和新趋势，从纵向与横向、宏观与微观、区域与整体、经济与政治、社会与文化、理论与实证、定量与定性相结合的多重视角，全面、系统、综合地论述海峡两岸关系和平发展的最新专著。

一、研究缘起

　　2008 年 5 月 20 日以来，两岸关系进入和平发展的历史新阶段，展现出美好的发展前景。如何"从中华民族整体利益的高度把握两岸关系大局，在认清历史发展趋势中把握两岸关系前途"，采取切实措施，巩固和深化两岸关系和平发展的政治、经济、社会和文化基础，已经成为国家紧迫而重大的需求。

（一）研究现状

　　有关两岸关系和平发展研究，由于学术前沿性与政治敏感性兼具，理论性与应用性都很强，海内外学术界都有涉及，产生了一大批研究成果，论文和著作数以千计，堪称丰硕，涉及内容也较为全面，且具有一定深度。但是，从现有成果看，大部分研究侧重于对两岸关系和平发展现状的宏观描述，局限于静态的历史研究，即对发展进程和基本特点等现象着墨相对较多，而对宏观层面的发展经验总结不够，对未来走向与对策研究相对欠缺，对两岸关系和平发展框架的构建研究也不够深入，缺乏既从计量模型上进行技术分析，又从理论上进行系统的阐述和全面论证，并以更高、更广的视角，从两岸关系良性互动和稳定发展、国家统一大业及中国和平崛起等深层次的问题进行观察和联系起来分析的成果。在众多研究成果中，大陆学者的成果最为丰硕，其中综合性成果以往大部分围绕"和平统一，一国两制"的主题展开，对大陆对台方针政策、战略利益有较深入的分析。余克礼、黄仁伟、黄嘉树、李义虎、许世铨、严安林、刘国深等都对此进行过探讨。有的以历史为线索,对两岸关系和平发展进行回顾和前瞻;有的针对两岸关系发展的理论、现实和基本规律,从宏观角度进行系统阐述;也有的针对两岸政治关系发展的某一特定视角进行分析;还有的研究影响两岸关系发展的国际因素。这些学者提出了不少具有创见性的观点,如黄嘉树认为两岸关系可称为"两岸各自表述下的一个中国、两个地区的关系",刘国深提出"球体国家理论",主张用"领土主权一体,政权差序并存;存量原则不变,增量拓展共商"来解决两岸之间的分歧,也有学者从"内战理论"和"继承理论"出发,认为台湾问题是中国内战的延续,两岸属于尚未完成的政府继承,还有学者提出在两岸尚未统一的情况下,对台湾参与国际活动问题,大陆应理性回应,务实处理。台湾学者也提出了有益的思考,如高辉、邵宗海、张五岳等教授都提出了一些建设性的观点,张亚中的"两岸统合论"比较系统地提出了两岸关系和平发展架构。海外学者,如美国一些智库,研究两岸关系和平发展问题多从维护美国利益出发,侧重于美国的作用和功能,对两岸的政经形势和内部发展逻辑、两岸的真实政策立场和意图了解不足。从整体看,大陆学者和台湾学者对两岸关系和平发展的研究比较深入,成果也较丰硕;海外学者相关研究相对滞后,大多是单一层面分析,综合性学术著作和研究报告比较缺乏。

构建两岸关系和平发展框架的研究需要不断调整研究重点和方向。虽然海内外对此问题的研究成果已琳琅满目,但对于未来几年两岸关系发展演变及其影响还有待于进一步密切跟踪研究,尤其是针对两岸签署ECFA后,两岸关系和平发展的新形势和新趋势的研究还不够充分。本书从"构建和谐海峡、加快全方位融合"的角度切入,整合海内外政治、经济、社会、文化、国际关系、法律等多学科专家的意见,系统研究构建两岸关系和平发展框架,以期为对台政策提供完整的理论支撑和可操作的对策建议。

(二)研究意义

30多年来,尤其是近7年来,海峡两岸交流与合作取得了巨大进展,积累了丰富经验,但也存在一些薄弱环节和问题。例如,如何从历史的、全面的、客观的和现实的角度去观察两岸局势,才不会出现误判,以避免可能"负和"或双输的结局;如何以理性的、辩证的、发展的和创新的思维来探索两岸关系,才有可能拨开历史的迷雾,审慎乐观地期待未来"正和"或双赢的前景。虽然推进两岸关系和平发展面临良好机遇,但两岸关系和平发展框架能否真正建构、和平发展新局面能否长久延续,还有待双方共同努力。如何抓住这个机遇,通过深入考察两岸关系发展的进程、现状和特点,总结交流、交往中的有益经验和不足之处,提出更有成效的继续推进两岸交流的政策、措施和建议,促使两岸交流在我们的预期安排和循序渐进下,进入不可逆转的良性发展轨道,并使两岸人民通过经济、文化、社会和民间等领域的交往,建立牢固的利益、情感纽带和良好的互信、共识基础,从而构建两岸关系和平发展的新局面,是当前面临的紧迫任务。

两岸关系继续和平稳定发展,再创合作互利双赢局面,是两岸同胞的共同愿望。探讨在国家尚未统一的特殊情况下,两岸在政治上的互动、经济上的合作、文化上的联系、社会关系的和谐发展以及民间交流、交往的持续深化,扩大双方共识,建立安全互信机制,推动两岸政治协商,是构建两岸关系和平发展框架的重要内容,具有很强的理论意义和现实意义。这不仅是涉及中国的主权和领土完整的重大问题,而且是涉及台湾当局政治定位的敏感问题,也是涉及实现两岸经济资源优化配置和"两岸联手共同赚世界的钱"的利益问题,更重要的是,或者归根到底,还是一个进一步做好台湾人民工作、争取台湾民心的人心工程。本著作不仅在理论上有助于深化对两岸关系和平发展的研究,而且在现实中有助于拓宽对台工作的思路和视野,为国家对台工作提出新的战略思路和策略运用以及更多备选的工作方案,为两岸关系的和平发展提供理论和政策上的支撑,为进一步完善中央提出的"两有理论"(你中有我,我中有你)提供理论依据。

海峡两岸关系和平发展研究的社会效益在于:其一,有关两岸关系和平发展动向和基本走势的判断,可供国台办对台决策参考,发挥对台研究和咨询服务的效益;其二,有关两岸关系的分析数据和基本情况,可为国家宏观管理部门制定中国社会经济发展蓝图提供参考和依据;其三,有关两岸合作的具体情况和发展动态,可为相关职能管理部门制定对台政策提供决策依据;其四,有关两岸区域合作的基本内容与对策建议,可为地方政府扩大对台交流、加强区域合作提供咨询和参考。

(三)研究基地

目前,大陆对台研究大致形成北、东、南三大重镇。以中国社会科学院台湾研究所为代表,包括清华大学、中国人民大学、北京大学、北京联合大学、天津大学、南开大学、北京市社科院、天津市社科院等高校和研究机构的学者,侧重动态性的应用研究,关注台湾政治、社会、经济发展动向和两岸关系走势,形成具有智囊色彩的"北派",学界曾有人喻为"鹰派"或"强硬派";以上海台湾研究所为代表,包括上海社科院、复旦大学、南京大学、东南大学、浙江大学等高校和研究机构的学者,注重基础研究与应用研究相结合的综合研究,长期关注台湾局势与两岸关系发展形势,主张和平发展思想,形成特色鲜明的"海派",

学界曾有人喻为"鸽派"或"温和派";以厦门大学台湾研究院和台湾研究中心为代表,包括福建社科院、福建师范大学、华侨大学、暨南大学、中山大学、广东省社科院等高校和研究机构的学者,形成具有地方特色的"南派",侧重开展以学术研究为主的专题性研究,长期关注两岸区域交流问题,从区位角度考察两岸合作,主张用心感知台湾,具有浓郁的区域和地方色彩,学界曾有人喻为"鸵鸟派"或"知台派";其他如武汉、重庆、南昌、成都、桂林等中西部地区的台湾问题研究也具有一定实力,但侧重点各有不同,多从区域角度分析问题。

厦门大学台湾研究院(中心)作为全国最早成立(1980 年 7 月)的台湾问题研究机构,在海内外享有较高的声誉,研究成果受到学术界的高度评价,多次获国家、省、部领导的肯定和表彰。2001 年在原厦门大学台湾研究所的基础上,吸收校内外著名两岸关系问题研究专家组建的厦门大学台湾研究中心,被正式授予"教育部人文社会科学百所重点研究基地"称号,积极推动以项目带动科研,开展学术交流与合作,更好地为社会和政府部门决策服务,取得丰硕成果。2004 年改制后的厦门大学台湾研究院进一步成为国家"985 工程"二期台湾研究创新基地,大大增强了研究功能,扩大了研究范围。2013 年 3 月,厦门大学联合复旦大学、福建师范大学和中国社会科学院台湾研究所,牵头成立"两岸关系和平发展协同创新中心",努力打造海内外最具权威性的台湾研究思想库、人才库和信息库。2014 年 10 月,两岸协创中心获教育部批准,正式列入"2011 计划",成为"中国特色新型智库",努力破解理论和实际工作中存在的难题,为政府有关单位和部门提供更具针对性和可操作性的决策咨询意见。本书就是两岸关系和平发展协同创新中心的重要研究成果之一。

二、研究思路

《海峡两岸关系和平发展简论》是一部全面、系统研究两岸关系和平发展的学术专著。本书将两岸关系作为一个有机的整体进行考察,注重理论研究与实证研究相结合,根据台湾岛内政局发展动向、国际格局变化趋势和两岸关系最新发展形势,对新时期两岸关系和平发展的基本趋势、政治基础、经济基础、社会基础、文化基础和试验区域等方面的议题,进行深入、系统的探索,从中揭示两岸关系和平发展的客观规律。

(一)研究定位

海峡两岸关系和平发展作为台湾问题研究的重要课题之一,是各学科相互交叉和涵盖的特殊研究领域。其之所以特殊,是因为:一方面,它在性质上属于中国主体与其尚待统一的特殊地区——台湾地区(经济上称"单独关税区")之间的关系,是一个国家内区域之间交流与合作的问题,基本上归属区域合作研究的范畴;另一方面,由于两岸在政治上还暂时处于分治状态,在体制上又具有明显的差异性,它在运行方式上还带有自己的特点,基本上按照特定的国际惯例、对外关系制度和国际分工模式运行。两岸关系的特殊定位,决定了两岸之间所有的行为和活动,既不能违背一个中国原则,有关合作事宜可以在"九二共识"下通过协商加以解决,又要遵循国际惯例、市场法则、国际规则和WTO基本准则,促进两地密切联系,为两岸社会经济共同发展和繁荣服务,更要贯彻"以经促政"的政策,增强大陆对台湾的吸引力,推进两岸关系由和平发展向和平统一过渡,为中华民族振兴服务。

(二)研究方法

以辩证唯物主义和历史唯物主义为指导,在"四个全面"治国理政的总体框架下,依照我国对台基本方针和政策,综合运用政治学、经济学、社会学、国际关系学、法学等理论,密切联系两岸关系和平发展的实际情况,将理论研究与现实调研结合起来,以客观、科学、全面的视角,研究构建两岸关系和平发展框架。充分利用现实条件,在赴台交流过程中,将长期的"蹲点"研究与中、短期的田野调查相结合,收集相关研究资料。具体研究方法有:以历史分析法论述两岸关系和平发展的历史进程;以比较分析法阐明构建两岸关系和平发展框架对双方的益处和各自的立场;以定量和定性相结合的分析法,建立维持两岸和平稳定发展关系的评估模型;以系统和结构分析法,论述两岸经济、社会和民间融合的方式以及两岸关系和平稳定发展的形式、特征和趋势等方面的问题。

(三)研究方向

海峡两岸关系和平发展研究应坚持理论与实践相结合的原则,不能满足于提出理论框架和对一般现象的简单分析,而应及时将理论运用于实践,积极为政府有关部门、社会乃至企业服务,为两岸关系的良性互动献计献策。因此,有必要把两岸关系和平发展研究提高到把握发展脉络、预测发展趋势、揭示发展规律的更高层次上,致力于探索努力构建两岸关系和平发展框架、实现两岸资源优化配置以及区域经济整合的可能模式,建立两岸政治、经济、社会、文教和区域合作机制,促进两岸关系朝有利于和平、稳定和共荣的方向发展。

具体而言,研究方向应注重两岸关系发展规律和具体模式的探讨,既要建立分析两岸要素流动和配置关系的计量模型,从量化角度考察两岸关系的发展趋势和区域整合的可能模式,又要注重论述两岸政策变动和国际环境变化对两岸关系和平发展的影响。关于理论分析与实证研究的关系、数量变动与政策效果的关系以及大陆因素、台湾因素和国际因素三者之间的关系,都是两岸关系研究应兼顾和考虑的,也是要着重解决的关键性问题。

首先,把握发展大局。未来两岸关系发展的动态平衡是建构在各种实力大致均衡的基础上。发展两岸经贸、文化、社会、民间以至政治等各种关系,对开创两岸关系和平发展的新格局、加快祖国大陆社会经济建设和增强综合国力是有益的。两岸合则两利,通则双赢。促进两岸交流的政策,就是要贯彻落实"两岸一家亲"的理念,创造两岸关系稳定发展和民间交往沟通的有利条件,形成"你中有我,我中有你"的局面,从而使两岸合作之路越走越宽。

其次,谋划战略方针。站在中华民族复兴的高度,从追求两岸同胞共同福祉的角度,努力构建两岸关系和平发展框架,不仅要不断积累解决台湾问题的综合实力,即包括经济实力、科技实力、军事实力等在内的"硬实力"和包括文化实力、政治实力在内的"软实力",还要最大限度地争取台湾民心,以理服人,恩服于人,更要发乎于心,动之以情,待之以礼,以礼动情,亲而有礼,并通过经济利益获取台湾民众的向心力,实现两岸互利双赢。

再次,提出发展策略。从理论角度论证国家统一的本质不是主权和领土再造,而是结束政治对立;从历史和法理的角度讨论台湾当局的政治定位和两岸政治关系的性质问题;从现实角度探讨如何在维护一个中国框架的基础上,处理两岸某些政治分歧的途径和思路;从民意角度探讨两岸民众,特别是台湾民众,对发展两岸政治关系的看法;从系统角度讨论两岸关系机制化和和平发展框架建构问题;从政策角度,针对发展两岸政治关系问题提出具有前瞻性、可操作性的对策建议;从经济一体化和区域化视角,揭示台湾经济与大陆经济之间的内在联系,分析ECFA后如何进一步完善两岸经济合作机制,推动两岸经济整合和制度性安排;以服务于两岸关系和平发展为目标,分析两岸交流中双方各种做法和措施的长短处,提出促进两岸交流的政策建议;在总结两岸社会、民间交流与交往经验的基础上,提出密切两岸社会、文化关系及增进两岸人民往来的对策,并就两岸交流交往中的法律问题提出针对性建议。

三、研究内容

(一)研究框架

总体研究框架以"促进两岸关系和平发展的战略思路与策略运用"为核心,以"推动两岸政治协商,共同构建两岸和平互信机制"为重点,以"扩大两岸经济合作,共同构建两岸利益联系纽带"为利基,以"加强两岸民间交流,共同构建两岸社会联系机制"为手段,以"深化两岸文教交流,共同构建两岸精神文化纽带"为根基,以"深化两岸区域合作,共同构建两岸美好生活家园"为目标,从不同角度和侧面支撑"构建两岸关系和平发展框架"这一研究主题,努力打造两岸合作双赢、共同发展和繁荣的利益基础,牢固建立两岸相互依存和紧密联系的精神纽带,积极构建增进两岸互信和共识的政治基础,共同开创两岸关系和平发展的新格局,并描绘最终实现国家和平统一的美好前景。

> 构建两岸关系
> 和平发展框架
>
> ——促进两岸关系和平发展的战略思路与策略运用
> ——推动两岸政治协商,共同构建两岸和平互信机制
> ——扩大两岸经济合作,共同构建两岸利益联系纽带
> ——加强两岸民间交流,共同构建两岸社会联系机制
> ——深化两岸文教交流,共同构建两岸精神文化纽带
> ——深化两岸区域合作,共同构建两岸美好生活家园

本书除第一章导论和第十章结论外,主要内容分为两大方面:

第一方面包括第二至第四章,主要从宏观层面论述海峡两岸关系和平发展等重大理论问题,即在回顾两岸关系和平发展历史进程的基础上,进一步分析两岸关系和平发展的未来走向,剖析从和平发展过渡到和平统一的主要障碍、关键因素和基本时限,阐明两岸关系和平发展的战略思路与策略运用。

第二方面包括第五至第九章,主要从各个层面论述海峡两岸关系和平发展的政治、经济、社会、文化基础和合作实验区域等具体问题。其一,论述两岸关系和平发展的政治基础,既分析两岸政治关系的瓶颈效应与定位问题,探讨突破两岸政治关系瓶颈的可能性,又剖析两岸关系和平发展的制度创新问题,探寻两岸关系可持续和平发展的动力机制,还阐明两岸和平协议的性质和定位。其二,论述两岸关系和平发展的经济基础,即在阐明两岸经济合作时代背景的基础上,分析两岸经济合作的发展趋势和政策取向,探讨两岸经济合作的

发展机制和先行先试政策,并剖析大陆台资企业的转型升级问题。其三,论述两岸关系和平发展的社会基础,既分析台湾政治社会生态的基本特点和变化趋势,又总结两岸人员往来的特征和策略,并提出努力争取台湾民心的政策思路。其四,论述两岸关系和平发展的文化基础,即通过分析两岸文化认同与整合的基础因素,阐明"两岸一家亲"和"两岸命运共同体"的意涵,提出两岸文化交流与合作的基本框架和发展构想。其五,论述两岸关系和平发展的试行区域,通过分析海峡西岸经济区的区位优势和条件,阐明两岸合作政策可在某些区域先行先试,取得成效后再总结经验,复制推广至其他区域。

(二)研究重点

努力做到理论与实践相结合,将两岸关系发展现实与对台政策原则结合起来,牢牢把握两岸关系和平发展的主题,提出真正吸引台湾民心、构建机制化的两岸关系和平发展框架的政策建议,探讨在特殊情况下发展两岸关系所面临的新形势、新问题,与时俱进、务实有效地定位两岸关系,丰富促进两岸关系和平发展理论,提出能够吸引台湾民众关注和支持、有利于两岸关系和平发展和国家统一的理论政策建议。

系统论述两岸各种关系的有机联系,灵活地将两岸各种交流、交往有机地联系起来,宏观考察"国家尚未统一下两岸关系的特殊情况",并将其置于两岸关系和平发展的主题下去研究。动态研究两岸关系的最新发展形势,跟踪研究台湾国际活动问题、台湾当局的政治地位、两岸军事互信机制、如何结束两岸敌对状态、如何达成和平协议、后ECFA时代两岸经济合作机制的补充和完善、构建两岸关系和平发展框架等问题的最新进展。详细阐明做台湾人民工作的有效方法,提出克服形式主义做法、将做台湾人民工作真正落到实处的对策性建议。

探讨促进两岸交融的政策,加强两岸政治、经济、社会、文化联系,营造出两岸关系和平发展的氛围,从而在各种层面上吸引台湾,为和平统一奠定坚实的基础;通过政治与经济互动关系分析,提出有效消除两岸交流与合作障碍的政策建议;根据两岸合作发展的最新形势,提出在两岸签署ECFA后,如何有效贯彻和落实ECFA内容、进一步补充条件成熟的条款、不断完善合作机制的政策建议。

将研究突破点放在提出有效地促进两岸社会、文化和民间更自然地实现融合的政策产品,推动两岸同胞情感的交融。重点调查台湾文化在特定时空中产生的特殊性及创造的特殊经验和提供的教训,发现台湾地区在发展社会、经济、文化事业中的某些长处和成功经验,并将其当作对中华民族文化的一种丰富,在两岸交流中认真加以吸收,由此真正加深两岸人民的情感和友谊,增强台湾民众的自豪感和对中华民族的向心力,从而有利于真正有效地争取台湾民心。

(三)研究观点

本书坚持中央政府对台政策的基本方针,从当前两岸关系和平发展的形势和趋势入手,研究构建两岸关系和平发展框架的途径、模式、进程、机制、框架等理论和现实问题,运用系统论将推动两岸关系和平发展的战略思路与策略运用、共同构建两岸和平互信机制、两岸利益联系纽带、两岸精神文化纽带、两岸社会联系机制和两岸美好生活家园等方面有机地联系在一起,提出构建两岸关系和平发展框架的发展对策,构建密不可分和血脉相连的"两岸命运共同体"的理论架构。

首先,对未来两岸关系和平发展趋势作出基本判断。虽然"法理台独"永不可行,分离主义活动难成气候,但"台独"势力仍将会有所反复;虽然两岸关系和平发展已深入人心,但和平统一大业尚需努力,需要经历一个长期、艰巨而复杂的过程,更需要信心、耐心和毅力;在两岸关系和平发展的格局下,祖国大陆应主动把握机遇,以静制动,不断壮大自己的综合实力,促进两岸关系不断朝有利于统一的轨道和方向前进。

其次,理清推动两岸关系和平发展的战略思路。在两岸互利双赢和共同繁荣的前提下,首先要积极推动经济上的正和博弈;在两岸关系和平发展和互信合作的框架中,可以先暂停政治上的零和博弈;在充分做好军事准备的基础上,尽量避免军事上的负和博弈,即备而不用,以武止战,以武避战。国家统一是长期而艰巨的过程,台湾问题的最终解决,从根本上看,还是取决于实力的较量。大陆只有不断增强以经济实力为基础的综合国力,包括军事实力和科技实力,才能在日益激烈的国际竞争中发展壮大,从而使两岸关系不断朝着有利于国家统一的方向发展。

再次,灵活运用两岸关系和平发展的策略手段。针对目前两岸关系和平发展过程中交流多、合作少的状况,进一步明确扩大两岸交流和深化两岸合作是当前两岸关系和平发展的主旋律。在两岸协商议题上,可先易后难,先经后政,先行推动经济的、民生的、事务性和技术性谈判,再循序渐进地推动有利于建立两岸互信的政治协商和谈判;有条件地适当让利于台湾民众、台湾企业,或有步骤地适度让步于岛内的一些政治团体和公权力部门,最大限度地争取台湾民心,尤其是"三中一青",即中南部、中下层、中小企业和青少年。

(四)研究创新

理论创新:努力充实、丰富和完善已有的两岸关系和平发展理论,建构新的理论体系,使之成为有利于推进两岸政治关系改善、经济合作密切、文化交流扩大、民间交往频繁、社会联系增强、区域合作紧密的政策指导和有利于做台湾人民工作、促进和平发展与和平统一的理论框架。

体系创新:两岸关系和平发展框架是一个系统工程。本书属多学科交叉的综合研究,涉及政治、经济、历史、法律、社会、文化等多领域,力图创新出能够解释国家尚未统一的特殊情况下两岸关系和平发展的基本体系和具体模式。

方法创新:在运用传统研究方法的基础上,尝试运用行为主义方法论中的定量分析方法,与涉台工作事务部门密切合作,并到台湾进行实地的田野调查、"蹲点"研究和电话民调,力求理论与现实相结合、定量与定性相结合,在把握政策尺度的基础上,研究两岸关系和平发展的前沿问题。

政策创新:通过全方位、多角度的研究视野,突破原有的思维惯性和旧有的条条框框,以当前真实的现实状况和未来准确的发展趋势为依据,提供有创新性的政策、措施和建议,改变以往重历史溯源而轻动态发展的偏向。政策创新注意掌握分寸,尽量避免从一种倾向转向另一种倾向的片面性。

海峡两岸关系和平发展是一个包含丰富内容和多样形式的复杂体系。书中论述在许多方面还有待于进一步深入地展开,阐述的论点还不够成熟,论据不够周全,结构体系不尽完善,有些地方资料也不够新,各个方面的不足和纰漏之处在所难免,敬祈广大读者和有关专家赐教。本书的缘起和形成,得到两岸关系和平发展协同创新中心的鼎力支持,也获得厦门大学台湾研究中心(院)前辈、领导和同事的不吝指教。李非统领全书,并着重撰写第一、二、三、四、六、七、九、十章的主要部分,李鹏着重撰写第五、八章的主要部分和第七章的部分内容,张文生等撰写第五章的部分内容,为此都付出了大量的心血。本书在撰写过程中,得到作者近期所指导的博士研究生刘澈元、陈茜、伍湘陵、胡敏、黄伟、颜莉虹、林子荣、吴林婧、徐晓伟等的积极帮助。他们从资料搜集到数据更新,从研究雏形到书稿校对,都付出了大量辛勤的劳动。本书出版还得到厦门大学出版社的大力支持,在此谨表衷心谢忱。

作 者

2015 年 5 月 1 日

目　　录

第一章

导　论

　　自 2008 年台湾地区再次发生当政"政党轮替"以来,台海局势发生了重要变化,两岸关系朝着和平稳定的方向不断发展。虽然国民党重新执政以后,由于受到国际金融危机等多重因素的影响,马英九在重振台湾经济、治理政治乱象和实现社会公平等方面的执政成效十分有限,岛内"民调"支持率一直往下滑,甚至出现 2014 年底台湾地方选举时国民党的惨败,但是,可以肯定的一点是,他所领导的国民党当局在开放两岸交流、增进两岸合作等方面仍是有所作为和有所成效的。针对台海局势的变化,中共中央从战略高度做出开创两岸关系和平发展新局面的决策部署,创造了两岸关系和平发展的基本格局。在这 7 年多的时间内,"海协会"与"海基会"(简称"两会")已经举行了 11 轮谈判,签署了 23 项互惠协议,达成了 3 个共识,从而促进两岸关系从"三通"正常化往来走向经济制度化安排,两岸交流与合作得到了进一步巩固和深化,各项交流活动日益频繁,人员往来更加密切,成为 1949 年以来两岸关系发展历史进程中最好的一个阶段。两岸人民共同努力所取得的和平发展成果来之不易,值得两岸人民倍加珍惜和爱护,也值得各界进行经验总结,继续巩固、扩大和深化。

　　制造两岸关系和平发展继续向前的机会,一方面,需要全面推进以 ECFA 为主体的两岸经济合作进程,完善后续协商议程和落实相关协议内容,以巩固两岸关系和平发展的经济基础;另一方面,需要全力加强和深化以"三通"为载体、以文教为主体的两岸民众交流,以扩大两岸关系和平发展的社会基础。下一步,两岸关系和平发展还是延续以经贸合作为主的各项交流往来活动,"经济牌"仍是双方正在运用的主要筹码,两岸协商还是以经济议题为主,陆续完成 ECFA 后续相关协议的谈判和签署,即在"两岸投资保障和促进协议"和"两岸服务贸易协议"的基础上,继续推动"两岸货物贸易协议""两岸贸易争端解决机制"等议题的谈判和签署,以构建 ECFA 的四大支柱,逐步完善经济合作框架内的具体内容,从而促进两岸经济关系从功能性一体化走向制度性一体化。随着两岸关系和平发展不断推进,两岸关系进入"瓶颈期"或"深水区"。在这种形势下,两岸关系在经济交流的基础上,需要继续推动两岸全面交流、重点交流、深入交流,以时间换空间,实现两岸社会的全面融合,逐步由"三通"实现第四通——"心通",正如十八大报告中所说:"两岸同胞同属中华民族,是血脉相连的命运共同体,理应相互关爱信赖,共同推进两岸关系,共同享有发展成果。"

尽管当前海峡两岸关系面临前所未有的难得的发展机会,但是,两岸关系和平发展并非一路坦途,2014 年 3 月,台湾地区出现以反对"两岸服务贸易协议"为祈求的"太阳花学生运动",2014 年底国民党在台湾地方选举中惨败,都印证了这一点。未来两岸关系和平发展之路依然还会出现重重迷雾,甚至是风风雨雨和曲折波动。如果要以一句话来概括未来两岸关系走向的话,那就是:两岸关系和平发展既没有想象的那么乐观和一帆风顺,也没有想象的那么悲观和难以突破。这是一个矛盾的推论。在分析和判断两岸关系发展形势时,就是要用这种辩证的思维和矛盾的视角去看,才能看得更加清楚,不然所看到的两岸关系,可能是它真实的一面,但是,不代表它的全部。

所谓"没有想象的那么乐观和一帆风顺",就是在未来相当一段时间内,由于台湾当局的政策障碍、国民党的重重顾虑、民进党的百般阻挠和台湾民意的不确定性等因素,两岸关系和平发展还只是一个"量"的积累,暂时还难有"度"的突破,其发展轨迹仍是一个逐步推进的过程,协商议题还是"先急后缓""先易后难""先经后政",先从民生、社会、文化、教育入手,通过相互交流、沟通、对话,不断化解矛盾,消除误会,减少敌意,增进了解,扩大共识,建立互信机制,加强合作,争取更多的台湾民意、政治团体和政党的支持,为两岸关系永续和平发展创造更加有利的条件,再逐步延伸至两岸关系深入发展所亟待解决的政治、军事、安全等议题。

所谓"没有想象的那么悲观和难以突破",就是在未来两岸关系和平发展一定会有所突破,向前发展,最终逐步过渡到两岸和平统一阶段。这就需要我们有足够的耐心、信心和毅力,做好充分的准备,并付出艰辛的努力和一定的代价。实现和平统一首先要确保两岸关系和平发展。两岸关系和平发展的突破点在何处?这就需要两岸中国人通过共同智慧来创造和构建。海峡两岸的中国人有能力、有智慧把两岸关系的前途掌握在自己手中。两岸关系制度化协商进程有序推进,需秉承"九二共识",这是两岸关系和平发展之基,是两岸交流对话的政治基础。只有恪守坚持"九二共识"、反对"台独"的共同立场,增进维护一个中国框架的共同认知,两岸关系和平发展所取得的成果才能保证,双方才有求同存异、趋同化异的空间和条件,才能构建长久的两岸关系和平发展框架,共同开创两岸关系和平发展的新局面。

海峡两岸关系行稳才能致远。在继续巩固两岸关系和平发展现有成果、持续推进两岸交流合作、确保两岸关系发展连续性和稳定性的基础上,应进一步深化经济合作,完善经济合作框架,厚植共同的经济利益;积极密切人民往来,融洽同胞感情,构建社会合作框架,扩大文化、教育交流和社会交往,增强民族认同感,加强共同的人文纽带联系;努力促进平等协商,加强制度建设,推动安全互信、军事合作、政治协议等框架的构建,商谈建立两岸军事安全互信机制,探讨国家尚未统一情况下的两岸特殊的政治关系,稳定台海局势,进而协商达成两岸和平协议,建立两岸关系和平发展的政治保障机制。每个合作协议或框架相辅相成,共同奠定两岸关系和平发展的经济、文化、社会和政治基础,从而为两岸和平发展过渡到两岸和平统一创造更充分的条件、更有利的环境和氛围。无论是和平发展,还是和平统一,都是最符合包括台湾同胞在内的中华民族的根本利益。现在的中国人,比历史上任何时期都更有信心和能力实现从两岸关系和平发展到国家和平统一的伟大目标,也比任何时期都更接近实现中华民族伟大复兴梦想的宏大目标。

第二章

海峡两岸关系和平发展的历史进程

海峡两岸关系自 1979 年恢复以来,从对峙走向缓和,又从紧张走到僵持,再从危机走向和平发展,经历了 30 多年的风风雨雨。从 1979 年全国人大常委会《告台湾同胞书》的发表,到 1984 年邓小平"和平统一,一国两制"政策的提出,从 1987 年台湾当局开放民众赴大陆探亲,到 1993 年"两会"在新加坡举行会谈,两岸关系在人们的期待中逐步取得进展和突破。然而,前进的道路向来都是曲折的,海峡两岸的天空,在经历了一段"风调雨顺"后,又转入"乌云笼罩"。从 1994 年李登辉与司马辽太郎的谈话,到 1995 年"台海危机"的发生,从 1996 年"戒急用忍"政策的出台,到 1999 年李登辉"两国论"的出笼,从 2000 年台湾地区"政党轮替"的出现,到 2002 年陈水扁"一边一国论"的抛出,从 2003 年"台湾正名"运动的推行,到 2004 年"公投制宪"的推动,两岸关系在人们的不安中一再陷入紧张局面。2005 年连战率领国民党访问大陆的"破冰之旅",终于给两岸关系的缓和带来了一丝春意,但是,在短暂的喜悦之后,陈水扁的"'中华民国'四阶段论"以及 2006 年"国统纲领"的终止和 2008 年"入联公投"的强制实施,又把两岸关系拉回阴影之中。扑朔迷离的两岸僵局一直到了 2008 年台湾地区执政政党的再次轮替才得以真正"拨云见日",两岸直接"三通"全面实现,以经济合作为主轴的"大交流"出现突破性发展,初步确立了两岸关系和平发展的基本格局。尽管 2014 年台湾地区出现了以"反服贸"为祈求的"太阳花学生运动",但是这股逆流并没有改变两岸关系和平发展的大局。

纵观海峡两岸关系和平发展的 30 多年历史进程,大致可以分为三个阶段:缓和发展阶段(1979—1995)、曲折发展阶段(1996—2008)、和平发展阶段(2008 年起)。

第一节　海峡两岸关系缓和发展阶段(1979—1995)

"咫尺之隔,竟成海天之遥。"1949 年后,台湾海峡成为两岸中国人、海内外中华儿女最深、最痛的历史伤痕。海峡两岸对峙长达数十载,中华民族不得不面对隔海分治的严峻现实。这既是东西方两大政治集团冷战对抗的投射缩影,也是中华民族在历经外侵、内战和祸乱后重获新生时的痛苦徘徊。弭平这一历史伤痕,完成国家统一,无非两条道路:和平方式与非和平方式。从新中国成立初期的"解放台湾"到改革开放时期的"和平统一"战略,都是在国际格局发生重大变化、我国大陆地区改革开放不断推进和两岸关系出现缓和的形势下逐步转变的。

一、"和平统一,一国两制"构想的逐步成形

两岸关系和平发展的思想是随着两岸关系发展形势不断变化而逐渐形成的。历代中共中央领导集体不断丰富和发展对台工作大政方针,从毛泽东、周恩来的"一纲四目"到"叶九条",从邓小平提出的"和平统一,一国两制"方针到江泽民发表的八项主张,都在积极探寻两岸关系和平发展与和平统一的可行路径。

(一)"和平统一,一国两制"构想的雏形

1."一纲四目"的初步设想

20世纪50年代中后期和60年代初,毛主席和周总理曾就台湾问题提出过"一纲四目"的政治主张,尝试用和平的方式解放台湾。所谓"一纲",就是台湾必须统一于中国,这是政治根本。所谓"四目",一是国家统一后,台湾除外交必须统一于中央外,其军政大权、人事安排等悉委于蒋介石;二是台湾所有军政经济建设一切费用不足之数由中央政府拨付;三是台湾的社会改革可以从缓,待条件成熟时,尊重蒋介石的意见,协商决定后进行;四是双方互不派遣特务,不做破坏团结之举动。这些设想在当时仍是初步的,并没有形成一套完整的理论体系。

2.《告台湾同胞书》的正式发表

1979年1月1日,全国人大常委会发表《告台湾同胞书》,明确指出统一祖国是关系全民族前途的重大任务,是每个中国人不可推诿的责任,也是人心所向、大势所趋。我们必须尽快结束目前这种分裂局面,早日实现祖国的统一,郑重提出"寄希望于一千七百万台湾人民,也寄希望于台湾当局。台湾当局一贯坚持一个中国的立场,反对台湾独立。这就是我们共同的立场,合作的基础。我们一贯主张爱国一家。统一祖国,人人有责。希望台湾当局以民族

利益为重,对实现祖国统一的事业作出宝贵的贡献"。在解决台湾问题时,"一定要考虑(台湾的)现实情况","尊重台湾现状和台湾各界人士的意见,采取合情合理的政策和办法,不使台湾人民蒙受损失","希望双方尽快实现通航通邮,以利双方同胞直接接触,互通讯息,探亲访友,旅游参观,进行学术文化体育工艺观摩"。"台湾和祖国大陆,在经济上本来是一个整体。这些年来,经济联系不幸中断。现在,祖国的建设正在蓬勃发展,我们也希望台湾的经济日趋繁荣。我们相互之间完全应当发展贸易,互通有无,进行经济交流。这是相互的需要,对任何一方都有利而无害。"它的发表在国内外引起巨大反响,被看成是海峡两岸关系由对立走向对话、从冲突走向缓和的第一步。同时,邓小平在同美国参议员会面时也指出:"台湾的社会制度可以根据台湾的意志来决定。要改变可能要花一百年或一千年,我这样说的意思是指需要很长的时间。我们不会用强制的办法来改变这个社会。"

3."叶九条"的主要设想

1981 年 9 月 30 日,叶剑英委员长发表谈话,全面阐述了台湾回归祖国、实现和平统一的"九条"对台方针:(1)建议举行中国共产党和中国国民党两党对等谈判,实行第三次国共合作,共同完成祖国统一大业。(2)建议双方共同为通邮、通商、通航、探亲、旅游以及开展学术、文化、体育交流提供方便,达成有关协议。(3)国家实现统一后,台湾可以作为特别行政区,享有高度的自治权,并可保留军队。(4)现行的社会、经济制度不变,生活方式不变,同外国的经济、文化关系不变,私人财产、房屋、土地、企业所有权、合法继承权和外国投资不受侵犯。(5)统一后,台湾当局和各界代表人士,可以担任全国性政治机构的领导职务,参与国家管理。(6)台湾地方财政遇有困难时,可由中央政府酌情补助。(7)台湾各族人民、各界人士愿回祖国大陆定居者,保证妥善安排,不受歧视,来去自由。(8)欢迎台湾工商界人士回祖国大陆投资,兴办各种经济事业,保证其合法权益和利润。(9)统一祖国,人人有责。我们热诚欢迎台湾各族人民、各界人士、民众团体通过各种渠道,采取各种方式提供建议,共商国是。1984 年 12 月 19 日,邓小平会见撒切尔夫人时指出:"一九八一年国庆前夕叶剑英委员长就台湾问题发表的九条声明,虽然没有概括为'一国两制',但实际上就是这个意思。"[①]可见,"叶九条"是中共对台方针的进一步深化和发展,是在毛主席、周总理关于争取和平解放台湾思想的基础上提出来的构

---

① 邓小平:《中国是信守诺言的》,《邓小平文选》第 3 卷,人民出版社 1993 年版,第102 页。

想,是"一国两制"构想日趋成型的重要标志。

(二)"和平统一,一国两制"构想的成形

如何实现国家统一,海内外人士曾提出过各种各样的模式,但它们都不太符合中国的实际情况。要实现和平统一,就必须有一整套切实可行的方案。这一方案就是"一个国家,两种制度",简称"一国两制"。这才是最符合中国的实际、最具有现实可行性的科学方案,也是一个全新的概念,更是人类历史上的一个伟大创举。

1."一国两制"载入宪法

1982年12月,全国人大五届五次会议通过修订后的《中华人民共和国宪法》,其中第31条规定:"国家在必要时得设立特别行政区。在特别行政区内实行的制度按照具体情况由全国人民代表大会以法律规定。"从此,实行"一国两制"有了宪法的保证,"一国两制"的科学构想正式载入国家的根本大法。

2."邓六条"的具体构想

1983年6月25日,邓小平在会见美国西东大学杨力宇教授时,进一步阐述了按照"一国两制"解决台湾问题、实现国家统一的具体构想。第一,台湾问题的核心是祖国统一。和平统一已成为国共两党的共同语言。第二,制度可以不同,但在国际上代表中国的,只能是中华人民共和国。第三,不赞成台湾"完全自治"的提法,"完全自治"就是"两个中国",而不是一个中国,会损害统一的国家利益。第四,祖国统一后,台湾特别行政区可以实行同大陆不同的制度,可以有其他省、市、自治区所没有而为自己所独有的某些权力,如司法独立,可以有自己的军队,大陆不派人驻台,党、政、军等系统都由台湾自己来管。第五,和平统一不是大陆把台湾吃掉,当然也不能是台湾把大陆吃掉,所谓"三民主义统一中国"不现实。第六,建议举行两党平等会谈,实行国共第三次合作,而不提中央与地方谈判。①"邓六条"使"一国两制"的内容不仅更加具体和明确,而且更加系统和完备。邓小平不仅是中国改革开放的总设计师,也是"一国两制"科学构想的倡导者和设计师。"一国两制"方针提出后,得到海内外中国人的热烈拥护,也受到国际社会的普遍好评。

1984年7月,邓小平在会见英国外交大臣杰弗里·豪时说:"'一个国家,

---

① 邓小平:《中国大陆和台湾和平统一的设想》,《邓小平文选》第3卷,人民出版社1993年版,第30、31页。

两种制度'的构想不是今天形成的,而是几年以前,主要是在我们党的十一届三中全会以后形成的。"①它是十一届三中全会恢复的党的实事求是路线的产物,是中国共产党第二代领导集体处理台湾问题形成的集体智慧的结晶,是邓小平对马克思主义国家学说的继承和发展,构成了建设有中国特色的社会主义理论的重要组成部分。

可见,从"叶九条"到"邓六条","一国两制"的科学构想逐渐形成,和平统一的思想日臻完善,成为以邓小平为核心的中国共产党第二代领导集体为实现国家统一所做的巨大贡献。

(三)"和平统一,一国两制"构想的内涵

"一国两制"从构想到实践,其基本内涵主要体现在两个方面:一方面有效促进祖国大陆的社会主义制度与港澳的资本主义制度协调共处,互利互惠,以保持港澳的长期繁荣和稳定,这基本属于国家的有效管理问题,由于已步入预定轨道,相对容易掌控,尽管当前出现一些困扰,但也没有偏离大方向;另一方面积极促进两岸关系和平发展,准确把握和有效引导海峡两岸关系走向,争取早日解决台湾问题,实现中国的完全统一,这基本属于国家的完全统一问题,由于台湾政局变化、国际势力干涉等因素而具有较大变数,但在中国大陆综合实力不断增强的趋势下,正朝着有利于大陆的方向发展。可见,"一国两制"的政策应用在解决港澳问题之后,主要集中在两岸关系的战略层面上。因此,深刻领会"一国两制"的科学内涵,科学构筑实施"一国两制"的政经机制,对实现两岸关系和平发展与和平统一具有重要的现实意义。

1."一国两制"的理论内涵

"和平统一,一国两制"是一种各方"共赢"的正和博弈,是一种使博弈各方均能利益最大化的战略思维。其理论内涵可以通俗地用"两句半"来概括。

首先是"和平统一",这是前一句话,主要解决统一前如何处理两岸关系的问题。它既充分体现了人民利益与国家主权的辩证统一,又充分体现了国家主权与地区、国际责任的辩证统一,是中国政府在处理历史遗留问题上智慧和责任有机统一的体现。解决台湾问题无非有两种方式:一种是和平方式,另一种是非和平方式。中国政府在采取任何一种方式处理本国内部事务的问题

---

① 邓小平:《我们非常关注香港的过渡时期》,《邓小平文选》第3卷,人民出版社1993年版,第67页。

上，并无义务对任何外国或图谋分裂中国者做出承诺。① 但是，阻碍解决台湾问题的势力又主要来自于岛内的"台独势力"和国际上试图分裂中国的反华势力，用非和平方式解决台湾问题所造成的损伤承担者，是包括台湾人民在内的全中国人民，甚至是世界人民，因而是一种"共输"的负和博弈。作为一个主权国家，中国必须考虑国家统一战略与发展利益相一致，而非和平方式解决统一问题则不仅使中国失去进一步改革开放的环境与机会，也会使 30 多年改革开放的成果受到严重损害。在和平与发展成为当今世界总体发展趋势下，一个对人民利益负责的党和政府，不到万不得已，一般不会选择武力解决问题。作为一个负责任的大国，中国所奉行的发展战略是和平崛起。中国的崛起过程是和平的，中国崛起后仍是和平的，与全世界不同社会制度的国家和平共处，致力于构建一个和谐世界。因此，在解决自身统一问题时，中国致力于争取和平的方式。同时，和平统一对中国大陆与台湾之外的国际社会也不无益处。正是基于对两岸人民根本利益的深切考虑，和对国内外形势的综合分析，邓小平曾指出："香港问题和台湾问题是中国面临的具体现实问题"，"我们主张用和平方式，而不是武力方式"②。和平是方式，是处理两岸关系的基本手段；统一是目标，是两岸关系的发展取向。选择和平方式实现祖国统一，是对台湾人民利益、祖国大陆改革开放事业、地区和平和世界稳定等因素综合考虑的结果。江泽民也指出："和平统一对台湾同胞有利，对全中国人民有利，对亚太地区及全世界和平发展有利，是解决台湾问题最好的方式。为了两岸同胞的根本利益，我们将尽最大努力，尽一切可能，争取以和平方式解决台湾问题。"③

其次是"一国两制"，这是后一句话，主要解决统一后如何处理两岸关系的问题。它既明确表明了中国政府统一祖国的坚定信念和信心，又准确表达了中国政府一切从实际出发，实事求是，充分照顾到台湾问题的历史和现实状况而采取一种稳妥的方式来解决统一问题的理念。一国是目标，是谈判的前提和基础，"问题的核心是祖国统一"；两制是方式，是谈判的内容，也就是一种有别于中国大陆的政治、经济制度模式。邓小平指出，"实现国家统一是民族的愿望，一百年不统一，一千年也要统一的。怎么解决这个问题，我看只有实行

————————

① 国务院台湾事务办公室、国务院新闻办公室编：《台湾问题与中国的统一》，《邓小平论祖国统一》，团结出版社 1995 年版，第 185～186 页。

② 邓小平：《我们主张用和平的方式，而不是用武力方式（会见菲律宾副总统兼外交部长萨尔多瓦·劳雷尔时的谈话）》，《人民日报》1986 年 6 月 18 日。

③ 江泽民：《在全国政协九届三次会议民革、台盟、台联组委会上的讲话》，《光明日报》2000 年 3 月 5 日。

'一个国家,两种制度'"①。"但不是我吃掉你,也不是你吃掉我。"②正是基于此,中国选择"一个国家,两种制度"作为国家统一的方式,也作为国家统一后的管理方式。香港、澳门的顺利回归以及持续繁荣和稳定的局面,再一次向台湾、向全世界展示了"一国两制"所具有的理论指导力。"用'一国两制'的方式解决台湾问题,美国应该是能够接受的,台湾也应该是能够接受的。"③

再次是"绝不承诺放弃使用武力",这是"半句话",即前两句虽然没有提到但又实际包含的基本内容,是对前两句的必要补充。"台湾问题纯属中国内政","每一个主权国家都有权动用自己认为必要的一切手段包括军事手段,来维护本国主权和领土的完整"。"如果我们承诺我们根本不使用武力,那就等于我们的双手捆缚起来,结果只会促使台湾当局根本不同我们谈判和平统一,这反而只能导致最终用武力解决问题。"④因此,在国家完全统一之前,中国政府从来没有也绝对不会承诺在祖国统一问题上放弃武力,这一点也是"一国两制"思想一个不可或缺的基本构成。

2."一国两制"的政策内涵

"一国两制"蕴含着深刻的政策内涵,揭示了两岸政经互动的关系。和平可以有多种方式:一种是直接的政治谈判,另一种是紧密的经贸联系,还有密切的人民直接往来和社会接触交往。在直接的政治谈判暂时无法进行或难以突破时,发展两岸经贸关系,促进两岸人民交流,推进社会直接联系,是和平的最好体现。如果没有紧密的经贸联系作为利益基础、良好的民众互信作为社会基础的政治谈判,要么无法进行,要么无果而终。因此,在一个相对长的时段内,致力于发展两岸经贸关系,为政治谈判创造条件和奠定基础,将是争取和平的最好方式。

由于历史和现实的原因,台湾形成了一个多元化的社会体系,实行了一种选举的政治制度,一般民众有深蓝、浅蓝、浅绿甚至深绿等政治社会群体之分。

① 邓小平:《一个国家,两种制度》,《邓小平文选》第 3 卷,人民出版社 1993 年版,第59 页。

② 邓小平:《中国大陆和台湾和平统一的设想》,《邓小平文选》第 3 卷,人民出版社1993 年版,第 30 页。

③ 邓小平:《在中央顾问委员会第三次全体会议上的讲话》,《邓小平文选》第 3 卷,人民出版社 1993 年版,第 86 页。

④ 邓小平:《我们力求用和平方式来实现台湾回归祖国和完成我国的统一——1979年 1 月 31 日同美国广播电视界雷诺兹时的谈话》,《邓小平论祖国统一》,团结出版社 1995年版,第 5 页。

尤其是在经济全球化趋势下,台湾原有的中产阶级社会在逐步塌陷,"屌丝"社会群体日益壮大。但无论如何,维持社会现状,保护既得利益,仍是台湾多数民众的主要选择。台湾人民所关心的根本利益是什么? 从当前来看,台湾主要是摆脱经济低迷,恢复经济景气,解决民众在就业、收入、投资等方面的现实经济问题,对于年轻人来说,主要是发展空间和前景问题;从长远来看,就是有一个和平稳定的发展环境,使他们的利益能够得到安全保障,民众在政治、经济、文化、社会等领域的诉求更易实现。台湾民众无论是当前还是长远利益的实现,实质上都与两岸关系和平发展交织在一起。"合则两利,分则两输。""无论在什么情况下,我们都尊重他们、信赖他们、依靠他们,并且设身处地地为他们着想,千方百计照顾和维护他们的正当权益。"①采取各种灵活、务实的方式,致力于发展两岸经贸关系,密切两岸人民往来,促进两岸关系良性互动,是实现两岸人民利益共享的有效途径。通过发展两岸经贸关系,推动两岸社会交往,密切两岸民众接触,并适当让利于台湾人民,真正方便于台湾人民,让台湾人民切实感受到和平的好处,是争取台湾民心、增强两岸互信的关键,应是祖国大陆对台政策的优先考虑。在此基础上,争取一切可能的策略与手段,实现两岸的永久和平,才是大陆对台政策的最佳取向。因此,推动两岸经济合作,密切两岸社会交往,促进两岸政治和谈,这是"和平统一,一国两制"中和平所指的关键,也是其政策含义之所在。

二、两岸关系和平发展的初步进展

1979 年以来,由于中国政府一直坚持以"和平统一,一国两制"的构想解决国家统一问题,两岸关系和平发展取得初步进展。两岸人员往来不断扩大,科技、文化、学术、体育等领域的交流蓬勃发展,经济关系日益密切,台商在大陆投资和两岸贸易大幅增长,初步形成了相互促进、互补互利的局面。

(一)两岸交流开始起步

1987 年两岸长期隔绝状态终于被打破,两岸同胞开始了睽违 38 年之久的来往。随着时间的流逝,当年跟随蒋介石退守台湾的国民党老兵渐入垂暮之年,他们的思乡情绪日积月累,急切盼望能回大陆与亲人团聚,落叶归根。

---

① 胡锦涛:《坚持一个中国原则,促进祖国统一大业》,《十六大以来重要文献选编》,中央文献出版社 2006 年版,第 763 页。

来自民间的力量也成为打破两岸僵局的重要推动力。1987年,数万老兵在台北发起返乡探亲运动,要求准许老兵回大陆探亲。经过长达数月的抗争,1987年10月15日,国民党执政的台湾当局在蒋经国的授意之下,终于顺应民众心愿,决定开放民众赴大陆探亲,使得两岸民众的相互往来在中断38年后首先以单向方式逐步恢复。当日,《人民日报》刊登了国务院有关方面负责人就台湾当局开放台湾同胞到大陆探亲一事,向新华社记者发表谈话:"……热情欢迎台湾同胞到祖国大陆探亲旅游。……保证来去自由。我们将尽力提供方便,给予照顾……"10月16日,国务院公布了《关于台湾同胞来大陆探亲旅游接待办法的通知》,政策出台之快,前所未有。至此,两岸隔绝38年的历史从此结束。仅在开放当年,申请回大陆探亲的台湾同胞就超过了10万人次。由于人员、经济、文化交流复始,台湾当局原先采取的"不接触、不妥协、不谈判"的"三不政策"受到动摇,逐渐失效。

(二)两会协商开始启动

1."九二共识"初步形成

随着海峡两岸政策不断调整,两岸各种交流与交往进入持续发展阶段,同时两岸之间的民事纠纷、渔事纠纷以及走私、私渡等问题也越来越多,且层面日益扩大,为两岸关系的发展增添了许多困难和麻烦,亟待解决。于是,两岸事务性商谈逐步提上议程。1990年,台湾当局推动成立海峡交流基金会(以下简称"海基会"),作为台湾当局授权与大陆联系、协商、"处理涉台公权力的两岸事务的唯一机构",成为台湾当局推行大陆政策的重要工具。为便于与"海基会"商谈,1991年12月16日,海峡两岸关系协会(以下简称"海协会")成立,并以促进海峡两岸交往、推动两岸关系和平发展、实现祖国和平统一为宗旨。虽然海基会和海协会相继成立后,双方就上述问题进行过多次商谈,但由于接触层次较低,海基会所获授权不足及政治影响等原因,进展一直缓慢。海协会根据国台办授权,一直坚持以一个中国原则作为两会交往和事务性商谈的基础。1992年3月30日,海协会常务副会长唐树备就在事务性商谈中应表明坚持一个中国原则的态度问题,作出中国大陆立场的阐述:"一个中国是客观事实,而两岸交往中的事务性问题,包括文书使用、挂号函件查询等,作为一个国家的内部事务,本不需要特别的协议,但基于两岸尚未统一的事实,也的确需要采取某些特殊的做法,不过不应同国与国间的做法相混淆,因此有必要明确海峡两岸交往中的事务性问题是中国人的内部事务,只有坚持一个中国的原则下,并考虑到两岸存在不同制度的现实,才能实事求是、合情合理地处理海峡两岸交往中的各种具体问题,真正维护两岸同胞的正当权益。"只是要双方表明坚持一个中国原则的态度,并不要讨论"一个中国"的含义,至于具体表述方式,双方可协商。海协会的立场概括为:海峡两岸交往中的具体问题是中国的内部事务,应本着一个中国原则协商解决;在事务性商谈中,只要表明坚持一个中国原则的基本态度,可以不讨论一个中国的政治含义;表述的方式可以充分协商,并愿意听取海基会和台湾各界的意见。[①] 1992年8月1日,台湾方面就海基会与海协会商谈事务性协议时有关一个中国含义问题作出"结论",内称:"海峡两岸均坚持'一个中国'之原则,但双方所赋予之含义有所不同","台湾固为中国之一部分,但大陆亦为中国之一部分"。[②] "两会"在"两岸都坚持一个中国原则"的"九二共识"基础上,快速启动了会谈和协商机制,于1992年10月在香港就"两岸公证书使用"问题举行"九二香港会谈",初步达成协议,取得明显进展。

2."两会协商"首次举行

1993年4月27—29日,在海协会的倡议和积极推动下,经过海峡两岸的共同努力,备受注目的第一次"汪辜会谈"在新加坡海皇大厦正式举行。其本身所具有的意义及对两岸关系的影响已引起台湾岛内的高度重视和国际社会的普遍关注。在海峡两岸都坚持一个中国原则的"九二共识"基础上,"汪辜会谈"就加强两岸经济、科技、文化、青年、新闻等领域的交流与合作进行了协商,签署了四项重要协议,包括《汪辜会谈共同协议》《两会联系与会谈制度协议》《两岸公证书使用查证协议》《两岸挂号函件查询、补偿事宜协议》,受到了海峡两岸和国际社会的普遍好评。在《汪辜会谈共同协议》中,"双方认为应加强两岸经济交流、互补互利",确定了两会事务性和技术性协商的议题,并就台商在大陆投资权益保护及相关问题、两岸工商界人士考察互访等问题另择时择地继续进行商谈,还就加强能源、资源开发与交流进行磋商,同意积极促进青少年互访交流、两岸新闻界交流以及科技交流。《两会联系与会谈制度协议》则商定了海协会与海基会各层级负责人的定时会谈与磋商机制。其他两项协议则由"两会"付诸实施。"汪辜会谈"开启了"两会"的正式协商,推动了两岸谈判进程,促进了两岸经济合作,增强了两岸同胞交往,标志着两岸关系迈出了历史性的重要一步。

① 《为历史留下公正的注脚——1992年11月两会共识始末》,http://www.gwytb.gov.cn/zt/92/201101/t20110110_1686391.htm,访问日期:2014年10月15日。

② 《海峡两岸均应坚持一个中国原则——海协有关人士讲述1992年两会达成共识情况》,《人民日报》(海外版)2000年11月30日。

（三）大陆对台政策日益清晰

1.政府文告首次发表

1993年8月,中国政府首次以政府文告形式发表《台湾问题与中国的统一》白皮书,系统阐述了台湾问题的由来以及中国政府解决台湾问题的基本方针,明确指出了"和平统一,一国两制"是中国政府长期不变的基本国策。白皮书的主要内容有四个方面:（1）一个中国。世界上只有一个中国,台湾是中国不可分割的一部分,中央政府在北京。坚决反对任何旨在分裂中国主权和领土完整的言行,反对"两个中国"、"一中一台"或"一国两府",反对一切可能导致"台湾独立"的企图和行径。（2）两制并存。在一个中国的前提下,大陆的社会主义制度和台湾的资本主义制度,实行长期共存,共同发展,谁也不吃掉谁。两岸实现统一后,台湾的现行社会经济制度不变,民众的生活方式不变,与外国的经济、文化关系不变。（3）高度自治。统一后的台湾将成为特别行政区,享有高度的自治权,拥有行政管理权、立法权、独立的司法权和终审权;党、政、军、经、财等事宜都可自行管理;享有一定的外事权,可以同外国签订商务、文化等协定;有自己的军队,大陆不派军队也不派行政人员驻台。地方政府和社会各界的代表人士还可以出任国家政权机构的领导职务,参与全国事务的管理。（4）和平谈判。为结束敌对状态,实现和平统一,两岸应尽早接触谈判。在一个中国的前提下,什么问题都可以谈,包括谈判的方式,参加的党派、团体和各界代表人士,以及台湾方面关心的其他一切问题。在统一之前,双方按照相互尊重、互补互利的原则,积极推动两岸经济合作和各项交往,进行直接通邮、通商、通航和双向交流,为国家和平统一创造必要的条件。

2."江八点"讲话广受欢迎

1995年1月30日,在海峡两岸关系发展变化的形势下,江泽民提出了推进祖国和平统一进程的八项主张:（1）坚持一个中国原则。中国的主权和领土决不容许分割。任何制造"台湾独立"的言论和行动,都应坚决反对;主张"分裂分治""阶段性两个中国"等,违背一个中国的原则,应坚决反对。一个中国原则是实现和平统一的基础和前提。（2）对于台湾同外国发展民间性经济文化关系不持异议。但是,反对台湾以搞"两个中国""一中一台"为目的的所谓"扩大国际生存空间"的活动。（3）推动海峡两岸和平统一谈判。在一个中国的前提下,什么问题都可以谈,作为第一步,双方可以先就"在一个中国原则下,正式结束两岸敌对状态"进行谈判。在和平统一谈判的过程中,可以吸收两岸各党派、团体中的代表性人士参加。(4)中国人不打中国人。不承诺放弃使用武力,决不是针对台湾同胞,而是针对外国势力干涉中国统一和搞"台湾独立"图谋的。(5)发展两岸经济交流与合作。采取实际步骤加速实现直接"三通",继续长期执行鼓励台商投资的政策,加强两岸同胞的相互往来和交流,增进了解和互信,不主张以政治分歧去影响、干扰两岸经济合作。(6)两岸同胞要共同继承和发扬中华文化的优秀传统。中华各族儿女共同创造的五千年灿烂文化,是维系全体中国人的精神纽带,也是实现和平统一的一个重要基础。(7)保护台湾同胞一切正当权益。充分尊重台湾同胞的生活方式和当家作主的愿望,欢迎台湾各党派、各界人士,同我们交换有关两岸关系与和平统一的意见,也欢迎前来参观、访问。(8)推动两岸领导人互访。中国人的事我们自己办,不需要借助任何国际场合。欢迎台湾当局领导人以适当身份来大陆访问;也愿意接受台湾方面的邀请,前往台湾,可以共商国是,也可以先就某些问题交换意见。"江八点"是为了巩固十几年来两岸关系发展的成果、遏制"台独"和分裂势力、阻止外国势力插手台湾问题、推动祖国和平统一进程而发表的重要讲话,受到两岸和海内外绝大多数中国人的普遍欢迎。

第二节　海峡两岸关系曲折发展阶段(1996—2007)

在两岸关系和平发展和互动的过程中,也会出现跌宕起伏的现象。正当人们期盼两岸关系更上一层楼时,台湾岛内局势又发生了重大而复杂的变化,"台独"分裂势力的活动不断加剧,给两岸关系和平稳定发展造成了严重影响。李登辉执政后期(1996—2000)和陈水扁执政期间(2000—2008),不断在台湾政治、文化、教育等领域进行"台湾正名""去中国化"等"渐进式台独"活动,蓄意挑起两岸对立,竭力破坏大陆和台湾同属一个中国的现状,两岸关系和平发展出现严重危机。在这紧要关头,中国政府一方面保持高压态势,加强遏制"台独"分裂势力,另一方面也绝不轻言放弃和平统一,努力维护两岸关系来之不易的和平局面,积极争取台湾主要党派和广大台湾同胞与大陆方面形成坚持"九二共识"、反对"台独"分裂、支持两岸关系和平发展的共同力量。

一、两岸关系和平发展的危机

李登辉执政后期和陈水扁执政期间,台湾岛内的分离主义势力和"台独"

活动一度甚嚣尘上,"去中国化""台湾正名""政策台独""政治台独""文化台独"等各种形形色色的分裂手段不断翻新,"渐进式台独"活动给两岸关系制造日益深化的危机。

(一)李登辉"台独"倾向日益明显

李登辉主政后期,台湾局势复杂多变。台湾当局拒绝和谈统一,鼓吹"两岸分裂分治",制造"两个中国""一中一台",台海和平的基础遭到了单方面的粗暴践踏和破坏,"两会"对话谈判数度中断搁浅,两岸关系日趋紧张恶化。

1.李登辉"台独"思想首次公开

李登辉的分离主义思想最早公开暴露于 1994 年与日本记者司马辽太郎的谈话,公开否认自己是中国人。在《生为台湾人的悲哀》的采访中,李登辉向世人展示了他的内心世界,讲了他不肯对台湾媒体讲的对台湾未来走向"独立"的设计,让台湾人从日本人那里了解了李登辉的"台独"心迹,似乎已看不出他作为一个中国人对中国应有的感情,大谈所谓"台湾人的悲哀",把悲哀的根子引向中国大陆,指国民党为"外来政权",质疑"中国"的概念,甚至明白无误地表示,北京的两岸统一之念"是奇怪的梦呓"。此言一出,两岸及海外的许多中国人都为之震惊不已。其实,只谈台湾人的悲哀,而不谈两岸人民血肉相连的命运是非常不妥的。中国近代史是一部被帝国主义国家侵略、宰割、凌辱的历史。台湾地处中国边陲,受苦受害最深最烈,大陆人民感同身受。李登辉与司马辽太郎的谈话给两岸关系和平发展投下了变数。虽然他在上台之初曾指天誓日要坚持一个中国原则,声称"只有一个中国,我们必须统一",并且提出了两岸统一的所谓"近期、中期、长期方案",多次表明"坚决反对'台独'、不搞'台湾独立'",但他在主政刚过一年,自以为羽翼渐丰,就狰狞显露,先是声称一个中国是指"历史上、地理上、文化上、血缘上"的中国,虚化一个中国的含义,后又发展到"不简单地讲一个中国",而是"一个国家,两个政府""一个国家,两个政治实体";最后竟称"少谈一个中国""回避一个中国""尽早忘记一个中国"。

2.李登辉访美加剧恶化两岸关系

1995 年 6 月,李登辉以"私人身份"访美进行分裂活动,并在康奈尔大学发表了一篇题为《民之所欲,长在我心》的演讲,一次不提一个中国,却多次使用"'中华民国'在台湾"和"在台湾的'中华民国'"的说法,公开挑战一个中国原则,露骨地鼓吹分裂祖国,毒化两岸关系。李登辉谋求他的"台独"主张能得到美国的支持,竭力想在中美关系中打入一个楔子,甘当美国手中的一张牌。李登辉的"台独"主张与美国一些右翼反华势力企图分裂中国的政策不谋而合。1995 年 7 月 24、25、26 日连续三天,大陆以"人民日报评论员、新华社评论员"名义,发表了"三评李登辉在康奈尔大学的演讲"文章,拉开反"台独"、反分裂斗争的帷幕,"两会"协商也被迫停止。大陆一再提出严重警告,以军事演习和导弹试射来表达捍卫"一中原则"的决心和能力,但李登辉却置若罔闻,坚持"向不可能的事物挑战",反而在危险的道路上愈走愈远。

3."两国论"为"台独"铺路

1999 年 7 月 9 日,李登辉在接受"德国之声"记者采访时,公然向世人宣称台湾当局已将海峡两岸关系定位为"国家与国家的关系,至少是特殊的国家与国家的关系"。这种谬论简称"两国论"。7 月 27 日,李登辉又解释说,因为"多年来两岸关系的定位过于模糊",所以他要把两岸关系的"实质内涵"定为"特殊的国家与国家的关系",以此来彻底否定一个中国原则。其实,在李登辉的内心深处,分裂倾向根深蒂固。他对统一虚与委蛇,真搞分裂,与"台独"分子沆瀣一气,内呼外应。尤其是他在执政后期,借所谓"宪政"改革之名,处心积虑地营造分裂的温床。他在下台前夕,更是利令智昏,孤注一掷,继抛出妄图肢解中国的"七块论"后,干脆撕去伪装,公开鼓吹"两国论",明目张胆地从事分裂中国的活动。李登辉抛出的"两国论"的分裂主张公然挑衅举世公认的一个中国原则,蓄意分裂中国的领土和主权,破坏两岸关系和平发展,阻碍中国和平统一进程,从而彻底暴露了他分裂主义的真面目。它与历史事实相悖,于法理不容,理所当然地受到了海内外中国人的同声谴责,也激起了国际社会的广泛批评。

李登辉的一系列"台独"言行,加剧了台湾岛内分离主义倾向,"台独"势力日益膨胀,活动更加猖獗,某些外国势力也进一步插手台湾问题,干涉中国内政,阻碍两岸关系的良性发展,给两岸关系和平发展带来了巨大的阴影。这不仅不利于推进中国的和平统一事业,也不利于亚太地区的和平、稳定与发展。

(二)陈水扁"台独"分裂活动日益频繁

陈水扁在执政期间一步步将两岸关系推向险境,两岸关系再陷低潮。2000 年 5 月,奉行"台独党纲"的民进党上台,给两岸关系的和平稳定带来了更大的威胁。台湾海峡风高浪急,险象环生。虽然陈水扁初上台时口头上表白"四不一没有",但实际行动上却完全继承了李登辉的衣钵,拒不接受一个中国原则,否认海协会与台湾海基会达成的各自以口头方式表述"海峡两岸均坚持一个中国原则"的共识,致使两岸对话与谈判难以恢复。

1."一边一国论"重演分裂闹剧

2002年8月2日,陈水扁进一步发表了一系列"台独"分裂言论,公然鼓吹"台湾是一个主权独立的国家","台湾跟对岸中国一边一国"、要用"公民投票"方式决定"台湾的前途、命运和现状","要认真思考公民投票立法的重要性和迫切性",在世人面前自我戳穿了"善意"的伪装,暴露了顽固坚持"台独"分裂立场的真面目。陈水扁错估形势,自我膨胀,声称通过"公投立法"实现"台独"分裂,重演与当年李登辉"两国论"一样的分裂闹剧,再次把两岸关系带入紧张冲突之中。陈水扁提出的"一边一国、公投制宪"的"法理台独"主张,是对两岸关系的严重挑衅,使两岸关系再度陷入严峻对立时期。

2."公投入联"强化分裂行径

2004年陈水扁连任后,通过"宪政改革""入联公投"等各种形式的"台独"花招,继续推动"台湾法理独立",使"台独"的现实危险性明显增加。陈水扁曾数度致函联合国,申请以台湾名义加入联合国被拒。于是,他逆天而动,处心积虑地准备发动在台湾范围内的公民投票表决,来决定是不是要以台湾或者"中华民国"的名义加入联合国,简称"入联公投"。中国大陆严正回应:"入联公投"即是"台独公投",是图谋改变大陆和台湾同属一个中国的现状、走向"台独"的重要步骤,是为对内推动"台独制宪"、对外谋取国际社会承认创造条件。美国政府的态度也十分明确,对"入联公投"加以批评,并透过正式管道,向台湾官方表明明确反对"入联公投"的立场。陈水扁一系列赤裸裸的"台独"分裂行径显示,"台独"势力的分裂活动是两岸关系和平稳定的最大现实威胁,也是亚太地区和平与稳定的破坏因素。

二、两岸关系和平发展的转机

对于波澜起伏、变幻莫测的两岸关系,只有从历史的、全面的、客观的角度去观察两岸局势,才不会过于悲观地误判可能"负和"和双输的结局;只有以理性的、辩证的、发展的思维来探索两岸关系,才有可能拨开历史的迷雾,审慎乐观地期待未来"正和"和双赢的前景。虽然在21世纪初期反对"台独"分裂势力及其活动的斗争十分严峻和复杂,但是,在两岸关系发展中,也出现了一些有利于遏制"台独"分裂活动的新的积极因素,台海紧张局势出现了某些缓和的迹象。

(一)"胡四点"讲话力挽狂澜

在"台独"分裂势力及其活动日益成为两岸关系和平发展的最大障碍时,如不予以坚决反对和遏制,势必严重威胁国家主权和领土完整,断送两岸和平发展与和平统一的前景,危害中华民族的根本利益。在国家前途、民族命运的重大历史关头,如何以行之有效的策略去从容应对? 2005 年 3 月 4 日,胡锦涛发表了做好新形势下发展两岸关系的四点意见:强调坚持一个中国原则决不动摇,争取和平统一的努力决不放弃,贯彻寄希望于台湾人民的方针决不改变,反对"台独"分裂活动决不妥协,表示求和平、求安定、求发展,是当前台湾民心所向。"四个决不"既坚持了立场的原则性,又显示了政策的灵活性。

(二)《反分裂国家法》应运而生

面对复杂多变、危机潜伏的两岸关系,中国政府审时度势,对于"法理台独"采取一系列有力措施予以坚决打击和有效遏制,适时发表严正讲话,警告"台独"势力,并推出了有效针对"台独"猖狂活动的《反分裂国家法》。胡锦涛指出,"在反对分裂国家这个重大原则问题上,我们决不会有丝毫犹豫、含糊和退让"。大陆方面与一切反对"台独"的台湾各党派、团体、人士和广大台湾同胞共同努力,坚定维护一个中国原则,坚决遏制"台独"分裂活动,绝不坐视与姑息任何"台独"挑衅。2005 年 3 月 14 日,十届全国人大三次会议高票通过了《反分裂国家法》,明确规定:"'台独'分裂势力以任何名义、任何方式造成台湾从中国分裂出去的事实,或者发生将会导致台湾从中国分裂出去的重大事变,或者和平统一的可能性完全丧失,国家得采取非和平方式及其他必要措施,捍卫国家主权和领土完整",从而正式把"反台独、反分裂"纳入法制化轨道,掷地有声,有力地震慑了"台独"分裂势力。这部重要法律既充分体现了全中国人民绝不允许"台独"分裂势力把台湾从中国分割出去的共同意志与坚定决心,又明确展示了大陆方面努力争取两岸和平统一的最大诚意。在海内外中华儿女捍卫中国主权和领土完整的坚定意志面前,在台湾同胞求和平、求安定、求发展的主流民意面前,在国际社会奉行一个中国政策的基本格局面前,李登辉的"两国论"的分裂图谋没有得逞,陈水扁的"一边一国"论、"台独制宪"或"入联公投"的分裂图谋也没有得逞。

(三)连、宋相继访问大陆,开启两岸政党交流机制

在中国大陆坚决反对"台独"、努力谋求和平发展的强大攻势下,越来越多

的台湾民众认识到，陈水扁的"台独"分裂活动将两岸关系带到了紧张动荡的
地步。国民党和泛蓝阵营也感到，必须向台湾民众更加明确地昭示有别于陈
水扁"台独"分裂活动的另外一种选择、另外一种愿景。大陆方面多次表示，愿
意与台湾各党派和各界人士就发展两岸关系、推进和平统一交换意见，争取广
大台湾同胞理解并支持大陆的方针政策，一道共同推进两岸关系和祖国和平
统一进程。

在历史的关键时刻，中国政府审时度势，由时任中共中央总书记胡锦涛向
国民党主席连战发出访问大陆的邀请，而连战也以"虽千万人吾往矣"的勇气
和决心，作出了"正确的历史性抉择"。2005年4月26日，连战率团启程访问
大陆。这标志着国共两党在共同促进两岸关系发展的道路上迈出了历史性的
重要一步，揭开了两党关系新的一页，载入了两岸关系发展的史册。"度尽劫
波兄弟在，相逢一笑泯恩仇。"胡锦涛在与连战的会谈中，阐述了促进两岸关系
和平稳定发展的政策主张，并就发展两岸关系提出四点建议：第一，建立政治
上的互信，相互尊重，求同存异；第二，加强经济上的交流合作，互利互惠，共同
发展；第三，开展平等协商，加强沟通，扩大共识；第四，鼓励两岸民众加强交
往，增进了解，融合亲情。两党领导人历史性会谈后，共同发布了"两岸和平发
展共同愿景"，明确指出："和平与发展是21世纪的潮流，两岸关系和平发展符
合两岸同胞的共同利益，也符合亚太地区和世界的利益。"①国共两党选择的
两岸关系和平发展的道路，方向是正确的，前景是光明的。双方沿着和平发展
的道路继续向前迈进，不断巩固和深化两岸关系和平发展的成果，共同实现中
华民族伟大复兴。同年5月5日，亲民党主席宋楚瑜也随后率团前来大陆展
开"搭桥之旅"。5月12日，胡锦涛和宋楚瑜在北京举行会谈，并发表了会谈
公报。

连战、宋楚瑜来大陆访问，以及随后中国共产党与国民党、亲民党积极落
实三党领导人相继会谈达成的各项共识，以政党交流带动两岸各项交流，开启
了两岸政党交流的新机制，使严峻对立的两岸局势得以局部缓和，在两岸政党
之间建立了"坚持'九二共识'，反对'台独'"的共同政治基础，沉重打击了"台
独"分裂势力的嚣张气焰，引导了岛内的新民意。可见，两岸主要政党在新的
形势下，在反对"台独"、认同"九二共识"的政治基础上，共同宣示携手开创两
岸关系和平发展的光明前景。

---

① 《中国共产党总书记胡锦涛与中国国民党主席连战会谈新闻公报》，《人民日报》
2005年4月30日第1版。

2006 年 4 月,胡锦涛在会见出席两岸经贸文化论坛的两岸代表时指出:"和平发展理应成为两岸关系发展的主题,成为两岸同胞共同为之奋斗的目标",并对两岸关系发展提出四点建议:第一,坚持"九二共识",反对"台独",是实现两岸关系和平发展的重要基础。第二,为两岸同胞谋福祉是实现两岸关系和平发展的根本归属。第三,深化互利双赢的交流合作是实现两岸关系和平发展的有效途径。第四,开展平等协商是实现两岸关系和平发展的必由之路。随后国共两党逐步建立起交流对话平台,把握和顺应了两岸民意的脉动和呼声,积极运作,富有成效,先后举办了两岸经贸论坛、两岸农业合作论坛等,达成了许多共识,取得了丰硕成果,实实在在地解决了台湾同胞关心的问题,受到两岸同胞的欢迎和国际舆论的好评。[①]

(四)和平发展逐渐成为两岸关系主题

2007 年 10 月,中共十七大报告提出了在一个中国原则下,通过和平谈判、共同发展来开创两岸关系和平发展的新局面,并对台湾同胞作出庄严承诺:"凡是对台湾同胞有利的事情,凡是对维护台海和平有利的事情,凡是对促进祖国和平统一有利的事情,我们都会尽最大努力做好。"强调牢牢把握两岸关系和平发展的主题,真诚为两岸同胞谋福祉、为台海地区谋和平,维护国家主权和领土完整,维护中华民族根本利益,将继续实施和充实惠及广大台湾同胞的政策措施,依法保护台湾同胞的正当权益,支持海峡西岸和其他台商投资相对集中地区经济发展,"两岸同胞要加强交往,加强经济文化交流,继续拓展领域、提高层次,推动直接'三通',使彼此感情更融洽、合作更深化,为实现中华民族伟大复兴而共同努力"。[②] 这是两岸同胞共同的历史使命,是两岸同胞共同的前途和希望所在。可见,和平发展逐渐成为新时期两岸关系的主题和目标。

两岸关系从危机到转机的发展进程充分说明:每当"台独"势力和国际反华势力抬头时,两岸关系发展就出现波涛汹涌、剧烈震荡的状态;而当中国大陆正义力量、台湾岛内反分裂力量和世界和平力量高涨时,两岸关系就处于相对平静、稳定缓和的局面。牵制海峡两岸关系发展格局的各种力量,包括台湾岛内的分离主义势力与反"台独"、反分裂的力量、中国大陆维护国家主权与领

[①]　端木来娣:《和平发展开新局》,《新华每日电讯》2012 年 11 月 5 日。

[②]　《胡锦涛在中共第十七次全国代表大会上的报告》,《人民日报》2007 年 10 月 25 日第 1 版。

土完整的正义力量,国际上纵容"台独"、反华等右翼势力与维护世界和平和稳定的主流力量,相互较量,此消彼长。

第三节　海峡两岸关系和平发展阶段(2008年起)

在21世纪初期海峡两岸之间"合"与"分"、"和"与"乱"的较量中,中国政府"不畏浮云遮望眼",审时度势,及时提出了两岸关系和平发展的重要思想和一系列政策主张。"只要我们坚定信心,不懈努力,紧紧依靠两岸同胞,就一定能够开创两岸关系和平发展新局面。"从坚决遏制"台独"分裂活动,到推动两岸关系实现历史性转折,进而开创出前所未有的和平发展新局面,大陆对台方针政策在坚持原则的前提下,更加务实,也更加自信,既一以贯之,又与时俱进,灵活运用和平方式来解决两岸争端,团结两岸同胞,取得反"台独"斗争的重大胜利。

一、两岸关系和平发展的突破进展

2008年3月22日,主张发展两岸关系、认同"九二共识"、反对"台独"的国民党候选人马英九高票当选台湾地区领导人,使陈水扁当局和"台独"分裂势力企图通过"入联公投"、谋求"法理台独"的图谋遭到严重挫败,台海局势出现重大积极的变化。经过这场较量,台海局势的高危期暂时宣告终结,两岸关系已风平浪缓,摆脱了长期以来动荡不安的局面,实现了历史性转折,迎来了新的发展阶段。

(一)"两会"恢复协商谈判进展顺利

台湾海峡"潮平两岸阔,风正一帆悬"。国共两党本着"建立互信、搁置争议、求同存异、共创双赢"的精神,积极把握良机,努力落实"两岸和平发展共同愿景",共同开创新局,使两岸关系发展迎来难得的历史机遇。

2008年5月28日,胡锦涛总书记与时任国民党主席吴伯雄举行了国民党重新执政后两党领导人的首次会谈。随后,台湾海基会便接到海协会的邀请,中断九年的两岸制度化协商再度启动。6月12—14日,海协会会长陈云林和海基会董事长江丙坤在北京举行会谈,共同签署了《海峡两岸包机会谈纪要》《海峡两岸关于大陆居民赴台湾旅游协议》两项协议。"两会"北京会谈标志着新形势下两岸关系的改善和发展有了一个良好的开端。

2008年11月3—7日,陈云林首次率团访问台湾,"两会"领导人第二次会谈在台北举行。此次会谈签署了《海峡两岸空运协议》《海峡两岸海运协议》《海峡两岸邮政协议》《海峡两岸食品安全协议》四项协议,自此两岸基本实现了直接"三通"(通邮、通航、通商)。2008年12月15日,两岸同胞翘首以待30年之久的空运、海运直航和直接通邮(全面直接"大三通")同步实施,两岸"一日生活圈"悄然成型,缩短了台海两岸的地理与心理距离,两岸关系进入大交流、大合作的新时代。

2009年4月25—26日,"两会"领导人第三次会谈在南京举行。此次会谈签署了《海峡两岸空运补充协议》《海峡两岸金融合作协议》《海峡两岸共同打击犯罪及司法互助协议》三项协议,并就大陆企业赴台投资事宜达成原则共识。这些协议的签署和共识的达成,意味着两岸实现全面、直接和双向"三通"。

2009年12月21—25日,陈云林二度率团访台,与江丙坤在台中市举行"两会"领导人第四次会谈,签署了《海峡两岸渔船船员劳务合作协议》《海峡两岸农产品检疫检验合作协议》《海峡两岸标准计量检验认证合作协议》三项协议,深化了两岸在农业等领域的合作。

2010年6月29日,"两会"在重庆举行第五次会谈,正式签署《海峡两岸经济合作框架协议》(ECFA)和《海峡两岸知识产权保护合作协议》。这是"两会"复谈以来最为重要的经济协议。双方同意本着世界贸易组织(WTO)的基本原则,考虑双方的经济条件,逐步减少或消除彼此间的贸易和投资障碍,创造公平的贸易与投资环境;同意进一步增进双方的贸易与投资关系,建立有利于两岸经济繁荣与发展的合作机制;同意通过早期收获计划安排,率先实行两岸部分货物贸易优惠关税待遇,开放部分服务业市场,使两岸同胞提前享受到两岸经济合作的益处;同意在早期收获清单的基础上,继续展开货物贸易协议和服务贸易协议的磋商。

2010年12月21日,"两会"恢复协商以来的第六次领导人会谈在台北举行。双方商谈并确认了《海峡两岸医药卫生合作协议》;同意本着保障两岸民众生命安全与身体健康、促进两岸医药卫生交流与合作的宗旨,建立两岸传染病疫情信息通报机制,加强检疫防疫措施和对重大传染病疫情的处置;同意加强两岸医药品安全管理及研发合作,建立重大医药品安全事件协处机制;同意加强两岸中医药研究与交流,促进中医药发展,采取措施保障中药材品质安全;同意加强两岸重大意外事件所致伤病者的紧急救治合作。这标志着"两会"协商向社会、文化领域拓展。此外,投保协议的阶段性成果,是两岸根据经济合作框架协议要求进一步深化经济合作的体现。这些成果丰富了两会协商的内涵,为两岸关系和平发展注入了新的内容。

2011年10月19—21日,海协会与海基会在天津举行了两会领导人第七次会谈。在双方的共同努力下,会谈取得圆满成功,签署了《海峡两岸核电安全合作协议》,就继续推进两岸投保协议商谈和加强两岸产业合作达成了共同意见。

2012年8月9日,海协会会长陈云林与海基会董事长江丙坤在台北举行第八次会谈,签署了《海峡两岸投资保护和促进协议》和《海峡两岸海关合作协议》。这是两岸"两会"自恢复协商谈判以来所签署的第17、18个协议,是两岸落实《海峡两岸经济合作框架协议》后续商谈的重要内容。

和平发展的时代潮流、共创双赢的两岸民意,推动着两会制度化协商不断前行。两会在"九二共识"的基础上,秉持"平等协商、善意沟通、积累共识、务实进取"的原则,积极推进协商。2013年6月21日,海协会新任会长陈德铭与台湾海基会新任董事长林中森在上海举行两会恢复协商以来的第九次会谈。双方签署了《海峡两岸服务贸易协议》,就两会已签协议的执行情况交换了意见,并确定了两会下一轮会谈协商议题规划。双方还就有关解决金门用水问题达成共同意见。《海峡两岸服务贸易协议》明确了两岸服务市场开放清单,在早期收获清单的基础上,更大范围地降低市场准入门槛,为两岸服务业合作提供更多优惠和便利的市场开放措施。大陆对台开放共80条,台湾对大陆开放共64条,双方市场开放涉及商业、通信、建筑、分销、环境、健康和社会、旅游、娱乐文化和体育、运输、金融等行业。两岸服务贸易协议是ECFA后续协商的阶段性成果,标志着两岸经贸合作迈上了一个新台阶。协议顺应世界经济发展潮流趋势,立足两岸服务业发展现状,突出两岸特色,对两岸服务业合作作出制度化安排,对于深化两岸经济合作,促进共同发展具有积极意义和深远影响。大陆市场对台开放程度高、开放范围广,充分体现了对台湾同胞的善意和诚意。

2014年2月27日,两岸"两会"在台北举行恢复协商以来的第十次会谈,双方签署了《海峡两岸气象合作协议》和《海峡两岸地震监测合作协议》。海峡两岸同属气象、地震灾害多发地区,两岸气象合作和地震监测合作协议有助于建立业务化的气象、地震工作交流机制,推进和深化相关领域交流合作,有利于提高两岸对灾害的分析预警和防御能力,保障两岸同胞福祉及生命财产安全。在两岸气象合作方面,双方将开展气象业务交流与合作,进行灾害性天气业务合作,交换气象资料与信息,开展气象业务技术交流合作,就气象业务技术和业务发展成果进行交流及合作开发,尤其是对台风、暴雨及强对流天气进行联合观测实验。在两岸地震监测合作方面,双方将开展地震监测合作,对灾害性地震进行沟通,就地震监测的前瞻性发展、地震速报预警的技术开发、地震背景与前兆分析、预测研究以及在防灾减灾中的应用等议题进行交流和合作。双方还讨论了下一次会谈议题,同意继续推进 ECFA 后续货物贸易、贸易争端解决机制协议的磋商;继续推动两会互设办事机构的商谈,尽早实现互设;尽快完成各项准备工作,签署两岸避免双重课税及加强税务合作协议;推动商签两岸民用航空飞行标准与航空器适航合作协议、两岸环境保护合作框架性协议。双方还就推动两岸教育、文化、科技、农渔业等领域的交流合作议题交换了意见。

在 2008 年至 2015 年的 7 年多的时间内,"两会"分别轮流在两岸八地(北京、台北、南京、台中、重庆、天津、上海、福州等地)举行了 11 次会谈,签署 23 项协议,达成多项共识,务实地结出了累累硕果,有效地推动了两岸经济、社会、民生等诸多领域的交流交往与合作,其丰硕成果惠及两岸民众。实践证明,两岸制度化协商顺应形势发展和两岸民众的期盼,厚植了两岸关系和平发展的基础;而两岸关系和平发展的不断深化又为两岸制度化协商行稳致远,注入了新的生机与活力,提出了更高的标准和要求,这需要两岸各界继续不懈进行新的探索。

表 2-1　"两会"谈判签署协议一览表

会谈名称	会谈时间	会谈地点	会谈成果
第一次 陈江会谈	2008 年 6 月 11—14 日	北京	1.海峡两岸包机会谈纪要 2.海峡两岸关于大陆居民赴台湾旅游协议
第二次 陈江会谈	2008 年 11 月 3—7 日	台北	3.海峡两岸空运协议 4.海峡两岸海运协议 5.海峡两岸邮政协议 6.海峡两岸食品安全协议
第三次 陈江会谈	2009 年 4 月 25—26 日	南京	7.海峡两岸共同打击犯罪及司法互助协议 8.海峡两岸金融合作协议 9.海峡两岸空运补充协议
第四次 陈江会谈	2009 年 12 月 21—25 日	台中	10.海峡两岸农产品检疫检验合作协议 11.海峡两岸渔船船员劳务合作协议 12.海峡两岸标准计量检验认证合作协议

续表

会谈名称	会谈时间	会谈地点	会谈成果
第五次陈江会谈	2010 年 6 月 28—30 日	重庆	13.海峡两岸经济合作框架协议 14.海峡两岸知识产权保护合作协议
第六次陈江会谈	2010 年 12 月 20—22 日	台北	15.海峡两岸医药卫生合作协议
第七次陈江会谈	2011 年 10 月 19—21 日	天津	16.海峡两岸核电安全合作协议
第八次陈江会谈	2012 年 8 月 9 日	台北	17.海峡两岸投资保护和促进协议 18.海峡两岸海关合作协议
第九次陈林会谈	2013 年 6 月 21 日	上海	19.海峡两岸服务贸易协议
第十次陈林会谈	2014 年 2 月 27 日	台北	20.海峡两岸气象合作协议 21.海峡两岸地震监测合作协议
第十一次陈林会谈	2015 年 8 月 25 日	福州	22.海峡两岸避免双重课税及加强税务合作协议 23.海峡两岸民航飞行安全与适航合作协议

(二)两岸关系和平发展政策思路日益清晰

在两岸同胞的共同努力之下,两岸关系在正确方向上大步向前,没有任何力量可以阻挡。两岸共同的愿望就是让两岸同胞安居乐业。"安居"就是两岸和平,"乐业"就是经济繁荣,和平与繁荣密不可分。两岸同胞的共同意志和愿望,使两岸关系走上了和平发展的康庄大道。正是两岸同胞的共同努力,开辟了两岸关系"一波才动万波随"的万千景象。和平发展给两岸同胞带来的最重要成果和最显著变化,是两岸同胞 100 多年来首次有这样难得的发展机遇和良好氛围,有利于实现中国战略机遇期的总体发展目标,有利于"和平统一,一国两制"构想的最终实现,从而最大限度地捍卫了中华民族的整体利益。

1."胡六点"提出两岸关系和平发展新纲领

在新的形势下,如何进一步发展两岸关系,增强两岸互信,巩固和深化和平发展成果,成为海峡两岸共同面临的重大课题。2008 年 12 月 31 日,胡锦涛在纪念《告台湾同胞书》发表 30 周年座谈会上,发表了《携手推动两岸关系和平发展,同心实现中华民族伟大复兴》的重要讲话,提出了六点对台政策方针,回答了为什么要推动两岸关系和平发展、怎样推动两岸关系和平发展的重大问题,确立了两岸关系和平发展的目标、任务和各项政策,号召两岸同胞携手推动两岸关系和平发展,同心实现中华民族伟大复兴。

其基本要点有:

第一,恪守一个中国,增进政治互信。维护国家主权和领土完整是国家核心利益。世界上只有一个中国,中国主权和领土完整不容分割。两岸复归统一,不是主权和领土再造,而是结束政治对立。两岸在事关维护一个中国框架这一原则问题上形成共同认知和一致立场,就有了构筑政治互信的基石,什么事情都好商量。两岸应本着建设性态度,积极面向未来,共同努力,创造条件,通过平等协商,逐步解决两岸关系中历史遗留的问题和发展过程中产生的新问题。

第二,推进经济合作,促进共同发展。两岸同胞要开展经济大合作,扩大两岸直接“三通”,厚植共同利益,形成紧密联系,实现互利双赢。两岸可以为此签订综合性经济合作协议,建立具有两岸特色的经济合作机制,以最大限度实现优势互补、互惠互利。期待实现两岸经济关系正常化,推动经济合作制度化,为两岸关系和平发展奠定更为扎实的物质基础,提供更为强大的经济动力。建立更加紧密的两岸经济合作机制进程,有利于台湾经济提升竞争力和扩大发展空间,有利于两岸经济共同发展,有利于探讨两岸经济共同发展同亚太区域经济合作机制相衔接的可行途径。

第三,弘扬中华文化,加强精神纽带。中华文化源远流长、瑰丽灿烂,是两岸同胞共同的宝贵财富,是维系两岸同胞民族感情的重要纽带。中华文化在台湾根深叶茂,台湾文化丰富了中华文化内涵。台湾同胞爱乡爱土的台湾意识不等于“台独”意识。两岸同胞要共同继承和弘扬中华文化优秀传统,开展各种形式的文化交流,使中华文化薪火相传、发扬光大,以增强民族意识、凝聚共同意志,形成共谋中华民族伟大复兴的精神力量。

第四,加强人员往来,扩大各界交流。两岸同胞、两岸各界及其代表性人士要扩大交流,加强善意沟通,增进相互了解。对于任何有利于推动两岸关系和平发展的建设性意见,我们都愿意作出积极回应。继续推动国共两党交流对话,共同落实“两岸和平发展共同愿景”。对于部分台湾同胞由于各种原因对祖国大陆缺乏了解甚至存在误解、对发展两岸关系持有疑虑,我们不仅愿意以最大的包容和耐心加以化解和疏导,而且愿意采取更加积极的措施让越来越多的台湾同胞在推动两岸关系和平发展中增进福祉。对于那些曾经主张过、从事过、追随过"台独"的人,我们也热诚欢迎他们回到推动两岸关系和平发展的正确方向上来。

第五,维护国家主权,协商涉外事务。两岸在涉外事务中避免不必要的内耗,有利于增进中华民族整体利益。对于台湾同外国开展民间性经济文化往来的前景,可以视需要进一步协商。对于台湾参与国际组织活动问题,在不造成"两个中国""一中一台"的前提下,可以通过两岸务实协商作出合情合理的安排。

第六,结束敌对状态,达成和平协议。两岸中国人有责任共同终结两岸敌对的历史,竭力避免再出现骨肉同胞兵戎相见,让子孙后代在和平环境中携手创造美好生活。为有利于两岸协商谈判、对彼此往来作出安排,两岸可以就在国家尚未统一的特殊情况下的政治关系展开务实探讨。为有利于稳定台海局势,减轻军事安全顾虑,两岸可适时就军事问题进行接触交流,探讨建立军事安全互信机制问题。在一个中国原则的基础上,协商正式结束两岸敌对状态,达成和平协议,构建两岸关系和平发展框架。

"胡六点"首次全面系统阐述了两岸关系和平发展的重要思想,提出了争取祖国和平统一首先要确保两岸关系和平发展的科学论断,被视为两岸关系进入和平发展时期后中共对台政策的新纲领。这是一种从全民族根本利益出发看待和处理两岸关系的全新思维,超越了历史恩怨、党派利益和双方的固有矛盾,展现了解放思想、实事求是、开辟未来的豁达境界,注重两岸关系和平发展与国家和平发展战略的有机联系,强调在推进民族复兴的历史进程中开辟两岸关系发展道路。

2.两岸关系和平发展"路线图"

2009年5月26日,胡锦涛在北京会见中国国民党主席吴伯雄以及国民党大陆访问团时,就在新的历史起点上,进一步推动两岸关系向前发展再次发表了重要意见,勾勒出清晰的两岸关系和平发展"路线图"。第一,关于增进两岸政治互信。两岸双方在反对"台独"、坚持"九二共识"的基础上建立了互信,从而推动解决了两岸关系中一系列复杂问题。巩固和增进双方的政治互信尤为重要。坚持大陆和台湾同属一个中国是关键所在。第二,关于两岸经济合作。把全面加强两岸经济合作作为重点,共同应对国际金融危机冲击。为有利于两岸经济共同发展、两岸同胞福祉增进,建立具有两岸特色的经济合作机制。发展两岸关系的根本出发点和落脚点,是为两岸同胞谋福祉,给他们带来实实在在的好处。第三,关于加强两岸文化教育交流。开展两岸文化教育交流,既有巨大需求和潜力,也显得更为重要。努力地开展两岸文化教育交流,共同传承和弘扬中华文化,增强中华文化认同、中华民族认同。第四,关于涉外事务。两岸中国人有能力、有智慧妥善解决台湾参与国际组织活动问题。这有利于增进台湾同胞对大陆的了解,有利于两岸关系和平发展。第五,关于结束两岸敌对状态、达成和平协议。促进正式结束两岸敌对状态、达成和平协议,是"两岸和平发展共同愿景"提出的目标,已经成为两岸双方的重要主张。两岸可以就国家尚未统一的特殊情况下的政治关系问题、建立两岸军事安全互信机制问题进行务实探讨。两岸协商总体上还是要先易后难、先经后政、把握节奏、循序渐进,但双方要为解决这些问题进行准备、创造条件。双方可以先由初级形式开始接触,积累经验,以逐步破解难题。第六,关于国共两党交流对话。国共两党交流对话特别是高层交往对保持两岸关系发展势头具有不可替代的重要作用。同时,两岸关系发展需要两岸广大同胞特别是基层民众参与,强调对台工作要贯彻以人为本的理念。两岸各界举办的海峡论坛,突出了两岸民众的参与和互动。

由上述可见,两岸关系和平发展的重要思想是"一国两制,和平统一"的对台方针在新时期的具体实践,也是科学发展观在对台工作和对台政策中的真实体现。推动两岸关系和平发展,是国家发展战略的一个重要组成部分,是走中国特色社会主义道路、实现中华民族伟大复兴的战略选择。

二、两岸关系和平发展的显著成果

两岸关系和平发展思想具有强大的生命力和感召力,不仅符合两岸同胞的共同愿望,也得到国际社会的广泛支持,对于推进和平统一进程具有重要意义。自 2008 年起,两岸关系摆脱了长期动荡不安的局面,取得了一系列重大进展,成为两岸关系发展成果最为丰硕、台海局势最为祥和安定、对台工作不断开创新局的时期。

(一)两岸关系和平发展的经济效应

"台湾是小湖,大陆是大海。"大陆经济快速起飞和两岸关系和平稳定为台湾企业创造了搭乘中国经济成长快车的机遇。"台湾是牧场,大陆则是一望无垠的大草原。"上百万台湾同胞随着两岸关系和平发展的脚步,踩着大陆"世界工厂"向"世界市场"转换的节奏,纷纷蜂拥至大陆,在这片广袤的热土上工作、求学、创业,乃至安居乐业,大陆同胞到台湾旅游、求学以及从事商务活动也日渐增多,从而促使两岸人员往来大幅增加,由 2002 年的 380 万人次增加到

2014 年 941 万人次,增长了 147%,其中台胞到大陆增至 537 万人次,大陆同胞赴台也增至 404 万人次,两岸人员往来趋于平衡。正是在两岸人员互相交流的基础上,两岸人民才逐渐消除彼此间的误解和敌意,不断建立相互理解和相互信任的民意基础,构筑共同的价值与利益联系。两岸民众真正成为两岸交流的主体,并从中受益。《海峡两岸经济合作框架协议》(ECFA)实施四年多来,与台湾民生经济紧密结合,台湾工商界,特别是中小企业、基层民众普遍受益。据台湾方面统计,从 2011 年 1 月到 2014 年 12 月,ECFA 早收清单计划累计为台湾企业减免关税 10 多亿美元。至 2014 年底,台湾在大陆投资的厂家超过 9.2 万家,金额超过 610 亿美元,若包括经过第三地的台资则超过 2000 亿美元;两岸贸易规模达 1983 亿美元,其中台湾对大陆出口 1520 亿美元,自大陆进口 463 亿美元,顺差达 1057 亿美元。大陆现为台湾的第一大贸易伙伴、第一大出口市场及最重要的进口来源地和顺差来源地与第一大对外投资地。

和风拂海峡,家和万事兴。在两岸关系和平发展的新时期,共创双赢是两岸民心所向,也是时代潮流所趋。2011 年 3 月,"十二五"规划纲要首次把发展两岸关系专门列为一章。而几乎同期,台湾当局也提出了"开创黄金十年"的政策蓝图,把加强两岸产业对接作为工作重点。海峡两岸经济发展规划首度出现"交集",这是两岸关系发展的重要一章。2013 年 11 月,中共十八届三中全会确立的全面深化改革、扩大开放的各项举措正在陆续展开。随着各项政策的相继实施,必将极大地激发大陆内需市场,为深化两岸合作、扩大两岸交流提供新的广阔空间。只要秉持诚意、互释善意、相向而行,一定能够不断拓展两会制度化协商的广阔空间,不断为推动两岸关系和平发展做出新的贡献。

(二)两岸关系和平发展的社会效应

"万众一心,急起直追,以我五千年文明优秀之民族,应世界之潮流,而建设一政治最修明、人民最安乐之国家。"孙中山的遗愿一语道出近代以来中华民族的共同追求。海峡两岸在不同的发展道路上共同追求中华民族的繁荣昌盛和富裕强大,各自以不同的方式创造出骄人经济和社会成就。两岸同胞不仅在北京奥运会、上海世博会、台北听障奥运会、台北花博会等大型赛事和展会中,共襄盛举,同享荣光,而且在重大的自然灾害和严重的经济危机面前,也风雨同舟,共克时艰。每逢天灾,如四川汶川特大地震、台湾"莫拉克"风灾、大陆西南地区旱灾、青海玉树强烈地震,两岸同胞都感同身受,患难与共,互相伸出援手,共同抵御自然灾害。当国际金融危机影响席卷全球时,大陆及时伸出援手,出台为台湾经济纾困的政策措施。在台湾同胞关心的参与国际组织活动的问题上,大陆方面也充分释放了善意,在不造成"两个中国""一中一台"的前提下,妥善解决了台湾以"中华台北"名义和观察员身份出席世界卫生大会等问题。七年多来,两岸双方减少了在涉外事务中的内耗。大潮澎湃,莫之能御。两岸关系和平发展的道路越走越宽,实际影响到台湾社会的各个阶层,为台湾广大民众所认同,也为台湾各主要党派所不能漠视。

(三)两岸关系和平发展的政治效应

两岸关系和平稳定对台湾经济发展和民生福利建设具有不可或缺的重要性,这是台湾社会和民众普遍认知的。台湾民众大多认同两岸关系和平发展的方针政策,把两岸关系和平发展与台湾民众的切身利益相互挂钩,把"九二共识"与两岸关系和平发展挂钩。因此,马英九推动两岸关系走上和平发展的轨道,得到台湾多数民众的认同。2012年1月举行的台湾地区领导人和民意代表选举,两岸议题首度在台湾的重大选举中作为正面因素出现。选举结果显示,大多数台湾选民选择了支持两岸关系和平发展的政党,表达了希望台海局势稳定和两岸交流合作继续扩大、协商谈判持续推进的愿望。在两岸关系和平发展的新形势下,顺潮流而动、顺民意所向,就能被人民、被时代所选择。

2012年3月22日,胡锦涛在会见吴伯雄时指出,"当前两岸关系迎来新的发展机遇,面临着继往开来的新形势",两岸双方"应该不断巩固成果、深化合作,努力再创新局"。吴伯雄表示:"坚持'九二共识'是国共两党重要的政治互信。海峡两岸并非国与国的关系。根据双方现行体制和相关规定,两岸都坚持一个中国,在此基础上求同存异。""本着对历史负责的态度,真正做到中华民族不再内战,海峡两岸不再内耗,让两岸同胞、所有中华儿女拥有充满光明的愿景,这是两党应该共同奋斗的目标。"

迫于台湾民意和两岸关系现实的压力,民进党也在调整其大陆政策,务实派人士要求反思负面操作两岸议题、"逢中必反"的惯常做法,务实面对大陆,调整两岸政策,与大陆进行交流、交往。2012年10月,民进党前主席谢长廷以"台湾维新基金会"董事长的身份来大陆参访,迈出民进党代表性人物访问大陆的第一步。随后,一些民进党籍的台湾地方县市长,如台南市长赖清德、高雄市长陈菊等也相继以私人身份访问大陆,开启"接触之旅"。

三、两岸关系和平发展的基本格局

(一)两岸关系和平发展格局初步确立

当前,两岸关系和平发展的基本格局已初步确立,不仅实现了"国共党对党谈判",恢复了"两会"协商并取得明显进展,而且实现了两岸全面、直接"三通",初步建立了两岸经济合作框架。随着两岸关系的不断发展,两岸谈判和两岸交流正向"深水区"迈进。继续坚持和平发展的正确方向,巩固两岸关系和平发展的政治、经济、文化和社会基础,努力拓展两岸关系和平发展的新局面,需要两岸双方以更坚定的信心、更高超的智慧和更大的勇气,排除国际反华势力和台湾岛内"台独"势力的各种干扰,合力破解两岸关系和平发展进程中出现的种种难题,全力确保两岸关系和平发展格局不会因为台湾发生政党轮替而生变。因此,当前的主要任务是,巩固两岸关系和平发展成果,深化两岸各领域的交流和合作。

其一,坚持"九二共识",巩固两岸互信的政治基础。这是保持两岸关系正确方向的首要关键。经过 20 多年两岸关系跌宕前行的复杂考验,特别是经过 2008 年以来两岸关系和平发展的丰富实践,"九二共识"作为两岸政治互信的重要性得到广泛认同。在维护"九二共识"、反对"台独"的基础上,促进双方就确立和巩固一个中国框架形成更为清晰的认知,从而为两岸关系向前发展开辟更宽广的道路。

其二,深化两岸经济合作,扩大两岸同胞的共同利益。这是当前推动两岸关系发展的优先和重点。继续协助大陆台资企业发展,鼓励双向投资,推进两岸金融合作、产业合作,加快 ECFA 后续商谈,落实两岸经贸合作的具体实效,惠及更多的企业和普通民众,让台湾民众真正感受到经济交流带来的好处,从而增加两岸关系和平发展的红利。

其三,加强两岸文教交流,促进两岸同胞的感情融洽。这是为两岸关系和平发展提供精神支撑和文化基础。中华文化一脉相承,两岸同胞同源同宗同文,继续深化文化、教育等领域的交流合作,巩固交流机制,提高交流质量,创新交流形式,注重交流效果,共同传承和弘扬中华文化。

其四,扩大两岸人民往来,巩固两岸社会的联系纽带。这是两岸关系和平发展的社会基础。两岸人民往来每年已近千万人次的规模,其中台胞来大陆每年稳定在 500 多万人次,而大陆同胞赴台数量持续增长,接近 500 万人次,两者客流量逐步趋于平衡。当前的主要任务是不断扩大两岸民众的支持和参与,鼓励更多的两岸同胞,尤其是台湾同胞投身到两岸关系和平发展的大潮中,汇聚推动两岸关系和平发展的主流民意,增强两岸同胞共同实现民族复兴的内在动力。

在巩固和深化两岸关系和平发展的进程中,面临的机遇和挑战是并存的,但总体来看,机遇大于挑战。"确保两岸关系和平发展,政治基础是坚持大陆和台湾同属一个中国,重要途径是深化交流合作、推进协商谈判,强大动力是促进两岸同胞团结奋斗,必要条件是反对'台独'分裂活动。"①

2012 年 11 月 8 日,在中共十八大会上,胡锦涛强调:将继续"坚持'和平统一、一国两制'的方针,坚持发展两岸关系、推进祖国和平统一进程的八项主张,全面贯彻两岸关系和平发展的重要思想","始终坚持一个中国原则","坚决反对'台独'的分裂图谋"等,明确"实现和平统一首先要确保两岸关系和平发展",提出"巩固和深化两岸关系和平发展的政治、经济、文化、社会基础,为和平统一创造更充分的条件"。这充分显示出中共对两岸关系发展的现状有了清醒的认识,准确抓住了当前两岸关系发展的关键要素,为两岸关系发展确定了明确的方向,既坚持了大陆对台方针政策的原则和立场,更是一次发展和创新。这一信号对大陆和台湾都充满了正能量。

依照中共十八大定下的蓝图,大陆自身综合国力和国际影响力将继续快速增强,一个稳定的两岸关系,有利于大陆更好地发展自己、完成全面小康社会的宏伟目标,也将使大陆在处理两岸关系上拥有较以往更充沛的工作资源,从而更加自信从容、耐心细腻、务实包容,同时对台湾的政经发展和社会民心也会产生越来越大的影响力,使两岸关系和平发展成为不可逆转的趋势。

(二)新一代领导集体对台政策更加稳健

中共十八大以来,领导集体实现新老交替,对台政策更是体现出稳中求进、全面发展的思路,对台工作更加积极主动,措施更加全面到位,充分体现出与时俱进、务实进取的高度信心与强劲动力。

2010 年 4 月 10 日,习近平在会见出席博鳌亚洲论坛 2010 年年会的台湾"两岸共同市场基金会"最高顾问钱复一行时强调:"尽管两岸走过了不同的发展道路,但我们始终认为,两岸同胞同属中华民族,两岸经济同属中华民族经济","只要两岸双方都能从两岸同胞一家人的角度来考虑问题,什么问题都好

---

① 　孙亚夫:《巩固和深化两岸关系和平发展》,《光明日报》2012 年 11 月 27 日第 2 版。

商量,什么问题都能够解决"。

2013 年 2 月 25 日上午,习近平在会见连战及随访的台湾各界人士时强调,继续推动两岸关系和平发展、促进两岸和平统一,是新一届中共中央领导集体的责任。这些年两岸关系取得一系列重大积极进展,维护了台海地区和平,增进了两岸同胞福祉,符合两岸中国人共同愿望,符合中华民族整体利益。两岸同胞血脉相连,是一家人。维护好台湾同胞权益,发展好台湾同胞福祉,是大陆方面多次作出的公开宣示,也是新一届中共中央领导集体的郑重承诺。因此,将保持对台工作大政方针的连续性,始终坚持一个中国原则,持续推进两岸交流合作,努力促进两岸同胞团结奋斗,巩固和深化两岸关系和平发展的政治、经济、文化、社会基础,再接再厉,务实进取,促进两岸交流合作不断取得新的成就,造福两岸同胞。习近平指出,我们始终从全民族发展的高度来把握两岸关系发展方向。大陆和台湾是休戚与共的命运共同体。近代以来,中华民族饱受列强欺凌。想起那一段屈辱的历史,每一个中国人都会心痛。实现中华民族伟大复兴,是中华民族近代以来最伟大的梦想。现在,我们比历史上任何时期都更有信心、更有能力实现这个梦想。"兄弟齐心,其利断金。"实现中华民族伟大复兴,需要两岸同胞共同努力。我们真诚希望台湾同大陆一道发展,两岸同胞共同来圆"中国梦"。携手推动两岸关系和平发展,同心实现中华民族伟大复兴,应该成为两岸关系的主旋律,成为两岸中华儿女的共同使命。我们有充分信心继续坚定不移推动两岸关系和平发展,有充分信心克服各种困难,开辟两岸关系新前景,有充分信心同台湾同胞携手迎接中华民族伟大复兴。

2013 年 4 月 8 日,习近平在海南"博鳌论坛"会见台湾"两岸共同市场基金会"荣誉董事长萧万长一行时强调,大陆方面对推动两岸关系和平发展,决心是坚定的,方针政策是明确的,并对促进两岸合作提出四点希望。第一,希望本着两岸同胞一家人的理念促进两岸经济合作。两岸同胞同属中华民族,两岸经济同属中华民族经济。我们会更多考虑台湾同胞的需求和利益,积极促进在投资和经济合作领域加快给予台湾企业与大陆企业同等待遇,为深化两岸经济合作提供更广阔的空间。第二,希望两岸加强经济领域高层次对话和协调,共同推动经济合作迈上新台阶。有必要更好地发挥海峡两岸经济合作框架协议内经济合作委员会的功能,加强形势、政策、发展规划沟通,增强经济合作的前瞻性和协调性。要加快拓展产业合作,扩大双向投资,深化金融服务业合作,探索新的合作途径。第三,希望两岸加快经济合作框架协议后续协议商谈进程,提高经济合作制度化水平。两岸应该争取尽快签署服务贸易协议,力争在年内完成货物贸易、贸易争端解决机制等议题的磋商。两岸可以适时务实探讨经济共同发展、区域经济合作进程相衔接的适当方式和可行途径,为两岸经济合作增添新的活力。第四,希望两岸同胞团结合作,共同致力于实现中华民族伟大复兴。两岸全面、直接、双向"三通"已经实现,尤其是两岸经济合作框架协议的签署和实施,开启了两岸经济关系新的发展阶段。"肯取势者可为人先,能谋势者必有所成。"对海峡两岸中国人来说,重要的是真正认识和切实把握历史机遇,顺应时代发展潮流,携手推动两岸关系和平发展,共同开创中华民族美好未来。[①]

2014 年 2 月 18 日,中共中央总书记习近平在会见连战一行时,发表《共圆中华民族伟大复兴的中国梦》的重要谈话,深刻阐述了"两岸一家亲"的道理,讲清了巩固和深化共同政治基础对两岸关系和平发展的重要意义,强调要有破解两岸政治难题的勇气和历史责任感,指出了中国梦与台湾同胞梦的紧密联系,表达了携手台湾同胞共创美好未来的心愿,呼吁两岸同胞共同推动两岸关系和平发展,共圆中华民族伟大复兴中国梦。特别提到"对台湾同胞一视同仁,无论是谁,无论他之前做过什么,只要他现在愿意推动两岸关系和平发展,我们都欢迎"。谈话情真意切,内涵丰富,不仅体现了关心爱护台湾同胞的真挚情感和对台湾同胞的真切理解,而且体现了团结广大台湾同胞共走两岸关系和平发展之路的诚意和决心,从而为两岸关系和平发展指明了方向。谈话发表后,在海峡两岸和国际社会引起强烈反响,受到社会各界高度肯定和普遍欢迎,海内外舆论给予广泛关注和积极评价。

2015 年 3 月 4 日,习近平在看望出席全国政协十二届三次会议的民革、台盟、台联委员时,发表了真切诚恳、入理入情的谈话,强调坚持为两岸同胞谋福祉的理念不会变,为台湾同胞办实事、办好事的政策措施不会变,注重听取台湾各界特别是基层民众意见和建议,愿意了解台湾同胞的想法和需求,愿意让台湾同胞分享大陆发展机遇,愿意为台湾青年提供施展才华、实现抱负的舞台,让两岸关系和平发展为他们的成长、成才、成功注入新动力、拓展新空间。同时,明确指出,近期两岸关系也发生了一些不尽如人意的事,台湾岛内的形势也在不断发生变化,两岸同胞要对"台独"势力保持高度警惕,对于妄图破坏两岸关系乃至分裂祖国的人和"台独"分裂势力及其活动损害国家主权和领土

---

① 许晓青、李寒芳、林甦、许雪毅:《执政中国:和平发展开新局——以胡锦涛同志为总书记的党中央推动两岸关系和平发展纪实》,http://news.xinhuanet.com/politics/2012-11/04/c_113598283.htm,访问日期:2014 年 10 月 15 日。

完整,企图挑起两岸民众和社会对立、割断两岸同胞精神纽带,是台海和平稳定的最大威胁,是两岸关系和平发展的最大障碍,必须坚决反对。

从大陆对台政策的演变过程看,每个时期的政策方针重点虽然有所不同,但基本原则和发展目标仍然具有相当程度的一贯性和延续性,也就是以完成国家统一为最终目标。从毛泽东时代的"武力解放台湾"和"和平解决台湾问题",到邓小平时代的"和平统一,一国两制",从江泽民时代的"江八点"到胡锦涛时代的《反分裂国家法》和"胡六点"以及习近平时代关于对台工作的重要讲话,都以实现两岸统一为最高战略目标。在这一最高战略目标的指引下,在实现和平统一前的相当一段过渡期内,首先实现两岸关系和平发展。

两岸关系和平发展道路的开辟与推进,不仅创造了两岸关系持续发展的充沛动力,而且提供了两岸政策不断调整完善的宝贵启示,在两岸关系史上具有分水岭的意义,并为两岸关系发展奠定了坚实的基础。未来需要继续与时俱进,运用科学发展观来指导对台工作实践,坚持在发展的基础上解决台湾问题,坚持对台方针政策与中华民族整体战略相协调,与两岸人民共同利益相协调,统筹兼顾,充分发挥各方面的积极因素,既顾及自身利益,又要考虑地区安全和国际和平,全面协调推进两岸关系的可持续发展。

第三章

海峡两岸关系和平发展的未来走向

在海峡两岸关系和平发展格局初步确立的基础上,未来一段时间内,两岸关系发展仍将继续保持和平、稳定的动态变化格局,这种格局是建构在各种实力表面大致均衡而实际和平发展力量日益壮大的基础上。换言之,各种力量在台湾海峡上空的较量和挤压,构成了动态发展中的两岸关系难以摆脱的基本架构。因此,从理性的角度出发,在可预见的未来,基于来自大陆、台湾、国际三个方面不同的内在逻辑力量的消长变化趋势,虽然反"台独"、反分裂的斗争任务依然艰巨,形势不容乐观,但是两岸关系仍不断向积极、有利的方向转变,和平发展的新格局得以继续巩固和日益深化。因此,随着各方主张和平发展的力量不断增强,对于两岸关系和平发展的未来走向,可以做出以下基本判断:在"台独"活动空间日益缩小的变化趋势中,努力扩大和平发展与和平统一的力量,把握机遇,创造条件,积累实力,积极推动两岸和平统一的发展进程。

第一节　制衡"台独"势力的基本政治格局

为了确保海峡两岸关系能够和平、顺利、稳定地发展,必须有效制衡岛内"台独"势力的发展空间。台湾海峡上空的三股重要力量,即祖国大陆维护和平稳定与国家统一的力量,台湾岛内反对"台独"分裂、主张和平发展的力量和世界维护和平稳定的力量,已经多次在反"台独"、反分裂的关键时刻扮演"制衡者"的角色,在两岸关系和平发展中发挥决定性作用。无论是"两国论",还是"一边一国论",或是"台湾独立"的诉求,在过去、现在以及未来,在客观上都没有任何实践的环境和条件,终难成气候,活动空间日益缩小,台湾分离主义势力想要实现的"台独"分裂图谋,无法跨过三个不可逾越的"红线",海峡两岸关系和平发展的空间不断扩大。

一、台湾政治格局的制衡

尽管李登辉和陈水扁执政时期台湾岛内分离主义势力曾一度甚嚣尘上，强行推行"去中国化""台湾正名""政策台独""政治台独""文化台独"等各种形形色色的"台独"，分裂手段不断翻新，但是，涉及根本的所谓"法理台独"，或"法律台独"，或"宪法台独"，在台湾内部也无法实现，"入联公投""务实外交""金钱外交"等形式的"国际台独"或"外交台独"更是到处碰壁，"台独"道路越走越窄。

台湾岛内的"泛蓝"阵营是牵制"台独"势力的重要力量。就法律程序而言，"台独"势力想要推动涉及"法理台独"的"修宪"，必须经四分之一的"立委"提案，四分之三的"立委"通过，以及全体二分之一的有效"选民"同意，才能付诸实施。但是，在目前主张"维持现状"的"台湾选民"居大多数的基本政治格局下，这道"门槛"是"法理台独"难以逾越的。这一点，就连当年的陈水扁也不得不承认。2005年3月1日，他在与欧盟议员进行视频会议时表示，"在我任期内要把'国号中华民国'改为'台湾共和国'，我做不到，相信前'总统'李登辉过去12年任期没有做到，纵使现在'总统'给他做，他也做不到"。他强调，"不能骗自己，不能骗别人，我做不到，就是做不到"。他重申，推动"宪改"无涉统"独"议题。[①]

马英九上台后，台湾执政者的"台独"倾向得到遏制，"政策台独"或"政治台独"活动有所扭转，"不统""不独""不武"的"三不"政策，日益成为马英九执政当局处理两岸关系的核心价值理念和基本政策基调。在台湾主流民意大都主张维护两岸关系和平稳定发展的前提下，台湾分离主义势力的"台独"之梦在岛内也是死路一条。时任民进党主席苏贞昌在2013年5月29日接受台湾《联合晚报》专访时称，"台湾不必再喊'台独'，要往前走"，两岸关系复杂、瞬息变化，他从不以为靠"几字箴言"就可以处理两岸关系，只能自己沉住气，对应千变万化，民进党与共产党的交流，"任何层次的对话轨道都可进行"。在"台独"道路愈加走不通的格局下，民进党也不得不回到对话和交流的轨道上。

2013年4月29日，马英九在台湾"海基会"举办的"辜汪会谈"20周年纪念茶会致辞时表示，不会去推动"两个中国"、"一中一台"与"台湾独立"，还表

---

① 新华通讯社：《陈水扁哀叹搞"台独"力不从心》，《参考消息》2005年3月3日第1版。

示，"我们两岸人民都属于中华民族，都是炎黄子孙，我们共享共同血缘、历史与文化"。马英九的"新三不"表态是台湾当局有关两岸政策的最新表述，引发了两岸的高度关注。这是对两岸同属中华民族、炎黄子孙，两岸同根同源、血脉相连的重申和强调，体现了民族大义。"东家种竹，西家治地"，中华民族内部的这种血脉联动，无论多么坚固的政治屏障也休想隔绝。

二、国际政治格局的牵制

尽管国际上一些反华右翼势力从"冷战"思维出发，千方百计地围堵、遏制甚至唱衰中国，竭力阻挠中国和平崛起的进程，纵容"台独"势力蔓延以及挑衅大陆的行为，但是，和平与发展仍然是当今世界的主流意识和普遍共识，国际社会绝大多数国家和地区都承认"一个中国"原则，即使是扮演"国际警察长"角色的美国，也不希望因"台独"引发两岸军事冲突而危及其国家安全利益和全球战略利益。美国在外交上的政策选择主要是基于国际政治的现实存在和美国国家利益的最大化。美国与海峡两岸都存在巨大而密切的利益关系，两岸任何一方改变现状的突发行动，都必然波及美国的现实利益。

从过去30多年来两岸关系的发展情形来看，李登辉和陈水扁执政时期，台湾当局曾一度急于改变现状，大力推行"政治台独"或"政策台独"，扩展"外交台独"或"国际台独"，其结果虽然给中美关系造成一定的负面影响，但台湾方面受伤更重，到处碰壁，所谓的"邦交国"越交越少，"外交部"被形象地形容为"断交部"。"台独"行为不仅严重影响两岸关系和平发展，而且损害到美国的全球安全利益。马英九上台后，主张维持现状，推行"三不政策"，及时停止"政策台独"或"政治台独"，暂停两岸在政治上的"零和博弈"，实行"外交休兵"的务实政策，尽量避免两岸在军事上的"负和博弈"，积极推动两岸在经济上的"正和博弈"，正符合美国的战略利益，受到美国的支持和肯定，也给两岸关系带来和平、稳定发展与共赢的局面。正是因为马英九的"乖乖牌"（按常理和规则"出牌"）大陆政策，其继续连任才得到了美国的支持。

和平解决台湾问题，对美国而言，并非只是普通口号和一般说教，而是具有现实利益的。美国政府从来就是以利益为根本，多次明确表示不支持"台独"，这是美国在台湾问题上的"底线"。中美两国作为当今国际社会最主要的两大成员，即最大的发展中国家和最大的发达国家，在经济上是互补的，共同利益是主要的、全局性的，矛盾和冲突是次要的、局部性的。中国政府虽然不能接受美国所谓"维持现状"的政策，但不代表会无视美国对和平解决台湾问题的严重关切。由于美国对台湾当局的影响力依然十分重要,美国因素在两岸互动关系中的作用不可忽视。[①] 从近来历次台湾地方领导人选举前主要政党候选人纷纷到美国访问以争取美国支持的各种活动中,可以看出美国因素对台湾政局的影响力。在不对称的美台关系中,台湾长期以来处于被美国支配的地位,美国对台政策的走向直接攸关台湾的前途和命运。在台湾问题上,美方多次重申坚持"一个中国"政策,遵守"中美三个联合公报"和不支持"台独"的立场。两岸关系和平发展其实是符合国际社会,包括西方主流社会的价值观念,也符合美国的战略利益。

三、两岸政治格局的制约

台湾的前途和命运不仅取决于 2300 万台湾同胞的意愿和抉择,更取决于 13 亿大陆人民的信心和决心。造成台湾问题的远因,是近代中国落后挨打、任人宰割的结果。中日甲午战争导致台湾割让给日本。中国人民经过百年抗争,终于重新屹立于世界民族之林。如今中国大陆迅速崛起,综合国力日益增强,维护国家主权和领土完整是包括台湾同胞在内的全体中国人民的共同义务。台湾问题"首先是个民族问题,民族的感情问题。凡是中华民族子孙,都希望中国能统一,分裂状况是违背民族意志的。其次,只要台湾不同大陆统一,台湾作为中国领土的地位是没有保障的,不知道哪一天又被别人拿去了"[②]。维护国家统一和领土完整,事关中华民族的根本利益,中国人民将绝不容许任何人以任何方式把台湾从中国分割出去。2005 年 3 月,全国人大通过《反分裂国家法》,就是拿起法律的武器,跟"台独"势力斗法。在当前两岸关系和平发展的格局下,中国大陆仍然毫不松懈,依然高举反对"台独"的利剑,时刻警惕"台独"分裂势力兴风作浪,防止台湾岛内的分离主义倾向。从发展趋势看,中国大陆综合实力不断增强与台湾地区综合实力相对减弱的两种反向趋势,决定了台湾想要从中国分离出去的梦想是永远无法实现的。中国大陆全体人民维护国家统一的坚强意志,是"台独"无法逾越的最后一道门槛。

由上述可见,由于岛内主张两岸关系和平发展的政治力量和主流选民的有力牵制、国际社会维护和平、稳定发展的正义力量的有效制衡以及中国大陆

---

① 刘国深:《两岸互动中的美国因素》,《台湾研究集刊》2002 年第 3 期。

② 邓小平:《答美国记者迈克·华莱士问》,《邓小平文选》第 3 卷,人民出版社 1993 年版,第 170 页。

维护国家主权和领土完整的民族力量的强力遏制,"台独"图谋的表现形式只能停留在"言论台独""思想台独"或某些"文化台独"的层面上,一度也曾发展到"政策台独"或"政治台独"的层面上,或曾作为一种选举工具进行策略运用,而这种工具现在反而越来越成为选举的负面因素和"票房毒药",想要发展到"法理台独""法律台独"或"宪法台独"已愈加不可能,更永远无法发展到"国际台独"或"外交台独",又遑论作为"主权国家"的存在。因此,在"台独"活动空间日益缩小的发展趋势下,海峡两岸关系和平发展空间也不断扩大。

第二节　和平发展过渡到和平统一的主要障碍

　　"台独"不可行,并不意味着两岸关系和平发展从此就能一帆风顺,两岸和平统一就能够很快地实现。台湾问题的艰巨性、复杂性和长期性决定了国家统一不可一蹴而就,从和平发展过渡到和平统一需要足够的耐心和信心,并付出艰辛的努力,甚至是巨大的代价。台湾问题的近因,是中国国内不同政治势力斗争和国共内战延伸的结果。这一历史遗留问题延续了60多年,如果从日据时期算起,则延续了120年。1900年农历二月十三日夜,台湾诗人丘逢甲乘船去南洋。当一轮明月从碧海跃上天穹,水天相连,晶莹澄澈时,诗人触景生情,不禁感慨道:"人间万事纷变灭,方见月圆旋月缺。四万八千修月仙,玉斧长劳竟何说。"如果用月亮来比喻一个民族或国家的话,那么,在实现中华民族伟大复兴和完成国家统一的进程中,现在正是期盼"月圆"的时分,这还有待千千万万"修月仙"的共同努力。

一、台湾问题的艰巨性延缓了和平统一的进程

　　台湾问题的艰巨性主要体现在台湾当局的"拒统"心态。从台湾当局的两岸政策演变过程看,整体上是消极大于积极。蒋经国主政时期,台湾当局主张"不接触、不谈判、不妥协"的"三不政策",是典型的两岸冷战思维;李登辉主政时期,极力推行"两国论",给两岸关系带来严重危害;而陈水扁主政时期,则是强调"一边一国论",成为阻碍两岸关系向前发展的倒行逆施政策;2008年马英九上台后便以"不统、不独、不武"的"三不政策"作为两岸政策基调,虽然不主张"台独",但也不主张统一,希望继续维持现状,而且在2012年实现连任后,依然将其作为第二任期两岸政策的主轴。台湾虽然历经两次"政党轮替",

政权实现了多次更迭,每届领导层的两岸政策有所不同,但在差异中有着共性,即都是以"拒统"为核心的政策理念。

(一)李登辉、陈水扁分离主义路线遗毒仍在

在李登辉(1988—2000年任台湾地区领导人)和陈水扁(2000—2008年任台湾地区领导人)执政的20年期间,台湾当局曾在分离主义道路上越走越远,一度使解决台湾问题的难度增大。

李登辉执政12年期间,从初期的"本土化"路线,到后期的分离主义路线,从"言论台独"到"政策台独",各式各样的"渐进性台独"活动纷纷出笼:"宪法"的多次修改为"政治台独"创造法律条件,"教科书"的不断修订为"思想台独"营造精神温床,"文化台独"的强制实施为"言论台独"培育思想土壤,"政策台独"的包装推销为"政治台独"提供实施架构。各种各样的分裂活动日益加剧,甚嚣尘上,海外"台独运动"也蔓延到台湾,并在岛内形成了一股牵制台湾政治走向的重要势力,即所谓"深绿色"的"台独基本教义派"。尤其是"教科书"中"去中国化"的修改,在台湾青少年的潜意识中隔离了两岸历史、文化联系的精神纽带。李登辉并未遵循"九二共识",反而不断提出背离一个中国原则的两岸政治定位新论述,从"两岸分裂分治""两个对等政治实体""两个平行的国际法人",到"'中华民国'在台湾""在台湾的'中华民国'"以及下台前抛出的"两国论"等带有隐性分裂的赤裸裸"台独"主张,每一次都引起两岸在此重大问题上的矛盾和斗争。

陈水扁执政8年期间,在政治上基本继承李登辉路线,继续进行"切香肠"式的分裂活动:从"台湾正名"运动的大力推行,到"公投制宪"活动的积极推动,是"政治台独"走向"法理台独"的初步尝试;从"'中华民国'四阶段论"的变相出台,到"国统纲领"的正式终止,是"政治台独"的登峰造极;"入联公投"的强制实施则是"外交台独"或"国际台独"的又一次图谋。每一次"台独"活动的图谋和尝试,都一再使两岸关系陷入更加紧张的局面。台湾某些政党和政治团体在主观上不愿促使两岸关系逐步走向统一,反而在相反的道路上渐行渐远,无疑给两岸关系和平发展和促进国家统一带来较大的难度和障碍。

尽管陈水扁下台后,岛内的分离主义势力已无法主导两岸关系发展的大势,但是民进党及绿营其他政党和政治人物迄今未改变长期以来敌视大陆的政策立场,还在不断鼓动台湾岛内民众与大陆对抗和仇视,而且期望组建外部民主联盟对抗两岸的交流合作。虽然民进党内部也出现了希望缓和两岸关系、民共务实交流和对话的声音,但总体上看,当前民进党、"台联党"的"台独"

属性尚未根本改变。他们是岛内阻碍两岸经济交流、两岸政治对话、两岸和平发展与两岸和平统一的主要政治势力。

(二)马英九"拒统"心态表现无遗

马英九上台后,两岸关系和平发展的曙光逐步显现,虽然"政策台独"或"政治台独"以及"文化台独"的活动倾向得到一定程度地遏制或局部扭转,反"独"或"不独"的政治意识有所加强,但是,其"不统"或"拒统"和维持现状的偏安意识也在强化,主张台湾本土化的台湾意识普遍成了现阶段台湾民众的主流民意,"思想台独"或"言论台独"在岛内仍大行其道。在"不统""不独""不武"成为马英九处理两岸关系的核心价值标准后,"三不"政策既是台湾"独立"的障碍,也成了两岸和平统一的桎梏。在这一政策主导下的两岸关系,虽然可以带来暂时的和平发展局面,但是,彻底解决台湾问题、最终完成国家统一的艰巨性也就凸显出来。因此,对于两岸政治接触与对话,台湾方面采取了"婉拒"的态度,相应提出了"不排斥、不着急、不启动"的"新三不政策"作为"搪塞"。马英九在2009年的"双十讲话"中说,两岸之间的差距与疑虑有其历史因素,不可能一步跨越,旦夕消弭,将来的两岸关系和平发展仍需要双方抱持耐心,正视现实,循序渐进,以扩大互信,求同存异。这其实是向大陆提出了要时间、要空间的主张,表明了目前两岸进行政治接触时机的三个不成熟:政治条件不成熟、民意条件不成熟、现实条件不成熟,其应对策略也是以拖待变。马英九主政7年多来,始终强调"不统、不独、不武",而这一政策的首要一点就是"不统",不主张、不推动两岸和平统一进程;而"不独"主要是与李登辉的"两国论"和陈水扁"一边一国"的"台独"政策相互区隔,一方面争取岛内统派和泛蓝阵营的支持,另一方面争得大陆的认可和美国的信任;而"不武"则是实现"不统"与"不独"的方式和手段,即台湾以"不武"维持台海地区和平稳定,以维持两岸"不统""不独"的现状为目标。台湾当局以新、旧"三不"作为政策论述方式,以维持现状为出发点和落脚点,充分体现出其两岸政策消极、偏安的一面。

面对大陆积极谋求两岸关系和平发展,努力推进两岸关系向国家统一的目标前进,台湾当局"拒统"心态更加明显,不但对两岸政治问题避之唯恐不及,而且对于大陆提出以民间方式进行两岸政治对话也拒之门外。虽然这一政策得到美国的信任和支持,但在两岸关系新的发展形势下,两岸在政治问题上明显存在"促统"与"拒统"两个相反方向的相背而行。因此,台湾当局处理两岸政治关系的主要策略是"以拖待变",强调两岸交流"先经后政",先易后难,循序渐进,以两岸关系进入"深水区"为借口,有目的、有计划地放缓两岸交流和开放的步伐。无论是出于时机不成熟,还是民意基础不足的借口,都反映了台湾当局对台湾未来的忧虑。大陆对于台湾保守、消极甚至是有些倒退的两岸政策当然不能认同。从种种迹象来看,未来几年台湾当局在两岸政策方面难有重大突破和改变,"先经后政"很有可能成为"只经不政"了。两岸如何增同化异,相向而行,仍然充满变数和挑战。两岸想要实现更多的和解和合作,进一步深化两岸关系和平发展,需要两岸展现更高的政治智慧和更大的政治勇气。

二、台湾问题的复杂性增加了和平统一的障碍

台湾问题是一个夹杂复杂国际因素的内政问题。美国、日本等国家对台湾问题的深度介入,是阻挠中国统一的最大障碍。在两岸互动关系中,一些国际反华势力、极右翼势力长期扮演着阻碍两岸中国人正式结束敌对关系的"破坏者"角色。相对而言,美国因素对台湾问题的影响更加明显。

(一)美国对台湾问题的深度介入加剧了台湾问题的复杂性

虽然美国在中国大陆的经济利益存在已远远胜于美国在台湾的经济利益存在,但是,美台之间的利益联结更突出地表现在军事战略、政治意识以及文化价值层面上。由于美国与中国大陆之间一直存在着公开的政治歧见和潜在的军事对抗风险,美台之间的利益关系并没有随着经济利益关系的弱化而弱化。以台湾问题牵制中国大陆,是美国政府对台政策的主轴。美国为了制衡中国大陆,会充分利用台湾这个"马前卒"的棋子;台湾也有一些人为了抗拒大陆不断强盛而产生的强大吸引力,不惜牺牲台湾的经济利益,在政策上"闭关锁台",拒绝开放,甚至甘愿被美国当作一种政治筹码。尽管美国官方政策承认台湾是中国的一部分,但对两岸关系一直采取模糊策略,不愿发出明确的清晰信号,只重申不支持"台独",未明确表示反对"台独"。美国只强调两岸的问题要和平地解决,既反对台湾以"法理台独"的方式改变两岸关系的现状,又反对中国大陆以非和平或武力的方式改变两岸关系现状,并默许台湾可以以某种方式维持"事实独立"的状态。这就是美国给两岸关系定下的强权逻辑。美国等西方主要国家虽不赞同"台湾独立",但也不赞成两岸统一,甚至在一些方面,如对台军售上,暗中支持台湾对抗大陆。

马英九上台后,实施全面的亲美政策。2008年台军方首度明确台美军事关系为准同盟关系。这是台美"断交"且继"台美共同防御条约"废止后,台湾

当局首次公开以"同盟"的字眼来形容台美军事关系。2009 年美国智库报告也称美台为准军事同盟关系。马英九在其第一任期内共向美国采购了价值 108 亿美元的先进武器;第二任期内向美军购的数额和种类继续扩大。此外,马英九在"保钓"问题上的暧昧态度和摇摆立场,甚至与日本单独达成"台日渔业协议"等做法,都说明了美国对台湾的左右能量和深刻影响力。可以说,美台已形成了无名有实的同盟关系,成为美国在亚洲战略同盟圈的重要一环。美国对台湾问题的深度介入,加剧了台湾问题的复杂性,使台湾问题的解决过程和两岸关系和平发展进程相对延缓。因此,解决台湾问题最大的外部阻力主要来自于美国,这也是中美关系中核心问题之所在。

(二)日本对台湾问题的严重干预增加了台湾问题的复杂性

在强调美国对中国解决台湾问题的制约时,也要重视日本因素对台湾问题的深刻影响。实际上,自 20 世纪 90 年代李登辉执政以来,日本明显提升了日台关系,在对华战略上利用台湾问题牵制和遏制中国的趋势日益明显,因而不会轻易放弃插手台湾问题。除了日本在台湾存在巨大的经济利益外,台湾的地理位置决定了其在日本地缘政治战略中十分突出的地位。台湾地区地处中国大陆、日本与东南亚的中心部位,战略位置对于作为太平洋岛国的日本具有非常重要的意义。"日本—台湾海峡—马六甲海峡—印度洋"的海上航线一直被日本视为海上贸易的生命线,而台湾恰恰扼守这条生命线的关键位置。日本对外贸易总额的 50% 都经过此线来实现,其中包括 90% 的石油、100% 的核燃料和 99% 的铁矿石。在日本人看来,台湾地区如被日本以外的国家控制,"就等于给日本人的脖子上套上了一条随时可以勒紧的绳索"。历史上,日本一直把台湾当作它的南方屏障,视其为"南进基地"和侵略东南亚及亚太国家的跳板。19 世纪末,日本首相松芳正义曾说:"台湾之于我国,正如南门之钥匙,如欲向南发展,以扩大日本帝国之版图,非闭此门户不可。"在冷战后,日本是美国盟国中第一个将台湾列入本国国防方针和双边声明的国家。在中日钓鱼岛领土争端和东海大陆架以及油气田问题的分歧上,日本也表现出步步紧逼、强硬的态度。在日本看来,一旦台湾与中国大陆实现统一,日本在上述问题上的争夺将处于更加不利的地位,更为重要的是,届时日本的海上生命线也将被中国所控制,这是日本无论如何也不想见到的结果。同时,日本人的"台湾情结"也是推动日台关系发展的心理基础。日本政界一直都存在着一个"台湾帮",以这些"台湾帮"为核心形成的亲台反华组织与台湾的"台独"势力相呼应,成为破坏中日关系健康发展和阻挠中国完成统一大业的主要势力,这其中尤以"日台议员恳谈会"的势力最为活跃。此外,日本为谋求政治大国的战略目标,借台湾问题制衡中国。随着近年来中国经济快速增长,中国的国际地位和影响力也大大上升,这无疑刺激了日本的神经,威胁了日本称雄亚洲的战略。对于中国的崛起,日本人的心理是复杂和苦涩的。因此,随着日本右翼势力的抬头和国内政治策略的变化,台湾问题无疑是日本用来制约中国崛起的一张牌。正因如此,日本才会不遗余力地干预台湾问题的解决。

马英九上台后,将台日关系定位为特别伙伴关系,即双方无正式外交关系,但实质关系更加密切。台日高层互访日益频繁,台日协商机制不断取得进展。2013年4月10日,双方签署了"台日渔业协议"。双方协议,在北纬27度以南及日本先岛诸岛以北之间海域,划设大范围"协议适用海域",排除对方法令适用,台方渔船在该海域内的作业权益获得确保,而且范围除台方主张"暂定执法线"内海域,并延伸至线外,台方渔船作业范围扩大约1400平方海里,约4530平方公里。该协议自签署之日起生效,台方渔船在"协议适用海域"内将可安心作业,不受日方公务船干扰。虽然从表面上看协议内容只是一个有关渔业资源保护与开发的、具有民间性质的临时性安排,并不具备国际法上的条约性质和效力,但是,它以民间的渔业协议的名义掩盖了外交谈判的实质,台、日公权力部门均视其为具有"官方"性质的法律文件,仍有"以主权换渔权"之嫌,并混淆国际视听,制造两岸之间的矛盾,从而给钓鱼岛问题甚至复杂的东海问题增加了新的变数,使未来中日解决钓鱼岛及东海问题更加复杂,具有更多的不确定性,同时也增加了台湾问题中的日本因素的影响力。

可见,在当前美国和日本都将大陆视为强劲对手、大肆拉帮结派围堵中国、遏制中国崛起、损害中国国家利益的国际背景下,台湾当局深度拥抱美、日,深化台美"同盟关系"和台日特别伙伴关系,甘当美国遏制中国的棋子和围堵大陆的"岛链",无论其动机如何,合作程度如何,实质上是损害并危及两岸关系,从而阻碍了两岸关系和平发展与和平统一的发展进程。

三、台湾问题的长期性增加了和平统一的难度

和平解决台湾问题,说到底是一个争取台湾民意的人心工程。当台湾内部的政治体制从"专制统治"走向"选举政治"时,台湾民意的取向,对于未来两岸关系和平发展的走向和祖国和平统一的实现至关重要。由于台湾岛内的本土化意识已是基本趋势,再加上李登辉和陈水扁执政时期"去中国化"策略的深刻影响,只有从争取台湾民心入手,才能切实找到解决问题的突破口。做台

湾人民工作,最大限度地争取台湾民心,需要经过长期不懈的艰辛努力,不是一朝一夕就可以轻易完成的。

由于两岸分治 60 多年,从日据台湾算起则有 120 年,虽然在整个中华民族历史上只是短暂瞬间,不过是一个发展阶段而已,但是,这一阶段的结束同样需要一个长期的发展过程,需要有足够的耐心和充分的信心来等待。因此,现阶段两岸分治是当前台湾民众所认同的。台湾地区的民意结构是一个"中间大、两头小"的"橄榄球"形结构,中间的大多数民众主张维持现状,两端的少数民众主张统一或"独立"。台湾政治选举研究中心多次民调显示,主张尽快统一和偏向统一的民众只有 10％左右,而偏向"独立"和希望尽快"独立"的民众近 20％,有 70％左右的民众倾向于维持现状以后再说,或者永远维持现状。这表明尽管台湾民意"在政治发展方向上"存在严重分歧,但是,赞成"维持两岸现状"的民众仍占大多数。台湾地区"研考会"2009 年 5 月 28 日公布的民调显示,在台湾人或中国人的认同指标上,高达 65％的台湾民众认为自己是台湾人,仅 11％自认是中国人,且自认是中国人的比例逐年下降。"研考会"自 2007 年开始,以"民众的政治态度及族群观点"为主题,每年进行一次民调;这次公布的民调是在 2009 年 5 月 1—2 日进行,成功访问 1113 位成年人;在95％的信心水准下,抽样误差在正负 3％以内。在台湾人或中国人的认同指标上,比较 2007—2009 年三年的民调结果,自认为是台湾人的比例略有起伏,但都超过六成;自认是中国人的比例逐年下降,从 2007 年的 15.4％降至 2009年的 11.5％。这显示"认同自己是台湾人"为台湾主流民意。逾五成的民众认为台湾的族群问题并不严重,近六成的民众认为,族群问题是政治人物为了政党利益炒作的结果。

当然,台湾民众的心态具有复杂性、多元性、易变性的特点。这种心理的产生,有些是与台湾移民社会的特性有关,有的受到特定时期历史记忆的影响,有些是存在于现实生活的过程之中,有的则是暂时受到政治环境的煽动和影响,因而不能仅用非统即"独"、非"蓝"即"绿"的简单二元思维来诠释台湾民众的心态。综合考察,台湾的主流民意并不支持"台独",这也是我们做台湾人民工作的民意基础和立足点所在。

当前两岸关系所面临的问题和困难,包括两岸执政当局和两岸民众之间缺乏互信,从根本上说,还是两岸制度和价值观的差异、竞争甚至对抗造成的,这也是两岸关系从和平发展到和平统一过程中的主要障碍。尽管中国大陆改革开放和经济发展的成绩举世公认,但台湾地区民众普遍认为其在自身民主建设和社会文明等方面仍是亚洲的楷模,走在大陆的前面,台湾地区实行的政治制度比大陆先进和优越,还试图以西方和台湾地区的价值观、意识形态来影响甚至改变大陆。马英九曾说:"期盼两岸民间团体在民主、人权、法治、公民社会等领域有更多交流与对话,为两岸和平发展创造更有利的环境","两岸问题最终解决的关键不在主权争议,而在生活方式与核心价值",试图以台湾地区的"软实力"来抗拒大陆的"硬实力",甚至试图影响、改变或改造大陆的政治、社会制度,拖延两岸和平统一的进程。

第三节　和平发展过渡到和平统一的基本条件

台湾问题的解决,既是以"硬实力"为基础的综合实力的较量,也是意识形态领域的争夺,即包括政治实力和社会文化实力在内的"软实力"的较量,说到底就是要以争取台湾民心来逐步消除和遏制台湾岛内的分裂主义倾向,为两岸关系和平发展铺平道路,为两岸和平统一创造有利条件。

一、和平发展过渡到和平统一的关键因素

从两岸关系和平发展逐步过渡到两岸和平统一,是一个长期而艰巨的渐进过程,最终彻底解决台湾问题,从根本上看,还是取决于实力的较量。中国大陆只有不断加强以经济实力为基础的综合国力,包括军事实力、科技实力在内的"硬实力"和政治实力、文化实力在内的"软实力",才能在日益激烈的国际竞争中发展壮大,从而使两岸关系不断朝着有利于国家和平统一的方向发展。中国尚未完全统一,是中国和平崛起、中华民族实现伟大复兴和成就"中国梦"之前最沉重的现实压力。两岸关系和平稳定发展和两岸之间紧密交流合作,就是最强大的发展动因。中国大陆实行改革开放以来,综合国力日益增强,2014 年 GDP 总量已达 10.3 万亿美元,远超欧洲传统强国——德国、英国、法国、意大利和曾经世界第二的亚洲强国——日本,仅次于美国,名列世界第二位。如按购买力平价计算,中国的 GDP 则超过美国。当然,大国的崛起不仅取决于 GDP 的增长,还取决于综合国力,包括国土资源、经济实力、制造水平、科技创新、军事力量、政治体制、管理能力、思想文化、人口素质以及外交谋略等多种因素。中国在这些方面与其他大国相比,还有不小差距。中国的和平崛起不仅需要一个和平稳定的国际环境和两岸局势,而且需要一个长期的成长阶段和发展过程,少则二三十年,多则四五十年,甚至更长时间。当前,中国

的发展正处于前所未有的战略机遇期,整个 21 世纪上半叶都将伴随着中国和平崛起的过程。只要努力把握时代赋予的发展契机,快速壮大自身的综合国力,就能在未来的实力较量中确立主动权和主导权。

在中国和平崛起的过程中,台湾问题是一个非常重要的障碍,但非全部障碍,关键是要分清主要矛盾与次要矛盾的关系,抓住主要矛盾,甚至利用次要矛盾解决主要矛盾。在维持现状的格局下,两岸关系虽然在某种程度上仍属于尚未结束的敌对关系,但并非当前中国社会的主要矛盾;一旦发生"台独"等重大事变,次要矛盾就有可能上升为主要矛盾。因此,在和平崛起的长远利益与国家统一的现实利益之间,需要寻找一个合适的战略"平衡点",把握台湾问题的"度"以及其在中国长远发展中的位置。① 最好的解决办法就是"拖"和"变"的策略。所谓"拖",就是在国际社会上"以静制动","以不变应万变",以时间换取空间,以和平发展稳定两岸关系,赢得大陆难得的发展机遇,创造中国和平崛起的良好外部环境,通过进一步增强中国的综合国力,改变大国力量对比,确立多元化发展的国际格局和中国在世界舞台上的主动权;所谓"变",就是在两岸关系上"以动制静",以不断壮大的大陆综合实力,进一步拉大两岸力量对比,确立大陆在处理两岸关系的主导权,改变两岸关系"不统"的状态,打破维持现状的僵局,推动两岸关系从和平发展逐步过渡到和平统一。

然而,拖到何时? 谁更不怕"拖"? 谁更希望"变"? 时间到底对谁有利? 答案非常明确,就是对实力壮大更快的一方有利。中国大陆自 2001 年加入 WTO 以来,社会经济发展步伐明显加快,平均经济增长率保持在 10% 左右,至 2014 年经济总量超过 10 万亿美元规模,相当于台湾的 20 倍;对外贸易总额 4.3 万亿美元,居世界第一位,其中出口贸易更早雄居世界首位;外汇储备近 4 万亿美元,也高居世界第一位,综合国力日益增强;而同期台湾地区发展步伐相对缓慢,经济增长率平均维持在 3% 以下,GDP 总量大致在 5000 亿美元左右,并面临经济"边缘化"、产业"空洞化"和社会两极化等危机。未来两岸实力消长仍将延续这一发展趋势。因此,相对来说,时间对大陆更有利,大陆更不怕拖。在台湾问题上,中国大陆之所以不怕"拖",是因为"拖"可以赢得发展的机会,"拖"可以获得壮大的时间,"拖"可以积累足够的实力。

---

① 余晨:《解决台湾问题依然需要非军事思考》,香港《太阳报》2005 年 1 月 6 日。

二、和平发展过渡到和平统一的基本时限

国家统一大业并非遥遥无期或久拖不决。邓小平早就指出:"实现台湾归回祖国,完成统一大业,是全中国人民包括台湾广大骨肉同胞在内的共同愿望。"[①]江泽民指出:"国家要统一,民族要复兴,台湾问题不能无限期地拖延下去。"只有统一才能"永享太平",才能"共享伟大祖国在国际上的尊严和荣誉"[②]。台湾问题的最终解决,在时间上具体可拖多少年无法准确预估,但依目前中国的发展进度和国力的增强趋势,大致可以认为,最乐观的可能性不会早于2020年,因为大陆要首先把握好这20年的战略机遇期,在2021年中共建党100周年时全面实现"小康社会",努力完成"中国梦"的第一步,因而不急于把台湾问题摆在议事日程上,摊"解决台湾问题"这张牌。但是,这并不意味着台湾问题无限期拖下去,因而悲观的判断也不会迟于2045年10月25日(即台湾光复100周年纪念日)或最迟不会晚于2049年10月1日(即中华人民共和国成立100周年国庆日),因为实现中华民族伟大复兴的"中国梦"离不开国家的和平统一,而条件趋于成熟的时间段大致是21世纪30—40年代,因为到那时中国大陆已积累了相当的实力和足够的信心,可以从容面对两岸关系形势和国际局势的风云变幻,可以提早10年左右确定解决台湾问题的具体时间表。

从两岸关系和平发展过渡到两岸和平统一的时限,是基于各个方面实力消长的变化趋势所做出的基本判断。未来中国大陆将不可避免地迅速和平崛起,大国力量对比将发生巨大变化。根据"世界经济合作组织"2012年底发表的一份研究报告预估,中国的GDP将在2016年超过美国。这一预测和判断虽然过于乐观,也不能说明中国大陆的真正实力,但是这种发展趋势是国际社会所公认的。中国大陆取之不竭的劳力资源、幅员辽阔的国土资源、潜力巨大的国内市场、居高不下的国民储蓄率、长期稳定的社会环境、改革开放的成功经验、稳中求进的政策方针以及最具吸引力的投资场所,使中国大陆经济崛起具有持久、稳定、快速等特点。中国经济的发展潜力和能

---

① 邓小平:《各民主党派和工商联是为社会主义服务的政治力量》,《邓小平文选》第2卷,人民出版社1994年版,第205页。

② 江泽民:《全面建设小康社会,开创中国特色社会主义事业新局面》,《江泽民文选》第3卷,人民出版社2006年版,第565页。

量,展现了中国和平崛起的前景和对国际社会与两岸关系的影响力,以及对台湾民众的向心力。当中国完成 20 年战略机遇期(2000—2020 年)、初步实现全面小康社会(2021 年)、经济实力(GDP)接近甚至超过美国时,也即在 21 世纪 20—30 年代,就初步具备了解决台湾问题的基本条件和能力,如果国际环境适宜,通过谈判实现和平统一是有一定可能性的;当中国经济发展更加成熟、人民生活更加富裕、社会和政治更加文明进步、综合国力进一步增强时,也即在 21 世纪 40 年代,就基本具备解决台湾问题的各种条件,通过各种手段实现国家统一是有现实可能性的;当中国综合实力接近甚至超过美国时,也即在 21 世纪中叶,就完全具备国家统一的条件和环境,无论以何种方式,中国都可以完全实现国家统一。可以说,"只要大陆发展好了,两岸之间经济上改善,政治上也得到改善的局面就一定会出现"。①

---

　① 李家泉:《在危机中前进的两岸关系——专家点评两岸关系的热点问题》,《台声》2003 年第 8 期。

第四章

海峡两岸关系和平发展的战略策略

在海峡两岸关系和平发展逐渐成为人心所向、大势所趋的基本格局下,如何以徐图以进的战略思维和有条不紊的策略手段从容应对复杂多变的台海局势与国际形势,是当前中国政府面临的重要而紧迫的任务。从发展的角度看,在推动两岸关系从和平发展过渡到和平统一的进程中,具体实践活动应紧紧围绕"有利于扩大两岸交流与合作、有利于两岸人民共同利益、有利于两岸社会经济共同繁荣、有利于促进国家和平统一"的"四个有利"的基本思想,继续巩固两岸关系和平发展的固有成果,务实推动各项行之有效的对台政策措施,不断深化两岸各项交流,最大限度地争取台湾民心,努力创造两岸关系从和平发展转向和平统一的经济条件、社会环境、文化氛围和政治基础,积极推进实现国家和平统一和中华民族伟大复兴的发展进程。

第一节　两岸关系和平发展的战略思路

海峡两岸关系从和平发展逐步过渡到和平统一,是一个渐进发展和日趋演变的过程。按照什么方式、运用什么手段处理两岸政治纷争,考验着这个国家和民族的智慧能力和文明程度。正是在这一过程中,中华民族应设计出一种和平发展的总体框架,建立起一些接触交往的基本规范,构建出一整套交流合作的重要机制。

以辩证的思维出发,在推动两岸关系和平发展的进程中,应有"两手"准备,"软"的一手要更软,"硬"的一手还要更硬,即"软硬兼施,多管齐下"。一方面,应以最大限度地争取台湾民心为首要策略,动之以情,待之以礼,惠之以利,以礼动情,以理服人,恩服于人;另一方面,也要晓之以理,示之以力,通过"慎战屈人"等各种威慑手段,有效进行反"独"、促统大业。

一、立足于和，展现善意

"以和平发展促进和平统一"，是中国政府一项长期的政策方针，而不是权宜之计，不到万不得已，绝不轻言放弃和平。"和平"是中国政府解决台湾问题、完成国家统一的基本手段与实现途径。邓小平认为："和平共处的原则用之于解决一个国家内部的某些问题，恐怕也是一个好办法。"①"和为贵"，两岸同胞是"手足兄弟"，"没有人比我们更希望通过和平的方式解决台湾问题"。因此，立足于和，"化干戈为玉帛"，尽最大的努力，争取和平统一的最佳前景，共同为振兴中华而奋斗。

着眼于两岸人民的长远利益和根本利益，中国政府一贯主张尊重历史，尊重实际，合情合理，实事求是，实现双赢。"根据中国自己的实践，我们提出'一个国家，两种制度'的办法来解决中国的统一问题，这也是一种和平共处。"②"海峡两岸分隔多年，在意识形态、社会制度等方面存在差异，这些因素，我们应当充分加以考虑，这也是我们主张'一国两制'的原因，而不应构成和平统一的障碍。"③可见，它蕴含着坚定的原则性和高度的灵活性，既表明了中国政府解决台湾问题的最大决心和信心，又体现了对台湾人民的最大诚意和善意，其基本内容就是"一个中国，两制并存，高度自治、和平谈判"④。"我们充分尊重台湾同胞的生活方式和当家作主的愿望。"⑤台湾政治、经济、社会、文化制度完全由台湾同胞自己选择，大陆不加干预。"祖国统一后，台湾特别行政区可以有自己的独立性，可以实行同大陆不同的制度。"⑥"一国两制"是目前两岸和平统一的最佳方式。

---

① 邓小平：《和平共处原则具有强大生命力》，《邓小平文选》第3卷，人民出版社1993年版，第96页。

② 邓小平：《和平共处原则具有强大生命力》，《邓小平文选》第3卷，人民出版社1993年版，第96、97页。

③ 《十五大以来重要文献选编》，人民出版社2001年版，第1622页。

④ 国务院台办、新闻办：《〈台湾问题与中国的统一〉白皮书》，中共中央台湾工作办公室、国务院台湾事务办公室编：《中国台湾问题》，九州出版社1998年版，第253页。

⑤ 江泽民：《全面建设小康社会，开创中国特色社会主义事业新局面》，《江泽民文选》第3卷，人民出版社2006年版，第565页。

⑥ 邓小平：《中国大陆和台湾和平统一的设想》，《邓小平文选》第3卷，人民出版社1993年版，第30页。

随着时代的发展,"一国两制"的科学构想也在与时俱进,表现形式和具体内容将不断创新,为发展两岸关系、促进国家统一大业,提供更加务实、有效的政策指导。中共十八大报告中指出:"必须坚持'和平统一、一国两制'方针,坚持发展两岸关系、推进祖国统一进程的八项主张,全面贯彻两岸关系和平发展重要思想,巩固和深化两岸关系和平发展的政治、经济、文化、社会基础,为和平统一创造更充分的条件。"[①]过去在党的文献中,有提到"牢牢把握两岸关系和平发展的主题"、"提出了两岸关系和平发展的重要主张",而把两岸关系和平发展确立为"重要思想",在党的文献中,这是第一次。十八大报告明确提出:"实现和平统一首先要确保两岸关系和平发展。"

二、预备万全,慎战屈人

解决台湾问题,完成国家统一大业,既要有最好的愿望,即以和平的方式解决问题,同时又要做最坏的打算,即以非和平方式解决问题的准备。虽然古有"恩威并重、文武相济"和"恩服在前、威服在后"的历史经验,但是,在两岸交流过程中,仍然存在"恩不足以吸引台湾民心、威又不足以遏制'台独'",或"文不足以服其心,武又不足以夺其权"的现实难题。因此,在立足于和平统一的前提下,也要充分做好使用非和平方式解决台湾问题的万全准备。"我们决不承诺放弃使用武力,不是针对台湾同胞的,而是针对外国势力干涉中国统一和台湾分裂势力搞'台湾独立'图谋的。"在军事上做好充分的准备,对台构成绝对军事优势、技术优势和"不对称战力",才能真正"以武吓'独'"。富国强兵,"能战方能言和",随时准备好打,在某种程度上就是为了不打,就能形成"以武止战""以武避战"的可控"棋局"。《反分裂国家法》第八条就明确规定:"'台独'分裂势力以任何名义、任何方式造成台湾从中国分裂出去的事实,或者发生将会导致台湾从中国分裂出去的重大事变,或者和平统一的可能性完全丧失,国家得采取非和平方式及其他必要措施,捍卫国家主权和领土完整。""武不可废"的目的和关键是"备而不用"。因此,解决台湾问题的上策是"不战降台",以非军事方式,即和平手段完成国家统一大业;中策为"临界威慑",以绝对的数量和质量优势、超强的技术和军事优势,通过"战争控制论"的手段,"慎

---

① 胡锦涛:《坚定不移沿着中国特色社会主义道路前进 为全面建成小康社会而奋斗——在中国共产党第十八次全国代表大会上的报告》,《人民日报》2012年11月18日第4版。

战、小战、少战而屈人之兵",威服于人;下策才为"以武夺台",万不得已需要出手时,就要达到"先胜""全胜""速胜"的军事效果。

三、软硬兼施,多管齐下

在"文攻武备"的同时,处理两岸关系应强化"一手软、一手硬"的手段,"刚柔相济",做到"软的要更软、硬的要更硬",达到"软的得法,硬的有效"的效果,并在防范中出击,"多管齐下",包括采取"心理战、舆论战、法律战"等各种有效手段,以增添整体加乘的效果。

在争取台湾民心、实现和平统一的"上限"(即上策)方面,主要是少说多做,着重采取一些富有成效、真正惠及台湾普通民众的实际措施。虽然目前台湾岛内主张统一的民众不在多数,但是,并不等于未来主张统一的民众仍一直是处于少数。只要从大格局、大趋势和长远利益考虑出发,就可以期待台湾民众在统"独"立场上向有利于反对"台独"、促进统一的方向发展。基于这一基本判断,做台湾人民工作,应采取不同的策略对待台湾岛内四类社会群体:大力支持、扶植、爱护"主张统一"的"深蓝"社会群体和政治团体,如新党、亲民党等;积极主动团结和鼓励"反对'台独'"的"浅蓝"社会群体和政治团体,如国民党等;尽可能地争取、引导和转化"反对统一"的"浅绿"社会群体和政治团体,如民进党等;想方设法地分化和瓦解"主张'台独'"的"深绿"社会群体和政治团体,如"台联党"等。尤其是要做好"主张维持现状""不统""不独"的"浅蓝"和"浅绿"中间选民和普通民众的工作,努力争取台湾"三中一青"阶层,即中下层或基层社会、中小企业主、中南部民众和青年一代。只有通过长期不懈的努力和艰苦卓绝的工作,才能彻底扭转台湾普通民众在心态上的封闭状态,使未来主张统一的民众越来越多,主张"台独"的民众越来越少,从而使两岸关系和平发展和国家和平统一成为人心所向、大势所趋。

在争取国际社会支持方面,联合世界上绝大多数爱好和平与正义的国家和地区,向全世界阐明"台独"分裂活动给国际社会带来的安全危害和严重后果。在外交政策上,不仅要推行"睦邻、安邻、富邻"的政策,加强与周边国家,尤其是东南亚国家的合作,敦促其遵守和支持"一个中国原则",而且要"联欧制美","联俄制日",努力促使欧盟逐步解除武器对华禁运的政策限制,处理好与美、日的外交关系,尤其对美国以合作为主,淡化矛盾,加强沟通,重点在于联合制"独",防止"台独"活动猖獗给国际局势安全带来严重危害。

在"法律战"方面,《反分裂国家法》就是在围堵"台独"举措中设定的"下

限"或"底限"(即下策)。在目前两岸暂时处于分治的政治格局下,中国大陆在
台湾问题上的"底线"就是反对"台独",不能容忍岛内分离主义势力和国际反
华势力分裂台湾的行为,防止其贸然跨越"一个中国原则"的界限。"台独"就
是战争,分裂就没有和平。"不武"的前提是"不独",如果发生"台独"重大事
变,我们将不得不采取一切非和平方式,包括军事手段制止"台独"分裂冒险行
为。因此,在努力引导和平发展逐步向和平统一转变的过程中,中国政府从来
没有也绝对不会承诺放弃使用武力。

第二节　两岸关系和平发展的策略运用

在海峡两岸关系和平发展的战略思路下,应灵活运用"扩大交流、推进谈
判、适当让利"的策略手段,即通过交流和接触,逐步化解敌意,消除误解和偏
见,促进和解和沟通,增加互信与认同;通过协商和谈判,不断增强共识,增进
了解和联系;通过相互妥协和适当政治让步和经济让利,达到互信、互惠、互利
和互动的良性效果。

一、扩大交流,密切联系

两岸合则两利,通则双赢。要使两岸合作之路越走越宽,就要大力实行推
动两岸直接交流和有效接触的政策,努力构建两岸民间社会交往顺畅沟通的
良好环境和氛围,创造两岸关系和平稳定发展的有利条件,逐步达到"你中有
我,我中有你"的相互依赖的局面,最终形成"两岸命运共同体"和"两岸一家
亲"。

两岸关系虽然是一个政治问题,但是,各项民间社会交流和接触也可发挥
"润滑剂"的作用,达到"加速器"的效果,从而实现"以民促官""以经促政"的目
的。为此,对待两岸交流问题,必须"求同化异",在政策措施上,表现出更具灵
活、弹性和务实,在经济、社会、民间交流领域,尽量淡化政治色彩,减少两岸交
流中的政治阻力。推动和扩大两岸交流与合作,既是经济利益的需要,也是和
平发展与和平统一的需要。在坚持"九二共识"和"一个中国"原则的政治框架
下,优先发展两岸经贸关系,这是两岸之间的最大政策空间。两岸经贸关系在
本质上属于"中国主体同其单独关税区(台湾地区)之间的经贸交流,纳入对外
经贸管理体系进行管理";台商在大陆投资视同港澳投资,属于外来资本的一

个特殊部分；两岸航运属于特殊管理的"两岸航线"，按外贸运输进行管理。加强交流与联系，不仅有利于促进两岸相互沟通，化解政治对立态势，消除误解和偏见，增强互信与了解，而且有利于进一步密切两岸经济联系，不断加深两岸经济的相互依赖，增强祖国大陆对台湾的磁吸效应。

两岸交流犹如一只"看不见的手"，在推动两岸关系逐步迈向和平发展与良性循环的轨道。随着两岸交流，尤其是经贸联系在量上的不断积累以及在质上的渐进嬗变，一种"度"的限制已经到了突破的边缘。这种"度"就是两岸交流与互补的本能，能够以较大的自由度超然发挥。近年来，两岸关系持续改善、经济交流日趋热络，充分说明两岸经济关系不仅越来越表现出与政治关系同步发展的轨迹，显现出逐渐摆脱政治意识控制的趋势，而且越来越表现出影响以至于引导两岸关系走势和政策互动的趋向。从李登辉"戒急用忍"政策的调整，到陈水扁"有效管理"政策的失效，再到马英九直接"三通"政策的开放，都充分说明台湾当局以往试图阻碍两岸交流的难度趋大，政策的实际控制力趋于减弱，转而顺应发展潮流和大趋势。因此，只要大力加强以经济联系为基础的两岸交流，两岸关系就会自然滚动出一条互利互动的发展轨道。两岸交流只要顺应历史发展潮流，遵循市场经济法则，促进合作关系朝更加紧密、更加自由、更加一致的方向发展，就能达成互利双赢、共同繁荣的局面，从而创造两岸关系和平稳定发展的有利条件和环境。只有当两岸的经济利益紧紧地联系在一起时、当两岸在各个层面的交流几乎都没有障碍时、当两岸人民在未来方向上取得了高度共识后、当两岸的大多数人都感觉到两岸分治的成本过高而价值越来越低时，一种更高形态的社会融合以至于政治融合将水到渠成，势不可挡，和煦的春风将翻开中华民族史册的崭新一页。

二、推进谈判，聚同化异

在当前两岸关系和平发展的大格局下，推动两岸政治谈判的主要途径之一，就是"通过政治对话和政治协商，探索政治安排，强化认同互信，促进双方和解"，即"以谈促和"。推进事务性谈判，促进政治对话，符合大陆"建立互信、搁置争议、求同存异、共创双赢"的对台政策。

其一，政治性谈判必须坚持"一个中国原则"，这是两岸关系和平发展和促进国家统一的政治基础。其基本含义包括："世界上只有一个中国，大陆和台湾同属一个中国,中国的主权与领土完整不容分割。"①"作为第一步,海峡两岸可先就在'一个中国的原则下,正式结束敌对状态'进行谈判,并达成协议;在此基础上,共同承担义务,维护中国的主权和领土完整,并对今后两岸关系的发展进行规划。"②"对台湾而言,坚持一个中国原则,标志着承认中国的主权和领土不可分割,这就使两岸双方有了共同的基础和前提,可以通过平等协商,找到解决双方政治分歧的办法,实现和平统一。"③相较于台湾方面在两岸政治定位问题上的立场变化,大陆始终坚持一个中国原则和"九二共识",不论是一个中国原则的"新三句"(世界上只有一个中国,大陆和台湾同属一个中国,中国的主权与领土完整不容分割),还是"旧三句"(世界上只有一个中国,台湾是中国不可分割的一部分,中华人民共和国是代表中国的唯一合法政府),或是对两岸"现状"的解读,以及对"两岸复归统一"的论述,其根本性质并没有改变。因此,在"九二共识"的基础上,双方可暂时搁置某些政治争议,进行高层次的政治对话,商谈台湾地区在国际上的经济、文化、社会等领域的活动空间问题与台湾当局的政治地位问题。无论着眼当前还是面向未来,双方都应共同努力,积极探讨国家尚未统一特殊情况下的两岸政治关系,并作出双方都可广泛接受的合情合理的适当安排,将全面改善和发展两岸关系有效地落到实处。

其二,聚同化异,求同存异,累积多同,逐步化异。求同存异是目前两岸关系得以和平发展的重要的互信基础,没有这一基础,两岸关系不会平静,也不会进步。在探讨两岸合情合理的政治安排时,优先对两岸政治关系的关键部分进行总体的框架设计,同时也对两岸政治关系涉及的其他方面予以深入探讨。对一时解决不了的政治分歧可先搁置一下,聚焦于探讨突破政治瓶颈的有效方法。实际上,两岸双方以往已经对两岸政治关系涉及的诸多方面作出了初步安排,可以将之归纳出来;同时可以对其他方面,包括涉外事务进行安排。目前,两岸在求同存异层面有强烈的共识。但是,对下一步的发展进程和发展方向仍有较大的分歧。大陆已经提出要聚同化异。时任国台办主任王毅在《两岸关系》杂志(2012年第2期)上发表文章指出,两岸双方一定要维护好

① 江泽民:《全面建设小康社会,开创中国特色社会主义事业新局面》,《江泽民文选》第3卷,人民出版社2006年版,第564页。
② 《中国共产党第十五次全国代表大会文件汇编》,人民出版社1997年版,第42页。
③ 国务院台办、新闻办:《〈一个中国的原则与台湾问题〉白皮书》,《厦门日报》2000年2月22日第5版。

反对"台独"、坚持"九二共识"这一共同的政治基础。"九二共识"的精髓是求同存异,即求坚持一个中国之同,存双方政治分歧之异。但是,求同存异不是固化的,不是不动的,如果同不能够越来越大,异就会越来越大,变成求小同、存大异,如此下去,两岸关系会发生更加严重的问题。所以,如何化异,是不可以忽视的重大问题。尽管大陆和台湾尚未统一,但中国的领土没有分裂、主权没有分割,两岸同属一个中国的事实没有改变;同时,由于两岸尚未统一,在这一特殊情况下,需要处理和解决一些实际问题。在大陆和台湾同属一个中国的政治基础上,在不造成"两个中国""一中一台"的情况下,两岸交往中的实务部门公权力行使的问题也可以进行探讨,两岸公权力部门的直接接触可以更加灵活,寻求共同点和连接点,聚同化异,例如,近期大陆主管台湾事务的官员与台湾主管大陆事务的官员进行多次的直接接触,就是一个很好的突破。两岸双方应在此基础上进一步聚同化异,增进互信,从而为两岸关系的长久、稳定发展提供更为坚实的政治保障。

其三,事务性和技术性谈判可共同协商和灵活处理。在两岸事务性交流的实际操作中,涉及许多具体的技术性问题,如人员往来手续简化、经贸交流合作、文化交流合作等事宜。除"两会"的第一协商渠道外,在互相尊重与保障对方利益的前提下,双方还可以通过其他"非政治化"的形式和多种协商渠道的接触方式,如以政党对政党(两个或多个政党),或团体对团体(即第二协商渠道),城市对城市,或区域对区域(即第三协商渠道),民间对民间,或公司对公司,或行业对行业,或协会对公会(即第四协商渠道)等,探讨并形成"两岸共识",推动建立各种协商机制,包括与台湾基层组织的交流机制、与民进党等政党的交流机制等。在实现两岸关系全面正常化的基础上,积极探索两岸事务性安排的有效途径,逐步实现两岸关系的制度化安排。为此,双方应秉承相互磋商的原则,充分授权地方、部门、行业、企业先行沟通和协调,初步达成共识后,形成框架性协议,灵活处理有关民间的事务性问题,有效解决两岸经贸交流的具体问题,如贸易纠纷调解及仲裁、商品信息交换等事宜。

三、适当让利,以求互惠

老子在《道德经》中说:"将欲取之,必先予之。"没有利益的让步就难有关系的进步。"小智慧"者是"小妥协"或"小让步","大智慧"者必"大妥协"或"大让步",如果决不妥协,也决不让步,实际上是没有智慧的表现。在对待两岸关系问题上,无疑也应有一定程度上的实际让步,包括经济利益和政治利益,甚至某些国际活动空间。向愿意承认"九二共识"的台湾政党和社会团体,挥动友好的"橄榄枝",送出和平的"大礼";向主张开放、愿意推动两岸交流的台湾民众,给予实惠的"胡萝卜",送出利益的"大礼";向愿意来大陆投资发展的台湾厂商和个人,提供广阔的经济舞台和市场空间,给予利益平台的"大礼"。

在政治关系领域,以承认"九二共识"和"一个中国原则"为基础,与台湾各党派探讨有利于两岸关系和平发展与政治整合的各种可行模式,包括改善与民进党等政党的关系,建立互信机制。即使在某些国际空间领域,在不违背"一个中国原则"的前提下,也可做适当的让步。两岸在国际上共享主权,在一些重要的非主权国家可参加的国际组织中,台湾地区可以适宜的身份,如"中国台湾"或"中华台北"等名义参与活动或加入该组织;甚至在个别重要的国际组织中,台湾地区也可以观察员或其他适当的身份参与其活动,如已参加WHA(世界卫生大会)的有关活动,其他如民航组织、气象组织、部分FTA(已与新加坡、新西兰等国签署相关自由贸易协议)等也可酌情适当考虑。

在人员往来领域,全面实施更加便捷的卡式台胞证,无须办理签注,并在条件成熟时,适当延长"台胞证"的签发期限;对于台湾同胞来大陆求学、就业、居住、定居等,享受平等的"国民待遇",尽可能提供各种便利和优惠。

在经济交流领域,继续贯彻和落实"同等优先、适当放宽"的政策,"让利于台湾同胞",让其享有正当、合法的权益。具体而言,在全面落实《海峡两岸经济合作框架协议》(ECFA)的基础上,继续扩大开放投资和贸易领域,主要内容包括:实行更加优惠的商品贸易政策,对更多的台湾商品,只要符合原产地规则,可享受更优惠的低关税,甚至是免税或零关税;实行更加优惠的服务贸易政策,在许多服务业领域,如银行、保险、证券、零售、运输、物流、旅游、影视、展览、房地产、咨询、会计、律师、医疗等行业,继续扩大对台商开放,并相应降低准入门槛,或减少过渡期的时间限制;提供更加便利的经贸合作条件,在贸易投资促进、通关便利化、商品检验检疫、电子商务、法律和政策透明度、中小企业交流、中医药产业交流等方面进行广泛、深入的合作。

第五章

海峡两岸关系和平发展的政治基础

　　两岸关系的本质是政治问题。台湾问题是 20 世纪 40—50 年代中国国内国共内战遗留下来的历史问题，从 20 世纪 80 年代开放老兵回大陆探亲，到 90 年代初实现"汪辜会谈"，再到 2008 年两岸实现"三通"以及 2010 年签署以 ECFA 为里程碑的 23 项协议，每项事件都有其特定的政治背景，所以两岸关系首先是政治关系。如何以徐图以进的战略思维和有条不紊的策略手段来开创两岸和平发展的政治新局，是确保两岸关系和平发展趋势不可逆转的重要途径。构建两岸关系和平发展的政治基础，是巩固和深化两岸关系和平发展成果、推进两岸关系和平发展进程的关键所在。当前，两岸关系和平发展已进入巩固深化的新阶段，如何在"巩固两岸政治互信基础，深化两岸同属一个中国的共同认知"的基础上，务实地探讨制约和阻碍两岸政治关系进一步向前发展的瓶颈，前瞻性地探索解决和突破两岸政治僵局的有效路径，对于实现两岸关系可持续和平发展具有重要意义。

第一节　两岸政治关系的瓶颈效应与定位问题

　　在制约两岸政治关系发展的诸多因素中，两岸政治定位是带有结构性特征的症结问题之一，从某种意义上说已经形成了"瓶颈效应"，成为长期以来困扰两岸关系的政治难题，也是阻碍两岸实现政治对话与谈判的关键因素。

一、两岸政治关系的瓶颈效应

　　"瓶颈效应"（Bottleneck Effect）是管理学中比较常用的概念之一，经常用来分析关键性难题的解决。形象地理解，瓶颈就是瓶子中截面最小、阻力最大的地方。在社会和个人发展过程中，"瓶颈"一般指整体中的关键性限制因素,或者说是整体系统中最薄弱的环节,主要用来形容事情发展过程中遇到停滞不前的状态。"瓶颈效应"指在事情发展过程中,各个相关的因素和环节要相互配合、协调并进,如果其中某一个环节或因素跟不上,就会形成卡住事情正常发展的"瓶颈",从而制约和阻碍前进的方向。对于"瓶颈效应"还有一个形象的描述,当人群通过一个入口或出口处(即"瓶颈")时,若有次序地行进,可顺畅流通,行进速度愈快则流量愈大;而当人群很拥挤时,则流量大大减少。因此,瓶颈效应的突破有两个重要因素:一是能否找到制约因素并挖尽其潜能,二是要确保一定的平衡性与秩序性。管理学上解决"瓶颈效应"最常用的理论是"制约理论"(Theory of Constraints,即 TOC),它是以色列籍企业管理大师高德拉特发明的一套方法。其理论核心在于:整个系统的绩效通常总由少数因素决定,这些因素就是系统的制约因素。TOC 的解决方案:利用系统固有的简单性,找出制约因素,即运作中最弱的瓶颈,发现和挖尽它的潜能;其他环节尽量迁就它,这样就可以使整个系统在短时期内得到改善。

"瓶颈效应"在过去几十年的两岸关系发展中有着明显的体现。如何实现两岸关系和平发展、谋求台湾问题的最终解决是一项系统工程,它涉及台湾岛内政局变化、两岸的政策走向、台湾民意的发展、国际因素的影响等各个方面,也涉及政治、经济、社会、文化等各个领域。只要哪一个方面、哪一个领域出现问题,就可能会形成阻碍两岸关系继续向前发展的瓶颈效应。从 1987 年 11 月台湾当局被迫开放民众赴大陆探亲以来,两岸关系从整体上来说取得了长足的发展。但不可否认的是,20 多年来,两岸关系并未实现稳定发展,而是历经坎坷、跌宕起伏,整体上呈现"政冷经热""官冷民热"的局面,其中一个很重要的原因在于两岸关系发展中存在"瓶颈"。如果将整体两岸关系比喻成一个"瓶子"的话,那么政治关系从某种意义上说就是两岸关系发展的"瓶颈"所在,这个瓶颈如果不能突破,迟早会制约两岸关系实现可持续和平发展。进一步来看,如果将两岸政治关系当作一个系统的话,它同样存在着"瓶颈"和薄弱环节,其中表现得最为突出的就是两岸政治定位问题。

既然政治关系是影响两岸关系可持续和平发展的"瓶颈",政治定位又是影响两岸政治关系的"瓶颈",那么影响两岸政治定位问题取得突破的"瓶颈"又有哪些呢?按照瓶颈效应和制约理论的解释,只有找出制约两岸政治定位问题的最为薄弱的因素,才能够想办法挖尽潜能,寻求突破"瓶颈"的可能。目前围绕两岸政治定位问题的讨论,从两岸学者的种种设想中,从时间维度上基本可以分为"历史认知、现实描述和未来构想"三个方面。诸如当前两岸问题的性质是否还是内战的延续、两岸是否已经结束敌对状态、"中华民国"是否已经消亡等涉及的就是对历史的认知。现状描述涉及的是对两岸关系现实状况的解读，目前两岸都声称要"维持现状"，但对到底什么才是"现状"，各方的解读并不一样。大陆认为"世界上只有一个中国，台湾和大陆同属一个中国"是目前两岸的现状，而马英九当局认为"不统""不独""不武"是现状，民进党则认为"台湾是一个主权独立的'国家'，依当前的'宪法'，它的名字叫'中华民国'"是现状。学者们也对现状是什么提出了自己的看法，如刘国深教授的"国家球体理论"中的"主权领土一体、政权差序并存，存量保持不变、增量拓展共商"涉及更多的就是两岸政治定位的现状描述。未来构想更多讨论到的是未来两岸关系的架构，如"一中三宪"中的"第二宪"双方迄今并未相互承认，"第三宪"当前其实也并不存在，在很大程度上就是面向未来的设想。

2008 年 5 月以后，两岸在反对"台独"、坚持"九二共识"的基础上，恢复了协商对话，并取得了重大成就。但是，两岸关系中的固有问题并未解决，台湾民众对马英九当局和大陆的某些政策还有疑虑，台湾岛内的反对势力的"台独"主张依然存在，这些都可能是今后影响两岸关系发展的不稳定因素。虽然从短期来看，两岸可以秉持"搁置争议、求同存异"的精神，暂不处理两岸政治定位问题，但从两岸关系发展的长期趋势来看，讨论和处理这一问题不可避免。中国社科院台湾研究所所长余克礼认为，两岸问题的本质是政治问题，两岸关系要可长可久、和平、稳定、健康地不断向前发展，就必须面对、正视复杂和敏感的政治问题。随着两岸关系不断推进，影响到两岸关系朝纵深方向发展的一些深层次的、复杂甚至敏感的政治问题已逐渐浮出水面。[1] 因此，要想突破制约两岸关系可持续发展的瓶颈，就不得不探讨两岸政治关系和政治定位的问题。

虽然两岸学界与政界都有意识地寻找突破的方案，其中就包括"一国两区""一国两府""一中三宪"等概念，但是这些方案都难以突破台湾岛内和两岸既有的结构性的矛盾。一方面，民进党等岛内"台独"势力的干扰使得台湾社会难以形成两岸政治定位的共识；另一方面，海峡两岸的政治分歧缺乏妥协退让的政治空间，使得两岸政治谈判迟迟无法启动，即使启动也难以达成共识。如果条件不足，仓促启动政治谈判，既有的结构性的矛盾不仅将造成台湾社会的严峻的政治对立，也将损害两岸关系和平发展的良好局面。

---

[1]　余克礼：《关于促进两岸政治关系发展的几点看法》，《台湾研究》2009 年第 6 期。

二、两岸政治关系的定位问题

1949 年以后出现的两岸政治对立状态,虽然有外部势力横加干涉的因素,但就本质而言仍属于中华民族内部的政治纷争以及由这种纷争所导致的两岸政治对立的现状。两岸官方和学者在讨论两岸政治定位问题时,涉及最多的概念包括一个中国、中华人民共和国、"中华民国"、主权、治权、政府、宪法、领土等。两岸围绕这些概念的解读存在着各种各样的差异,其中包括大陆和台湾之间的差异、台湾内部不同阵营之间的差异、法理与政治之间的差异等。这些差异对化解两岸在政治定位问题上的分歧产生了阻碍和干扰作用。特别是当台湾内部就两岸政治定位问题缺乏基本共识的情况下,两岸之间的很多设想和主张就容易产生一方赞成即另一方反对的结果。从法理上看,两岸之间分歧并不明显,但体现在政治和政策上,差异就非常巨大。两岸要想创造发展政治关系的条件,化解政治定位的分歧,就不能不考虑到这些差异,想办法从中找到最核心的制约因素。

从两岸当局对政治定位问题的立场分歧中,可以探寻到制约两岸政治关系发展的瓶颈因素。20 世纪 90 年代以来的两岸政治接触、分歧和斗争,有相当一部分都是围绕着两岸政治定位问题而展开的。1992 年海协会和海基会在香港达成的"九二共识",就涉及两岸政治定位。"两会"都表明要谋求国家统一和坚持一个中国原则,而分歧点在于,海基会强调对一个中国的含义"认知各有不同",海协会坚持在事务性商谈中不涉及一个中国的政治含义。"九二共识"虽然成为此后两会协商的政治基础,但并未真正解决两岸政治定位的问题,而是技术性搁置了在此问题上的争议,因此也未能确保此后十几年两岸关系的稳定发展。

大陆对两岸法理和事实现状的基本立场一直是胡锦涛在中共十七大(2007 年 10 月)所做报告中的描述:"尽管两岸尚未统一,但大陆和台湾同属一个中国的事实从未改变。"胡锦涛在纪念《告台湾同胞书》发表三十周年的讲话中,也明确指出,"两岸复归统一,不是主权和领土的再造,而是结束政治对立"。也就是说,两岸的统一,不是在主权和领土意义上再造一个新的国家,而是结束两岸当局之间的政治对立。当前,无论是根据《中华人民共和国宪法》还是台湾当局的相关规定,大陆和台湾主权和领土是完整的、一体的,都是中国的一部分。

2014 年 2 月,习近平总书记在会见国民党荣誉主席连战时明确指出了两岸解决政治问题的路径,至于两岸之间长期存在的政治分歧问题,我们愿在一个中国框架内,同台湾方面进行平等协商,作出合情合理的安排。有什么想法都可以交流。世界上的很多问题,解决起来都不可能毕其功于一役,但只要谈着就有希望。精诚所至,金石为开。相信两岸中国人有智慧找出解决问题的钥匙来。国台办原主任王毅在 2012 年第 8 期《求是》杂志撰文指出,两岸双方在反对"台独"、坚持"九二共识"的共同基础上增进互信、良性互动,是推动两岸关系和平发展的关键。两岸关系越往前发展,双方就越要加强和扩大互信。当前尤其要在认同两岸同属一个中国、维护一个中国框架这一原则问题上形成更为清晰的共同认知和一致立场,从而为再创两岸关系新局面提供更加坚实的基础,为解决两岸关系中的难题开辟更加明朗的前景。[①]

这两段话对两岸探讨政治定位问题至少有以下几个方面的启示:首先,探讨两岸政治关系问题必须在一个中国框架内进行,不能违背"九二共识",不能建立在"台独"的错误方向基础之上。从某种意义上说,"九二共识"是发展两岸政治关系的逻辑起点,一个中国框架是讨论两岸政治关系的空间起点。因此,探讨两岸政治关系须有利于"两岸在同属一个中国"问题上形成更为清晰和明确的共识。两岸政治定位不能也不可能"不预设前提",不能在"两个国家"的基础上讨论问题。

其次,搁置争议、求同存异只是在条件不成熟时处理两岸政治关系问题的权宜之计,两岸问题要想最终解决,还是要争取聚同化异,还是要通过平等协商和谈判来找到解决问题的办法。两岸政治问题迟早要面对,迟早要解决,长期的回避不仅无法从根本上解决问题,反而可能会导致问题恶化,两岸只有谈起来才能找到解决问题的办法。目前两岸关系已经进入和平发展的新阶段,两岸在经济、社会、文化领域的交流也已经为两岸政治对话创造了一定的条件,两岸当局和人民都应该有足够的勇气和智慧将这种交流和对话延伸到政治领域。

最后,两岸解决政治问题的协商谈判过程和结果必须做到"合情合理"。王毅曾对合情合理进行解释说,"合情"就是照顾彼此关切,不搞"强加于人";"合理"就是恪守法理基础,不搞"两个中国""一中一台"。大陆提出"合情合理",就是希望为增进和深化政治互信创造条件,逐步缩小两岸在发展政治关系问题上的分歧,探寻双方虽不满意但都可接受的妥协空间。只有在上述基础上,大陆才会有自信、台湾才会有机会真正面对制约两岸政治定位问题的"瓶

[①]　王毅:《巩固深化两岸关系　开创和平发展新局面》,《求是》2012 年第 8 期。

颈"。

台湾问题的存在迫使我们无法安于现状,不得不努力探索和寻求更具包容性的政治架构。为了给解决这一难题提供思路,海内外学者提出了各种各样的主张。厦门大学陈孔立教授认为,两岸在政治关系定位问题上的"瓶颈"、底线和最大难点是对"中华民国"的定位,台湾方面认定"'中华民国'是主权国家",而大陆方面认定1949年中华人民共和国政府取代了"中华民国"政府,"中华民国"的历史地位已经结束。[①] 虽然大陆目前还没有就"中华民国"问题提出新的政策立场,但在涉台研究学界,对此问题已有诸多讨论。刘国深教授的"国家球体理论"就明确表示,"中华民国政府"在一些特定场合行使着"代表中国"的政治功能,它与中华人民共和国政府虽然没有法律上的共存关系基础,但双方形成了事实上"一体两面"的关系。[②] 大陆的两岸问题专家许世铨认为,只要确认两岸同属一个中国,在统一前,两岸将继续各自管理内部事务。所以,在探讨两岸政治定位时,把主权和治权分开来处理应当是两岸可以探讨的一种解决途径。如果双方通过探讨,同意用把主权和治权区分开作为处理两岸政治定位问题的一种办法,那么就必须对"治权"做一个明确的界定,以避免可能出现的"法律和政治上的困扰"。如果把它界定为"管辖权"(jurisdiction)意义上的行政权,则是对两岸政治关系和定位的大胆思考,是一种切实可行的推进措施。从某种意义上讲,大陆学者公开讨论并发表相关问题的论文,本身就是一种试图突破瓶颈的努力。

由于短期内两岸政治谈判难有突破的现实空间,期待两岸都能够把更多的关注焦点放在两岸交流交往的正常化方面,解除更多人员往来合作、双向投资贸易、公私机构驻点、文化教育交流的限制,为两岸关系的交流合作解决问题而不是制造问题。台湾当局一直避谈政治议题,一方面是为了让美国人放心,另一方面是担心给民进党以可攻之靶。如用"一中各表"或"一国两区"来解决当下的难题,对于破解目前尴尬的现状和僵局或可一用,维持长久终非解决之计,因为它仅是一种默契。失去了共同目标的"一中各表"或"一国两区",无非隐性的"两国论"。只有能够共同表述的"一中",才是可信赖的"一中",也才是有前途的"一中"。因此,"一中各表"终究要过渡到"一中共表",如此才能海阔天空,风清月朗。两岸关系是大陆与台湾的关系,是两岸人民的关系,是两岸都有责任和义务来共同讨论的关系。双方应共同辨识合理的部分,取长

---

① 陈孔立:《两岸政治定位的瓶颈》,《台湾研究集刊》2011年第3期。
② 刘国深:《增进两岸政治互信的思考》,《台湾研究集刊》2010年第6期。

补短,汲取精华,共议合作。

三、突破两岸政治关系"瓶颈"的可能性

从当前两岸当局对发展政治关系的立场,以及学者对政治定位问题的讨论中可以发现,两岸要探讨在和平发展时期发展政治关系的可能,尝试寻求突破政治定位问题的瓶颈,并非没有条件和空间。

第一,两岸突破政治定位"瓶颈"已经有了良好的政治基础。2012 年 3 月 22 日,胡锦涛总书记在会见国民党荣誉主席吴伯雄时,双方就此问题已经有了一定的共同认知。胡锦涛表示"两岸虽然还没有统一,但中国领土和主权没有分裂,大陆和台湾同属一个中国的事实没有改变。确认这一事实,符合两岸现行规定,应该是双方都可以做到的。维护一个中国框架,对增进双方政治互信有利,对两岸关系稳定发展有利"。吴伯雄也表示,海峡两岸并非国与国的关系。根据双方现行体制和相关规定,两岸都坚持一个中国,在此基础上求同存异,同的是"两岸同属一中",对于异的部分我们正视现实,搁置争议。吴伯雄为了说明其立场,进一步指出:"台湾现行推动两岸关系的依据是'两岸人民关系条例',这是以'一国两区'概念作为法理的基础,处理两岸事务的部门是'大陆委员会',而非'外交部',这就足以说明两岸并非国与国的关系,而是特殊关系。"①由此可见,无论是大陆还是台湾,对两岸在主权和领土意义上同属一个国家存在相同的看法,这是未来解决政治定位问题的基础。双方在确认"主权领土完整"之后,剩下的只是如何"结束政治对立"的问题,而这个问题从性质上并非带有零和特点。从某种意义上说,大陆从 80 年代提出的"和平统一,一国两制",当前确认的"和平发展是两岸关系的主题",都是希望从"和平共存"的角度寻找解决"政治对立"问题的办法。民进党执政时期两岸之所以数度走到危险边缘,就是因为双方在是"一个中国"还是"一边一国"的问题上存在根本性分歧。无论台湾是否实现政局变化,只要台湾当局不再回到主张"台湾独立""一边一国"的道路上,两岸就迟早会有突破政治定位"瓶颈"的空间。

第二,两岸"两会"过去几年的协商谈判,两岸民间学者和智库之间就政治问题进行的探讨,为两岸政治关系发展提供了宝贵经验。从 2009 年以来,两岸民间学者和智库之间已经就政治问题开展了频繁探讨,如 2009 年"两岸一

① 中国国民党文化传播委员会:《吴荣誉主席与胡总书记会面新闻稿》,2012 年 3 月 22 日,http://www.kmt.org.tw/hc.aspx? id=32&aid=6934,访问日期:2014 年 10 月 15 日。

甲子"学术研讨会,台湾统合学会举办的"台北会谈""北京会谈"等研讨会,特别是 2013 年在上海举行的第一届"两岸和平论坛",都已经就两岸敏感的政治问题进行了学者和智库间的沟通。2008 年以来,两岸之间进行了频繁的对话和协商,除了海基会和海协会的协商外,两岸交通部门、金融部门、司法部门等诸多机构都以不同的名义进行了不同形式的协商,虽然这些协商目前还是集中在经济性、事务性和技术性的层次,但协商本身已经为今后可能的政治议题协商积累了丰富的经验。比如"先易后难、循序渐进"的原则,也可适用于两岸在政治领域的探讨。正如制约理论所启示的那样,如果能够将涉及两岸政治关系的问题进行细化分类,找到能够有秩序地逐步解决的步骤,不仅可以确保两岸政治关系不滞阻,还能够促进两岸全面关系顺畅发展。两岸政治议题并非只有政治定位问题,还有不少涉及台湾民众的需求和关注、与经济社会事务密切相关的问题。如果因为政治定位问题没解决,就不涉及台湾民众关心的诸如台湾参与非政府国际组织问题、军事安全顾虑、两岸互设办事处等方便民众往来的问题,无异于因噎废食。从过去几年的两岸协商经验来看,探讨两岸政治关系的发展要遵循"先易后难、循序渐进"的原则,有必要尝试循着由事务性协商过渡到政治性谈判、由边缘衍生议题延伸到结构性议题、由民间探讨深入到官方协商的路径,就某些紧迫性、低敏感度的政治议题进行多形式、多渠道的接触,最终争取在结构性问题上有所突破。

第三,影响两岸发展政治关系的岛内民意基础并非不可改变。当前台湾民众对两岸发展政治关系方面尚存疑虑,岛内尚缺乏支持两岸政治对话的民意基础,这也是马英九当局迟迟难以下决心的重要原因之一。应该说,台湾民众对政治关系的疑虑,在很大程度上是因为他们对两岸政治对话的性质与内涵缺乏必要的了解,而且受到民进党等政治势力的扭曲宣传影响。不少台湾民众担心,台湾只要坐上谈判桌就会掉入大陆的"陷阱",两岸政治谈判就是统一谈判,两岸和平协议就是和平统一协议。无论是马英九当局还是中央政府,都有必要对上述问题进行澄清和宣导。和平发展时期的两岸政治关系发展是一个长期和复杂的过程,不仅涉及政治定位等敏感问题,还会涉及一些低敏感度、高关注度、与台湾民众利益息息相关的问题。只有解决了这些问题,才能为两岸最终解决症结性问题创造条件,做好准备。只要台湾民众对这些问题有一定的了解和理解,就能够形成有利于两岸发展政治关系的民意基础。由于短期内两岸政治谈判难有突破的现实空间,期待两岸都能够把更多的关注焦点放在两岸交流交往的正常化方面,解除更多人员往来合作、双向投资贸易、公私机构驻点、文化教育交流的限制,为两岸的交流合作解决问题而不是制造问题。

第四，制约两岸政治关系发展的国际因素也可以转化。美国、日本等国际社会的疑虑同样制约着两岸政治关系的发展。虽然当前两岸关系有所改善，但台湾问题在中美关系中的重要性和敏感性并没有改变，只是紧迫性与危险性有所下降，不能排除美国在"重返亚洲""亚太再平衡"的大战略下，"以台制华"，出手干扰或影响两岸政治和安全关系的发展。但美国毕竟是影响两岸关系的外部因素，只要两岸在发展政治关系过程中，考虑到相关国家或地区的合理利益诉求，得到相关国家的谅解也并非不可能。

第五，两岸学界为两岸政治定位问题进行了丰富的理论和思想准备。两岸政治关系和政治定位问题长期以来就是两岸涉台研究界的核心研究议题之一。虽然两岸当前解决政治定位问题尚有难度，但从 20 世纪 80 年代以来，海内外学者就针对如何解决台湾问题提出了诸多设想和方案，包括"一国两治""一国两府""一国两区""一中两国""一中三宪""国家球体理论""统合论""中程协议"等，这些设想从不同的理论视角，提出解决两岸症结性问题的模式，这些方案现在要实现可能有其难度，但可为未来两岸解决政治定位问题提供重要参考。福建社科院吴能远研究员认为，从时机的角度考察，当前解决两岸政治定位问题时机尚未成熟，但讨论的时机却已成熟。[①] 陈孔立教授也表示，两岸政治学者可以先就现有的各种方案进行讨论，坦诚提出意见与问题，寻求解决的途径，或在现有基础上拟出更好的方案。[②] 由此可见，当前如何在归纳、总结、梳理现有海内外学者提出的各种理论和方案的基础上，加强两岸学界就此问题的交流沟通，在对话中寻找突破瓶颈之策，才是真正地为解决政治难题创造条件，预做准备。如此以来，两岸就能够越来越心平气和，越来越愿意接触和对话。因此，未来统一后的中国，将是一个包容广泛的政治共同体，在一个中国的前提下，国土不分裂，外交不重叠，各种政治解决方案在一个中国框架中都可以探讨和设计。中华民族历尽劫波后的再一次统一，将是在主权共享之下的多种自治模式的共存共荣。

第二节　两岸关系和平发展的制度创新

2008 年 5 月以后，伴随着台湾岛内政局发生的积极变化，两岸关系也实

---

① 吴能远：《也谈两岸政治定位》，《台湾研究集刊》2011 年第 6 期。
② 陈孔立：《两岸政治定位的瓶颈》，《台湾研究集刊》2011 年第 3 期。

现了历史性转折,取得了突破性进展,进入了和平发展的新时期,处于 60 多年来最好的时期。当前,两岸关系发展正处在承前启后的关键时刻,不仅需要不断巩固已有的和平发展成果,持续推进和平发展的进程,更需要不断夯实两岸关系和平发展的政治、经济、文化、社会基础,继续构建两岸关系和平发展框架。两岸关系过去几年之所以能够取得如此重大的进展,与两岸关系和平发展不断实现制度化有密切关系。从某种意义上说,两岸关系和平发展的过程,就是两岸关系不断实现制度化,最终形成两岸都能够接受的制度性安排的过程。今后两岸关系要想实现可持续和平发展,依然必须深化制度化交流与合作,并在此基础上实现制度创新,不断为和平发展创造新的机会,注入新的动力。

一、两岸关系和平发展的制度创新理论

要想了解制度创新与两岸关系可持续发展的关系,首先就必须从概念和理论上探讨制度与可持续发展的关系。在社会科学研究中,人们经常会将"机制"和"制度"混用。美国政治学者约翰·米尔斯海默就明确指出,机制和制度可以被视为完全同义的概念。"制度"是有可能涉及行为的一般模式、范畴或特殊的人为安排,而不论这种安排是正式的还是非正式的,这可能会有助于我们对某些令人烦恼的混乱现象进行选择。[①] 制度具有以下主要特征:第一,公认性。任何制度都必须得到其适用范围内成员的公认,现代社会中各种制度的形成往往不是某一个人说了算,而是大家共同协商同意的结果。第二,强制性。制度是一种有强制力的规范,它要求所有相关人员遵守,违反相关制度是要受到一定惩罚的。第三,相对稳定性。制度一旦形成,就具有一定的生命周期,在一定时期内保持相对稳定,不会随意因人因事的变动而随意变动。第四,系统性。制度是围绕某一核心制度或基本制度而形成的、各种制度之间具有内在联系的一个系统,会有相关的配套机制来推动、落实或保障。[②] 制度化就是建立制度的程序和过程,它们是一种动态的概念,其形成一般要经过确立共同需求、协商制定规范、建立机构或达成协议等几个步骤。制度化的形成是

---

① [美]罗伯特·O.基欧汉著,门洪华译:《局部全球化世界中的自由主义、权力与治理》,北京大学出版社 2004 年版,第 135、172～173 页。

② 李鹏:《海峡两岸关系析论——以和平发展为主题之研究》,鹭江出版社 2009 年版,第 223 页。

各种关系发展到一定程度并产生某种需求后的产物,它首先需要各方在促进共同利益或解决利益冲突的驱使下产生建立各种规则、制度的客观需求和主观意愿,以降低交往过程中的交易成本,获取更大的利益。制度化的过程就是各方进行协商或沟通,并相互妥协达成一致的过程。其成果一般需要通过达成协议或成立相关机构来体现和落实,它可以是正式的、全面的,有时候也可以是非正式的、部分的,但大家共同遵守的默契。

制度创新指对现存制度的变革,它的实质是一个社会以新的更富有效率的制度安排取代旧的缺乏效率的制度安排,包括产权制度、竞争规则、政治制度、意识形态等各种主要的正式规则或非正式规则的变革。[1] 制度创新的目的旨在通过制度的变革来实现在变革以前的制度下不能实现的效率和公平。道格拉斯·诺斯认为,根据创新活动承担的主体不同,现实世界中存在三种不同层次的制度创新,即分别由个人、团体和政府担当"第一行动集团"所引起的三个不同层次的创新活动。[2] 政府制度创新是指由政府承担制度创新的主体,针对外在制度而非内在制度进行有效、合理的制度设计,这些制度被清晰地制定在法规和条例之中,并且由政府来正式执行。个人和团体的制度创新则要充分发挥民间社会的力量,推动对现有缺乏效率和公平的制度进行改革,最终能够让公权力部门通过内在制度变革来改善不合理的制度,实现效率和公平。

两岸关系要想实现可持续和平发展,必须不断从个人、团体和政府三个层次进行制度创新。两岸关系必须树立"可持续和平发展"的理念,建立可以确保两岸关系长期、稳定、良性、协调发展的机制和路径。而两岸关系的可持续和平发展,就是既要考虑到当前和平发展的需要,又要满足未来相当长一段时间和平发展的需要。即在遵循两岸关系发展基本规律的前提下,把握好短期机遇与长期战略的关系,尽可能抓住历史机遇,不断拓展两岸关系和平发展的新局面,构建确保两岸关系可持续和平发展的框架。两岸从 20 世纪 90 年代以来,已经进行了不少制度化的尝试,也取得了一定的进展,也走过一些弯路,但整体来看,两岸关系和平发展的制度化的进程并不顺畅,制度化的程度还有相当多需要努力的空间。2008 年以来,两岸"两会"领导人进行了 11 次协商,共签署 23 项协议,达成 3 项共识,这在很大程度上就是两岸关系迈向制度化的重要体现。随着两岸关系发展不断进入深水区,两岸关系和平发展面临着巩固和深化的新形势,两岸之间如何宏观调控与微观管理关系发展过程中出

---

① 黄新华:《制度创新的经济学理论》,《理论月刊》2004 年第 1 期。

② 厉风:《寻租理论下的政府制度创新》,《法制与社会》2008 年第 1 期。

现的种种问题,越来越引起人们的重视。无论是危机管理、机遇管理还是政策管理,制度创新都是不可忽视的一个重要方面。

二、两岸关系和平发展的制度化历程

从 1949 年到 1978 年,两岸基本上处于军事冲突和军事对峙时期,政治上激烈对抗,人员往来相互隔绝,经贸往来也基本中断。在此背景下,两岸关系的制度化无从谈起。1979 年全国人大发表《告台湾同胞书》后,台海地区的局势开始逐渐趋向缓和,1987 年 11 月,台湾当局被迫开放台湾同胞赴大陆探亲,两岸民间交流交往正式开展。两岸经济、文化和人员交往的展开衍生了大量事务性问题,亟待处理。为了解决这些问题,大陆和台湾都单方面出台了相关的政策和法律规定,以规范两岸交往中的各种问题。如中央政府先后制定了《关于鼓励台湾同胞投资的规定》《中国公民往来台湾地区管理办法》《关于不再追诉去台人员在中华人民共和国成立前的犯罪行为的公告》《关于人民法院处理涉台民事案件的几个法律问题》等,台湾当局也制定了"大陆地区和台湾地区人民关系条例",对台湾同胞往来大陆进行规范。由于两岸在当时并无直接沟通管道,虽然在规定或条例制定的过程中或多或少都考虑到对方的某些情况,但上述规定或"条例"的制定基本上都是单方面行为。随着两岸民间关系蓬勃发展,越来越多问题产生,仅仅依靠大陆或台湾单方面出台规定来加强人员交往的管理已经不能满足需要,两岸双方更需要一起来协商或建立某些制度,进行制度化的联系。

伴随着两岸关系 20 多年的发展,两岸关系制度化的需求越来越迫切、越来越强烈,涉及领域也越来越多,双方都开始尝试和建立某种交往和沟通制度,两岸关系的制度化进程不断发展。台湾的邵宗海教授总结出两岸互动的机制有"密使机制""民间对民间机制""民间对官方机制"①"两会协商机制"等四种,这其中邵教授承认"密使机制"是"有无协议多半难有文件上的证明","民间对官方机制"在两岸互动历史上只有"唯一也是最后一次"。② 这两种机

---

① 邵宗海将 1991 年 11 月时任国台办副主任唐树备与海基会董事长陈长文的会面定位为"民间对官方",与国台办的理解有所出入,国台办强调唐树备是"以个人名义"与陈长文进行商谈,见国务院台湾事务办公室网站,http://www.gwytb.gov.cn/lasht/lasht0.asp? last_m_id=101,访问日期:2014 年 10 月 15 日。

② 邵宗海:《两岸关系》,台湾五南图书出版股份有限公司 2006 年版,第 279~280 页。

制只是一种偶尔或临时性的尝试,远未达到制度化的程度,不能作为两岸关系制度化的具体表现。综合来看,两岸关系过去 20 多年发展出来成型的制度化途径和成果主要有"民间对民间机制""两会协商机制""党对党沟通平台机制"等三种,这几种制度化的方式在两岸关系互动中都发挥了重要作用,取得了一定的成果。

(一)民间对民间协商模式

民间对民间的协商机制是两岸官方无法进行直接接触的情况下所采取的一种授权民间团体、行业协会、企业组织或法人团体进行相互协商与谈判的方式。这种方式的特点是两岸官方当局基本上不出面,只是在背后指导民间机构与对方相关民间机构进行协商,以达成有约束力的协议。这种机制主要运用在两个阶段:第一个阶段是两岸开放前到海基会和海协会成立之前,由于两岸官方互不承认,互不接触,也没有成立官方授权的专门机构,只能通过民间企业或民间代表来进行商谈。第二个阶段是在民进党当局执政期间,由于其不接受一个中国原则,不承认"九二共识","两会"的协商无法恢复。大陆从务实可行的角度出发,"考虑到两岸民间行业组织多年来建立了顺畅的沟通渠道,就技术性、业务性问题进行过深入探讨并达成了许多共识"[1],因此主张以"民间对民间、行业对行业、公司对公司"的方式来进行协商。2003 年 10 月,台湾方面通过"两岸人民关系条例修正案",增设了"复委托"的两岸协商机制,规定"陆委会"或其他主管机关可按所属事务的性质与需要,"得委托具有公信力、专业能力及经验之其它具公益性质之法人、机构或民间团体,以受托人自己之名义,与大陆地区相关机关或经其授权之法人、团体或其它机构协商签署协议"[2]。两岸由此展开仅限"民间协商"层次的"非政治议题"谈判。[3]

两岸民间对民间机制的协商最早运用于 1986 年台湾"华航"货机机长王赐爵驾机降落广州白云机场并希望在大陆定居事件中。当时,中国民航的代表与台湾"华航"的代表经过四轮商谈,达成协议。这是自 1949 年后 37 年来海峡两岸有关方面就处理具体问题进行的第一次公开商谈。为了解决进入对

---

① 国务院台湾事务办公室:《以民为本　为民谋利　积极务实推进两岸"三通"》,http://www.gwytb.gov.cn/zywg/zywg0.asp? zywg_m_id=104,访问日期:2014 年 10 月 15 日。

② "台湾地区与大陆地区人民关系条例",http://www.mac.gov.tw/big5/law/wr-a1.htm,访问日期:2014 年 10 月 15 日。

③ 邵宗海:《两岸关系》,台湾五南图书出版股份有限公司 2006 年版,第 294 页。

方地区居民和刑事犯遣返问题,1990 年 9 月,中国红十字总会和台湾的红十字组织在金门举行商谈,并签署了《金门协议》,规定了遣返交接地点和程序,这是 1949 年以来以双方分别授权民间团体签署的第一个书面协议。[①] 此外,1989 年,为了解决台湾参加亚运会的名称使用问题,两岸奥委会负责人在香港签署协议,明确规定了在大陆使用"中华台北"译名的执行单位和范围。[②] 民进党当政期间的两岸民间协商主要体现在"包机直航"和"大陆居民赴台旅游"等议题上。2002 年,在两岸未能直航的情况下,台商和岛内一些知名人士提出了两岸春节包机的构想,但当时是以双方航空业者分别向两岸当局申请的方式。两岸就春节包机的正式协商是在 2005 年 1 月 15 日,以大陆方面民航协会海峡两岸航空运输交流委员会副理事长浦照洲为首的大陆代表团,与以时任台北市航空运输商业同业公会理事长乐大信为首的台湾代表团在澳门经过两个小时协商,达成了 2005 年春节包机以"双向、对飞、多点、不落地"的方式展开的协议。此后,在澳门协商模式的基础上,两岸航空业者和旅游民间组织就节日包机、周末包机、货运包机和大陆居民赴台旅游等议题在澳门进行了多次技术性磋商。但由于民进党当局拒不接受一个中国原则,顽固进行"台独"分裂活动,双方并未能达成相关协议。

(二)海协会与海基会协商模式

海协会和海基会从广义上说也属于民间协商机制的范畴,海协会在大陆的登记性质为"社会团体法人",海基会在台湾的登记性质为"财团法人"。但与纯粹的民间机构不同的是,"两会"是经过官方正式授权从事两岸交流、联系和协商谈判的机构。海协会的章程中规定"本会接受有关方面委托,与台湾有关部门和授权团体、人士商谈海峡两岸交往中的有关问题,并可签署协议性文件"。海基会的章程中也规定,"本会以协调处理台湾地区与大陆地区人民往来有关事务,并谋保障两地区人民权益为宗旨,不以营利为目的"。从两会的组织人员构成来看,海基会的重要负责人均由当局政治任命,除了董事会成员外,很多会务工作人员都具有公务员身份。[③] 而海协会的主要负责人,如会

---

① 中共中央台湾工作办公室、国务院台湾事务办公室编:《中国台湾问题》,九州出版社 1998 年版,第 155~156 页。

② 《国台办发言人就北京奥运会期间台湾体育团队的称谓问题发表谈话》,http://www.gwytb.gov.cn/gzyw/gzywl.asp? gzyw_m_id=1658,访问日期:2014 年 10 月 15 日。

③ 邵宗海:《两岸关系》,台湾五南图书出版股份有限公司 2006 年版,第 280 页。

长、常务副会长、执行副会长、秘书长等多数都曾经或者正在国务院台办担任重要职务。黄嘉树教授认为，海协会是"以官扮民"，海基会是"以民扮官"，都是接受两岸当局的授权，谈判的内容有时候一定会涉及公权力，而两岸当局也必然会进行政策把关和幕后操纵。从"两会"的实际运作来看，两岸的官员也以专家和顾问甚至以代表团成员的身份参与了"两会"商谈，这不仅使两岸当局直接介入了"两会"商谈，也为日后"两会"脱下"白手套"做了铺垫。①

　　"两会"之间的协商机制的运作主要在两个时期。第一个时期是从"两会"成立到1999年"两会"中断协商；第二个时期是2008年马英九上台后"两会"恢复协商至今。"两会"之间的正式协商开始于1992年。从1992年3月到1993年4月，"两会"就"海峡两岸公证书使用""开办海峡两岸挂号函件遗失查询及补偿业务"进行商谈。1992年10月，"两会"在香港进行工作性商谈，双方就在事务性商谈中各自以口头方式表述"海峡两岸均坚持一个中国原则"达成共识。在经过多轮预备性磋商后，1993年4月27—28日，"两会"负责人在新加坡举行了历史性的"汪辜会谈"，并达成《汪辜会谈共同协议》《两会联系与会谈制度协议》《两岸公证书使用查证协议》《两岸挂号函件查询、补偿事宜协议》四项协议。从1993年8月到1995年1月，"两会"举行了六次副秘书长级的工作性商谈和三次"两会"负责人会谈。由于1995年6月李登辉访美，"两会"的商谈被迫停止。1998年，在两岸同胞共同努力下，两岸关系气氛有所缓和。当年10月，辜振甫率海基会代表团访问上海、北京。汪辜在上海再度会晤。"汪辜会晤"开启了两岸政治对话，双方达成了包括继续进行政治、经济等广泛内容的对话及汪道涵会长应邀访问台湾等四项共识。1999年7月，李登辉抛出"两国论"，破坏了"两会"商谈的政治基础，汪道涵会长访台无法实现，两岸协商再次被迫停止。2000年陈水扁上台后，拒不承认一个中国原则和"九二共识"，"两会"未能再续协商。

　　直至2008年5月马英九上台后，"两会"复谈的气氛才得以实现。2008年6月11—14日，应海协会的邀请，海基会董事长江丙坤率海基会协商代表团访问北京，"两会"领导人举行了会谈，并达成《海峡两岸包机会谈纪要》和《海峡两岸关于大陆居民赴台湾旅游协议》两项协议并就推进"两会"协商、加强"两会"联系交往等事宜进行了讨论。这是"两会"领导人十年来的首次会谈，标志着中断九年的"两会"制度化协商正式恢复。2008年11月3—7日，海协会会长陈云林率团访问台湾，与海基会就相关议题进行协商。台湾当局

---

　　①　黄嘉树、刘杰：《两岸谈判研究》，九州出版社2003年版，第118页。

"陆委会"认为,"两会"台北会谈"奠定两岸两会制度化协商正常运作机制,对促进双方交流、促进两岸关系正常发展、促进区域和平具有重要意义"①。此后五年多的时间内,两岸"两会"秉承"先易后难、先经后政、循序渐进"的原则,就两岸关系发展中的一系列问题进行了协商谈判,达成了包括《海峡两岸经济合作框架协议》在内的19项协议,并成立了"两岸经济合作委员会"。这些都表明,两岸两会之间的协商模式在当前两岸制度化进程中扮演着核心作用。

(三)党对党沟通平台模式

党对党沟通平台机制是在两岸关系新的特殊背景下建立的一种两岸沟通新模式,是大陆针对台湾岛内政党政治发展的现实,为了促进两岸关系和平发展而创新出的两岸沟通新机制。在台湾尚未进行"政治民主化"时期,大陆就多次建议举行"中国共产党和中国国民党两党对等谈判,实现第三次国共合作"。但是,随着两岸关系形势的变化,"国共两党对等谈判"的时空背景都发生了很大变化。特别是在台湾实行多党制,包括2000年后主张"台独"的政党在岛内当政后,大陆感觉到有必要与主张发展两岸关系的台湾政党建立某种形式的制度化联系,来促进两岸关系和平稳定发展,党对党沟通平台机制应运而生。有学者认为,中国共产党与台湾相关政党的党际沟通在主观上体现了两岸交流从自发到自觉,从民间到政党的层次提升,是大陆正确看待台湾所谓的"选举政治"并寻求有效影响台湾民意政策的表现;利用政党交流的影响力有政治的考量和色彩,同时又兼具民间交往的成分,因此可以有较大的操作空间和较宽的回旋余地。② 大陆与台湾各政党建立沟通机制并没有限定于特定的政党,而是"对于台湾任何人、任何政党朝着承认一个中国原则方向所作的努力,我们都欢迎。只要承认一个中国原则,承认'九二共识',不管是什么人、什么政党,也不管他们过去说过什么、做过什么,我们都愿意同他们谈发展两岸关系、促进和平统一的问题"。③ 两岸的党对党对话协商,不分大小,地位平等。借由党对党对话,大陆方面可以和台湾各党派交换意见,寻求共识。

---

① 《二次江陈会谈奠定两岸两会制度化协商正常运作机制,对促进两岸关系正常发展具有重要意义》,http://www.mac.gov.tw/big5/cnews/cnews971107.htm,访问日期:2014年10月15日。

② 朱松岭:《两岸政党交流机制:影响力投放的新渠道》,http://tw.people.com.cn/GB/14811/14871/3474814.html,访问日期:2014年10月15日。

③ 《胡锦涛就新形势下发展两岸关系提出四点意见》,http://www.gwytb.gov.cn/zyjh/zyjh0.asp? zyjh_m_id=1046,访问日期:2014年10月15日。

　　两岸首次党对党对话始于 2001 年 7 月 11 日,当时"新党大陆事务委员会"访问团一行与中共中央台办负责人进行会谈,双方商定"中共中央台办、新党大陆事务委员会本着相互尊重、平等协商的精神,不定期地就两岸关系与国家统一问题交换意见,以逐步建立经常性的对话机制"。① 目前,与中国共产党建立党对党定期沟通平台的主要是中国国民党和亲民党。2005 年 4 月,中国国民党主席连战访问大陆,在《胡锦涛与连战会谈新闻公报》中就明确提出,"建立两党定期沟通平台,包括开展不同层级的党务人员互访,进行有关改善两岸关系议题的研讨,举行有关两岸同胞切身利益议题的磋商,邀请各界人士参加,组织商讨密切两岸交流的措施等"。② 2005 年 5 月,亲民党主席宋楚瑜访问大陆,两党在会谈公报中也提出要汇集两岸专家学者和各界杰出青年之智慧与经验,推动建立"两岸民间精英论坛"及建立和完善"台商服务机制"。2008 年国民党在台湾重新执政后,国共沟通平台依然运作顺畅。胡锦涛曾强调,国共两党应继续交流对话,发挥交流平台的作用。吴伯雄也指出,国共两党需要继续加强交流对话,适时举办两岸经贸文化论坛或和平论坛,继续开展基层党务交流,让两党的交流平台根基更为稳固,效益更为深远。两岸协商恢复后,双方的制度化协商与国共两党的交流平台,各自发挥着自己的角色和功能,可以行稳致远,这对两岸关系和平发展具有重要意义。

　　2014 年 2 月 11 日下午,国台办主任张志军与台湾地区"大陆事务委员会"主委王郁琦,在南京举行两岸事务主管部门成立 20 多年来首次负责人正式会面,就推动两岸关系有关问题交换了意见。这是数十年来两岸事务负责人第一次正式会谈,也为两岸政治对话打通平台、奠定互信基础写下新的一页,标志着两岸接触进入"2.5"时代。此次会面是两个部门间建立常态化联系沟通机制的开端,是在两岸政治互信不断增进、两岸关系和平发展日益巩固深化的形势下,两岸关系取得的又一突破性进展。

　　大陆并不排斥在一定条件下与民进党进行沟通和接触的可能性。在台湾两党制基本成型、蓝绿对立态势依然存在的情况下,两岸关系要想实现可持续发展,不应该也不可能只与某一个政党、某一派政治势力打交道。大陆已经明确表达"只要民进党改变'台独'立场,我们与民进党交往的大门是敞开的",

---

　　① 《中共中央台办与新党陆委会进行对话　达成六点共识》,http://news.sohu.com/70/64/news145856470.shtml,访问日期:2014 年 10 月 15 日。

　　② 《胡锦涛与连战会谈新闻公报》,http://www.gwytb.gov.cn/zyjh/zyjh0.asp? zyjh_m_id=1070,访问日期:2014 年 10 月 15 日。

"凡是赞成两岸关系和平发展的台湾各界人士,包括民进党的基层人士,我们都欢迎他们以适当的身份来大陆走走看看"的立场。① 但从目前来看,大陆与民进党的接触和往来仅限于个人和基层,并未发展到"党对党"的层次,这主要是由于民进党迄今尚未改变"台独"立场所致。对于民进党来说,不改变"台独"分裂立场,不与大陆打交道,就难以取信于支持和平发展的台湾民众,从长期来看也不利于民进党在岛内的发展。

三、两岸关系制度创新的现实需求

制度创新是两岸关系和平发展的必然选择,源于两岸交流交往的强大需求,是建立在对增进共同利益的认知和化解利益分歧的需求基础上的。两岸关系经过过去几年的长足发展,各项交流日益增多和人员往来日趋密切,各种政治性、经济性、事务性问题层出不穷,仅仅靠"两会"机制已经无法应付和妥善解决这些问题。随着两岸制度化的协商谈判的深入,两岸关系的制度创新亦是大势所趋。刘国深教授曾提出,"两岸制度创新,无论从民间社会的实际需求,还是从现有创新模式面临的困境来看,一再表明已不可能继续孤立地在所谓的'民间性、事务性、经济性、功能性'议题上原地打转了,两岸必须尽快展开政治性的对话,以为两岸全方位制度创新奠定基础"②。上述看法对当前两岸关系和平发展背景下的制度化建构仍然有一定的现实意义。除了继续在民间社会层次加强制度化的建构以外,我们也需要提升两岸在非民间层次的制度化创新。

(一)制度创新是促进两岸关系持续和平稳定的需要

制度化的一个重要功能就是塑造结果预期,建立和维护秩序,并促进和谐稳定。两岸关系的发展历史表明,两岸关系在制度化建立和运作期间,两岸关系会比较缓和与稳定,在协商机制被破坏期间,两岸关系会比较紧张,并数度处于危险边缘。两岸关系在李登辉和陈水扁时代经常跌宕起伏,徘徊在"危机""紧张""缓和""改善"之间,始终无法取得"突破",但也没有发展成为"冲

---

① 《国台办新闻发布会辑录(2012 年 2 月 29 日)》,http://www.gwytb.gov.cn/xwfbh/201202/t20120229_2364002.htm,访问日期:2014 年 10 月 15 日。

② 刘国深:《两岸关系不稳态与制度创新》,《台湾研究集刊》2000 年第 2 期。

突"或"战争",其中一个重要原因就是制度化的缺失。[①] 由于两岸敌对关系尚未解除,战争的规则欲去还留,和平的规则待建未建,系统的无序与高度不稳定仍是两岸关系的最大特征。在这种无序与不稳定状态之下,两岸双方难以进行建设性的制度创新。[②] 而制度化的缺失使双方缺乏最起码的互信,多数时候都是从质疑和防范的角度理解对方的政策意图。无论对大陆还是台湾来说,如果一方的政策得不到对方的理解或接受,或遭到对方的歪曲和反对,两岸关系就很难得到改善;反之,如果两岸之间有顺畅的沟通机制,双方的政策疑虑就会大大降低,两岸关系就可能进入一个和平稳定的良性循环轨道。而一旦沟通机制建立和运行后,两岸关系马上呈现缓和的局面。

从 1987 年到 1991 年海协会成立之前,刚刚开放初期的两岸关系虽然出现缓和,但由于没有建立起制度化的沟通管道,一些事务性的问题往往透过非正式的红十字会组织等来间接协调,这种偶尔的、临时性的沟通远远不足以解决两岸交往中出现的诸多问题。在"两会"相继成立并达成"九二共识"之后,1994 年在新加坡举行的"汪辜会谈"才真正开启了两岸制度化协商的大门。"汪辜会谈"达成的协议中包括《两会联系与会谈制度协议》,其中就对"两会"沟通的程序性问题进行了规定,让两岸在沟通的联系过程中,有一定的程序规则可供依据,遇到问题时也能够及时透过相关的渠道和程序加以解决。但是自 1995 年 6 月李登辉访美事件引发台海局势危机后,两岸关系再也无法形成制度化的安排,不仅如此,两岸之间仅有的某些制度化安排(如"九二共识")也被破坏。[③] 此后相当长一段时间,"两会"商谈不得不停止,两岸关系也进入了长达 10 多年的紧张与危机时期。虽然在此期间,两岸都多次表示希望恢复"两会"的协商,但在李登辉抛出"两国论",陈水扁否认"九二共识",抛出"一边一国论"、推动"公投制宪"、进行"入联公投"等"台独"分裂活动的情况下,两岸关系制度化的政治前提不复存在,两岸制度化的协商和谈判自然就无法恢复。虽然此间两岸也透过民间行业机构进行协商,但基本上是一种权宜之计,尚未到制度化的程度。

2008 年 5 月马英九上台后,两岸在反对"台独"、接受"九二共识"的问题上形成一致的政治基础,"两会"之间的协商谈判得以恢复,两岸关系发展也面临着难得的历史机遇,开始朝向和平、稳定、发展的新局面迈进。但以往两岸

---

① 李鹏:《台海安全考察》,九州出版社 2005 年版,第 118 页。
② 刘国深:《两岸关系不稳态与制度创新》,《台湾研究集刊》2000 年第 2 期。
③ 李义虎:《两岸关系缘何难以塑造理性预期》,香港《大公报》2003 年 8 月 29 日。

之间的协商谈判主要还是集中于经济社会领域,两岸之间固有的结构性政治难题并未有任何实质性突破,两岸之间的和平稳定局面依然脆弱。这也表明,当前两岸之间的制度性协商和安排,虽然能够适应经济、社会、文化交往的需要,却未必能够有助于两岸之间解决政治难题,因此需要进行某些制度上的创新,才有可能实现和平的制度化,确保台海地区长期和平稳定。

(二)制度创新是预防突发事件和控制意外事态的需要

制度化的另一个重要功能是控制功能,它可以规范和内化机制内成员的某些行为。在两岸关系的发展过程中,不可避免地会遭遇各种意外或突发事件,如何尽可能地预防突发事件发生,在突发事件发生后如何尽可能控制事态发展,避免给两岸关系造成伤害,就成为两岸都需要面对的问题。由于两岸尚未结束敌对状态,两岸官方仍然互信不足,如果没有一定的预防性机制,这些意外或突发事件就很可能会导致两岸关系局势恶化。在两岸关系的发展过程中,经常会有一些意外或突发事件发生,这些事件有些是刑事治安案件,有的是社会经济事件,当然也有某些政治力量蓄意制造的"台独"等政治事件。从这些事件最终的处理结果和造成的影响来看,两岸之间有协商联系机制的,往往会处理得比较平顺,制度的缺失则可能导致事态恶化。

制度化对防止两岸之间发生意外事件的功能最主要还是体现在政治、军事和外交领域。两岸在政治关系上的结构性矛盾、政治僵局迟迟不能化解、在军事上相互警惕和疑虑、在国际社会"外交斗争"等因素,都让很多人担心两岸关系中会发生影响到台海地区和平稳定的意外事件。邵宗海教授在探讨民进党当政期间的两岸关系形势时认为,在互信不足、敌意未除的情况下,两岸之间有许多动态及非常态的因素会突然升起,大陆和台湾如何来分析解读这些因素,都会变成双方政策进或退的依据,若有任何一方有误判的结果,就可能导致两岸之间的紧张情势,也无法排除所谓"擦枪走火"事件发生的可能性。①2002 年 7 月 21 日,中国与瑙鲁建交,同一天,陈水扁就任民进党主席,他当即威胁"要考虑走自己的路","走台湾自己的路";8 月 3 日,陈水扁抛出"一边一国论"。陈水扁事后辩称这是针对北京在他兼任民进党主席之时突然宣布与瑙鲁建交的反弹。且不论陈水扁的辩称是真是假,这两件分属中国外交和岛内政治,本来没有必然联系的巧合事件,却引发了两岸关系中的一场风波,就已经说明了两岸建立某种对话沟通机制的重要性。

---

① 邵宗海:《两岸关系》,台湾五南图书出版股份有限公司 2006 年版,第 439 页。

　　马英九上台以后,国民党和共产党两党之间,海基会和海协会两会之间形成制度化的协商沟通管道,两岸之间建立起了基本的政治互信,在一些问题上虽然尚未找到解决的办法,却存在某种程度的默契,有效地避免了突发和意外事件发生。自 2008 年以来,两岸之间因互信不足、沟通不畅导致的意外冲突大大减少,即使发生了类似东京影展等突发事件,也能够在短时间内找到解决的办法。但目前两岸之间的这种制度化沟通还处于不稳定、不正常的状态,有些甚至尚未搬上台面。而且,台湾岛内政局也有可能发生新的变化,下一次台湾地区领导人选举,两岸关系还会遇到新的挑战。因此,两岸急需通过制度创新来有效减轻未来可能突发的意外事件的冲击。

(三)制度创新是两岸增进互信和求同存异的需要

　　制度化建立的本身就是两岸相互沟通、相互协调的过程,在这个过程中,两岸之间可以相互了解,化解疑虑,求同存异,累积互信。2008 年 4 月 29 日,胡锦涛总书记在会见国民党荣誉主席连战时提出,两岸关系要"建立互信、搁置争议、求同存异、共创双赢"。要想实现这一目标,两岸关系的制度化必不可少。由于长期的敌对与隔阂,虽然两岸已经开放了 20 多年,但两岸之间依然缺乏深入的了解,互信基础严重不足。这一方面与台湾当局时常破坏两岸关系的政治基础有关,特别是在李登辉和陈水扁当政期间,不断从事背离一个中国原则的"台独"分裂活动,严重侵蚀两岸建立互信的基础;另一方面也与台湾当局政治诚信缺失和政策多变有关。台湾当局的大陆政策经常在不同时期出现不同,即使在同一时期政策也变化多端,而且政策解释和文字表述、政策宣示和实际行动之间往往背道而驰,让人无所适从,自然无法取信于大陆。台湾当局政策多变,其中一个重要原因就是两岸关系的制度化缺失,使得台湾当局觉得不必尊重两岸关系中的一些基本游戏规则。由于缺乏制度化的沟通机制,或者"两会"的制度化沟通机制被台湾当局人为破坏,两岸本来就脆弱的互信基础更加脆弱,即使当时的李登辉和陈水扁当局释出"善意",大陆也无法感受到对方的"诚意",或无法相信台湾当局的"善意"。马英九上台后,两岸有了共同的政治基础,"两会"制度化协商机制得以恢复,两岸建立和增进互信才出现新的可能。

　　当前两岸关系发展出现了难得的历史机遇,但不可否认的是,两岸之间尚存在某些深刻的利益分歧。今后两岸关系的发展依然会面临一些历史遗留问题,还会出现新情况、新问题。对这些矛盾和分歧,如何保证它们不成为两岸关系未来发展中的障碍,不会给两岸关系发展造成破坏性的影响,搁置争议、求同存异、创造条件、循序渐进地来解决非常重要,其中很重要的一个方面就是要实现两岸关系的制度化。制度能够提供化解危机的场所和模式,从而规避当事方可能付出的高昂代价,当行为者之间发生利益冲突,甚至导致危机发生时,制度便可以充当维持"秩序"的自发力量发挥作用。①"搁置争议、求同存异"与两岸关系制度化是一种相辅相成的关系,正因为两岸双方做到了搁置争议,才能够在求同存异的基础上恢复"两会"协商对话;反之,正是因为两岸重新开始制度化的步伐,两岸之间才能够在此制度的保障下,解决搁置什么争议、到底需要寻求哪些共同利益、如何做到求同存异的问题。换言之,制度化可以使两岸之间的"搁置争议、求同存异"真正落到实处,并在此基础上来建立和增进互信,达到共创双赢的目标。但制度化不能停步于此,要不断创新,才能够增进互信,求同化异。

(四)制度创新是夯实两岸经济、社会、文化基础的需要

两岸经济互赖的另一个重要效应体现在两岸民间社会交往方面。从某种意义上说,两岸人员往来、社会、教育、文化等各领域交流的热络,是两岸经济领域频繁和深入交流所带动的。两岸关系和平发展、国家最终完全统一,不仅是两岸当局、政党和政治人物的事情,更重要的是要尊重两岸人民的需求和想法。两岸同胞是血脉相连的命运共同体,包括大陆和台湾在内的中国,是两岸同胞的共同家园,两岸同胞有责任把她维护好、建设好。以往人民过于注重两岸政治层面的问题,对两岸经济、社会、文化发展的意义没有予以足够的重视,先从解决经济基础和社会文化等方面的融合入手,或许是解决两岸政治歧见的必经之路。②

虽然两岸交往已经开放20多年,但是两岸人民之间依然了解不够、互信不足,导致在一些问题上不能设身处地地尊重对方、理解对方、化解误会,反而容易受到某些势力的误导,甚至产生一些扭曲的认识。因此,两岸关系要想可持续和平发展,还需要解决两岸交流交往中衍生的诸多问题,消除两岸民众因长期不了解所产生的隔阂,如果这些问题不通过制度化的渠道和途径得到处理,民众之间的情感隔阂和认知落差不消除,就长远来看,势必会成为两岸关系和平发展进程中潜在的不稳定因素。在当前两岸关系中,虽然"两会"已经达成23项协议,涉及诸多领域,但与两岸民间交流交往的庞大领域相比,所能

① 简军波、丁冬汉:《国际机制的功能与道义》,《世界经济与政治》2002年第3期。
② 刘国深:《两岸关系和平发展新课题浅析》,《台湾研究集刊》2008年第4期。

够解决的问题还非常有限,只有通过制度创新,才能够有机会突破制约两岸民间交流交往的制度瓶颈,真正巩固两岸关系可持续发展的经济、社会、文化基础。

四、两岸关系制度创新的路径选择

两岸关系可持续和平发展的制度创新可以从三个层次来分析:第一个层次是次序路径的创新,侧重于不同领域制度化次序的探讨,即如何突破当前仅存在于经济领域的制度化沟通,创新出社会、政治、军事安全领域的制度化路径;第二个层次是制度化内容创新,侧重于具体领域制度化的内容设计,即通过什么样的方式来达成两岸在经济、社会、政治、安全领域的制度创新目标;第三个层次是程序路径,侧重技术程序的创新,即通过什么样的步骤来实现两岸在某一领域乃至整个两岸关系的制度创新。

虽然在两岸关系制度化从经济领域开始这一点上,学者们的意见比较一致,但对于下一步该延伸到哪个领域,从哪个层面、哪个角度、什么时候开始其他领域的制度创新,学者们的看法还是不尽相同,不过也提出了不少带有制度创新特征的观点。刘国深教授主张从两岸共同事务着手,将共同事务分为"面对面的共同事务""背对背的共同事务""肩并肩的共同事务",迄今两岸的合作主要是处理两岸交流交往中产生的各种问题的面对面类型,今后将会扩及"背对背"和"肩并肩"类型。双方可以考虑成立"两岸共同事务委员会",共同策划、协调、控制和监督两岸共同事务的合作问题。[①] 两岸共同事务委员会的设想就是一种制度创新。台湾学者张亚中则从"两岸财"的角度进行思考,将"两岸财"分为"私有财"、"协调财"、"共同财"和"纯公共财"四个部分,两岸可以在各种"财"内进行统合,如先成立"两岸农业共同体""两岸社会安全共同体""两岸南海共同体",并在此基础上谋求建立"两岸共同体"。[②] 张教授的设计也是从经济、民间和两岸共同事务出发,来思考两岸关系制度创新的路径。

经济领域的制度化最先外溢到什么领域,就应该从什么领域着手进行制度创新。从两岸关系发展的历史和现实来看,制度化的领域路径应该是,从两岸经济合作制度化,到两岸社会文化制度化,再到两岸政治安全制度化,最终实现两岸关系和平发展整体框架的制度创新。但是,经济、社会、政治等领域

[①]　刘国深:《试论和平发展背景下的两岸共同治理》,《台湾研究集刊》2009 年第 4 期。

[②]　张亚中:《两岸统合论》,台湾生智文化事业有限公司 2000 年版,第 277 页。

制度化的先后次序并不是绝对的,并非一定要等前一个领域的制度化完成后才开启后一个领域的制度化,它们之间其实是有交叉重叠的,在某些时候是可以同时进行的。如两岸经济合作制度化可以与两岸社会文化制度化同时进行,而当经济与社会领域的制度化进行到一定程度后,两岸政治安全领域的制度化也可以启动。由此可见,两岸在签署经济合作框架协议、成立两岸经济合作委员会之后,完全可以从社会、文化等领域着手开展制度创新。

对于经济、社会、政治领域制度化的内容路径,不同的领域有不同的方式选择。两岸经济合作要想进一步发展,同样必须在制度创新上做文章。从理论上说,制度性经济一体化的组织形式包括优惠贸易政策、自由贸易区、关税同盟、共同市场、货币同盟和经济联盟等形式。按照萧万长提出的"共同市场"构想,两岸共同市场是一个中长期的发展目标,也是一个一步一步推进的过程,可以分三阶段:第一阶段先解决"三通"直航,推动两岸经贸关系正常化;第二阶段两岸需要建立经常性的协商平台,就关税减让、给予进入对方市场更便利的条件、进一步推动各种制度和政策配套等问题进行协调,并订立类似CEPA 和 FTA 的"过渡协定";第三阶段则是全方位的经济统合工作,包括关税同盟、货币同盟等,以实现两岸制度性经济一体化的目标。[①] 当前两岸在经济相互依存性、经济市场规模、经济技术发展水平、经贸政策可协调性等经济层面,已初步具备进行一定程度与形式的经济一体化安排,第一阶段的两岸经贸关系正常化已初步完成,第二阶段的经济合作协议(ECFA)正在逐步推进,并走向内容广泛的新型自由贸易区形式,进而为第三阶段迈向关税同盟、共同市场、经济与货币联盟更为高级的一体化形式做准备。[②] 由此可见,两岸经济领域的制度创新还有很长的路要走。对于两岸民间社会的制度创新路径,两岸的一些部门和学者也提出了一些创新性的构想。大陆提出两岸可以协商签署"教育文化交流协议",福建省提出了建立"两岸人民交流合作先行区"的构想,有的学者提出了"金厦特区"或"金厦生活圈"的概念。这些从区域角度思考两岸社会一体化的设想,随着两岸关系的发展,极有可能扩及两岸整个社会文化领域。

至于两岸政治安全领域的制度创新,两岸当局和学者都提出了一些设想。

---

① 萧万长:《一加一大于二:迈向两岸共同市场之路》,台湾天下远见出版股份有限公司 2005 年版,第 166~167 页。

② 唐永红:《当前两岸制度性经济一体化的经济可行性考察》,《台湾研究集刊》2007年第 1 期。

2003 年 1 月,陈水扁在其元旦文告中首度提出建立"两岸和平稳定的互动架构",希望确立和平原则、建立协商机制、对等互惠交往、建构政治关系以及防止军事冲突,以期待双边签署协议、达成彼此关系正常化。2004 年,连战在竞选过程中提出"建立两岸关系正式稳定架构"的构想,希望在"九二共识"的基础上,透过逐步协商,签署一个包括"和平协议"在内的综合性"两岸协议",进而建立各种交流平台,包括进行领导人互访和会晤,政府各部门之间相互对话,并互派代表,使两岸关系正常化。① 2005 年 4 月,在胡连会的《新闻公报》中,国共提出"促进正式结束两岸敌对状态,达成和平协议,建构两岸关系和平稳定发展的架构"。胡锦涛在 2008 年 12 月 31 日的讲话中,再次重申两岸可以探讨结束敌对状态、建立军事互信机制、达成和平协议、建立两岸关系和平发展架构等立场。在学界方面,台湾海基会前副董事长兼秘书长邱进益、台湾大学张亚中教授都分别提出了"海峡两岸和平合作协议"与"两岸和平发展基础协定"的草案,就两岸政治安全关系的制度化建设提出了各自的看法。美国学者李侃如等提出过"中程协议"等解决两岸政治僵局的设想。最近一段时间,两岸都有一些学者提出建立"两岸和平发展委员会"的构想,其实都有制度创新的典型特征。

综上所述,两岸学界在过去 20 多年的时间里,已经就解决台湾问题和实现两岸关系和平发展提出了很多制度创新的观点,这些观点都是建立在学者们对两岸关系制度创新深入思考和研究基础之上的。在当前两岸关系新形势下,与其再提出新的创新模式,不如先就上述观点进行梳理,深入讨论,找到能够实现两岸关系可持续和平发展的制度化创新路径。

第三节　两岸关系可持续和平发展的动力机制

自 2008 年以来,两岸关系围绕着和平发展的主题,实现了历史性突破,取得了丰硕的成果,也经历了台湾选举带来的重大考验。当前,两岸关系发展正处在承前启后的关键时刻,不仅要不断巩固已有的和平发展成果,持续推进和平发展的进程,更需要不断筑牢两岸关系和平发展的政治、经济、文化、社会基础,继续构建两岸关系和平发展框架。要想实现上述目标,就必须树立"可持续和平发展"的理念,建立可以确保两岸关系长期、稳定、良性、协调发展的机

---

① 连战:《改变,才有希望》,台湾天下远见出版股份有限公司 2004 年版,第 243~244 页。

制和路径。

一、两岸关系可持续和平发展的理论意涵

可持续发展是近年来各国各地区在经济社会发展中普遍追求和实施的战略。随着人们对"可持续发展"理念的广泛理解和接受,越来越多的领域开始使用"可持续发展"这一概念。1987年,世界环境与发展委员会发表《我们共同的未来》报告,将可持续发展定义为:"既能满足当代人的需要,又不对后代人满足其需要的能力构成危害的发展。"可持续发展是一种建立在社会、经济、人口、资源、环境相互协调和共同发展的基础上的发展,其核心思想是经济发展应当建立在社会公正和环境、生态可持续的前提之下。从内涵看,可持续发展强调的是发展与可持续的统一,两者相辅相成,互为因果。如果放弃发展,则无可持续可言,如果只顾发展而不考虑可持续,从长远来看发展也必将丧失。因此,可持续发展战略追求的是近期目标与长远目标、近期利益与长远利益的最佳兼顾。从上述可持续发展的概念和内涵来看,其对当前两岸关系的发展也有重要启示。

2008年以来,两岸关系进入了和平发展的新时期,两岸不仅巩固了坚持"九二共识"、反对"台独"的共同政治基础,而且在经济、社会、文化、人员往来等诸多领域取得突破性进展,两岸关系和平发展已经成为两岸同胞的主流民意。但两岸关系和平发展是一个长期的过程,其进程不会一帆风顺,还会受到各种因素的影响,未来的两岸关系依然是机遇和挑战并存。拓展两岸关系和平发展新局面,继续构建两岸关系和平发展框架,说到底就是希望两岸关系能够实现可持续和平发展。这就要求既要考虑到当前和平发展的需要,又要满足未来相当长一段时间和平发展的需要,即在遵循两岸关系发展基本规律的前提下,把握好短期机遇与长期战略的关系,尽可能抓住历史机遇,不断拓展两岸关系和平发展新局面,构建确保两岸关系可持续和平发展的框架。

两岸关系可持续和平发展有以下几个方面的内涵:第一,系统性。两岸关系和平发展是一项系统工程,涉及方方面面的内容,可持续就是要具有战略观和大局观。第二,共同性。和平发展是两岸同胞的共同使命,可持续和平发展要从寻求共同基础和共同利益的角度进行长期合作。第三,协调性。两岸关系涉及政治、经济、社会、文化等诸多领域,涉及岛内、两岸、国际等多个因素,可持续和平发展要求实现这些领域和因素的协调发展。第四,公平性。两岸关系可持续发展要秉持平等互惠的公平原则,避免过度失衡。第五,持续性。

两岸关系和平发展是一个长期的历史过程,可持续发展就是要遵循规律,循序渐进,避免过犹不及。第六,动态性。两岸关系要想可持续和平发展,就必定会经历一个逐渐从较低层次向较高层次动态发展的过程。第七,多样性。可持续和平发展本身就包含着多样性、多模式、多维度的选择,两岸之间的差异性客观存在,双方要相互尊重,考虑到各自的实际情况和对方的可接受性。上述内涵决定了两岸关系可持续和平发展是受到多种因素影响和作用的,这些因素之间能否协调发展,能否形成长效动力机制,直接影响到两岸关系可持续发展能否实现。

二、两岸关系可持续和平发展的动力机制

两岸关系可持续和平发展是一项系统工程,其在动态发展的过程中会受到各种不同作用力的影响,这些作用力的相互作用决定着两岸关系的发展方向和内容。两岸关系要想真正实现可持续发展,关键取决于是否存在一个与内外环境相适应,并且能够以持续均衡的方式提供能量的动力机制。两岸关系能够可持续和平发展的核心动力来自于民意的需求,民意是两岸关系可持续发展的动力源泉,所以任何动力机制都必须建构在民意的基础之上。大陆长期以来一直坚持"寄希望于台湾人民的方针",强调"要积极扩大两岸人民往来,努力为两岸同胞谋福祉,使交流合作的成果惠及更多台湾基层民众,要不断团结和汇聚一切支持两岸关系和平发展的各界人士,不断筑牢两岸关系和平发展的政治、经济、文化、社会基础"[1],说到底就是要最大可能凝聚两岸同胞,尤其是台湾同胞支持两岸关系和平发展的民意。从过去几年的两岸关系发展来看,两岸同胞基本上形成了支持两岸关系和平发展的主流民意,这为构建两岸关系可持续和平发展的动力机制奠定了良好的基础,创造了一定的条件。但两岸关系可持续发展的动力机制是一个动态多元立体系统,它有多个不同的面向,这些面向之间是相辅相成、相互影响的,它们共同形成合力推动两岸关系可持续和平发展。以下从内源性动力机制、互动性动力机制、外源性动力机制的角度对此进行分析。

---

[1] 《2012年对台工作会议在京举行 贾庆林出席并作重要讲话》,http://www.gwytb.gov.cn/wyly/201203/t20120302_2367075.htm,访问日期:2014年10月15日。

(一)内源性动力机制

内源性动力机制是指大陆和台湾内部存在或产生的,能够推动两岸关系可持续发展的动力。两岸同胞同属中华民族,有着共同的历史文化背景,本身对和平发展就有强烈的意愿和需求,这是内源性动力的基础和根本。对于大陆而言,两岸关系和平发展能够为战略机遇期创造良好的环境和条件。如何紧紧抓住当前所面临的重要战略机遇期,在 21 世纪头 20 年中全面建设较高水平的小康社会,直接关系到中国在 21 世纪中期达到中等发达国家水平、实现国家现代化的战略目标能否实现,也是中国的根本利益。处理好台湾问题本身就是抓住战略机遇期的一个关键环节,不仅可以为改革和发展创造更为有利的环境,而且可以使台湾问题的解决难度进一步减小。[①] 对台湾而言,坚持和平发展则可以避免因为两岸关系的紧张而影响到岛内经济发展和社会稳定。自 20 世纪 90 年代以来台湾经济社会发展停滞不前,与李登辉和陈水扁当局政治上进行“台独”分裂活动,破坏两岸关系和平稳定,经济上实行“戒急用忍”“有效管理”的限制性两岸经贸政策等因素有着直接的关系。马英九上台以来,两岸关系得到了很大改善,台湾经济即便遭遇世界金融危机也能够保持稳定发展,ECFA 的实施也让很多台湾民众得到了实惠,看到了希望。这些都会逐渐内化为台湾民众希望两岸关系可持续和平发展的内源性动力。

(二)互动性动力机制

互动性动力机制指两岸在交流交往过程中所产生的,能够推动两岸关系可持续发展的动力。即便两岸都有和平发展的内源性动力需求,如果没有两岸之间的交流互动,这种动力也无法呈现出来,难以让两岸民众感知到。自从 1987 年以来两岸经济交流和社会交往,为两岸关系发展提供了源源不断的动力支持。

首先,“九二共识”的政治基础在两岸交往中得以建立和巩固。1992 年正是为了处理两岸交流交往中的衍生事务,两岸“两会”才在香港进行会谈,达成“九二共识”,并成为两岸协商谈判的政治基础。马英九上台后,特别是经历 2012 年台湾选举之后,“九二共识”的政治基础已成为促进两岸关系可持续和平发展动力机制的一个重要组成部分。

其次,“两会”协商机制在两岸交往中得以确立。海协会和海基会就是在两岸交流交往中应运而生的,其目的之一也是促进两岸交流和交往。无论是

---

① 刘红:《和平发展是主流——2007 年两岸关系回顾》,《台声》2007 年第 12 期。

90 年代的"汪辜会谈",还是 2008 年以来两会的 11 次商谈,都在很大程度上推动两岸关系不断向前发展。

再次,经济合作在两岸互动交往中实现机制化。两岸经贸关系经过 20 多年的发展,已经成为最为活跃和最为积极的因素,成为维护台海地区和平稳定和促进两岸共同发展不可或缺的重要力量。两岸经济合作机制化不仅是两岸经贸关系多年密切发展的结果,更会为两岸关系可持续发展提供源源不断的新动力。

最后,两岸民间便捷往来在交往中得以实现。2008 年两岸直接"三通"得以实现,这是两岸同胞 30 多年共同努力的结果。如果没有庞大的两岸人员往来,没有迫切的交流需求作为推动力,两岸的便捷往来就难以实现。

(三)外源性动力机制

外源性动力机制指影响两岸关系的诸多外部因素出于各种考虑,希望两岸关系可持续和平发展而带来的动力。两岸关系和平发展离不开外部环境,国际环境和国际格局向来对两岸关系的发展有着重要的影响,美国、日本等外部势力对台湾问题也从未放松关注。近年来,随着中国综合国力增强,在多极化格局中影响力越来越大,当前的国际格局越来越有利于大陆实现两岸关系的和平发展;而在经济全球化的背景下,两岸只要携手合作,顺应世界和平发展的潮流,就能够把握机遇,迎接全球化的挑战。[1] 美国向来是影响台湾问题的最大外部因素,美国经常会通过对台湾当局施加压力、对台军售等方式来影响两岸关系和平发展进程。但 2008 年以来,美国对两岸关系的改善公开都是表达"欢迎""支持""乐见""深受鼓舞""不会担心"等立场。2009 年 11 月,在奥巴马总统访华后发表的《中美联合声明》中,美方表示欢迎台湾海峡两岸关系和平发展,期待两岸加强经济、政治及其他领域的对话与互动,建立更加积极、稳定的关系。2010 年 6 月,两岸签署 ECFA 以后,美国国务院代理副发言人杜桂德在例行记者会上主动表示,这代表大陆与台湾持续强化对话交流,美国表示欢迎,对于近来两岸正面发展,美国深受鼓舞。[2] 虽然美国对两岸在和平发展新形势下,是否和如何开展政治和军事安全领域的对话却始终态度暧

---

[1]　李鹏:《海峡两岸关系析论——以和平发展为主题之研究》,鹭江出版社 2009 年版,第 117、121 页。

[2]　《两岸签署 ECFA　美国国务院主动表示深受鼓舞》,http://news.sina.com.cn/o/2010-07-01/084320587317.shtml,访问日期:2014 年 10 月 15 日。

昧,但整体上希望台海和平稳定的政策立场不会改变。外源性动力虽然不是推动两岸关系持续和平发展的直接动力,却是这种动力机制能顺畅运作的必要外部条件。

两岸关系持续和平发展的内源性、互动性和外源性动力机制不是各自独立的,而是缺一不可、相辅相成的。如果将内源性动力看作电源,外源性动力比作插座的话,那么两岸互动性动力就是充电器,只有三者之间密切配合,形成合力,才能为两岸关系可持续发展提供源源不断的动力支持。

三、两岸关系可持续和平发展的路径选择

两岸关系要想可持续和平发展,就必须实现内源性动力机制、互动性动力机制和外源性动力机制的有机结合和辩证统一。具体来说,两岸关系可持续发展必须要实现短期机遇与长期战略相统一、把握节奏与尊重规律相统一、保持稳定与突破创新相统一,要遵循“放眼长远、循序渐进、稳中有进、统筹兼顾”的发展路径。

第一,放眼长远。两岸关系要想可持续和平发展,就必须要有战略观和大局观,处理好短期机遇和长期战略之间的关系。马英九2008年上台和2012年连任,为两岸关系和平发展提供了难得的历史机遇,但两岸关系和平发展是一个长期的过程,看待两岸关系和平发展不能拘泥于这八年的历史机遇期,而是要着眼长远,既要考虑到马英九当政时期的短期效应,也要考虑到今后台湾岛内政局可能发生变化的长期效应。胡锦涛在纪念《告台湾同胞书》发表30周年的讲话中就明确指出,我们应该登高望远、审时度势,本着对历史、对人民负责的态度,站在全民族发展的高度,以更远大的目光、更丰富的智慧、更坚毅的勇气、更务实的思路,认真思考和务实解决两岸关系发展的重大问题。① 因此,对于那些在短期内有利两岸关系改善,但从长远来看可能危及和平发展大局的事情,要审慎评估,三思而后行。对于那些短期内可能带来某些负面影响,但从长期来说有利于两岸关系和平发展的事,则要坚持做下去。

第二,循序渐进。两岸关系要想实现可持续发展,就必须遵循基本规律,要把握节奏,循序渐进地进行。两岸关系发展有着自身的规律,两岸当前所面临的问题,有着深刻的历史和政治背景,两岸之间的一些历史遗留问题和结构

---

① 胡锦涛:《携手推动两岸关系和平发展　同心实现中华民族伟大复兴——在纪念〈告台湾同胞书〉发表30周年座谈会上的讲话》,人民出版社2009年版,第5页。

性政治难题，两岸政治社会制度上的差异，两岸民众之间的某些误解，都不是在一夕之间能够解决的。两岸关系要可持续发展，就必须秉持尊重历史、尊重现实、尊重人民愿望的实事求是的精神，深刻认识和遵循两岸关系的发展规律，循序渐进地去探寻解决问题的办法。如果不顾两岸特殊的历史背景，盲目超越当前的政治现实，就可能导致过犹不及的后果。王毅在纪念海协会成立20周年的致辞中指出，"先易后难、循序渐进，从双方有共同意愿、有合作条件的议题入手，既有利于协商的持续推进，有利于增强两岸民众的信心，也有利于为将来解决政治难题不断积累共识，创造条件"[①]。这其实体现了对两岸关系基本规律的尊重和把握。

第三，稳中有进。两岸关系行稳才能致远，但"稳"不是静态不变，而是要在前进中求"稳"，要想可持续发展，必须要有所"进"，要敢于突破创新。两岸关系和平发展不是空中楼阁，而是已经有了一定的成果作为基础。可持续发展的前提是要巩固已有的成果，如果现有的成果都不能确保，就谈不上后续发展，这就需要我们不断夯实两岸关系和平发展的经济、政治、社会、文化基础，确保两岸的内源性动力机制能够可持续提供能量。但一味"求稳"无法保证两岸关系可持续和平发展，两岸关系往往是"不进则退"。在求稳的基础上，必须要有所"进"，要敢于创新，善于突破。在当前两岸经济合作、人员往来等领域已经取得突破性进展的情况下，两岸完全可以在商签"教育文化交流合作协议"，探讨当前特殊情况下两岸政治关系的发展问题。

第四，统筹兼顾。两岸关系可持续和平发展要统筹兼顾"蓝绿""官民""内外"等多种因素。和平发展是两岸同胞的共同使命，是两岸各政党、各团体的共同责任，也得到国际社会的普遍支持。从台湾岛内政治生态来看，在两党制已基本成型、蓝绿对立态势依然存在的情况下，两岸关系可持续发展不应也不可能只与某一个政党、某一派政治势力打交道。大陆已明确表达"只要民进党改变'台独'立场，我们与民进党交往的大门是敞开的"，"凡是赞成两岸关系和平发展的台湾各界人士，包括民进党的基层人士，我们都欢迎他们以适当的身份来大陆走走看看"的立场。[②] 而对于民进党来说，不改变"台独"分裂立场，不与大陆打交道，就难以取信于支持和平发展的台湾民众，也不利于民进党在

---

① 《王毅在纪念海协会成立二十周年上的致辞》，http://www.gwytb.gov.cn/wyly/201112/t20111219_2218245.htm，访问日期：2014 年 10 月 15 日。

② 《国台办新闻发布会辑录》（2012 年 2 月 29 日），http://www.gwytb.gov.cn/xwfbh/201202/t20120229_2364002.htm，访问日期：2014 年 10 月 15 日。

岛内的政治发展。从"官民"的角度来看,两岸关系不可能永远停留在"民间"的层次,两岸通过既有的协商机制,适时商谈政治问题,提升两岸交往的正式层级,将有利于两岸关系可持续和平发展。从"内外"来看,两岸关系不可能不顾及美国、日本等国际社会在台海地区的某些关注和利益。促使美、日等外国势力在台湾问题上发挥积极作用,不仅有助于实现两岸关系与中美关系的良性互动,也有助于两岸关系可持续和平发展的实现。

第四节　海峡两岸和平协议的性质和定位

2005 年 4 月 29 日,中共中央总书记胡锦涛与中国国民党主席连战会谈后发表了新闻公报,提出两岸关系和平发展的共同愿景,其中主张"促进终止敌对状态,达成和平协议"。2008 年 12 月 31 日,胡锦涛在纪念《告台湾同胞书》发表 30 周年座谈会上发表重要讲话,就推动两岸关系和平发展提出六点意见,其中再次提出:"结束敌对状态,达成和平协议。"[①]"签署两岸和平协议"也曾经成为台湾当局领导人马英九 2008 年竞选时的"五不五要"政见主张之一。2011 年 10 月 17 日,马英九在竞选连任的过程中提出:"未来 10 年中,应该对两岸在循序渐进的情况下,审慎斟酌未来是否洽签'两岸和平协议'。""签署两岸和平协议"的主张一直受到海内外舆论的关注。海峡两岸适时开启政治谈判,签署和平协议,成为海内外中国人的共同心愿。

一、两岸和平协议的性质

在国际法上,条约指"国家间所缔结而以国际法为准之国际书面协定,不论其载于一项单独文书或两项以上相互有关之文书内,亦不论其特定名称为何"[②]。依据这一概念解释,国际法上的条约只适用于国家之间的协定,而且必须以国际法为准。在国际法上,和平协议有些是通过战争手段达成的,有些是通过谈判方式达成的。英国国际法学者伊恩·布朗利指出:"采取何种方式进行条约谈判以及使条约发生效力,这都要根据缔约方自己的意愿并且一致

---

　　① 胡锦涛:《携手推动两岸关系和平发展　同心实现中华民族伟大复兴——在纪念〈告台湾同胞书〉发表 30 周年座谈会上的讲话》,《人民日报》2009 年 1 月 1 日第 2 版。
　　② 转引自《奥本海国际法》第一卷第二分册,中国大百科全书出版社 1998 年版,第 626 页。

同意来决定。"①显然,两岸和平协议不是国家之间的协定,不适用国际法的规范,但是作为双方合意的结果,两岸和平协议仍然需要根据海峡两岸双方的共同意愿来推动和签署。

两岸和平协议本质上是国内性质的协议,是由国内的两个政治实体签署的,是以国内法为准的书面协议。正如台湾地区前"陆委会主委"张京育指出的:"由于两岸关系特殊性,两岸和平协议就不可能是独立国家和独立国家协议,不属于国际协议,不具国际条约性质。"②这样的性质定位难免对两岸和平协议的内容与程序都产生直接的影响,而首要的是谈判主体的身份问题,其次是协议内容所遵循的规范与原则,最后是协议的生效程序问题。

(一)两岸和平协议的谈判和签署主体

两岸和平协议的谈判和签署的主体的性质定位是两岸政治谈判面临的首要问题。谈判主体性质的确定显得尤其重要,但又可能成为阻碍两岸政治谈判的重大障碍。两岸政治谈判的主体身份是平等的,但不能是国际法的主体,不是国家与国家之间的谈判,也不宜是政府与政府之间的谈判。但对于台湾来说,显然希望以国际法主体的身份来对等谈判,或至少比照国际法主体展开谈判,或具有部分国际法效力的交战团体的性质展开谈判。"如果叛乱到相当程度,合法政府无法对冲突引起的损害负责,应牵涉到国际法问题——承认叛乱分子为交战团体或叛乱团体,因而他们能享受一部分国际法上的权利并负担一些国际法上的义务;在这种情形下,叛乱分子成为不完整的国际法人。"③但是叛乱团体或交战团体是国际法上的定位,也不符合两岸关系和平发展的现状,两岸谈判主体的定位不必拘泥于既有的理论,可以超越,也可以创新。

主体的性质影响谈判代表的选择与授权。两岸和平协议的谈判是继续授权两岸"两会"负责,还是另组机构开启谈判,或双方各自任命特派代表负责谈判,如有些学者建议两岸各自组织两岸和平发展委员会展开谈判。两岸谈判代表也需要取得充分的授权,而授权是来自于两岸的领导人还是来自于两岸民意机构,也必须充分考虑,海峡两岸应当有相同且一致的授权机制。马英九当局提出"公投授权"的前提,这在大陆是不可能实行的。

---

①　[英]伊恩·布朗利著,曾令良、余敏友等译:《国际公法原理》,法律出版社2003年版,第672页。

②　台湾《旺报》2012年2月21日第A15版。

③　丘宏达:《现代国际法》,台湾三民书局1995年版,第288页。

主体的性质涉及协议条款中如何表述双方政治实体的关系,其实质是对于两岸关系政治定位的表述。2012 年 3 月,胡锦涛在会见吴伯雄时指出:"两岸虽然还没有统一,但中国领土和主权没有分裂,大陆和台湾同属一个中国的事实没有改变。确认这一事实,符合两岸现行规定,应该是双方都可以做到的。"①此后,吴伯雄提出"一国两区"的两岸定位,以大陆地区和台湾地区的两个不同法域的概念表述双方,也契合台湾当局"一国两区"的两岸法理定位,在现阶段是双方都可以接受的"两岸谈判主体"的代名词。

主体的性质也关系到协议的最终签署。以何种名义签署、如何落款、签署是否由双方领导人出席见证,都涉及双方主体的政治定位。马英九表示:"无论到哪里,我都是'中华民国总统'。"②如果坚持政治上的名称,这实际上排除了两岸领导人出席见面的可能性。如果以"一国两区"定位为基础,不妨以"大陆地区领导人""台湾地区领导人"定位双方和落款,这是较为务实的做法。

(二)两岸和平协议的基本原则

两岸和平协议是国内法意义上的协议而不是国际法意义上的协议。作为国内法意义上的协议,应当遵循国内法的原则与规范。根据《反分裂国家法》第七条的规定:"国家主张通过台湾海峡两岸平等的协商和谈判,实现和平统一。协商和谈判可以有步骤、分阶段进行,方式可以灵活多样。台湾海峡两岸可以就下列事项进行协商和谈判:(1)正式结束两岸敌对状态;(2)发展两岸关系的规划;(3)和平统一的步骤和安排;(4)台湾当局的政治地位;(5)台湾地区在国际上与其地位相适应的活动空间;(6)与实现和平统一有关的其他任何问题。"③这一条规定为签署两岸和平协议提供了法源依据,尤其是明确地指出了"协商和谈判可以有步骤、分阶段进行,方式可以灵活多样",为两岸和平协议的谈判提供了广阔的空间。

台湾地区的"法律",对于两岸关系的规范,最为详尽和明确的是"台湾地区与大陆地区人民关系条例"(简称"两岸人民关系条例"),该法目的虽然是"规范台湾地区与大陆地区人民之往来",但相关的条文仍然涉及了两岸政治关系。正如国民党荣誉主席吴伯雄指出的:"台湾推动两岸关系的依据是'两

---

① 《胡锦涛会见吴伯雄》,《人民日报》2012 年 3 月 23 日第 1 版。
② 台湾《联合报》2012 年 11 月 9 日第 A1 版。
③ 中共中央台湾工作办公室、国务院台湾事务办公室编:《〈反分裂国家法〉及重要文献选编》,九州出版社 2005 年版,第 3 页。

岸人民关系条例'，这是以'一国两区'的概念作为法理基础，处理两岸事务的是'大陆委员会'而不是'外交部'；这足以说明，'两岸不是"国与国"关系，而是特殊关系'。"①在法理上，台湾也依然规定着"国家统一"的前景，不仅台湾现行的"宪法增修条文"序言载明是"因应国家统一前之需要"，而且"两岸人民关系条例"第一条也声明该法是"国家统一前"所适用的规范。

因此，《反分裂国家法》第七条有关两岸政治协商与谈判的规定，台湾"两岸人民关系条例"对于"国家统一前"的两岸政治定位，是两岸和平协议所应当遵循的国内法规范与原则。

(三)两岸和平协议的主要动因

两岸和平协议是海峡两岸在结束战争状态、终结敌对状态之后的产物，必须通过两岸和平谈判来达成，是海峡两岸双方合意的产物。然而，2011年10月20日，马英九曾经公开召开记者会表示："倘未来要推动'两岸和平协议'，一定会先交付人民公投，公投未过，就不会推动签署'两岸和平协议'。"台湾当局把"两岸和平协议"与"公投"挂钩，这是一种危险的做法。

第一，"两岸和平协议"是双方合意，是双方共同行为的产物。"公投"是台湾单方面的行为，"公投"结果表达的是台湾单方面的意志，以单方面的行为和意志来制约双方的合意，这在理论上是相互矛盾的，在客观上也是不可行的。

第二，在台湾社会，"公投"议题在政治上带有浓厚的台湾"住民自决"的意涵。"公投"议题是民进党的强项，向来是民进党主导的议题。国民党试图接受"公投"议题或迎合"公投"议题，都将使国民党本身在政治上陷入被动局面。

第三，如果把"两岸和平协议"与"公投"议题挂钩，还必须区分"授权性公投"与"生效性公投"的不同情况。"授权性公投"指在洽签和平协议之前将签署和平协议的议题交付公投，取得台湾民众的支持与同意。"生效性公投"指在签署和平协议之后，将协议交付公民投票，取得民众的支持然后生效。应当说"授权性公投"与"生效性公投"的影响是不同的，前者是台湾的单方行为，对于两岸双方谈判的实质内容影响不大，后者则将决定协议生效与否，具有关键性的影响。根据2011年10月22日马英九在记者会上的说法，似乎更倾向于前者即"授权性公投"，但仅仅举行"授权性公投"，民进党及其泛绿阵营能答应

---

①　台湾《经济日报》2012年3月23日第A10版。

吗？2011年,民进党候选人蔡英文在竞选台湾地区领导人的文宣广告中明确提出:"蔡英文主张——两岸政治协商,事前授权,事后同意,人民公投决定。"利用"生效性公投"牵制两岸和平协议,这必然是泛绿阵营的目标,也给两岸和平协议的谈判和签署带来了巨大的政治障碍。

二、两岸和平协议的定位

(一)两岸和平协议不是统一协议,但不排除统一指向

两岸和平协议在性质上不同于两岸统一协议,两岸和平协议的签署不是两岸统一的最终完成,而是两岸关系和平发展的制度化、机制化的成果。《反分裂国家法》第七条指出:"协商和谈判可以有步骤、分阶段进行,方式可以灵活多样。"其中谈判和签署两岸和平协议就可以成为两岸统一的终局安排之前的阶段性或过渡性的成果,可以规范两岸关系和平发展进程中的制度性安排,而不涉及统一后的"一国两制"或其他模式安排。

两岸和平协议可以不涉及两岸统一问题,主要原因是现阶段解决两岸统一的终局性安排的时机并不成熟。统一在台湾社会的政治基础薄弱,台湾多数人仍对于统一怀着浓厚的顾虑,台湾的大部分民意调查,显示绝大部分台湾民众均主张两岸维持现状,尤其是广义的维持现状。2012年8月,台湾当局"陆委会"委托政大选研中心的民调结果显示,84.3%的台湾民众支持广义的维持现状。在"维持现状"的民意背后是对于"两岸统一"的顾虑和抵触,2012年8月,台湾指标民调对台湾民众统独立场的调查显示,赞成两岸最终应该统一的比例为18.6%,不赞成的高达66.6%,赞成"台湾最终应该独立成为新国家"的比例高达55.4%,不赞成的比例为29.9%。

但是两岸和平协议不涉及两岸统一的制度安排,并不等于排斥两岸统一的政治指向,也不能成为"台独、分裂"势力推进"和平分裂"的护身符。2011年10月,马英九提出"洽签两岸和平协议"的主张后,遭到泛绿阵营尤其是民进党和"台联党"的严厉指责。民进党攻击马英九"寡头独断",为台湾定下"统一时间表",和平协议将成台湾的"卖身契",是"卖台时间表";"台联党"则指责"和平协议将成为台湾的'定时'投降协议";李登辉也指责"台湾好像又回到独裁政府"。一时之间,绿营政治人物大举围攻马英九的"两岸和平协议"主张,贴上所谓"牺牲主权、投降协议、卖台协议、亡国协议"等标签,极力挑起台湾社会的政治非理性,污名化"两岸和平协议"的理性设

计。民进党以及其他"台独"势力对"两岸和平协议"群起而攻之,其目标不在于"和平",也不在于"和平协议",他们反对的核心是一个中国原则、"九二共识"、两岸统一,暴露出民进党等"台独"势力的赤裸裸的分裂主义的政治立场。

1998 年,美国学者李侃如等曾经提出"中程协议"的构想,"双方同意,在此一个过渡时期,台湾和中华人民共和国皆存在于'一个中国'之内,彼此的关系既不属于两个排它的主权实体,也不属于中央政府与地方省的关系,而是'台湾海峡双边'关系,任何一方都不能挑战国家的基本统一"①。应当说,作为过渡性协议,"两岸和平协议"与"中程协议"的构想确有异曲同工之处。2011 年 6 月 23 日,台湾《联合报》的社论认为,"和平协议就是中程方案",并且指出:"如果两岸尚有四五年的机遇期,可从互称台湾当局、大陆当局起步,及早建立一个'中程方案',确立'分治而不分裂'的和平发展框架;双方皆可借以累积善意,感化人心,'以时间换取空间',将两岸关系导向'合理的过程',以通往'改善之目的'。"②

2005 年,时任国民党主席的连战曾经提出:"和平协议的重点在四个字'不独不武'。台湾方面宣布放弃台湾独立;而中共当局宣布放弃武力攻台。和平协议的时间可以是三十年,可以是五十年,时间经由磋商做最后的决定;简言之,让两岸的冲突、一触即发的战争情势得到缓和,另一方面透过未来更长时间区域经贸的整合,逐步解决两岸问题。"③然而,马英九上任后,不断重申台湾当局现行的大陆政策是"在中华民国宪法架构下,维持台海'不统、不独、不武'的现状,并在'九二共识、一中各表'之基础上,推动两岸和平发展"。马英九当局如果把"不统、不独、不武"作为"两岸和平协议"的指导性原则,必然引起各界舆论对其"独台"倾向的批评。虽然两岸和平协议不是两岸统一协议,但是不能排除两岸统一的政治指向。台湾媒体指出:"最重要的,和平协议既非两岸关系的终极结局,朝野从辩论中逐步建立共识,甚至避免政党轮替对两岸关系动荡的影响,才是朝野政党负责任的作为。"④

---

① 赵勇:《"中程协议"述评》,《台湾研究集刊》2000 年第 1 期。

② 《和平协议就是中程方案》,台湾《联合报》2011 年 6 月 23 日。

③ 《连战:两岸应签和平协议　不独不武 30—50 年》,2005 年 3 月 24 日国民党中央党部新闻稿,http://www.kmt.org.tw/,访问日期:2014 年 10 月 15 日。

④ 《寻求两岸和平早就是朝野共识》,台湾《中国时报》2011 年 10 月 24 日第 A17 版。

（二）两岸和平协议是在国家尚未统一的特殊情况下的政治安排

虽然两岸关系有结构性的政治矛盾有待化解,有对立性的政治力量相互牵制,但是主导两岸关系的国共两党确立了开创"两岸和平发展共同愿景"的共识。尤其是中国共产党把"和平发展"作为领导国家的战略性选择,提出"中国将始终不渝走和平发展道路""牢牢把握两岸关系和平发展的主题""实现和平统一首先要确保两岸关系和平发展"等论断,这就为建构两岸关系和平稳定发展的互动架构提供了政治基础。2005 年 4 月 29 日,中共中央总书记胡锦涛与中国国民党主席连战共同发布的"两岸和平发展共同愿景"中指出:"促进正式结束两岸敌对状态,达成和平协议,建构两岸关系和平稳定发展的架构,包括建立军事互信机制,避免两岸军事冲突。"①2008 年 12 月 31 日,胡锦涛在纪念《告台湾同胞书》发表 30 周年座谈会上的讲话中再次提议:"结束敌对状态,达成和平协议。"并且指出:"为有利于两岸协商谈判、对彼此往来作出安排,两岸可以就在国家尚未统一的特殊情况下的政治关系展开务实探讨。"②2012 年 11 月,胡锦涛在中共十八大报告中重申:"希望双方共同努力,探讨国家尚未统一特殊情况下的两岸政治关系,作出合情合理安排;商谈建立两岸军事安全互信机制,稳定台海局势;协商达成两岸和平协议,开创两岸关系和平发展新前景。"③

建构两岸关系和平稳定发展的架构,并不是两岸统一的终局安排,而是国家尚未统一特殊情况下的两岸政治关系的安排,是国家统一前过渡时期的政治性和法律性安排。两岸关系和平稳定发展的架构应当包含国家尚未统一特殊情况下规范两岸政治、经济、文化、社会等各方面关系的综合性协议和单项协议,包括和平协议、军事安全互信机制、综合性经贸协议、共同打击犯罪协议等。一揽子的协议建构起过渡时期的两岸关系和平稳定发展架构,使困扰两岸关系的结构性矛盾得以全面化解或局部化解,确保两岸关系沿着和平发展的正确道路推进,使海峡两岸各方面的交流和往来得以正常开展。

国家尚未统一特殊情况下的两岸政治关系,遵循"合情合理"的原则作出

---

① 《中国共产党总书记胡锦涛与中国国民党主席连战会谈新闻公报》,《人民日报》2005 年 4 月 30 日第 1 版。

② 胡锦涛:《携手推动两岸关系和平发展　同心实现中华民族伟大复兴——在纪念〈告台湾同胞书〉发表 30 周年座谈会上的讲话》,《人民日报》2009 年 1 月 1 日第 2 版。

③ 胡锦涛:《坚定不移沿着中国特色社会主义道路前进　为全面建成小康社会而奋斗——在中国共产党第十八次全国代表大会上的报告》,《人民日报》2012 年 11 月 18 日第 4 版。

安排。合情即合于两岸的民情,合理即合于两岸的法理。一方面,两岸和平协议既然是国家统一前的特殊情况下的过渡性安排,应当不强求改变台湾的现状,台湾将保留它现有的政治、社会和法律体制;另一方面,两岸和平协议的共同的政治基础和法律基础是"一个中国"框架,"一个中国框架的核心是大陆和台湾同属一个国家,两岸关系不是国与国的关系"①。海峡两岸应当尽最大努力与善意,寻求最基本的政治共识,双方可以从自身的法理基础出发,在"大陆与台湾同属一个中国"的"一个中国"框架认同上取得明确而稳定的共识,形成海峡两岸领土主权一体的稳定的政治认同。

两岸和平协议的签署应当争取台湾民意的认同与支持。中国大陆通过持续推进经济体制和政治体制的改革,不断发挥经济上、政治上的吸引力,通过硬实力、软实力和巧实力的强化完成两岸和平协议的谈判和签署进程。化解两岸政治认同的分歧与冲突,促进两岸政治认同的融合,是两岸关系和平发展进程中的重要任务。海峡两岸在持续推进两岸经济关系的正常化与机制化的同时,也应当积极推动两岸文化和教育领域的交流,促进两岸民间社会广泛的人员交流,共同努力化解两岸政治认同的分歧,也为两岸解决政治上的难题奠定基础。

(三)两岸和平协议是两岸关系和平发展的制度化体现

1949 年以来,海峡两岸关系经历了军事对抗、政治对立、缓和交流的多个阶段,两岸人民均意识到战争不应当是两岸的选择,正如国民党荣誉主席连战指出的:"两岸之间有一件事绝不能再发生,就是和平与战争的循环轮替,两岸只存在一条和平的单行道与不归路,台海没有和平,两岸就将失去一切。"和平是两岸人民的共同期盼,海峡两岸的政治分歧应当通过和平谈判的方式解决,即使仍然固守"台独党纲"的民进党也不敢违背两岸人民追求和平的强大意愿。民进党执政时期,陈水扁也曾经表示"建立和平稳定互动架构""签署和平协议"等主张,但是民进党当局的"台独""分裂"立场阻碍了两岸和平局面的发展和稳定。

2008 年以来,两岸关系走上了和平发展的正确轨道,海峡两岸在坚持"九二共识"、反对"台独"的共同政治基础上,遵循着"先经后政、先易后难、循序渐进"的路径,逐渐推进两岸的协商议题。随着时间的推移,随着条件

---

① 贾庆林:《在第八届两岸经贸文化论坛开幕式上的致辞(2012 年 7 月 28 日)》,《人民日报》2012 年 7 月 29 日第 2 版。

的成熟,海峡两岸适时启动政治谈判,结束敌对状态,签署和平协议,建立军事安全互信机制,是两岸关系和平发展的必然方向和应然追求。2011年10月17日,马英九在"黄金十年"系列的第五场记者会中提出:"未来10年中,应该对两岸在循序渐进的情况下,审慎斟酌未来是否洽签'两岸和平协议'。"马英九的提议在选战对立气氛日益升高的台湾社会投下了一颗震撼弹,支持与反对的声音激烈对立,在选举激情、权力利益和意识形态的笼罩下,台湾社会已经难以理性客观的思维来面对谈判和签署两岸和平协议的现实需要。"两岸和平协议"的良好愿景依然必须克服重重困难,可谓任重道远。

在台湾社会,有一种论调认为,既然两岸是和平的,就没有必要签署和平协议。这是一种似是而非的论调。台海局势的和平,是两岸人民共同努力的结果;两岸和平的持续和巩固,同样也需要两岸人民的共同支持和维护;而签署两岸和平协议,正是两岸人民共同维护台海和平的手段和成果。和平协议是两岸关系和平发展的制度化保障,通过签署两岸和平协议,在台湾海峡两岸建立双方政治行为与军事行为的准则,从法律上和道义上约束双方恪守维护台海和平的行为规范,共同维护两岸关系和平发展的成果。通过签署两岸和平协议,确保两岸关系长期、稳定地和平发展,也是海峡两岸尤其是台湾社会、经济、文化持续繁荣的必备条件,是台湾"黄金十年"的"发展之钥"。

马英九当选连任后,台湾当局对于两岸政治谈判的态度出现了一定程度的变化,一方面,不再明确提"政治谈判""两岸和平协议",而以"和平制度化""不武制度化"等取而代之;另一方面,将"两岸和平协议"的主张广义化,而将两岸经济性、事务性等一系列制度性协议也纳入广义的"两岸和平协议"的范畴。2012年1月20日,"陆委会副主委"赵建民表示:"以往两岸密切交流却不制度化的现象,过去三年多已逐渐获得改正,盼在此基础上,两岸能从经贸协商制度化,延伸至两岸和平制度化,像是两岸互设办事处、国际上两岸NGO组织能良性互动等。"①2月6日,"陆委会主委"赖幸媛在美国哈佛大学发表演说,提出:"未来4年,我们有责任巩固制度化协商,以及两岸协议所获致的成果,进一步把两岸'不武'加以制度化,打造不可逆转的两岸和平局势。"②2月8日,马英九在国民党中常会表示:"即使没有签和平协议,还是可以透过别的途径,把两岸和平发展的现状制度化;现在双方签了十六项协议,每一项其实

<hr/>

① 《"陆委会副主委"赵建民:两岸和平可制度化》,台湾《中国时报》2012年1月21日第A16版。
② 台湾《旺报》2012年2月8日第A17版。

都是'广义的和平协议'。"①2 月 20 日,前"陆委会主委"张京育在"中国文化大学"发表演讲,认为:"两岸和平协议只是把现在的和平状态用制度化巩固","签署和平协议的目的是以和平方式巩固和平,透过两岸交流深化、广化达成的两岸交流成果,也是两岸关系的安全板",并且认为"两岸和平协议和最终政治协议有关联,但不相同"。此后,海基会董事长江丙坤也认为"陆客自由行、陆资、金门大桥视为'广义和平协议的一环'"②。5 月 20 日,马英九在连任就职后的记者会上表示:"两岸签署 16 个协议,基本上都是两岸和解制度化的一部分,因此目前并没有迫切性,要与中国大陆讨论签署和平协议的问题。"③8 月 20 日,马英九接受日本放送协会(NHK)的专访,再次表示:"在和平发展的议题上,我们基本的态度就是'先急后缓、先易后难、先经后政',所以在长远的规划上有提到和平协议,但'目前并没有迫切性'。"④

可见,马英九连任后在两岸政治谈判问题上调整了策略,可以说从就任台湾地区领导人之前的竞选承诺中退缩,满足于现有的两岸关系和平发展的成就,不愿去触及和处理敏感的两岸核心政治分歧,用"和平制度化""不武制度化""广义和平协议"等主张来稀释政治谈判的敏感性。然而,回避核心政治分歧基础上建构"和平协议",能否确实解决两岸的和平问题,是值得质疑的。2012 年 9 月 7 日,连战在 APEC 会议期间建议:"建构两岸关系和平稳定发展的架构,建议可由两岸学术界或智库等单位召开和平论坛,为此集思广益,创造条件"⑤;"两岸不妨由'周边议题'以堆积木方式来推动'和平协议'、建立'政治互信'"⑥。连战的建议倒是现阶段推进两岸和平协议研究与商讨的务实的做法。

---

① 《马:没和平协议两岸和平仍可制度化》,台湾《"中国时报"》2012 年 2 月 9 日第 A4 版。
② 台湾《旺报》2012 年 2 月 21 日第 A15 版。
③ 台湾《旺报》2012 年 5 月 21 日第 A4 版。
④ 台湾《旺报》2012 年 8 月 22 日第 A18 版。
⑤ 《胡锦涛总书记会见连战》,《人民日报》2012 年 9 月 8 日第 2 版。
⑥ 台湾《旺报》2012 年 9 月 8 日第 A4 版。

第六章

海峡两岸关系和平发展的经济基础

海峡两岸关系和平发展的经济基础就是构建密不可分的两岸经济合作关系和两岸同胞的利益共同体。两岸经济合作关系是在市场经济原则下,中国大陆与台湾地区的生产要素基于追求最佳利润或比较利益而进行的一种取长补短、相辅相成的经济汇合,在本质上属于"中国主体同其单独关税区(台湾)之间的经贸交流,纳入对外经贸管理体系进行管理"。由于两岸经济合作是一种以市场原则为取向、以双方经济利益需要为动力的经济联系,在市场运作越来越国际化的趋势下,市场经济力量日益成为推动两岸经济合作发展的主要动力,也是两岸关系中最稳定、最基础、最重要的因素。构建两岸经济合作发展框架,就是要推动两岸经济关系从功能一体化走向制度化安排,奠定两岸关系和平发展的经济基础。

第一节　海峡两岸经济合作的时代背景

一、海峡两岸经济合作的理论思潮

海峡两岸经济合作进程是伴随着两岸经济合作的理论思潮而变迁发展。两岸经济合作的阶段性变化,从经济层面上看,是国(区)际产业转移在两岸之间的体现,但其深层的原因,是在世界范围内各种与经济合作有关的思潮变迁在两岸经济关系中的折射。两岸经济合作正是在各种经济思潮的影响和推动下,发生有序或无序的变迁。从发展的角度看,影响和推动两岸经济合作的理论思潮主要有以下几种:

(一)市场化思潮奠定了两岸经济合作的体制基础

20 世纪 70—80 年代,由于全球统一市场渐趋形成,市场机制逐渐成为国际范围内经济交易与合作的共同机制,由此,市场化思潮成为全球范围内占据主导地位的经济思潮,海峡两岸也深受其影响并在经济体制上产生了相应的变动。从总体上说,"市场化就是市场机制在一个经济中对资源配置发挥的作用持续地增大,经济对市场机制的依赖程度不断加深和增强,市场体制从产生、发展到成熟的演变过程"。[①] 但是,两岸经济发展程度不一,经济体制演进阶段各异,因此,市场化推进也有不同特征。台湾地区从 20 世纪 50 年代后期开始逐步建立市场经济体制,但经济中的计划成分仍然很大;70 年代一批留学欧美的学者回台后大力传播西方经济自由化思潮,台湾经济体制自由化压力增大,市场化进程加快;80 年代中期台湾当局宣布推动经济自由化、国际化、制度化的"三化"路线。从此后台湾经济发展战略看,自由化是核心,而自由化的实质就是对经济体制市场化的深化。我国从 70 年代末开始实行改革开放的政策,逐步推进经济体制改革,市场化取向的改革浪潮由此启动,体制转型先后经历了"计划经济体制—计划为主、市场为辅—有计划的商品经济—社会主义市场经济—入世与世界市场接轨—市场主导、政府引导"等发展阶段。

因此,"市场化有两种理解,一是发展意义上的市场化,二是改革或者转轨意义上的市场化"。[②] 对台湾经济体来说,市场化的主旨是自由化;"市场化的过程就是消除一切特权与歧视,确立平等契约、平等参与、平等竞争的市场规则的过程,也是交易规模日益扩大,合作范围不断扩展的过程"。[③] 对大陆来说,市场化的主旨在于完成由计划经济体制向市场经济体制的转轨。两岸对市场化的理论认识与推进方式虽然不同,前者更注重市场化演进中市场规则对经济主体权利的保障作用,而后者更强调市场化的体制演化性质,但两者或从过程或从前提均承认市场体制对资源的配置作用。体制的市场化确立了两岸共同的价格机制,奠定了两岸经济合作发展的体制基础。

可见,两岸经济合作是一种以市场原则为取向、以双方经济利益需要为动力的经济联系。在市场运作越来越国际化的趋势下,市场经济力量日益成为推动两岸经贸交流的主要动力。深化和发展两岸经济关系,构建和完善两岸经济合作框架,也应让经济规律主导,两岸公权力部门则扮演积极推动和有效引导的角色。

---

① 陈宗胜:《中国经济体制市场化进程研究》,上海人民出版社 1999 年版。
② 王全斌:《关于我国市场化进程的研究》,《中国经济时报》2002 年 7 月 20 日。
③ 张曙光:《市场化及其测度——兼评〈中国经济体制市场化进程研究〉》,《经济研究》2000 年第 10 期。

(二)全球化思潮提供了两岸经济合作的国际舞台

20世纪80年代以来,由于信息技术飞速发展,现代意义上的世界市场逐渐成形,全球化思潮逐步出现。到了90年代,以资本全球化为中心的全球化浪潮逐步成为在全球占有主导地位的经济思潮。全球化思潮催动的新产业革命和市场理念扩张,导致了世界经济结构的调整。上述因素的共同作用,推动了90年代经济"全球化"的发展进程,使市场、资本、贸易、技术、金融、信息等得以形成一个全球性的相互依存的整体。在经济全球化的条件下,由于世界市场完全形成,市场化不只是局限于经济体内部,而是突破单个经济体固有的经济边界,以全球经济一体化为表现方式。为适应全球化条件下经济运行方式的变革,谋求一体化经济中规则的运用权与制定权,各经济体都力图参与世界经济一体化组织,为自身发展创造条件。世界贸易组织(WTO)作为囊括全球主要国家和关税领域的"经济联合国",代表着经济全球化的发展方向。

中国大陆自改革开放以来,经济高速发展,综合实力日益增强,对外经贸异常活跃。同时,中国的经济监管与承受能力也逐渐增强。在此背景下,为充分掌握全球化条件下经济发展的主动权,中国政府于1986年7月10日正式提出申请,恢复中国在关贸总协定中的缔约方地位。1995年6月3日,中国成为世贸组织的观察员。经过15年的努力,2001年12月11日,中国作为主权国家正式加入WTO。入世后,中国大陆的对外开放从深度到广度都出现了重要转变,即从有限范围和有限领域的开放转变为全方位的开放,从以试点为特征的政策主导下的开放转变为在法律框架下可预见的开放,从单方面为主的自我开放转变为与世界贸易组织成员之间的相互开放。随着中国大陆经济的市场化程度日益提高以及投资环境逐步改善,各项有关投资、贸易的法律、法规进一步健全,政策措施的透明度逐步增强,对台商的吸引力也不断增强,如建立完善的投资管理机制、税收机制,改革进出口贸易管理体制,规范许可证管理以及进出口商品检验制度等,使我国的经贸法规逐步与国际惯例接轨,经贸政策更加规范化,对外资包括台资权益的保障逐步走上正轨。同时,中国的价格体系进一步与国际价格接轨,有助于提高两岸资源配置的效率,促进两岸产业分工,对产业内贸易有推动作用。此外,入世后,台商原来在中国大陆享有的超国民待遇逐步被取消,跨国公司的涌入对大陆台资企业产生排挤效应,尤其是对台湾中小企业形成严峻的竞争压力,部分弱势企业逐渐失去其重要性,甚至被淘汰。

在经济自由化、国际化战略的推动下,台湾也在积极构筑自己的国(区)际经贸网络,与主要经济体,如美国、日本、欧盟、中国大陆等逐渐形成了依赖程度不同的经济关系。20世纪80年代末90年代初,台湾智库人士向当局建议,"在不隐含中共对台湾拥有主权或控制权的前提下,不计名称参与各项国际组织及国际活动,以维护国际权益,并寻求更多友谊和支持"。①于是,台湾随即开始参与全球化组织的尝试。1990年1月1日,台湾正式提出入关申请。继2001年12月11日中国正式成为WTO成员后,2002年1月1日,台湾以"台湾、澎湖、金门、马祖单独关税区"(简称"中国台北")的名义成为WTO第144名正式成员。入世后,由于台湾的大陆经贸政策在许多方面与世界贸易组织的基本精神相抵触,有悖于公平贸易与自由竞争的原则,迫于客观形势的压力,台湾不得不在放宽台资流向大陆、大陆商品入台、大陆专业人员入台等方面作出一些政策调整。

两岸参与国际经济一体化组织,尤其是先后加入素有"经济联合国"之称的世界贸易组织,为两岸经济合作构筑了共同的规则基础。入世后两岸关税的持续调降以及非关税措施减少,有利于促进两岸生产要素有序流动和经贸关系正常发展。两岸可以在"一个中国"原则下,依据WTO的基本框架,就经贸合作进行相互协商,同时利用WTO有关规则解决经贸纠纷与争端。两岸根据世界贸易组织的基本规则开展经济交流与合作,进行投资与贸易活动,共同融入全球经贸与国际分工体系,并从双方的贸易与投资扩张中获得正面的经济效益,从而使两岸经济联系进入良性互动的发展轨道。随着两岸经济逐步融入国际经济社会,台商在大陆的发展空间进一步扩大,投资的政策障碍也逐步消除,从而促进两岸经济在国际分工的基础上形成一个有着内在联系的有机整体。

(三)区域化思潮推动了两岸经济合作的发展进程

经济区域化思潮发端于区域主义或称地区主义(The Regionalism),它是一定区域内的若干国家和地区为维护本国和本区域的利益而进行国(区)际合作与交往的总和,是伴随着区域组织的大量出现和区域合作实践的发展而产生的一种意识形态或思潮。区域主义又分为新区域主义和旧区域主义。1950年,Viner提出关税同盟理论,构筑了区域合作的初步框架。1951年欧盟组建经济区域,并在随后数年获得成功,旧区域主义随即风行欧洲大陆,并向其他地区传播。20世纪80年代中后期,区域化思潮又重新席卷欧洲大陆,并向美

---

① 陈博志:《台湾经济战略:从虎尾到全球化》,财团法人台湾智库2004年版。

洲、亚洲及"第三世界"扩展,促成了新一轮全球经济区域化的浪潮。经济区域化同时也是经济全球化的伴生物,是经济全球化在相邻地理空间的表现。可以说,全球化的模糊定义和无所不包所产生的地区利益与地区问题,催生了区域主义,尤其是新区域主义。随着冷战结束和各种区域组织形成,世界各国间贸易和资金往来呈现出前所未有的上升趋势。跨国公司在全世界各地投资设厂。为了获得更多的经济利益和相对优势的分工地位,各国都非常注重综合国力的提高,因而那些地理位置邻近、经济上依存度较高的国家形成新的区域联盟,来增强自身经济能力和在国际经济中一致对外的谈判能力。近年来,区域经济组织的大量涌现就是这种思潮的反映。经济区域化的具体表现方式是区域经济一体化,由功能性一体化走向制度性一体化,是区域经济合作走向成熟的标志,区域经济一体化组织中的宏观行为主体一般为主权国家。

鉴于 APEC 组织的非机制性特点,在 1991 年 APEC 新加坡会议上,经中国政府与 APEC 成员各方协商并达成谅解备忘录后,中国政府同意台湾以地区经济体身份加入 APEC。这是台湾参加区域经济一体化组织的初步尝试。为进一步因应经济区域化潮流,2002 年台湾当局召开的"大溪会议"提出了构建台湾经济安全网的设想,确定选择既是台湾主要贸易伙伴又为台撑腰的美、日等国以及与台湾有"外交"关系的国家为主要对象,建立一体化制度。其中,试图与美、日以 WTO 成员身份签洽协定。虽然美台 FTA 议题在台湾炒得风风火火,但美国行政部门还是持谨慎态度。台湾地区与日本的 FTA 谈判,也因日本与中国、东盟间的一体化合作进程而搁浅。2003 年 8 月,台湾地区与其在中美洲的"邦交国"巴拿马签订"自由贸易协定";此后几年,又相继与危地马拉、尼加拉瓜签订"自由贸易协定"。这是典型的金援"外交"的结果,只具象征意义而无实质意义。近年台湾在亚太地区的经济活动取得了一定的突破。2013 年 7 月,台湾与新西兰签署了自由贸易协议,并希望通过协议的签署能帮助其加入泛太平洋战略经济伙伴关系协议(Trans-Pacific Partnership,简称 TPP)谈判。TPP 是美国、日本以及亚洲和拉美的一些国家正在商谈的一份自由贸易协定,中国大陆并未参与 TPP 谈判。2013 年 11 月,台湾地区与新加坡签署了一份自由贸易协议,这是台湾首次与东南亚国家签署此类协议,希望通过此举帮助台湾进一步提升国际地位,并与印尼、印度和菲律宾等达成同类协议。

中国大陆继与东盟签署 10+1,与东盟、日、韩签署 10+3 协议,积极融入东亚经济一体化外,2003 年 6 月、10 月,又分别与香港、澳门签署了《关于建立更紧密经贸关系的安排》(CEPA),开创了国家主体与单独关税区经济一体化的新模式。CEPA 的实施,实现了内地与港、澳初步的制度性经济一体化,也为两岸经济一体化提供了范例。台湾岛内也有学者和政党领导人曾就两岸经济合作提出"共同市场"或"自由贸易区"的构想,但在民进党执政时期由于政治上的障碍一直无法实现。这些构想只是在国民党重新执政后,两岸关系和平发展格局初步确立的新形势下才得以初步实现。2010年两岸"两会"第五轮谈判所签署的两岸经济合作框架协议(ECFA),就是两岸经济一体化进程中的一种制度性安排,是两岸区域经济整合的具体体现。

可见,在不同经济发展阶段上,大陆和台湾均受到经济全球化和区域化思潮的影响,相应采取了一些因应措施,但效果不一。大陆的主要问题在于内部区域发展不平衡,影响一体化进程;台湾的主要问题在于参与经济一体化的宏观主体资格缺失。但从总的趋势看,两岸经济的功能性一体化已然形成,客观形势的发展必然要求突破政策藩篱,实现两岸经济的制度性一体化。

(四)民族化思潮构建了两岸经济合作的联系纽带

经济全球化和区域化促进国家或经济体之间的经济合作,但并不排斥与否定民族国家的存在,相反,区域化的过程往往是同一民族、同一文化经济体在更大地域和范围的经济融合过程。因此,全球化、区域化的发展在一定阶段可能导致民族化思潮高涨,为民族化思潮的形成创造条件。事实上,民族化思潮贯穿两岸经济合作始终。两岸同文同种,虽因历史和政治原因暂时隔绝,但两岸同属一个中国、同为中华民族、共荫中华文化的事实不会改变。这种文化与血缘关系至今在两岸经济合作中仍发挥重要的作用,促使两岸中国人无论面临怎样的情况都会息息相通,从而在经济上采取合作的态度。早在1980年,香港学者黄枝连就预言,在80年代后期,亚太地区将有可能出现一个"中国人共同体"。自此,海峡两岸及港澳的学者相继提出大中国经济圈、中华经济协作区、中国人经济圈、两岸共同市场等经济协作系统构想,欧美一些学者也敏锐地捕捉到兴起中的中华文化潮,提出一些海峡两岸及港澳经济合作的构想。90年代后期,时任台湾"行政院长"的萧万长先生提出"两岸共同市场"的构想,当时虽未获大陆正面回应,但在2005年国共会谈公报中最终得到大陆的正式回应,有望在两岸政治关系缓和的情势下得以实施。马英九上台后,顺应时代发展潮流,尊重市场经济规律,终于与大陆签署两岸经济合作框架协议,迈出了具有里程碑意义的第一步。两岸深厚而密切的人缘、亲缘关系,对加强区域经济合作具有强大的凝聚作用,为两岸经济合作提供了天然的纽带。随着全球化、区域化的发展,民族化思潮也将以不同方式得以表现,两岸经济合作将具有更深厚的民族精神与民族文化的共同基础。

由上述可见,两岸经济合作深受国际范围内各种经济思潮的影响和推动。这些思潮既有历时性,又有共时性,在作用空间上也体现出一些均质性与异质性。在这些思潮特点的作用下,两岸经济合作虽未完全按上述思潮的变迁而循序渐进地演进,但仍有一个大致的发展轨迹,这种轨迹体现为一种总体趋势,那就是两岸经济合作必将由初级经济合作走向功能性一体化,并最终发展为制度性一体化。当前两岸经济合作潮流就处于这一历史进程中,在 ECFA 签署后,双方继续协商后续相关协议,完善经济合作框架协议,深化两岸经济合作。

二、影响海峡两岸经济合作的外部因素

中国大陆与台湾地区作为世界经济在东亚的重要组成部分,面对世界经济发展的跌宕起伏,如何携手合作,发挥各自优势,创造出互利双赢的经济繁荣和发展格局,是两岸中国人共同面临的重大挑战。

(一)世界经济呈现不均衡复苏态势

自 2008 年美国爆发金融危机引发全球经济危机以来,世界经济承受了沉重的打击,各国政府为了避免经济继续下滑,纷纷出台了一系列救市措施,起到了一定的效果,使得发达国家的经济没有进一步下滑,在经历了 2008 年、2009 年两年的快速下滑后,2010 年和 2011 年两年全球经济开始缓慢复苏。当人们还在展望经济复苏前景时,主权债务危机愈演愈烈,欧元区又陷入了衰退的陷阱,从而拖累整个世界经济的复苏。国际金融危机给全球各国带来的影响极为深远,各国至今仍在努力解决金融危机的遗留问题,例如欧洲的债务积压、高失业率等。2013 年,欧元区失业率高达 11.9%,而据国际货币基金组织(IMF)统计,2014 年欧元区失业率达到 11.6%。更关键的是,公众对当前经济发展的信心仍然不高,企业投资的欲望、公众对消费的需求仍然处在较低水平。尽管是这样,经过各国几年的努力,全球经济形势正在向有利的方向发展。在不同的国家,由于对危机的干预手段以及经济结构、公众和企业对经济复苏的信心等多方面因素的不同,世界经济呈现出不均衡的复苏态势。

1.英美经济稳步复苏,贸易保护政策影响新兴市场出口

美国商务部 2014 年 8 月公布了修正后的二季度 GDP 数据,GDP 增长为 4.2%,比预期的 3.9% 还要高 0.3 个百分点。而其他各项经济指标如居民消费、企业投资和出口都有较大增长,这也显示 2014 年后两个季度的经济增长比

较乐观。美国劳工部 10 月发布的就业数据显示,美国的失业率下降至 5.9％,为 2008 年 7 月以来最低水平。而在 2014 年 10 月 IMF 发布的《世界经济展望》中,美国也是唯一被 IMF 调高经济增长预期的发达经济体,2014 年预期增长率由 1.7％调至 2.2％。2013 年,美国贸易逆差下降 11.8％,为 4715 亿美元,为 2009 年以来最低逆差。在大西洋彼岸的英国经济复苏成绩也非常突出。之前的 IMF 报告中已经连续四次调高英国经济增长预期,2014 年预期增长 3.2％,这将超过金融危机前的水平,也是当前发达经济体中较高的增长率。

金融危机之后,美国采取了扩大内需、进行一系列减税、促进就业等宽松的财政政策,同时以量化宽松的货币政策(QE)刺激经济发展。由于美国的工作重心在于国内的经济结构调整,外需逐渐减弱,对新兴经济体,包括两岸的需求产生了抑制作用。2014 年初,美联储开始每月消减 100 亿美元长期债券的购买,逐步退出 QE。随着美元的升值和国债利率走高,国际资本将从新兴市场回流到美国。

在贸易政策方面,为了改善国内就业率持续走低的状况,美国实施了以"公平贸易"为原则的贸易保护政策。主要是以劳工标准和环境标准为由实施双反调查,到 2009 年底,美国有 246 个生效的反倾销税决议,比 2007 年多 22 起。这些决议影响了 40 个国家或地区的出口。[①] 而中国大陆也成为美国贸易保护的重点制衡地区,受此影响,金融危机后 5 年,美元对人民币汇率一路走低,中国大陆出口受到较大阻碍。

2.欧元区和日本经济低迷不振,"再制造化"压进口、促出口

欧元区在经历了 2012 年和 2013 年的负增长后,2014 年恢复了正增长,但是情况不容乐观。2013 年下半年刚刚有所好转的经济指标,到 2014 年第一季度增速开始放缓,而第二季度更是连续三个月下滑,这表明欧元区的经济增长开始失去了动力。而日本在遭受 2011 年福岛核危机、欧洲债务危机对日本出口的打击之后,经济一直萎靡不振。2012 年底,安倍晋三推出了经济政策组合改革计划,被称为"安倍经济学"。该计划包括财政刺激政策、货币量化宽松政策以及一揽子结构性改革计划。就在日本经济稍有起色之时,由于日本财政赤字过大,日本政府于 2014 年 4 月开始对消费税上调了 3％,这使得消费意愿大大降低,从而使第二度的 GDP 按年率计算萎缩了 6.8％,又给日本经济蒙上了一层阴影。

针对欧元区的困境,欧盟实施了大胆的经济改革,提出到 2020 年工业占

①　张丽娟:《金融危机以来美国贸易政策的回顾与展望》,《国际贸易问题》2011 年第 6 期。

GDP 比重达到 20％的"再制造化"目标,大力促进出口,减少进口,从而使欧盟进出口贸易由逆差转变为顺差。2012 年欧盟的货物贸易逆差为 1390 亿美元,2013 年转变为 741.5 亿美元的顺差。与此同时,欧盟也开始对中国大陆实施更为严格的贸易壁垒,不断进行双反调查,例如,2013 年对中国大陆的光伏产品征收高额的反倾销税,涉案金额达 210 亿欧元。而大陆企业与台企在光伏产品等生产领域又有广泛的合作,这也将损害台企的利益。

3.新兴市场受发达国家影响增长受阻

新兴市场和发展中国家经济增长开始出现分化。中国、印度和东盟五国等亚洲新兴市场保持了较高的经济增长率,对全球的经济增长贡献较大。而拉丁美洲、南非和俄罗斯等新兴经济体的情况则不容乐观,拉美经济增速从 2010 年开始连年下滑,IMF 报告 2014 年增速只有 1.4％。当然,这主要还是受国际金融危机、重要经济引擎巴西的国内投资水平下降以及经济结构问题的影响,特别是欧元区、日本等发达国家的低增长和不确定因素通过贸易和金融两个渠道,对新兴和发展中国家产生了不利影响。这些发达国家因经济衰退导致消费疲软,市场需求萎缩,既减少了从出口导向经济体产品的进口,也减少了对发展中国家和地区的投资。

表 6-1　2012—2015 年世界经济增长趋势

单位:％

	2012	2013	2014*	2015*
世界经济	3.4	3.3	3.3	3.8
发达国家	1.2	1.4	1.8	2.3
美国	2.3	2.2	2.2	3.1
欧元区	−0.7	−0.4	0.8	1.3
日本	1.5	1.5	0.9	0.8
英国	0.3	1.7	3.2	2.7
新兴市场及发展中国家	5.1	4.7	4.4	5.0
俄罗斯	3.4	1.3	0.2	0.5
中国	7.7	7.7	7.4	7.1
印度	4.7	5.0	5.6	6.4
东盟五国	6.2	5.2	4.7	5.4
拉丁美洲及加勒比地区	2.9	2.7	1.3	2.2

＊注:2014 年和 2015 年数值为预测值;

资料来源:国际货币基金组织:《世界经济展望》,2014 年 10 月 7 日。

总的来看,全球经济在缓慢复苏,但是呈现出不均衡的态势。首先是发达国家比新兴市场和发展中国家增速较慢,发达国家 2012 年和 2013 年平均增速分别为 1.2% 和 1.4%,而新兴市场和发展中国家则分别为 5.1% 和 4.7%。其次是发达国家内部的增速不一致,美英两国增长前景要好于欧元区和日本。再次就是新兴市场和发展中国家内部的增速有差别,中国、印度和东盟五国的经济增长前景要好于其他新兴经济体。国际资本正改变金融危机后大举流入新兴市场的态势,呈现出回流发达市场的"资本再平衡"态势。[①] 这种态势使发达国家和新兴工业化国家包括两岸的经济增速出现了再调整,两岸经贸发展随之出现一定程度的变化。

(二)国际经济波动下的两岸经贸合作表象

海峡两岸经贸发展从 20 世纪 80 年代开始,以台商投资大陆发展制造业开始,台资企业利用大陆廉价的土地和劳动力,把大陆作为加工生产地,从台湾地区和日本进口大量原材料、零部件进行生产,形成了台湾接单—大陆生产—销售欧美的生产销售网络。基于这种模式的生产,两岸形成了以加工贸易为主的投资模式,也加强了大陆"世界工厂"地位的确立。但是,在当前国际经济环境调整的环境下,随着欧美国家正在进行经济结构调整,扩大国内需求,加大商品与服务贸易出口,两岸经贸发展出现了一些明显的变化。

1.两岸贸易增长动力受到影响,加工贸易增速回落

从 2000—2013 年间的数据(图 6-1)可以看出,两岸贸易与国际经济相关度较大。2001 年全球经济衰退导致两岸贸易增速放缓至 1.7%,2008 年全球金融危机爆发,两岸进出口额急剧减少 20%。虽然在各国量化宽松货币政策的刺激作用下,特别是大陆 2009 年推出 4 万亿元的投资政策,2010 年两岸贸易量迅速飙升,但是,短期的政策推动效果有限。随着欧债危机出现,2011年、2012 年又出现了增速回落。2013 年在欧美经济复苏的情况下,两岸的贸易稍有增长,但仅有 2.3%。总的来看,两岸贸易增速在逐渐下降,从图 6-1 的趋势线中也可明显体现。2014 年随着欧美经济缓慢复苏,两岸贸易额达到1983 亿美元,同比增长 5%,增速稍有回升,但是仍处在较低水平。值得注意的是,2014 年台湾自大陆进口增速较快,达到 14%,而出口增速只有 1%。这反映了由台商带动的台湾出口增长正在减少。

---

① 张冠华:《全球经济变局与两岸经济一体化》,《台湾研究》2014 年第 2 期。

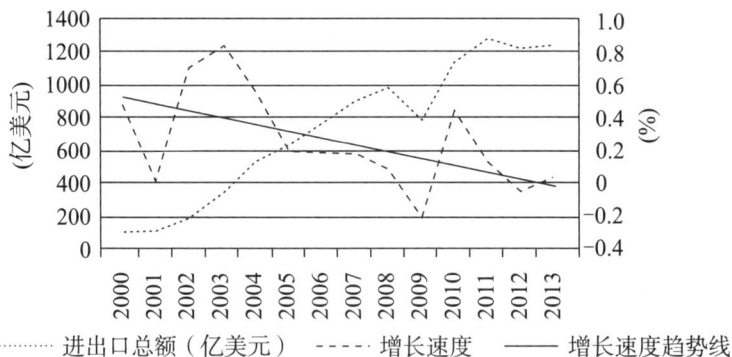

图 6-1　2000—2013 年两岸贸易增长变化

资料来源:台湾地区"财政部"统计,http://www.mof.gov.tw/mp.asp? mp＝1,访问日期:2014 年 10 月 15 日。

　　如前所述,国际经济形势的调整与变化促使欧美国家专注于自身经济结构的调整,减少了进口需求,欧盟甚至由逆差转为顺差。而两岸经济增长点动力主要来自于加工贸易带动的出口,欧盟需求的减弱导致拉动两岸贸易,特别是台湾向大陆出口的动力减弱,以加工贸易为主的两岸贸易增速下降。两岸加工贸易比重从 2008 年的 63％下降至 2012 年的 50.1％,同时,一般贸易比重从 24.4％上升至 30.4％。当然,两岸加工贸易的回落还与大陆贸易结构的调整和转型有关,大陆近 10 年来加工贸易占总贸易的比重呈逐年下降趋势,这也表明大陆正在改变进出口贸易方式,经济发展由出口导向转向内需推动。

2.台商投资持续下降,陆资入台进展缓慢

　　国际金融危机后世界经济出现大规模调整,经济结构正在经历新一轮的调整,这对两岸经贸关系产生了深度的影响。海峡两岸经济都是外向型经济,外贸依存度甚高,较易受到欧美经济波动的影响。大陆经济总体增长速度自 2011 年开始进入了下降通道,GDP 增速由 2010 年的 10.3％下降到 2013 年的 7.7％,2014 年增长率仅为 7.4％,而且从固定资产投资、工业增加值和制造业采购经理指数来看,增长速度也明显放缓,前景不容乐观。从世界范围来看,目前大陆的经济增长率仍处在较高的水平,就业、生产等各项经济指标没有出现较大波动,经济由过去高速增长逐步过渡到中速增长。但是大陆的劳动力成本在经历了多年的经济发展之后开始不断上升,同时劳动年龄人口(15～59岁)绝对数在 2012 年、2013 年连续下降,导致劳动成本上升。而大陆之所以成为台商乃至外商的投资首选地,庞大而低廉的劳动力供应量是其中一个重要的因素。当大陆劳动力成本逐渐升高之后,台资势必要寻找新的出路。从图 6-2 中可以看出,台商对大陆实际投资金额正是在 2012 年开始减少,2012年同比减少 22.2%,2013 年同比减少 44.1%。而台商对外国投资在 2012 年反而剧增 119%,2014 年 1—9 月对外投资实现 63.6 亿美元,比 2013 年同期增长 70.9%。这也显示了在大陆劳动力成本逐渐加大的情况下,台商把投资重心逐步从大陆转移到东南亚等其他国家,尤其是"VIP 国家"〔越南(Vietnam)、印尼(Indonesia)、菲律宾(Philippines)〕。

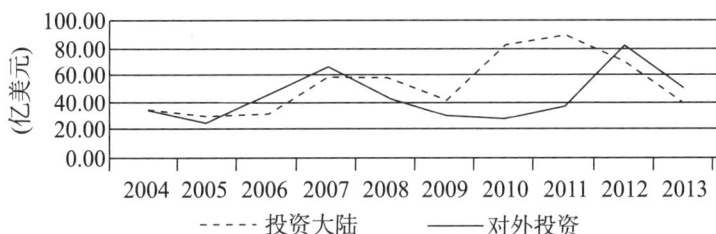

图 6-2　台商投资大陆与对外投资比较

资料来源:台湾地区"经济部投审会",http://www.moeaic.gov.tw/,访问日期:2014 年10 月 15 日。

从陆资入台看,2009 年 6 月 30 日,台湾地区"经济部"发布了"大陆地区人民来台投资许可办法"和"大陆地区之营利事业在台设立分公司或办事处许可办法",这标志着台湾正式开放陆资入台。当然,台湾方面开放陆资入台是分阶段、循序渐进的,并制定了严格的限制条件,这也使得大陆企业入台投资进展缓慢。如表 6-2 所示,陆资入台除了在 2012 年有较大增长之外,其他年份基本没有太大变化,2014 年投资金额同比反而下降了两成。究其原因,一是台湾对陆资有着诸多的政策限制,设置的门槛较高。台湾地区"中央社"在2014 年 4 月报道中提到,自 2009 年 6 月 30 日开放陆资入台以来,共有 816 件申请,其中 299 件案件遭驳回或退件,比例高达 37%。二是台湾方面对陆资开放的行业有限,且趋于饱和状态,利润空间很小。

表 6-2　2009 年 7 月—2014 年 9 月陆资入台投资概况

年度	件数	增长率(%)	金额(亿美元)	增长率(%)
2009 年 7—12 月	23	—	0.38	—
2010 年	79	—	0.94	—
2011 年	105	29	0.52	—54
2012 年	138	35	3.32	650

续表

年度	件数	增长率(%)	金额(亿美元)	增长率(%)
2013 年	138	0	3.49	5.4
2014 年 1—9 月	98	−3.9	2.64	−20.1

资料来源:台湾地区"经济部投审会",http://www.moeaic.gov.tw/,访问日期:2014年12月15日。

(三)国际经济波动背景下的两岸经济合作取向

在当前国际经济波动背景下,两岸如何在巩固现有经济合作成果的基础上,进一步加强合作,促使经济结构转型升级,是当前两岸经济发展所面临的共同问题,也是构建两岸经济合作框架的重要内容。这主要可以从产业、金融和政策三个方面来探讨:

1.深化两岸产业合作,加快两岸产业结构转型升级

金融危机后,欧美发达国家纷纷强调制造业的重要作用,进行产业结构调整,产业竞争变得更加激烈。发达国家为了抢得新一轮制造业的先机,重新制订了一系列战略计划。美国政府在 2009 年发布了《美国重振制造业框架》,强调重点发展生物工程、航空航天、纳米技术、清洁能源等产业。2012 年美国国家科学和技术委员会又发布了《先进制造业国家战略计划》,提出了美国实施先进制造业的五大目标。德国政府于 2013 年汉诺威工业博览会上提出了"工业 4.0"战略,支持工业领域新一代的技术创新。欧盟提出到 2020 年工业占GDP 比重达到 20%的"再制造化"目标。在世界各国进行产业转型升级的潮流下,两岸只有深化产业合作,加速产业转型升级,才能共同应对来自欧美甚至是周边新兴经济体的竞争压力和严峻挑战。

然而,目前两岸产业合作仍存在一些亟待解决的困难。两岸在产业发展方面具有相似性,这样不可避免地存在竞争关系,比如在触控面板、半导体方面大陆都加大了自主生产,这样就会挤占台湾企业在大陆的生存空间。此外,由于大陆一些地方政府的短视与缺乏协作,看什么产业好就一哄而上,造成重复投资、产能过剩而不得不降价销售,结果造成两岸企业恶性竞争,两败俱伤。再有,目前两岸产业合作似乎仍然停留在单纯的陆方招商引资上,而陆资入台却进展缓慢。

海峡两岸自然条件、资源状况、经济发展和科技水平存在一定差异,许多产业的关联性与互补性较强,通过经贸交流,将各自的比较优势结合起来,进

行合理的资源配置和有效的分工合作,可以充分发挥互补、互利的经济效果,从而带动两地经济发展和共赢。两岸比较优势的互补,主要是通过不同产业分工形态的生产要素交换实现的。双方以经济利益为动力,以产业对接为内容,把各自的相对优势组合成整体优势,逐步建立起具有比较利益优势、规模效益和市场竞争力的优势产业,形成"垂直分工与水平分工"相结合的产业分工体系。但是,随着大陆经济的迅速发展,两岸生产水平的差距正在缩小,在一些领域不光存在合作,还存在竞争关系。在竞争性领域就需要两岸共同协商,统筹安排,防止两岸企业重复投资和恶性竞争。

当前,以欧美发达国家为首的贸易和投资保护主义逐渐升温,两岸在这种情况下更要依靠合作才能成功实现转型升级。两岸产业合作的形式可以多样化,除了传统的直接投资外,还可以共同制定产业标准,进行产业园区之间的合作,合资创设共同品牌等。为了促使两岸产业合作更加有序,两岸经济合作从功能化走向制度化是双方利益所在和必然趋势。通过协商,两岸产业界已达成多项共识,包括将两岸产业合作与双向投资紧密结合起来,挖掘新兴产业合作的潜力,充分发挥中小企业增加就业、促进经济发展的积极作用,开展园区合作等。从两岸产业长期发展趋势看,大陆正在大力发展节能环保等七大战略性新兴产业;台湾为推动产业结构转型升级,提出重点发展观光旅游、医疗照护、生物科技等六大产业以及云端运算等四大智能型产业。相比之下,未来两岸发展的重点领域有很多相似之处,特别是高新技术产业合作空间很大。台湾有工研院这样的高科技研发中心,也有出口加工区、科技园区等高科技企业集聚地。两岸以高新技术园区合作为平台,探索高科技产业合作,从而带动两岸产业转型升级。在实践上,目前两岸已经在 LED 照明、TFT-LCD、汽车产业、无线城市、低温(冷链)物流等产业领域实现了合作。厦门在翔安正在建设两岸新兴产业和现代服务业合作示范区,总规划面积约 156 平方公里,是全国首个以两岸产业合作为主题的国家级示范区,这也是两岸在产业合作方面作出的有效尝试。

2.适应新的国际形势变化,深化两岸金融合作

随着美联储在 2014 年初开始逐步退出量化宽松的货币政策(QE),新兴市场的资金开始外流,这些国家的金融市场波动也明显加剧。与台湾地区经济关系密切的日本经济尽管作出各种努力尝试,仍然低迷不振。大陆金融业虽然在进行市场化改革,但是成效并不明显,集中表现为中小企业融资难、金融业效率不高、管理水平仍处于较粗放阶段。而台湾金融业在管理的精细化、市场化运作方面积累了丰富的经验。利用两岸金融合作的契机,加速大陆金融行业的改革进程,可以更好地为两岸企业生产提供金融服务。

20多年来两岸贸易和投资一直以较高的速度发展,然而与之形成鲜明对比的是,两岸金融交流严重滞后,两岸金融往来不对称,加强两岸金融合作成为两岸亟待解决的问题。[①] 自2009年4月"两会"在南京签署《海峡两岸金融合作协议》以来,两岸共同建立了两岸金融合作的基本架构。随后,两岸相关部门签署了《金融监管合作谅解备忘录》(MOU)、《海峡两岸货币清算合作备忘录》。2012年12月11日,两岸货币清算机制正式启动,为实现两岸贸易和投资使用本币结算扫除了障碍,从此两岸民众和企业在汇款、贸易和投资等方面的交易和结算成本、汇率风险大大降低。台湾人民币业务的开放与发展也将为台湾金融业带来新的业务增长点,拓宽了台湾民众和企业的投资领域。截至2014年9月30日,台湾银行业已经在大陆设立了14家分行、7家支行、1家子行和4家办事处(见表6-3)。而大陆银行只有3家分行和1家办事处在台开业。在证券期货业方面,台湾地区"金管会"已核准5家信托投资公司赴大陆地区参股设立基金管理公司,其中1家自行提出撤件,4家已营业。此外,还有11家台湾证券商赴大陆设立23个办事处,1家信托投资公司赴大陆设立办事处。在保险业方面,已核准10家台湾保险公司及2家保险经纪公司赴大陆地区参股投资,其中6家保险公司、1家保险经纪公司已获核准营业,另有1家产险公司及1家保险经纪人公司在大陆参股。[②]

从台湾银行分支行的设点情况可以看出,其主要分布于台商比较集中的长三角、福建和广东地区。事实上,目前台湾银行也主要是服务于台商。调查显示,台商在大陆投资面临的十大问题中,银行贷款和周转困难为第四大问题。[③] 两岸金融合作协议签署后,台湾本地银行到大陆设立分行将为台商的资金周转提供更加便利的服务,因台商一般习惯于台湾本土银行的操作方式,并且在两岸同一家银行办理服务有利于其资金的调拨。

---

① 邓利娟:《ECFA与两岸金融合作双赢》,《台湾研究集刊》2010年第5期。

② 《两岸协议与"金管会"业务相关部分之协议成效数据》,台湾地区"金管会"网站2014年10月20日发布,http://www.fsc.gov.tw,访问日期:2014年10月25日。

③ 蔡宏明:《2003年台商大陆投资及SARS对台商大陆投资之影响调查报告》,台湾《工业杂志》2003年第11期。

表 6-3　台湾银行在大陆地区营业统计表

银　　行	分(支)行、子行		办事处
	已开业	申请案已获本会核准	
第一银行	上海分行 成都分行 上海分行自贸区支行	河南省 12 家村镇银行 厦门分行	—
国泰世华银行	上海分行 上海分行闵行支行 上海分行自贸区支行	青岛分行 上海子行 深圳分行	—
彰化银行	昆山分行 昆山分行花桥支行	东莞分行 福州分行	—
土地银行	上海分行 天津分行	武汉分行	—
合作金库	苏州分行 苏州分行高新支行 天津分行	福州分行	北京办事处
华南银行	深圳分行 深圳分行宝安支行	上海分行 福州分行	—
"中国信托银行"	上海分行	广州分行 上海分行自贸区支行	北京办事处
兆丰银行	苏州分行 苏州分行吴江支行	宁波分行	—
台湾银行	上海分行	上海分行嘉定支行 上海分行自贸区支行 广州分行	—
玉山银行	东莞分行	东莞分行长安支行 上海分行 前海合作区子行	—
台湾企银	上海分行	—	—
永丰银行	南京子行	—	—
台北富邦银行	富邦华一银行(子行)	—	苏州办事处
台湾工业银行	—	—	天津办事处

资料来源：台湾地区"金管会"，http://www.fsc.gov.tw，访问日期：2014 年 10 月 25 日。

尽管两岸金融合作取得了一些成就,但这只是一个开端。目前厦门市正在建设两岸区域性金融服务中心,努力为两岸金融合作建立一个范本,进而推广到全国。然而,两岸金融合作不只是建几个金融中心那么简单,在台商集聚的地区,如长三角、珠三角以及海西经济区应该更多地联系合作,共同推动两岸金融合作,更好地为实体经济发展服务。两岸金融合作也不仅是在大陆合作,台湾地区有望成为继香港之后的第二个人民币离岸中心。两岸货币清算合作机制启动后,台湾首批46家金融机构于2013年2月6日正式开办人民币业务。经过两年的时间,人民币存款迅速增加,达到3000亿元人民币。但是,目前两岸对金融市场都存在严格管制,不够开放。台湾要成为人民币离岸中心,突破口可能是尽早让人民币主要回流机制RQFII(人民币合格境外机构投资者)形成,放宽人民币兑换限额只是技术层面问题。

总之,两岸金融业互取所长,逐步放松各项管制,减少限制措施,才能更好地服务两岸企业,才能在国际经济动荡背景下形成两岸经济的良性互动与循环,从而立于不败之地。

3.在政策层面上尽快完善ECFA后续协议

目前由美国主导的《跨太平洋战略经济伙伴关系协定》(TPP)已经进入谈判末期。虽然美日之间还存在一些分歧,但是从趋势上来看,TPP有可能在2015年建成。届时,中国可能面临新的"跨太平洋贸易壁垒"。在此情势下,两岸区域经济合作对两岸经济发展起着至关重要的作用。两岸在2010年已经签署《海峡两岸经济合作框架协议》(ECFA),2012年签署了《海峡两岸投资保护和促进协议》,2013年6月又签署了《海峡两岸服务贸易协议》,接下来还将陆续签署另两项重要协议,即《两岸货物贸易协议》和《两岸贸易争端解决机制》。ECFA早期收获计划给两岸尤其是台湾带来了实质性的益处。在早收产业货物出口项下,2013年台湾对大陆出口金额为205.52亿美元,比ECFA签订之前的2010年增长了35%。而全部货物出口金额为817.9亿美元,仅比2010年出口增长6.3%。台湾农产品更是在ECFA早收计划的帮助下实现了由逆差到顺差的转变。早收清单生效前,台湾对大陆农产品贸易逆差达3亿美元。2011年起,农产品逆差逐年降低,到2013年实现顺差1708万美元。在早收清单项目下的产业,如自行车、汽车零配件、机械及其零配件、石化和纺织等产业,新增就业32000人。

虽然ECFA早收清单取得了一些成效,但是ECFA毕竟只是一个框架协议。两岸真正的经贸融合还需要依靠另外四项重要协议来支撑,即投资保护和促进、服务贸易、货物贸易和争端解决机制等单项协议。《海峡两岸服务贸易协议》虽然已经于 2013 年 6 月签署,但是,由于岛内民众对服务贸易协议的认识存在一些分歧,在台湾地区"立法院"的审议中遇到一定阻力。目前两岸货物贸易的商谈还未结束,2014 年 9 月两岸"两会"在台湾举行了 ECFA 货物贸易工作小组第九次会议,双方就市场开放、降税等事宜进行了磋商。但是,鉴于目前服务贸易受到的阻力,货物贸易协议要从双方签署到台湾地区"立法院"通过审议,还有一段较长的路要走。

2014 年 11 月,中韩自由贸易协定(FTA)谈判实际上已经达成。据台湾当局评估,这可能给台湾岛内带来 6500 亿新台币的冲击,因为台湾地区与韩国存在 75% 的产业重叠。如果台湾不抓紧与大陆尽快签署货物贸易协议以及尽快通过服务贸易协议,未来的市场空间将进一步被挤压。

表 6-4　ECFA 早期收获计划台湾对大陆出口成果

单位:亿美元;%

时　　间	全部货物		早期收获货物		
	出口值	增长率	出口值	增长率	估计减免关税
2011 年	839.59	9.13	179.92	18.18	1.34
2012 年	807.14	−3.87	185.78	3.26	5.7
2013 年	817.9	1.33	205.52	10.62	7.18
2014 年 1—8 月	547.89	1.1	139.46	4.36	5.05
估计累积减免关税金额	19.27				

资料来源:台湾地区"经济部"ECFA 官方网站,http://www.ecfa.org.tw,访问日期:2014 年 12 月 25 日。

综上所述,虽然各国渐渐摆脱了国际金融危机带来的影响,欧洲也从欧债危机的阴影中慢慢走出来,但是,世界经济的前景仍然不明朗,欧洲、日本经济依旧困难重重。种种因素叠加造就的国际经济波动使海峡两岸经济在最近几年双双走低,增长速度明显放缓,进而引发两岸贸易量增速下降。在经历了连续七年的国际经济波动后,两岸各界都需要调整发展思路,反思经贸政策得失。近年来两岸经济的制度化安排和政策层面的经济合作不断深化:ECFA及相关协议相继签署,两岸产业合作不断取得新进展。尽管两岸贸易和投资增速出现下滑,但是政策层面的互动给产业界带来了正面效应。当然,两岸经济合作仍存在诸多问题,比如贸易、投资的不平衡性问题、开放程度的不对等性、政治分歧对两岸经济合作的影响等。如何增强政治互信,共谋经济发展,乃是今后需要共同努力的方向。

第二节　海峡两岸经济合作的发展取向

海峡两岸经济合作关系从 20 世纪 80 年代开始起步,90 年代日益兴盛,至 21 世纪初期形成相当规模,先后经历了由第一波以轻纺为代表的劳动力密集型产业转移,到第二波以石化为代表的资本密集型产业转移,再到第三波以电子为代表的技术密集型产业转移,以及目前第四波以生产性服务业为代表的产业合作,逐步建立起一种以双方经济利益需要为动力、以民间企业协作为形式、以产业分工和对接为内容的密切联系,并形成了互补、互利、互惠的双赢格局。

一、海峡两岸经济合作的发展趋势

当前两岸经济合作的总体发展形势:台商投资从“由南向北”转向“由东向西”继续扩展,两岸贸易从加工贸易转向一般贸易,经济合作关系从功能性一体化向制度性一体化方向发展,逐步走向市场化与规范化的良性循环轨道。

(一)两岸经济合作方式从单纯性委托加工转向群聚式联合投资

两岸经济关系的发展进程表明,从 20 世纪 80 年代中后期从事下游工业生产的台湾中小企业大量涌入大陆东南沿海地区设立加工出口基地,到 90 年代供应原材料的台湾中上游工业生产厂商不断进入大陆拓展市场空间,再到 21 世纪初期台湾高新技术厂商纷纷到大陆投资设厂,以及当前台湾服务产业大举进军大陆市场,两岸经贸合作层次逐步提高,不仅以轻纺为代表的劳动力密集型产业已大批转移到大陆,以石化为代表的资本密集型产业也不断跟进投资,而且以电子为代表的技术密集型产业加速向大陆转移,更重要的是,生产性服务业投资合作不断涌现,产业结构和合作层次逐步提高。这不仅主要表现在台商集聚规模日益扩大,从过去单纯的生产线转移和委托加工变为邀请卫星工厂共同参与、联合上、中、下游相关配套产业一起投资,或由一个龙头企业带动一批相关企业前来投资,形成“卫星”体系,而且具体表现在台商投资大型项目明显增多,从原来多为百万美元左右的投资增加到上千万美元、数千万美元、数亿美元以至十多亿美元。台商的联合投资行动,推动了台商企业朝生产一体化、产品系列化、行业配套化的方向发展。

(二)两岸经济合作领域从生产和加工层面转向技术和服务层面

在大陆经济快速发展的磁吸效应下,两岸经济交流与合作将持续升温。随着台商制造业投资日趋成熟,在第四波的两岸经贸交流热潮中,生产服务业将是热门领域,不仅为大陆的"世界工厂"提供生产延伸服务,更为大陆不断扩大的"世界市场"提供各种消费服务。岛内研发基地加速向大陆转移,许多企业纷纷在大陆设立研发中心、IC(集成电路)设计中心以及软件开发基地,利用大陆软件高级人才,开发设计新产品,提供生产性服务。此外,零售业、物流业、房地产业、金融业、保险业、证券业、电信业、医疗业、专业服务等服务行业的投资也逐年增加,尤其是生产性服务业日益成为台商投资的重要行业。

(三)两岸经济合作对象从中小企业主导转向大企业主导

随着两岸经济交流与合作规模不断扩大,先行一步来大陆投资和发展的台资中小企业,主要是中下游企业,拉动了对台湾生产原材料及半成品的需求,从而促进供应原材料的台湾中上游工业生产企业也前来大陆投资设厂,提供配套、连锁的生产与服务。从中小企业到集团企业,从民间资本到公营资本,台湾企业都纷纷涉足大陆。越来越多的台湾大企业加入外移生产的行列,台湾科技大厂全员聚集大陆,并带动相关配套企业形成产业链,从而形成大企业主导的格局。完备的产业链的形成和配套,对台资企业的吸引力已越来越重要。初期是大量的中小企业落户大陆,逐步形成了越来越大的生产原材料和关键零组件的市场需求,从而对大企业产生强大的吸引力;随后由于大企业进入,中小企业跟随大企业一起出走,形成卫星工厂和生产配套。台湾厂商之所以看重产业链,主要是因为在有产业链的地方,各项资源较为集中,许多交易成本可以大幅度降低。从理论上看,边际成本等于边际收益时,企业才能实现利润最大化。产业链在很大程度上降低了物流成本。因为在一个较小的经济区域中能找到上有供应商、下有买家的地方,对投资厂商具有极大的吸引力。除了降低有形生产成本外,有产业链的地方还有信息资源汇聚等许多无形的好处。在台湾外移产业中,电子资讯业的产业群聚现象最为明显。台商在大陆地区的群聚投资区域主要有:华南的"深圳—东莞—广州"珠江三角洲产业带,以传统劳动密集型产业、电脑以及手机零组件为主;华东的"上海—苏州—杭州"长江三角洲产业带,以半导体、笔记型电脑等为核心;东南的"厦门—泉州—福州"海西产业带,以电脑、光电、软件、手机零组件为主。其他电脑周边产品与零组件,如主机板、印刷电路板和监视器等零组件在三大区域皆有产业聚落。未来产业聚落将向上延伸至台湾半导体厂商,从上游的 IC 设计,到中游的 IC 制造,再到下游的封装测试,甚至到 IC 的通路模组,关联产业都将持续在大陆地区进行群聚式的投资,形成完整配套的产业链。

(四)两岸经济合作形式呈现台资企业本地化趋势

在两岸经济环境发生较大变化的情况下,大陆台资企业如何进一步创新发展,走出经营成本逐步提高的困境期,完成企业转型和技术升级,是两岸经济合作关系持续、健康发展的重要因素。为因应市场竞争的需要,降低企业营运成本,越来越多的台商采取"就地取材"的策略,带动了大陆台资企业的本地化趋势,从行政管理人员的本地化到产品销售市场的本地化,从生产原材料供应的本地化到企业资金筹措的本地化,从技术设备的本地化到研发后勤的本地化,这些现象越来越普遍。虽然台湾仍是大陆台资企业生产所需原料或零组件的重要供应地,但是,台商对台湾原材料或零组件的供应依赖度逐年下降,由当地提供所需原料的比重已超过对台湾的依赖。台资企业在大陆生产、管理、销售等方面的本地化趋势将越来越明显,并成为台商在大陆经营和发展的重要策略之一。

(五)两岸经济合作地区从由南向北转向、由东向西扩展

目前,台商投资初步形成以上海为中心点,沿海各区域中心城市为辐射点,环大陆沿海外凸弧形地带向内扩张为辐射面的分布格局。随着大陆沿海地区经济发展水平逐步提高,初期转移到大陆的台资企业逐步进入成熟期,并面临新的产业转型,投资地域从珠江三角洲、海峡西岸经济区和长江三角洲扩展到环渤海地区,再进一步向中、西部地区转移。未来台商内移趋势由"北扩"转向"西移",对大陆区域经济中心,如武汉、郑州、重庆、成都等地,或中西部热点地区的投资将更加明显,在环大陆沿海外凸弧形地带的基础上,进一步由东向西、由沿海向内陆全面辐射,形成"遍地开花"的全方位发展格局。

二、海峡两岸经济合作的政策取向

在当前中国经济"三期"叠加和国际经济持续波动的新形势下,两岸经济互动与合作的焦点仍然集中在大陆台商的发展上。大陆台商的持续健康发

展,将带动两岸各个产业,包括金融、服务等领域的深度合作。因此,如何合理地解决当前大陆台商面临的问题乃是当前两岸都应该关注的重要问题。

当前大陆台资企业所面临的问题,与20年前台商在台湾所面临的问题大致相同,即货币升值和营运成本提高两大重要因素再次困扰台商。所不同的是,当前大陆台商至少可以有六种选择:一是产业技术升级,企业加大研发力度和技术投入,生产出技术含量、知识含量、附加价值更高的产品,摆脱对低廉劳动成本的依赖;二是转型做服务业,尤其是生产性服务业,将生产制造程序向上、下游延伸,既参与研发、设计,又参与物流、营销,从而获取更多的产品价值分成;三是向内转移,将传统产业转移到生产成本相对低廉的中、西部地区,继续延长产品的生命周期,延续企业的"第二春",且有利于拓展大陆内销市场;四是向外转移,将传统产业转移到劳动成本更低的东南亚地区,尤其是如越南、印尼、菲律宾(简称 VIP 国家)等发展中国家;五是台商回流,返台投资以往驾轻就熟的行业和因地制宜的项目;六是经受不住经济危机的冲击,在外需市场不断萎缩、大陆劳动力成本上升和人民币汇率持续升值的三重压力下,台资企业利润空间越来越小,最后不得不停产,甚至倒闭、关门。对于上述六种选择,两岸都应大力支持大陆台资企业的第一种选择,积极鼓励第二种选择,加快推进第三种选择,有效分流第四种选择,正确引导第五种选择,努力避免第六种选择。

(一)大力支持大陆台资企业技术升级

产业技术升级是大陆台资企业实现可持续发展的有效途径。随着大陆经济快速发展,大陆正在加快转变经济发展方式,着力推进自主创新,促进经济进入创新驱动、内生增长的发展轨道,大力发展新兴战略性产业,这对台资企业技术升级也是重要机遇。以往台资企业运营的"四角模式",即"日本技术—台湾设计—大陆加工—美欧出口"的循环运转,因欧美外需市场的萎缩转向"日本技术—台湾设计—大陆加工和销售"的"三角模式",台资企业不断加大对大陆内需市场的开拓。同时,以加工制造为主的大陆台资企业在产品价值链生产的"微笑曲线"中,仍多集中在利润较低的加工制造环节,较少涉及高利润的研发与销售环节,因而有必要加快技术升级或产业升级,加快由劳动密集型向技术密集型转型升级。大陆有关部门也应积极鼓励和大力支持台资企业加大科技创新力度,提高产品附加值,促进台资企业运转由"三角模式"向"两岸技术、台湾设计—大陆加工和销售"的"双环模式"升级。

(二)积极鼓励大陆台资企业转型做服务业

产业转型是大陆台资企业摆脱经济困境的有效途径。受中国大陆经济增长转型和产业结构调整升级以及国际经济形势变化的影响,大陆正努力扩大内需市场,大力发展服务业,尤其是生产性服务业,开始从"世界工厂"转向"世界市场"。这为台资企业的产业转型提供了广阔的发展空间。目前大陆服务业占 GDP 还不到 50%,台湾则接近 70%,两岸服务业合作发展的空间很大。大陆服务业的发展潜力为台湾服务业提供了巨大的市场。台湾服务业可以带动大陆服务业整体水平的提高。因此,积极鼓励大陆台资企业"由二转三"或"由二升三",或者"二加三",即由第二产业向第三产业转型和升级,扩大其对物流、旅游、酒店、金融、保险、医疗等服务业领域的投资,特别鼓励发展以研发设计、市场营销为重点的生产性服务业。

(三)加快推进大陆台资企业调整区域布局

国际金融危机、人民币升值和大陆劳动力成本上升对台商投资集中的大陆沿海地区影响远比中西部地区大。沿海地区的台资企业生产成本上升较快,使得台资企业投资的区域布局出现变化。在内移、外移和回流的多项"出走"选择中,应积极引导台资企业根据大陆区域发展规划和各地产业发展特点,向大陆中西部地区转移,那里生产成本相对较低,市场潜力巨大,有利于内销型企业的生存和发展,并形成错位发展态势,即不同区域根据自身区域特点发展本区域的特色产业。目前大陆台资企业投资的区域布局调整正由东部沿海地区向中、西部内陆腹地转移,已成为多种选择中的主流抉择。

自 2008 年国际金融危机以来,台湾为吸引投资,出台一系列鼓励台商回流的政策。正确引导台商返台投资其适宜做的项目,也有利于台湾经济健康发展。这在两岸关系日益改善的前提下,不仅是现实可行的,也是符合两岸关系和平发展大局的。

(四)有效引导大陆企业赴台投资

近年中国大陆对外直接投资的增长势头令人瞩目。2013 年,中国对外直接投资流量首次突破千亿大关,达到 1078.4 亿美元,连续两年成为全球三大对外投资国。而据台湾地区"经济部投审会"统计,2013 年核准大陆企业赴台投资的资金只有 3.5 亿美元,2014 年还有所下降,累计只有 12 亿美元。可见,大陆资本赴台投资还处于起步阶段。大陆方面应加大力度鼓励大陆企业赴台考察和投资,协助台湾有关部门来大陆举办相关的招商说明活动,着力为两岸企业界的合作搭建平台,提高大陆商人赴台投资意愿。台湾方面也应进一步开放大陆企业赴台投资领域,完善配套措施,优化投资环境,减少政策障碍,为大陆资本企业在台投资经营提供公平、合理的经济环境,以缓解岛内投资不足、经济活力缺乏的困境。

第三节　海峡两岸经济合作的发展机制

2005 年 4 月 29 日,胡锦涛与连战在北京举行了两党 56 年来的首次会谈,双方在"正视现实,开创未来"的共识下,就促进两岸关系改善和发展的重大问题以及两党交往事宜,广泛而深入地交换了意见,并共同发布"两岸和平发展共同愿景",其中第三条提出"促进两岸经济全面交流,建立两岸经济合作机制","并促进恢复两岸协商后优先讨论两岸共同市场问题"。自此,两岸有识之士纷纷对两岸经济合作机制和两岸共同市场的发展构想、政策机制和试行区域等有关问题进行广泛的探讨。

一、建立两岸经济合作机制的经济因素

在 21 世纪的国际经济格局中,经济区域化趋势日益明显,地区性经济整合逐渐成为国际经济运行的新形式。当前,邻近国家或周边地区之间签订各种"自由贸易协定"(FTA)日益盛行,远有"北美自由贸易协定",近有"东盟自由贸易区"。2003 年 10 月,中国正式加入《东南亚友好合作条约》,成为条约区域外加盟国,从而进一步加强与周边地区的经济合作。2010 年东盟"10＋1"全面实施"自由贸易协定",形成东亚地区经济合作的新机制。这种区域经济整合的目的,除了追求比较经济利益外,更为侧重对区域内的经济资源加以合理配置和有效利用。地区之间的经济利益错综交织、相互影响,形成了"你中有我、我中有你"的局面。[①] 在区域经济合作浪潮的推动下,台湾政要萧万长提出了"两岸共同市场"的主张和"两岸合作型的自由贸易区",岛内厂商更是积极主动地加入与大陆的经济合作,寻求两岸之间最佳的资源配置和有效的区际分工,通过区域协作取得相对的竞争优势,以避免台湾产业"空洞化"和经济

---

① 胡元梓:《全球化与中国》,中央编译出版社 1998 年版。

"边缘化"。

在中华经济区的发展格局中,海峡两岸及港澳的经济整合随着历史发展的潮流已悄然成型。内地与香港、澳门"更紧密经贸关系安排"(CEPA-Closer Economic Partnership Arrangement)的启动和后续安排的不断出台,有利于在粤港澳甚至泛珠三角区域建立一种新型的经济协作关系,加速三地之间生产要素的流动和配置,促进区域经济合作机制的形成,使经济一体化进程进一步加快。在区域经济合作日益增强的背景下,海峡两岸开始走向日益深化的区域分工,逐步建立起互利互惠、互补共存的经济合作关系。然而,两岸各自实行不同的政治经济制度,追求经济发展目标也难以一致。台湾期望通过经济交流,重新安排区际分工,进行资源优化配置,以达到贸易转移和贸易创造的效果,淘汰原有产业结构中的边际产业,转变传统的生产和贸易形态,获取更大的经济利益,从而实现经济转型与升级;而大陆的经济利益在于通过吸引台商投资,发展工农业生产,促进对外贸易,增加就业机会,提高人民生活水平,从而繁荣区域经济。因此,两岸经济合作不是单纯遵循国(区)际分工原理的思维定式,而是把发展基点放在经济实力的积累上,通过各种有效渠道,包括建立两岸经济合作机制,积极主动参与亚太地区的区域经济合作,最大限度地分享国际分工的好处。

从中国区域经济发展格局看,入世后大陆体制改革不断深入,开放领域和范围不断扩大,以经济关系为纽带的区域经济协作日益增强。各个区域根据自身的资源条件、产业优势和技术基础,进一步加强区域之间的经济联系,从而出现多种形式的区域经济合作模式。从珠江三角洲到海峡西岸经济区,从长江三角洲到环渤海经济区,从东北三省到中部地区,以至于西部地区,区域之间既出现相互合作的趋势,又形成相互竞争的态势。因此,在20世纪80年代"开放华南",90年代"发展华东",20世纪末"开发西部",21世纪初期"振兴东北"、发展环渤海和21世纪10年代(2010—2020)推动"中部崛起"的战略步骤下,配合建设两岸经济合作机制的提出,积极推动"海峡两岸经济圈"的形成和建立,也是中国区域经济发展的客观需要。

从台湾地区经济发展格局看,随着岛内经济从"中增长"步入"低增长"阶段,甚至可能从"长盛期"转入"长衰期",其产业结构面临进一步调整,不仅过去支撑经济成长的劳动力密集型轻纺工业和资本密集型石化产业已大批向大陆转移,而且以电子资讯为代表的技术密集型产业和生产性服务业也不断涌向大陆,以继续保持在生产和交易成本上的竞争优势。台湾具有相对充沛的资金、较为先进的生产技术、企业经营和管理经验、国际营销渠道以及金融、商业服务等"软体"方面的优势,但是,受到地域较小、资源缺乏、市场有限的制约,以及劳力短缺、劳动成本较高的压力,产业升级与经济转型遇到瓶颈;而大陆拥有相对廉价而充沛的劳动力、广袤的地域、庞大且深具潜力的市场、相对丰富的资源、雄厚的科技队伍和科研实力等许多经济"硬体"方面的优势,但是,相对缺乏先进的生产技术、管理经验和软体服务。两岸通过经济交流和汇合,将各自的经济优势结合起来,进行合理的资源配置和有效的分工合作,可以充分发挥互补互利的经济效果,从而促进经济关系的良性互动。

二、两岸经济合作机制的基本框架

建立两岸经济合作机制应遵循一定的基本准则,确立明确的发展目标,制定具体的实施内容,并有相应的推进步骤。

(一)基本准则

建立两岸经济合作机制,应遵循以下几项基本准则:

1."九二共识",一个中国原则

两岸经济合作在性质上属于中国主体与台湾单独关税区之间的经济合作关系,因而两岸之间的所有经济行为和活动,都不能违背一个中国原则,任何问题在"九二共识"下都可以通过协商加以解决。

2.以商为本,为民谋利

深化两岸经济合作,是实现两岸经济共同发展和繁荣的必由之路,也是两岸同胞的共同利益所在。因此,从维护和扩大两岸同胞的共同利益出发,应积极消除政策障碍,适当采取"政经分离""经贸优先"等灵活、务实的做法,积极推动各种形式的经贸合作事宜。

3.以法为据,遵守规范

海峡两岸作为世界贸易组织的重要成员,入世后都必须严格遵守对世界的承诺。两岸经济合作机制的建立和完善,不仅在国际经济法上必须是完全可行的,即不违反 WTO 的基本规则,而且相关法规和政策也应符合国际惯例。[①]

---

① 王新奎:《世界贸易组织与发展中国家》,上海远东出版社 1998 年版。

4.互利互惠,全面合作

两岸经济合作机制的建立,必须是互利互惠的正和博弈,从而有利于两岸经济交流规模的扩大和合作层次的提高,促进某种区域经济合作机制的形成,实现两岸经济在各个领域、各个层面的全面合作和共赢。

(二)发展目标

两岸经济合作机制的发展目标,根据区域经济整合从初级至中级再至高级的发展进程,可分为近期、中期、远期目标。

近期(2020年以前)目标是初级阶段的优惠贸易安排和自由贸易区:在现阶段 ECFA 的基础上,继续完善后续相关补充协议,对两岸经济合作作出更加优惠和便利化的安排,实现两岸更紧密的经济联系。[①] 首先是福建自由贸易试验区可率先与台湾自由经济示范区进行有效的无缝对接,实现投资、贸易、金融自由化与便利化。

中期(2020—2030年)目标是中级阶段的关税同盟和共同市场:通过建立某种经济联系机制,协调经济政策,统一关税(关税同盟),逐步建立和形成统一的市场(共同市场),以提高两岸经济合作水平,实现两岸全面经济交流。

远期目标(2030年以后)是高级阶段的制度性一体化:在两岸共同市场的基础上,通过相关的制度性安排,逐步统一货币(货币同盟),实现两岸区域经济一体化,从而为社会以至政治的整合奠定坚实的经济基础。

(三)实施内容

两岸经济合作机制的实施内容不是固定的,而是随着经济关系的推进,表现出不同的具体内涵。要做到既不违反 WTO 贸易自由化原则和非歧视原则,又赋予两岸贸易和投资活动更加优惠的待遇与更加便利的条件。

1.实行优惠的商品贸易政策

在先期大陆给予台湾 539 项、台湾给予大陆 267 项商品优惠贸易的基础上,尽快完成商签《两岸货物贸易协议》,进一步对双方商定的商品,只要符合原产地规则(包括材料、加工等,30%～40% 当地生产),给予更加优惠的低关税,甚至是免税或零关税,双方互不对贸易货物实施限制性的法规和政策。

---

① 李非:《关于"两岸更紧密经贸关系安排"的构想》,《CEPA 与区域经济合作研究》,香港中国评论学术出版社 2004 年版,第 223 页。

2.实行优惠的服务贸易政策

尽快落实和推动两岸已签署的《海峡两岸服务贸易协议》，许多服务业领域，如银行、保险、证券、零售、运输、物流、旅游、影视、展览、房地产、咨询、会计、律师、医疗等行业，可先行在自由贸易区内优先向对方开放，放宽市场准入条件，相应降低市场准入门槛，或减少过渡期的期限。

3.提供便利的经贸合作条件

双方可在许多领域加强合作，提供更加便利的经贸合作环境，互不对贸易和投资引入新的针对性歧视措施。具体合作范围包括：贸易和投资促进措施、通关便利化、商品检验检疫、电子商务、法律和政策透明度、中小企业合作、中医产业合作等方面。

(四)推进步骤

两岸经济合作机制的发展构想，从广义上看，是一个从初级向高级不断发展的"经济一体化"进程，ECFA 只是其阶段性成果，其实施步骤已从低层次的"优惠贸易安排"开始，逐步向"自由贸易区"推进，再到中层次的"共同市场"，进而发展到高层次的"货币同盟"和"经济一体化"，从而做到短期的临时安排与长期的战略布局相结合。

1.近期为初创期(2020 年以前)

在巩固现有 ECFA 成果的基础上，进一步完成后续相关协议(货物贸易、贸易争端解决机制)的商签，通过实现投资贸易环境的改善，扩大两岸经济交流的规模，从而为两岸的商品、资金、人员等生产要素的自由流动作出更加优惠和便利的安排，并为向"两岸自由贸易区"过渡创造条件。

2.中期为扩展期(2020—2030 年)

在《海峡两岸经济合作框架协议》的基础上，两岸经济合作机制逐步走向"自由贸易区"层次。随着"东盟 10＋3 自由贸易区"相继启动，大陆"一路一带"战略和自由贸易试验区政策初见成效，"两岸自由贸易区"也应进入实施阶段。按照 WTO 所认同的授权原则，两岸"两会"或两岸公权力部门，商谈、落实或执行一国之内单独关税区之间的有关贸易自由化方案和经贸合作协议，从纵深方向全方位地拓展区域经济合作的范围和领域，并向"关税同盟"过渡，逐步形成"共同市场"。

3.远期为成熟期(2030 年以后)

海峡两岸在"关税同盟"的基础上，逐步建立起"统一大市场"，并向"货币联盟"

发展,从而在经济上不断融合,形成紧密相关、高度依存、共生共荣的经济整体。

上述三个阶段是一个循序渐进的发展过程,但两岸经济整合并不一定都要经历每个发展阶段(优惠贸易安排—自由贸易区—关税同盟—共同市场—货币同盟—经济一体化),在条件成熟时,也可跳跃式发展,即超越某个阶段或进程,直接进入更高一个层次的发展阶段和整合进程。

三、两岸经济合作机制的试行区域

建立两岸经济合作机制,应从区位条件出发,立足于现有的经济基础,着眼于未来的发展潜力,突出地缘经济的重要作用,充分发挥区位优势的先天作用。两岸经济合作机制的推动,可以首先在局部区域、局部领域、局部产业进行初步的试点,通过试行,取得经验,在条件成熟时,再逐步推广到其他区域。从区位条件看,区位选择首推海峡西岸经济区。

(一)海峡西岸经济区的区位条件

海峡西岸由于特定的历史、人文和地理条件,不可置疑地处于两岸关系中的前沿位置,并创下多个对台交往"第一"的纪录,因而其所处的区位优势,构成了以福建为主体的海峡西岸经济区率先推行两岸经济合作机制的独特条件。

从地缘关系看,海峡西岸与海峡东岸同属中亚热带向南亚热带过渡带季风性气候,自然生态条件十分相近,宜于开展两岸农业合作。两地之间的咫尺海峡,为双方进行各项交流活动提供便捷的海上通道。福建是大陆距台湾最近的地区,厦门距金门最近仅2海里,距嘉义120海里,距高雄165海里,福州距基隆仅149海里,平潭距新竹仅68海里。海西区沿海许多海湾深水岸线长,建设大港条件十分优越,港口建设可充分发挥福建与台湾海上航线短的优势,对台资临港型企业有很强的吸引力。

从人文关系看,两岸深厚而密切的人缘、亲缘和血缘关系,对加强区域经济合作具有强大的凝聚作用。海峡西岸是台湾民众的主要祖籍地。在台湾人口中,讲闽南话的占75%,讲客家话的占13%,两种语系的人口构成了台湾移民社会的主体。由于血缘相亲,语言相通,民情、风俗相近,不少姓氏宗族也相同,从而孕育了独具特色的闽南和客家民俗文化。这种一脉相承的人文关系,为海峡西岸开展对台经贸合作、建立两岸经济合作机制提供天然的纽带。虽然地缘、血缘关系在引进台资方面的作用逐渐弱化,但海峡西岸有深厚的台、港、澳、侨渊源,发挥乡情、人脉在扩大对台经贸关系中的作用,仍然是海峡西岸的优势所在。很多台资是通过港资、侨资的形式进入海西区的,"以台引台""以侨引台"的作用功不可没。

从经济条件看,两岸区域经济合作已具有一定的基础。福建作为海峡西岸的主体,改革开放后社会经济快速发展,经济实力明显增强,成为重要的工业生产和外贸出口基地,2014 年 GDP 2.4 万亿人民币(近 4000 亿美元),约为台湾(5200 亿美元)的 77%;人均 GDP 6.3 万人民币(超过 1 万美元),约为台湾(2 万多美元)的 50%;对外贸易 1775 亿美元,约为台湾的 1/3。海峡西岸是台商投资的重要聚集地,至 2014 年仅福建累计批准设立的台资项目上万家,协议利用台资 300 多亿美元,实际到资约 150 亿美元。这些投资从制造业开始,逐步向其他行业全面渗透,使海峡西岸成为国际市场上低成本的轻型产品生产和出口基地。2014 年福建出口贸易额达 1135 亿美元,相当一部分是台资企业创造和贡献的。

从政策优势看,海峡西岸作为大陆对台经贸的重要基地,是全国开放度最高、政策最优惠、功能最齐全的地区之一,在两岸经济交流与合作中扮演着越来越重要的角色。1981 年国务院批准厦门设立经济特区后,厦门随即成为台资在大陆的主要落脚点之一;1983 年第一家台资企业在厦门落户;1989 年国务院批准在厦门的杏林、海沧和福州的马尾设立"台商投资区"(后又增加集美),享有与经济特区相同的政策待遇,从而使福建成为台资的主要集中地之一;1994 年至 1996 年间,福建与台湾民航界互为客货销售代理和开办"一票到底""行李直挂"等业务,签署多项协议,开展涉及票务、商务、机务、航务等方面的合作;1994 年 8 月,福建率先实行台胞落地办证的政策,1997 年又实行台胞落地签注的政策,为台胞进入大陆提供便捷条件;1996 年 3 月,两岸经澳门"一机到底"航线开通,"厦门—澳门—台湾"航线投入营运,正式开启两岸间"换班不换机"的空中变相直航;1997 年 4 月,首届对台商品交易会在厦门拉开帷幕,福建成为大陆对台贸易的重要基地;1997 年厦门和福州成为大陆对台"试点直航"口岸;2001 年初,福建沿海地区与金门、马祖实现直接往来,突破了两岸人员不能直接往来的限制;2004 年福建厦门开始受理五年期"台湾居民来往大陆通行证"的办理,台湾居民来大陆更加便捷;2004 年 12 月,福建居民赴金门旅游开始启动,显示厦金旅游合作深具潜力;2006 年春节,厦门成为两岸"包机直航"的航点,同时成立了台湾水果销售集散中心,成为台湾水果销往大陆内地的重要中转地;2011—2013 年,厦门、福州、泉州相继成为赴台"个人自由行"开放城市。2014 年 12 月国务院正式批准福建自由贸易试验区,重点开展对台经贸合作与交流。这些"突破"以及所带来的成就,充分说明海峡西岸在对台经贸交往与两岸关系中的重要地位。在政策优势下,海峡西岸正在成为两岸经济合作交往的先行区。

(二)海峡西岸经济区的区域布局

海峡西岸是一块以台湾海峡为纽带,东临台湾岛、西接内陆广阔腹地、北承长三角、南接珠三角,具有特殊地缘经济利益和政治含义的小型经济板块。它以福建(有福州、厦门、泉州、漳州、龙岩、三明、南平、莆田、宁德9地市)为主体,包括福建周边地区的粤东、赣东南和浙南(有汕头、潮州、揭阳、梅州、赣州、抚州、鹰潭、上饶、衢州、丽水、温州11地市)。

海峡西岸经济区的区域布局,大致可从横向和纵向两个方面考察:

从横向格局看,南部地带以汕头为"龙头",韩江流域为轴线,潮州、揭阳为两翼,梅州、赣州为腹地;中部地带以厦门为"龙头",九龙江流域为轴线,漳州、泉州为两翼,闽西、三明、抚州为腹地;东部地带以福州为"龙头",闽江流域为轴线,莆田、宁德为两翼,南平、鹰潭、上饶为腹地;北部地带以温州为"龙头",瓯江流域为轴线,丽水、衢州为腹地。在功能定位上,"龙头"地区因具备加工装配、转口贸易、运输仓储、金融服务、信息咨询以及产业升级等优势,鼓励台商投资向技术型、服务型产业集中;两翼地带向资本密集型、规模经济型产业集中;内陆腹地发挥自然资源丰富、劳动力价格低廉以及地域广阔的优势,积极接应海峡两岸沿海地区劳动密集型产业的梯度转移,大力进行资源加工型产业的开发,形成多层次、梯度推进的发展布局。

从纵向格局看,它以第一层次的东南沿海开放区(包括福州、厦门、泉州、漳州、汕头、温州等)为主轴,依托经济特区、经济技术开发区、台商投资区、自由贸易试验区、经济中心城市,对台发挥海运、空运便捷的优势,对内通过铁路、高速公路等交通运输网络,将第二层次的福建山区腹地(包括龙岩、三明、南平、宁德等地)和第三层次的周边地区(包括梅州、赣州、抚州、鹰潭、上饶、衢州、丽水等地)有机地连为一体,使之成为两岸经贸交往的聚集地,并发展为继长江三角洲、珠江三角洲之后的又一经济繁荣带。

四、两岸经济合作机制的政策试验

两岸经济合作机制的建立和实施,有利于进一步扩大对台经济交流,提高经济合作层次。当前,应进一步落实"同等优先、适当放宽"的政策,有步骤地让一些带有探索性的经济贸易合作议题,在一定范围内,如福建自由贸易试验

区内先行先试,发挥"政策试验"的功能,不断完善经济合作机制,再逐步向各地推行。这些政策机制主要包括:

(一)资本开放机制

1.项目开放机制

按照 ECFA 规范,对台商投资项目审批予以政策倾斜,对于不需要国家宏观调控的项目由地方主管部门自行审批;如涉及国家宏观调控的项目,可采取个案审批,优先安排;大型项目的审批标准适当放宽。

2.产业合作机制

根据产业发展和结构调整的需要,采取不同的产业倾斜政策,在一定区域内形成各具特色的产业链或产业带;有计划、有步骤地引导台商投资资本密集型、技术密集型和知识密集型产业,吸引台湾生产服务企业前来投资设点,开办分支机构或办事处,放宽台湾商业零售企业、贸易公司、旅行社、信息咨询服务企业、医疗机构以及其他工商服务企业的准入条件和进入范围;推广两岸农业合作示范区的政策,扩大对台农业技术合作的广度与深度。

3.金融合作机制

根据《海峡两岸服务贸易协议》,两岸金融合作中带有"试验性"的政策,在沿海重要中心城市先试行操作,总结经验后再推广至其他地区。如放宽台资银行、保险、证券机构进入条件,可不把设立代表处为先决条件,或相应减少过渡期的时间,适当降低台资银行设立门槛,资产规模以不低于 60 亿美元为限;允许台资参股地方股份制金融机构,适当放宽股东资格、持股比例、审批程序等条件;允许台资银行开办人民币业务,增加台资企业融资渠道;试办对台离岸业务,指定几家商业银行作为两岸货币清算的我方指定银行,推动人民币在两地的使用和结算。

(二)经贸交流机制

1.贸易联系机制

积极发挥沿海地区对台贸易窗口的作用,将各地的"保税区""加工出口区""经济特区""台商投资区""自由贸易试验区"等特定区域与台湾地区的"加工出口区""科学园区""自由贸易港区""营运中心""台湾自由经济示范区"等进行对接,赋予更加多样、更加灵活以及更加变通的功能,如设置转运发货中心、发货仓库,放宽吸引台湾贸易商、经销商、代理商以及仓储企业进入的条件,为台商提供更多的发展空间;有步骤地建立对台贸易渠道和网络,鼓励、促进台资企业产品返销台湾;各地开展对台贸易涉及的配额许可证管理的商品,由中央单列"切块"下达地方;支持福建对台小额贸易的发展,进一步落实福建沿海与金、马、澎直接贸易进口税收优惠的政策;进一步开放台湾农产品和部分工业品的进口,对互补性较强的商品项目适当减免关税。

2.交通联系机制

在对台直接通航取得明显成效的基础上,将东南沿海地区建成对台通航的主要基地和重要通道。首先,利用"金马直航"先行的便捷优势,重点开拓对台旅游通道;其次,扩大直航口岸的功能与范围,重点开拓对台货运通道,尽快批准其他沿海口岸中尚未开放对台试点直航的口岸;再次,在两岸直航的基础上,促进两岸航空货运便捷化,减少厂商货物的运输成本与时间。

3.经贸协商机制

两岸之间的经贸问题,如投资者权益保障、贸易纠纷调解及仲裁、知识产权保护、商品信息交换、产品市场准入以及反倾销等事宜,可先进行沟通和协调,初步达成共识后,形成框架性协议,进而商签"两岸贸易争端解决机制"。

(三)民间交流机制

1.人员往来机制

为促进两岸人员往来,在相继开放台湾同胞"落地签证""落地签注"以及签发五年期"台湾居民来往大陆通行证"和"卡式台胞证"的基础上,可适当延长台胞证的签发期限,条件成熟时可考虑长期居住证(类似绿卡)的签发;将大陆一般人员组团赴台审批权下放给地方台办,由当地根据实际情况进行灵活操作;授权地方审批当地居民赴台湾的交流活动,包括旅游观光、经贸考察、商务洽谈、商品展销、事务洽谈等,推进以民间名义的直接往来。

2.地方联系机制

在条件成熟时,海峡西岸经济区的一些城市,如福州、厦门、漳州、泉州、汕头、梅州等,可与台湾某些城市,如基隆、高雄、宜兰、台南、屏东、新竹等,建立某种城市联系机制,促进城市或地区之间的交流,解决特定区域内经济交流与合作中出现的问题。海峡西岸经济区的中心城市,如厦门、福州等地,可成为两岸人员交流、事务性协商以及政治对话与谈判的重要基地。

总之,海峡两岸经济合作的政策机制,就是要造就两岸经贸交流的特殊环境和对台经济政策的试验场所,以作为两岸经济合作的政策导向和发展方向,即从落实"两岸优惠贸易安排"开始,逐步过渡到建立"两岸自由贸易区",再推进到实行"统一市场"以至"统一货币"的两岸经济整合和一体化进程。

第四节　促进大陆台资企业的转型升级

两岸经济关系的主线是台商投资大陆,台资企业在大陆的经济活动构成了两岸经济合作的主要内容。在国际经济环境不景气的背景下,只有努力促进大陆台资企业的转型升级,才能保证两岸经济交流健康、顺利地发展,推动两岸经济合作机制有效运行。当前大陆台资企业的发展环境和质量都在不断地提升,但也面临一些挑战:一方面,2008 年金融危机后,全球经济持续低迷,市场需求不振,加之生产资料成本不断攀高,台资企业加工外销型生产方式已不再具有可持续性;另一方面,因长期受大陆低廉劳动力优势的吸引,两岸企业合作过去较多集中在劳动力密集型产业领域,此类产业往往处于国际产业发展的低阶,而不是"微笑曲线"的两端,往往缺乏国际竞争力。因此,促进大陆台资企业转型升级,有利于顺利构建两岸经济合作框架,奠定两岸关系和平发展的经济基础。

一、大陆台资企业转型升级的主要问题

在全球经济发展方式大转变、大调整、大升级的背景下,台资企业应积极主动投入转型升级的过程中来,将企业所面临的发展压力逐步化解。只有了解大陆台资企业转型升级的具体需求等核心问题,才能找到其转型升级过程中的基本效应和主要路径。

(一)大陆台资企业转型升级需求

大陆台资企业转型升级所面对的转型升级压力不同,其对促成企业转型升级的需求也不一样。根据台湾区电电公会 2008 年《TEEMA 调查报告》①

———————————

① 大陆台资企业转型升级十大策略分别解释为:投资国别转移(跨国转移投资生产地)、投资地理区位转移(如从大陆沿海地区往内陆地区转移)、经营导向转型(如从外销转为内销)、投资产业领域的转型(如从制造业转为服务业)、产业业态转型(如从批发业转为零售业)、运营模式转型(如从生产转为研发或营销)、产品线结构转型(如从单一产品生产扩大到多元化生产)、产品品质转型(如通过技术改造,改善产品的功能及品质,或以此为基础打造品牌)、管理干部本土化升级(如从派用台干转为使用本地陆干)、企业经营团队的升级(如从家族式企业改为市场化的股份制企业或职业经理人的管理方式)。

显示,主要有十个方面的需求。

表 6-5   2008 年大陆台资企业转型升级需求

序号	台资企业转型升级需求	非常不重要（%）	不重要（%）	普通（%）	重要（%）	非常重要（%）	评价（%）	排名
1	当地银行融资信贷服务	0.32	16.72	39.23	22.51	21.22	3.48	6
2	相关研发机构协助进行技术升级转型支持	0.32	17.42	42.90	28.71	10.65	3.32	8
3	相关产业协会进行产业整合转型升级支持	1.29	26.13	37.42	23.23	11.94	3.18	10
4	相关培训机构进行台干及陆干教育训练支持	0.96	24.12	38.59	27.97	8.36	3.19	9
5	相关辅助性机构进行经营管理提升支持	0.97	20.71	35.60	29.77	12.94	3.33	7
6	相关政府机构协助全球布局及建议支持	0.64	9.62	35.58	38.14	16.03	3.59	5
7	相关政府部门提供台商回台投资相关信息支持	0.97	10.32	31.61	32.58	24.52	3.69	4
8	经贸部门协助台商拓展国际市场相关信息支持	0.97	7.10	33.23	31.94	26.77	3.76	3
9	台商之间进行产业共同销售及建立销售卖场	0.32	7.74	30.97	34.19	26.77	3.76	2
10	台商之间形成共同物流	0.32	5.47	24.12	31.83	26.77	3.79	1

资料来源:台湾区电电公会 2008 年《TEEMA 调查报告》。

依据统计数据显示,大陆台资企业在面对转型升级需求的先后顺序上,排名前五项依次为:台商之间形成共同物流、台商之间进行产业共同销售及建立销售卖场、经贸部门协助台商拓展国际市场相关信息支持、相关政府部门提供台商回台投资相关信息支持、相关政府机构协助全球布局及建议支持。从这五项需求的排名顺序来看,前两项为台商之间的策略联盟,其次是希望政府的协助。换言之,台商在转型升级过程中是"无助不如求助,求助不如他助,他助不如自助"。①

在大陆台资企业转型升级过程中,其看重的关键问题在于如何通过企业间合作搭建产品的物流通路,同时政府在这个过程中扮演着重要的角色。而生产性服务机构及行业发展的辅助性机构同样是大陆台资企业转型升级过程中不可或缺的重要力量。总之,从台资企业转型升级的需求来看,其主要包含三股推动力量:政府、行业组织、公共服务机构。

再从大陆台资企业转型升级的需求具体到沿海三大经济区(珠三角、长三角、环渤海),其具体体现如表 6-6 所示。

表 6-6　大陆沿海三大经济区台资企业转型升级需求情况

序号	转型升级需求	珠三角 (N=156)		长三角 (N=228)		环渤海 (N=148)	
		需求率 (%)	排名	需求率 (%)	排名	需求率 (%)	排名
1	当地银行融资信贷服务	3.47	6	3.48	6	3.47	6
2	相关研发机构协助进行技术升级转型支持	3.38	8	3.35	7	3.22	7
3	相关产业协会进行产业整合转型升级支持	3.27	10	3.22	9	3.04	9
4	相关培训机构进行台干及陆干教育训练支持	3.31	9	3.21	10	3.04	10
5	相关辅助性机构进行经营管理提升支持	3.47	7	3.34	8	3.18	8
6	相关政府机构协助全球布局及建议支持	3.70	5	3.58	4	3.51	5
7	相关政府部门提供台商回台投资相关信息支持	3.73	4	3.57	5	3.83	2

① 台湾区电电公会:《蜕变跃升谋商机——2008 年中国大陆地区投资环境与风险调查》,商周编辑顾问股份有限公司,2008 年。

续表

序号	转型升级需求	珠三角（N=156）		长三角（N=228）		环渤海（N=148）	
		需求率（%）	排名	需求率（%）	排名	需求率（%）	排名
8	经贸部门协助台商拓展国际市场相关信息支持	3.88	2	3.66	3	3.80	4
9	台商之间进行产业共同销售及建立销售卖场	3.87	3	3.73	2	3.82	3
10	台商之间形成共同物流	3.98	1	3.97	1	4.14	1
	台商面临转型升级需求整体情况	3.61		3.52		3.51	

资料来源：《台商布局中国大陆转型升级策略思维——珠三角、长三角、环渤海经济区之比较》，《大陆台商转型升级：策略、案例与前瞻学术研讨会论文集》，2012 年。

从大陆台资企业转型升级需求来看，以上三大地区需求排名前五项为：台商之间形成共同物流、相关政府部门提供台商回台投资相关信息支持、台商之间进行产业共同销售及建立销售卖场、经贸部门协助台商拓展国际市场相关信息支持、相关政府机构协助全球布局及建议支持。在这前五项排名中，台资企业物流通路仍是其转型升级中考虑的重点。从这点可以看出，一方面，在大陆沿海台资企业转型升级过程中，其产品销售网络是不完善的，这主要受制于其过去"两头在外"的经营模式影响；另一方面，说明大陆内销市场是当前大陆台资企业转型升级过程中需重点抓住的发展机遇。自 2008 年金融危机以来，大陆所推出的一系列扩大内需政策，扩大了大陆潜在市场规模。同样，政府部门仍是大陆台资企业转型升级的重要推手。另外，从大陆沿海三大经济区台资企业转型升级的需求总体面来看，珠三角排在第一位，其次分别是长三角与环渤海地区，这与三大经济区台资企业所受到的转型升级压力一致。

可见，从台资企业大陆沿海地区的转型升级的需求内容来看，要实现顺利转型升级，需要三方面的力量共同支持：首先是企业自身完善的销售网络，其次是政府的政策支持，最后是相关辅助性机构对台资企业提供的协助。

（二）大陆台资企业转型升级策略

大陆台资企业转型升级的应对策略，大致有以下几个方面：第一是通过就地产业技术改造（技术升级）；第二是产业转型（跨产业经营）；第三是转移生产基地,主要向大陆内地西迁、北移或东流回台(还有部分产官学人士提出往东南亚转移);第四是从企业内部管理模式、人才、文化等角度来思考企业的转型升级。根据 2008 年《TEEMA 调查报告》的实际统计情况来看,台资企业大陆转型升级的应对策略主要集中在十个方面,具体如表 6-7 所示。

表 6-7　大陆台资企业转型升级策略

序号	台资企业转型升级策略的紧迫性	极为不高(%)	不高(%)	普通(%)	高(%)	极为高(%)	评价(%)	排名
1	投资国别转移	4.95	24.42	42.90	16.83	10.89	3.04	6
2	投资地理区位转移	4.95	27.39	44.55	17.49	5.61	2.91	8
3	经营导向转型	4.23	31.92	39.09	20.52	4.23	2.89	9
4	投资产业领域的转型	3.63	32.67	40.26	20.13	3.30	2.87	10
5	产业业态转型	3.97	26.16	40.07	24.50	5.30	3.01	7
6	运营模式的转型	2.30	10.53	29.61	38.49	19.08	3.62	4
7	产品线结构的转型	2.96	11.84	29.61	35.53	20.07	3.58	5
8	产品品质的升级	0.98	11.07	27.69	36.48	23.78	3.71	2
9	管理干部本土化的升级	1.30	11.04	29.55	32.79	25.32	3.70	3
10	企业经营团队的升级	1.30	7.82	23.13	30.29	37.46	3.95	1

注:台资企业转型升级策略紧迫性程度的 5 档评分,分别为不同调查对象的评分,最后评价为加权评分。

资料来源:台湾区电电公会 2008 年《TEEMA 调查报告》。

从表 6-7 所调查大陆台资企业转型升级的应对策略紧迫性来看,前五项排名依次为企业经营团队的升级、产品品质的升级、管理干部本土化的升级、产品线结构的转型以及运营模式的转型。由这个调查结果可以发现,台资企业在大陆转型升级的应对策略上,"升级策略"的紧迫性高于"转型策略",同时更高于"转移策略"。由此可以说明,台资企业大陆转型升级更关注的是就地技术改造或企业内部管理人员的观念的转变,而对于转型或转移,因涉及的领域较多,产生的成本过高,所以并不是最首要的选择。

从台资企业大陆产业投资的实际情况来看,制造业为其主要投资领域,高科技产业及服务业近年来也成为台资企业重点投资的领域。台商产业投资领域的变化一方面是产业本身生命周期规律发展所致,另一方面是迎合当前产业转型升级的要求。

表 6-8　大陆三大产业类型台资企业转型升级策略

序号	台资企业转型升级策略的紧迫性	高科技产业（N＝140）		制造业（N＝341）		服务业（N＝48）	
		百分比（%）	排名	百分比（%）	排名	百分比（%）	排名
1	投资国别转移	3.01	6	3.10	6	2.80	10
2	投资地理区位转移	2.88	8	2.96	8	2.81	8
3	经营导向转型	2.89	7	2.83	10	3.13	5
4	投资产业领域的转型	2.69	10	2.93	9	2.81	9
5	产业业态转型	2.88	9	3.06	7	3.00	6
6	运营模式的转型	3.43	5	3.75	3	3.14	4
7	产品线结构的转型	3.67	4	3.66	5	2.87	7
8	产品品质的升级	3.80	3	3.73	4	3.40	3
9	管理干部本土化的升级	3.95	1	3.99	1	4.00	1
10	企业经营团队的升级	3.95	2	3.99	2	4.00	2
	台资企业转型升级策略的整体评价	3.32	②	3.40	①	3.20	③

资料来源:台湾区电电公会 2008 年《TEEMA 调查报告》。

从以上三大产业类型台资企业转型升级应对策略看,传统制造业转型升级的需求或紧迫性相较于高科技产业及服务业更为明显。另从三大产业类型台资企业转型升级各分项策略来看,高科技产业类型台资企业排名前五项的策略选择依次为管理干部本土化的升级、企业经营团队的升级、产品品质的升级、产品线结构的转型、运营模式的转型;制造业类型台资企业排名前五项的策略选择依次为管理干部本土化的升级、企业经营团队的升级、运营模式的转型、产品品质的升级、产品线结构的转型;服务业类型台资企业排名前五项的策略选择依次为管理干部本土化的升级、企业经营团队的升级、产品品质的升级、运营模式的转型、经营导向转型。

三大产业类型台资企业转型升级的前五项策略选择表明,"运营模式的转型"与"产品线结构的转型"这两项策略的紧迫性程度存在显著差异,就"运营模式的转型"而言,传统制造业明显高于高科技产业与服务业。由于传统制造业在当前经济发展环境下获利能力已经非常有限,企业只有提高产品附加值才能提高获利率。因此,以代工制造(OEM)为主的台资企业转型升级为设计加工(ODM)或自创品牌(OBM)就成为较为急迫的选择策略。而在"产品线结构的转型"中,高科技产业与制造业类型的台资企业的紧迫程度又明显高于服务业,因此传统制造业与高科技产业可朝产品多元化方向转型。

此外,从服务业角度而言,"管理干部本土化升级"与"企业经营团队的升级"最为紧迫。这一表现的主要原因在于服务业主要依靠内需市场发展,因而为了提供符合消费者偏好的产品及服务,需要有当地的管理人员来参与经营,同时通过这种方式,企业更能及时获得市场信息。可见,服务业类型台资企业相较于高科技产业及制造业类型的台资企业转型升级压力及策略选择的紧迫性为最低。[①]

除了前三大产业类型台资企业前五项策略选择中的部分策略选项紧迫性差异明显外,另外有关"经营导向转型"策略也有比较显著的差异,如服务业类型台资企业比高科技产业及制造业类型台资企业在这项策略的紧迫性选择上更高,而制造业类型台资企业最低。这一表现说明,服务业类型台资企业经营导向调整比较易于施行或贴合实际,而制造业类型的台资企业主要以外销为主,要实现经营导向转型必须从外销转为内销,相对较为困难。

在市场定位上,大陆台资企业过去相当长的一段时间内主要以外销市场为重点,但是在全球经济发展环境的变化影响下,这种外销策略发生了变化。另外加之在整个大陆地区促产业转型、促经济发展方式转变的政策影响下,大陆台资企业纷纷调整其市场定位,从外销逐渐向内销转变,拓展大陆内销市场已成为众多台资企业转型升级的主要方向。根据《2011大陆台商白皮书——台商意见调查与分析》报告统计发现,转内销的台资企业所占比例逐年增大,其中截至2011年,转内销的台资企业比例接近一半。

表6-9　大陆台资企业市场定位(2003—2010年)

市场定位选择	2003	2004	2005	2006	2007	2008	2009	2010
外销为主	41%	49%	39%	63%	49%	57%	44%	34%
内销为主	42%	35%	39%	24%	34%	30%	38%	48%

---

①　台湾区电电公会:《蜕变跃升谋商机——2008年中国大陆地区投资环境与风险调查》,商周编辑顾问股份有限公司,2008年。

续表

市场定位选择	2003	2004	2005	2006	2007	2008	2009	2010
约各一半	17%	16%	22%	13%	17%	13%	18%	18%
企业总数	111	273	149	295	209	126	149	385

资料来源:根据《2011大陆台商白皮书——台商意见调查与分析》整理。

(三)大陆台资企业转型升级目标

台资企业转型升级策略的重点不同,说明企业在转型升级过程中所追求的目标也有所差别。而台资企业所要实现的转型升级目标,同时也是其采取具体措施的动力所在。根据台湾区电电公会2008年的调查统计,台资企业转型升级过程中,追求的目标主要集中在十个方面,如表6-10所示。

表6-10 大陆台资企业转型升级目标分析

序号	台资企业转型升级目标	排 名
1	降低经营成本	10
2	降低经营风险	9
3	提高获利能力	8
4	提升市场占有率	7
5	改善经营体制	6
6	扩大企业经营规模	5
7	集团经营整合综效	4
8	全球价值链分工布局	3
9	提升产品附加值	2
10	企业可持续经营	1

注:表格中排名为根据台商在以上10项效益选择中,分别给以"非常不同意"、"不同意"、"普通"、"同意"、"非常同意"五个选择,经打分,综合评价而得。

资料来源:台湾区电电公会2008年《TEEMA调查报告》。

表6-10调查结果显示,台资企业转型升级的目标主要为企业的可持续发展、产品附加值的提升、全球价值链的分工布局、集团经营整合综效、扩大企业经营规模、改善经营体制、提升市场占有率、提高获利能力、降低经营风险、降低经营成本等十个主要方面。在这十个主要方面的目标中,从前三项来看,第

一项为企业转型升级的最终目标,而第二与第三项都是从企业所属的产业层面来看企业的发展目标,因而通过产业层面来改善企业经营效益应是其所关注的焦点。而对当前台资企业冲击最为明显的成本因素、盈利能力以及市场占有率反而排在最后几位,由此可分析大陆台资企业转型升级更多的是偏重长远发展,是对过去那种"逐水草而居"发展方式的一种升华。

二、大陆台资企业转型升级的主要路径

(一)大陆台资企业转型升级的路径选择

大陆台资企业转型升级的应对策略各有差异,加之企业自身在生产技术、资金、规模等条件的影响下,在实现转型升级的路径选择上也有所不同。从大陆台资企业转型升级的实践来看,决定其路径选择主要有三股作用力,具体包括政府主导下的企业转型升级、市场导向下的企业转型升级以及政府—市场混合方式下的企业转型升级。不同作用力下的台资企业路径选择也有所不同:一般来说,政府主导下的企业转型升级路径为产业集群与产业转移,而市场作用下的企业转型升级大多为产业链、产品线、市场定位等方面的改变,混合作用下的企业转型升级基本为创新型与跨产业转型。

大陆台资企业转型升级路径选择,因企业所掌握的资源不同而有所差异。以下七个方面路径选择均根据已有台资企业转型案例总结而得。

1.基于优势产业集群下的台资企业转型升级

产业集群一般是指相关产业在特定地域的集中现象。波特将产业集群界定为某一特定领域内互相联系的、在地理上集中的公司和机构的集合。产业集群往往具有一个明显的核心产业,核心产业以特定产品甚至以特定产品的特定配件生产为中心,产业分类标准具体而细致。因此,产业集群是一个以核心产业为中心,涉及包装、流通、运输、教育、科研、中介、政府等多个行业的跨产业的概念。产业集群内企业间存在多种联系,其中有包括企业之间的交易、分工、合作、竞争、监督、集体行动,还有企业与各类中介组织的经济、技术、信息、服务等方面的联系以及企业主、员工之间的社会网络关系等。[①]　正是产业集群内企业间的这种多种联系方式,容易形成企业内核心企业的辐射与协同

---

① 徐竹青:《推进浙江产业集群转型升级的思路与对策分析》,《中国城市化》2009年第9期。

效应,优势产业集群也易于对周边企业产生包括技术创新及研发的溢出作用。就大陆台资企业的产业集聚来看,目前主要集中在珠三角和长三角两大地区。多年来大陆沿海地区的台资企业产业集聚依靠的是企业间低水平的分工,产业间缺乏有效融合,因而没有形成完善的产业链。同时大陆台资企业所集聚的产业大多属于传统的劳动力密集型产业,缺乏市场竞争优势。2008年的金融危机全面暴露了这种传统产业集群的发展可持续性,由此造成部分台资企业一夜之间关门歇业。

鉴于大陆台资企业产业集群中的发展问题,大多数企业已经开始通过转型升级带动区域间的产业集聚发展水平,尤其是产业集聚中的核心企业已经从行业技术改造、产品品牌建立、产业运营模式等多个角度探索建立优势产业集群的可能实现方式。另外从台资企业转型升级的现实要求看,对优化传统产业集群、建立优势产业集群已相当迫切。而建立优势产业集群,提升企业产业集群的产品质量和档次,只有通过产业转型升级,推动战略性新兴产业规模化、高技术产业高端化、优势传统产业品牌化,构建以“高、新、优”为特征的现代产业集群体系。对于台资企业优势产业集群的建立,一方面是其产业集群内的所有企业转型升级的一种协同配合效应的结果,另一方面对于已经成型的现代优势产业集群,又能发挥辐射作用,从而带动周边地区台资企业转型升级的效率和质量。因此,优势产业集群既是台资企业转型升级的一种重要实现路径,又是这一路径选择的必然结果。

2.基于全球价值链再造下的台资企业转型升级

从台资企业大陆沿海地区投资的情况来看,早期来大陆投资的台资企业,一般产业层次较低,产品单一,技术含量和产品附加值不高,国际竞争力不强。从全球价值链的角度来看,企业往往处于产业链的低端制造装配环节,虽然生产规模较大,但劳动生产率较低。企业经营发展模式主要为“台湾设计、大陆生产”的分工模式,同时产品以出口为主,对本地市场依赖不大。近年来,随着原材料价格、劳动力成本的不断上涨及人民币汇率不断提高,企业面临较大的生存挑战,而转型升级成为企业重要的发展趋势。针对台资企业处于生产链中的低水平位置,大陆台资企业开始积极通过延伸产业链促使企业转型升级,从而抢占“微笑曲线”的两端,如往企业的研发与品牌建设方向发展。

作为加工制造型企业,企业最丰厚的利润在“微笑曲线”的两端(见图6-3),即研发和品牌,单纯的产品生产与制造只能依靠规模化经营获取行业中的微薄利润。为改善当前台资企业生产链中的低水平状态,产业技术升级是大陆台资企业实现可持续发展的有效途径。随着大陆经济快速发展,大陆正在

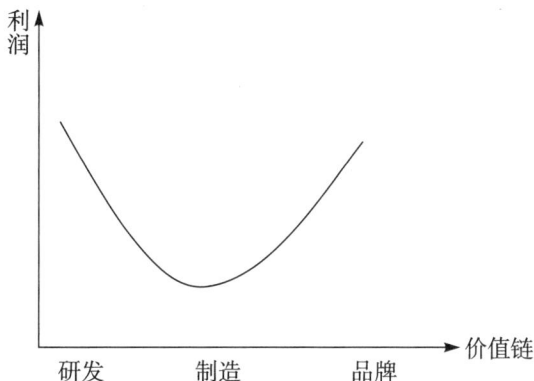

图 6-3　企业"微笑曲线"

加快转变经济发展方式,着力推进自主创新,促进经济进入创新驱动、内生增长的发展轨道,大力发展新兴战略性产业,这对台资企业技术升级也是重要机遇。以往台资企业运营的"四角模式",即"日本技术—台湾设计—大陆加工—美欧出口"的运转循环,因欧美外需市场的萎缩转向"日本技术—台湾设计—大陆加工和销售"的"三角模式",台资企业不断加大对大陆内需市场的开拓。同时,在大陆以加工制造为主的台资企业在产品价值链的"微笑曲线"中仍多集中在利润较低的加工制造环节,较少涉及高利润的研发与销售环节。因此,应加快技术升级或产业升级,鼓励台资企业加大科技创新力度,提高产品附加值,加快由劳动密集型向技术密集型转型升级,由"三角模式"向"两岸技术、台湾设计—大陆加工和销售"的"双环模式"升级。① 总之,大陆台资企业转型升级是在原有产业制造环节基础上,向价值链"微笑曲线"两端攀升,一方面通过研发进行技术创新,提升企业盈利能力,实现企业转型升级;另一方面在原有产品的经营基础上,通过产品设计,打造企业品牌,提高企业产品的附加值获得新的增长空间。

3.基于产品多元化下的台资企业转型升级

大陆沿海地区第一批引进的加工贸易型企业,主要以来料加工为主,产品线单一,市场适应性弱。台资企业同样也存在这个问题,其订单式生产模式主要集中在制造与装备业领域,而这种简单的来料加工经营模式正是本轮台资企业转型升级的关键。对于当前发展环境下的台资企业,要实现产

---

① 李非:《大陆台企面临的困境及对策》,http://www.cndca.org.cn/performduties/participation/suggestion/201302/t20130206_115243.html,访问日期:2014 年 10 月 15 日。

品的多元化发展,必须依靠现有的生产技术拓展企业的产品线,这也就是说台资企业产品的多元化应是基于现有生产条件之上的有限多元化,而不是盲目的无限多元化。这一有限产品多元化必须是以市场为导向,实现单一产品线向多元化产品的发展,从服务中端消费市场到高端市场的转型升级之路。

4.基于跨产业经营下的台资企业转型升级

跨业经营是台资企业转型升级的一种重要方式,强调的是企业在产业间转型升级,往往表现为从劳动密集型产业转为技术密集型产业或现代服务业。这种产业间的转型升级主要从两个方面来帮助企业实现转型升级的目标。一方面,企业保留原产业的经营的同时,跨业到相关产业经营领域,如通过产业的垂直整合,向上游进入企业的研发业,向下游进入企业相关的物流配送业等领域。产业的垂直整合,不仅减少了企业的运营成本,同时更整合了企业发展的资源,为企业发展增加新的获利点。另一方面,台资企业也可根据实际情况,放弃原有经营产业领域,完全进入一个新的产业领域,如由制造业跨入新兴高科技产业领域,从而突破原有产业的发展瓶颈,获得新的发展机遇。对于大陆沿海地区绝大多数从事加工制造业的台资企业来说,要实现企业转型升级,服务业成为其中一个主流选择。越来越多的台资企业正在转变为某种意义上的服务型企业,服务化成为制造业的重要发展方向,制造业高度发展将呈现出"服务化"的新趋向。传统制造业的台资企业要存活,也必须向服务化转变,而制造业服务化又是一个系统工程,需要通过制度创新、技术创新、流程创新等共同推动完成。

5.基于 OEM(代加工)—ODM(自主设计)—OBM(自有品牌)的产品转型升级

以提升品牌建设作为大陆台资企业转型升级的推动力和最终目标。从企业转型升级的实质角度来看,其目标就在于提高企业与产品的竞争力,抢占生产经营的制高点,争取更多的市场份额。而企业产品品牌便是获得市场制高点的根本性保障,其作为一种显性的无形资产,为企业发展提高了知名度、诚信度,能促使企业迅速提高市场占有率。品牌建设既是推动中小企业转型升级的动力,也是转型升级是否成功的标志。在 2008 年全球金融危机中被洗牌出局的台资企业,除"重外轻内"市场定位模式限制外,还有一个很重要的共同点,就是这些企业大多为 OEM 企业,缺乏品牌建设。在珠三角和长三角地区从事代工生产的出口型台资企业,都是依靠规模化的加工费维持发展。在全球金融危机中最先受到冲击的自然是这类代工企业,因为其缺乏研发,缺乏品牌,同时还缺乏销售渠道,因而在经济环境、贸易环境波动的时候,这类企业的应变能力就显得异常脆弱。要改变这一现状,只有从最简单的OEM方式逐渐变成ODM,从事具有自主的设计能力的再加工,以提高企业的市场竞争力和产品附加值。在此基础上,最终还要实现从ODM企业向OBM企业转变,从而主导行业的发展方向。这一目标的实现,关键在于企业能将品牌化战略贯穿于企业的所有经营环节中。具体就台资企业而言,其OEM—ODM—OBM的升级是一个逐步学习、阶段性积累技术和经验的过程,企业逐步形成独立的设计能力与专有产品的创新能力,提升企业的价值链。[1]

6.基于产业创新下的台资企业转型升级

台资企业在大陆沿海地区投资的产业特性决定了其必须要进行产业创新。从近30年来台商大陆产业投资路线图看,在台商投资初期,主要以食品、塑料制品、纺织成衣等为主;到20世纪90年代台商大陆投资主要以石化产品为主;21世纪初期又转移到电子产业领域,如电子零部件、电脑配件、面板等。不同时期台商根据市场环境的变化,调整其大陆产业投资重点,并获得了长足发展。但从台商投资的产业特性来看,大多还是集中在劳动力密集型产业。此类产业发展一方面对劳动力的依赖程度高,另一方面产业附加值低。[2]台资企业的产业发展特性在当前全球产业转型升级的大背景下同样面临产业创新问题。没有产业创新,台资企业传统制造业也终将被市场所淘汰。从台资企业的产业创新来看,不仅要通过技术或生产工艺创新来改造产业内传统生产模式,同时对于产业间的合作方式也要实现创新。从两岸产业融合创新来看,台资企业必须改变过去仅从生产环节与大陆企业合作的方式,而应从整个产业链来布局,比如在整个产业链中,上游两岸合作进行研发,突破行业发展中技术瓶颈,中游进行生产联盟,扩大企业生产规模效应,下游衍生产品服务,增加企业的盈利点。从大陆台资企业转型升级的要求以及发展目标来看,产业创新应是其中最为紧迫,也是最为关键的一种转型升级实现方式。

7.基于产业转移下的台资企业转型升级

2008年《TEEMA调查报告》显示,在台资企业转型升级的过程中,选择

---

① 毛蕴诗、吴瑶:《中国企业转型升级》,中山大学出版社2009年版。

② 不觉晓:《创新是台商转型升级的最根本选择》,http://www.huaxia.com/thpl/djpl/2013/06/3391341.html,访问日期:2014年10月15日。

产业转移这种方式并不是最为迫切的,但确实是企业转型升级的一种不可或缺的选择。尤其是在"十二五"规划中,通过企业产业转移实现企业转型升级的台资企业越来越多。在台资企业产业转移过程中,其动因主要包含三个方面:出于企业经营成本的考虑、寻找新的投资机会、扩张性转移(主要为生产设备陈旧,但受制于大陆沿海发展空间限制,转移到新的地区,采用新的设备或工艺)。从目前来看,因过高成本问题而转移产业的企业占绝大部分。另外台资企业产业转出地主要为大陆沿海地区,而转入地则为大陆西南及东北地区。虽然当前台资企业面临大陆经济环境变化的压力,但纵观全球经济环境,大陆仍是台商首选的投资地之一。业内人士认为,在两岸经济关系转型的背景下,多数大陆台商有望在大陆走出一条新的转型升级之路。对于大陆沿海地区的台资传统产业及中小企业而言,向具有低成本和政策优势的中西部地区转移成为一种方向性选择。有关数据表明,台商投资大陆中、西部地区的金额比例已上升到 19% 左右。台湾政治大学副校长、两岸交流远景基金会董事长林碧炤表示:"台商往内陆设厂,复制华南、华东的引资模式,进行产业梯度转移是目前大陆台商最关注的议题之一。"①台资企业通过产业转移实现企业转型升级,主要在于其能结合产业转移地发展优势,并能通过新技术或新工艺对原有的生产设备或生产方式进行升级。台资企业产业转出地有更多的空间发展高新技术产业,而这种高新技术产业所产生的溢出效应还会反哺到转入地台资企业的生产经营活动上。

(二)大陆台资企业转型升级路径选择的动力机制

台资企业转型升级路径的选择关系到企业采取何种具体措施来推进企业实现转型升级的目标。分析台资企业转型升级路径的动力机制,可以更清楚地了解其转型升级的原因,同时也有利于对其采取有针对性的促进措施。

1.产业发展的政策激励机制

激励机制是通过一套理性化的制度来反映激励主体与激励客体相互作用的方式。激励机制一旦形成,它就会内在地作用于组织系统本身,使组织机能处于一定的状态,并进一步影响组织的生存和发展。激励机制对组织的作用具有两种性质,即助长性和致弱性,也就是说,激励机制对组织发展具有助长

---

① 康淼、李慧颖、胡苏:《两岸经贸关系步入转型期,台商面临转型压力》,《经济参考报》2008 年 4 月 17 日。

作用和致弱作用。激励机制的助长作用是指一定的激励机制对员工的某种符合组织期望的行为具有反复强化、不断增强的作用,在这样的激励机制作用下,组织不断发展壮大。一般称这样的激励机制为良好的激励机制。在良好的激励机制中,也有负激励和惩罚措施,其主要是对不符合组织期望的行为起约束作用。激励机制最早出现于公司的利益最大化管理,即通过一套人性化的制度来促进公司主管人员与下属职员的相互作用,调动所有员工的积极性,为公司创造最大的利润。产业发展政策激励机制就是政府通过采取一定的措施,调动企业的积极性,激励企业主动参与到产业优化发展的活动机制。

就台资企业转型升级来说,其整个转型升级活动过程是在大陆经济发展政策引导下进行的。而这个经济发展政策主要为"十二五"发展规划中明确说明的依靠产业转型升级所要实现的经济发展方式转变。为实现经济发展方式转变,大陆提出了一系列产业发展政策鼓励企业朝产业优化发展的方向转型。对于台资企业转型升级,从国台办至各地方政府都有针对性地提出包括专利政策、政府财政资助政策、研发税收减免政策、公共采购政策、风险投资政策、放松政府管制政策等,这些政策安排对企业转型升级路径选择激励的侧重点有异,但彼此间相辅相成、相互促进,共同构成一个激励企业转型升级的政策体系。而台资企业转型升级政策体系的激励作用发挥又主要通过其中各分项政策的直接引导来实现,如各地就台资企业转型升级专门出台的财政资助政策,通常以直接财政拨款的形式增加研发投入或实施税收优惠的办法对企业的创新行为进行支持。财政支持政策是比较常见的一种激励政策,其对企业的转型升级发挥的是一种致强作用,同时也是见效最快的一种正激励政策。

在台资企业转型升级过程中,除有相关政策的正激励,同时对企业存在的不符合产业发展方向或优化社会发展环境的行为也要有负激励政策。负激励对台资企业的转型升级主要通过政策的倒逼方式来实现,其对企业的某些行为起到致弱引导作用。从大陆所实施的政策来看,过去几年连续对出口退税政策的调整便对其中的台资企业产生了较大的影响,主要倒逼其中部分企业改变过去的粗放型生产方式,朝技术密集型或现代服务业领域转变。另外环保政策的收紧同样也为企业转型升级方向与路径选择定调,完善环境倒逼机制有助于加快淘汰落后产能企业,特别是一些资源加工型小企业生产工艺、生产设备、生产技术和管理方式较为落后,长期达不到污染减排的要求,对生态环境构成很大的威胁。如不对这些企业加以严格控制,加快淘汰步伐,就很难杜绝环境污染事件的发生。因此,要充分运用环境倒逼机制,继续淘汰落后产能,为先进产能和新兴产业腾出发展空间。① 坚持以市场经济手段为主,通过政策的激励与倒逼相结合,明确企业转型升级方向,就地促进企业转型升级,同时对于落后产能企业实现逐步淘汰,为优化企业发展腾出空间,从而发挥产业发展政策的长效激励机制。

2.产业发展的技术创新机制

有关台资企业转型升级的案例表明,在转型升级过程中,企业对产业技术创新的路径选择有着迫切的需求,创新产业发展技术能力已成为影响企业转型升级成功与否的关键因素。而产业技术创新往往是基于领导型企业对于外部市场需求而作出的一种自发行为。但作为产业发展载体的企业在学习机会、知识积累和溢出渠道等方面总是存在差异,而各企业所在的产业的技术创新机会也不同,所以技术创新在产业之间的分布是不均衡的。当产业中的企业技术创新带来了重大新产品的开发,并由创新企业的市场诱导效应和对消费的示范效应,出现了技术创新和需求变动的良性互动,此时就会催生一个新兴产业出现。因为大量基于需求而进行的技术创新会大幅度降低该产业的成本,便会使该产业进入一个高速增长期。同时,高速成长的新兴产业一方面由于劳动效率高,吸引生产要素从其他产业部门转移到新兴产业领域,另一方面,由于创新企业的市场诱导改变了消费需求结构,市场对"旧产品"的需求不断下降,"旧产业"的生存环境恶化,从而使旧产业的地位发生更替,新兴产业逐步成为主导产业,从而带动了企业升级。② 随着主导产业不断发展,技术创新带来的效用呈边际递减发展趋势,从而阶段性的产品创新性下降。但在企业原有创新活动下降过程中,新的市场潜在消费再次出现,又促使企业根据消费需求的变化再次进行新一轮的产业技术创新。

从产业链角度看,企业间由于技术水平差异激发的创新活动如果发生在产业链长、前后向联系与辐射带动力大的产业领域时,则技术创新效应将进一步放大。这种技术创新放大作用主要由市场需求决定,因为市场整体需求特征及购买行为特征不仅决定了产业链上最终产品的价值,还决定了产业链中企业技术创新的方式。因此,企业产业链各环节的技术创新实际上是市场消费者购买期望的一种延伸反应,这也就表明产业链不仅是产品流动实现增值

---

① 李世泽:《完善环境倒逼机制,推动产业转型升级》,《广西日报》2012 年 4 月 10 日。
② 张正华:《产业升级及其机制——中国东西部地区产业升级及其机制比较研究》,云南大学出版社 2011 年版。

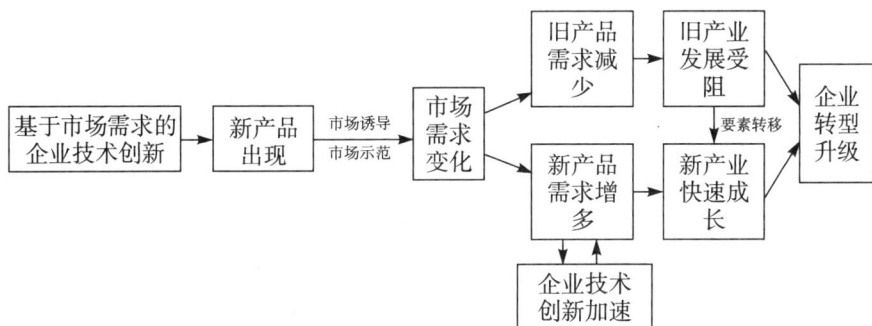

图 6-4　基于产业技术创新的企业转型升级

的链条,同时通过反方向的市场信息传递与知识嵌入又使得企业获得技术创新必备的知识或信息,促进企业转型升级。基于市场环境的变化,台资企业大陆技术创新的研发活动近年不断增加。根据台湾相关机构统计,台资企业在大陆当地自行研发的比重由 2009 年的 30.73% 上升至 2011 年的 37.46%,研发当地化的现象已逐渐浮现。台资企业在大陆研发投入不断增加,不但有利于促进企业转型升级,而且也是企业长远发展的根本性选择。

3.产业发展的市场竞争机制

台资企业转型升级不仅受地区经济发展政策的引导,同时作为市场活动的参与主体,更受产业发展环境变化的影响。因此,企业是市场竞争的主体,也是转型升级的微观主体。作为以代工生产为主的台资企业转型升级能否取得实效,关键在于能否激发企业的发展活力和创新能力,能否形成一批具有国际竞争力的大企业、大集团,或者是具有创新能力的中小企业。从台资企业转型升级的出发点来分析,其采取转型升级的动力很大一部分来自市场企业间的竞争。就台资企业的产业链来看,其参与的市场竞争既有欧美等国际市场,同时也有大陆内需市场。在国际市场中,台资企业仅是作为其他国际著名厂商的代工厂进行简单的加工生产。企业的这种产业经营模式不仅对外部市场依赖大,而且在国际市场中缺乏产品的议价能力,市场竞争力较弱。2008 年金融危机爆发,台资企业受外需市场萎缩的影响,大多生产经营难以为继,不得不考虑转型升级摆脱发展困境。在内需市场上,台资企业已将其作为转型升级的重要方向,但在市场竞争中,台资企业不仅面对国际著名厂商的挤压,同时也要面对本土企业的竞争。因此,转型升级不仅是其应对市场竞争的重要策略,同时也是其转型升级的动力所在。

台资企业所面临的市场竞争,倒逼企业转型升级。在这一过程中,由于面临市场竞争的程度与领域不同,企业在转型升级的路径选择上也有所区别,如面对国际市场竞争,企业更多关注的是如何通过打造具有国际影响力的品牌或者产品技术创新来获取这一市场的发展优势。但对大陆内需市场,其似乎已经成为全球市场中最具潜力的部分,因而台资企业更多的资源应倾斜在完善产业链条和产业运营模式的调整上,从而以更快的速度搭建内销平台与网络,抢占市场。通过市场竞争产生的倒逼机制,台资企业开始改变传统的外贸生产方式,进入转型升级"快车道",并以多种路径改善企业产业结构、产品结构、经营模式。

因此,在台资企业转型升级过程中,营造平等、自由、安全的市场环境,让不同类型企业在同一平台上竞争,是推进企业实现发展目标的长效机制。后危机时代,无论是产品结构调整升级,还是进行新产品的研发,其最终目的都是可以拿出最适合用户需要和市场需求的好产品,能在未来的市场竞争中占据更有利的位置,也就是市场竞争机制倒逼企业作出最有利于其发展的路径选择。

4.产业发展的集群机制

台资企业通过产业集群的路径实现转型升级目标的主要动力就在于这一路径为企业转型升级的发展提供了众多条件,同时也为企业提高自身的竞争力和快速发展提供了一个重要的保障。就产业集群机制对企业转型升级可能提供的条件来看,主要在于通过这一机制形成的企业集聚可降低技术与信息的流动成本,从而更为迅速地为企业转型升级提供技术或市场信息支持,对企业采取转型升级行为产生激励作用。而对企业快速发展产生的保障作用,主要体现在企业集聚方式上。企业集聚的方式主要有生产同类产品的企业集聚,同时还有一种就是生产同一产品的企业,价值链上各环节集聚。同类产品生产企业之间的集聚主要在于竞争驱动众多厂商采取差异化策略,一方面扩大市场的品种容量,另一方面导致产品特色和分工之间互补互动,整个集聚体内部的生产规模扩大、行业的生产率得以提高。对于同一产品价值链上各环节企业的集聚,因为这种方式可使得价值链上各环节企业形成专业化分工,企业之间的相互依赖和相互合作比在集群外部大大增强,专门从事某一产品的生产或某一部分的价值增值活动,然后再与其他企业协同参与整个价值链的增值活动,共同组成一个地方生产系统。参与协作分工的企业数量越多,外部经济效应就越明显,外部经济效应的增强对外部企业又会形成更强的吸引力,使得新企业不断加入,从而进一步促使集聚规模扩大,加速集群的发展。[1]　对于台资企业的转型升级,通过其在大陆已有的产业发展基础,建立核心产业集群或者优化已成形的产业集群带动企业转型升级,不失为其当前应对市场挑战的一种选择。

(三)大陆台资企业转型升级路径的主要方式

转型升级已经成为大陆台资企业的共识,但至于采取何种转型升级方式,不同企业给出了不同的答案。转型、升级、转移在当前产官学各界讨论得比较多,对于极少部分关门歇业企业则可另外看待。在这几种转型升级方式中,何种方式才是适合企业发展之所需,这里不可一概而论,但这三种方式至少都已经成为台资企业转型升级的主要选择。

1.“转型”成为台资企业转型升级的重要趋势

“不转型是等死,转不好就是找死。现在有很多的难题在考验着台资企业。惠州市台资企业协会也正在积极协助会员企业转型升级,并且专门成立了产业结构分析团队,会员企业有什么问题,团队会根据不同的产业、不同的情况,免费帮他们分析,并告知他应该怎么去做,协助台商走出困境。”惠州市台资企业协会会长、大欣电器工业公司董事长张秋进在“2011两岸新兴产业合作暨转型升级高端论坛”上接受媒体采访时如是表示。[2]“等死”与“找死”之说,不仅直白地道出了台资企业转型的重要性,这也是所有大陆台资企业面临的现实。

就大陆台资企业转型而言,“转型”已成为众多企业转型升级的重要趋势。这主要是由台资企业大陆投资行业属性与规模所决定。大陆台资企业,尤其是珠三角和长三角地区台资企业,作为较早来大陆投资的企业,主要集中在传统制造业领域。从行业发展的生命周期看,台资企业所从事的加工制造业,经过多年的发展已经进入衰退期,失去了市场竞争优势,转型成为其再发展的一个重要选择。加之大多台资企业以中小企业为主(据2010年《TEEMA调查报告》,大陆投资台资企业,100人以下规模占34.31%,101～500人以下企业规模占33.74%),[3]此类企业往往市场预防能力差,通过自身技术升级实力缺乏,另在原行业发展空间受限情

---

①　张敏:《产业集群生成与发展的动力机制分析》,《商业时代》2011年第1期。

②　《惠州市台协会长张秋进:积极协助台企转型升级》,http://www.taiwan.cn/zt/jmkj/dltzqyxhhzft/yw/201109/t20110908_2026839.htm,访问日期:2014年10月15日。

③　台湾区电机电子工业同业公会:《新兴产业觅商机——2010年中国大陆地区投资环境与风险调查》,商周编辑顾问股份有限公司,2010年。

况下,往往通过"转型"寻找新的产业投资领域。

"企业不转型等死,转型找死"的另一个重要原因是,过去大多处于家族管理模式下的大陆台资企业,易受惯性思维的影响,用旧的思维观念和模式去寻求新的自我突破,往往是转型受挫。另外,对于台资企业转型过程中的盲目多元化扩张,特别是对"十二五"规划中推出新兴战略性产业之后,企业多头冒进现象也时有出现。多头冒进进行企业转型升级可能导致企业资源利用过于分散化,资源利用率低。除了多头冒进,部分台资企业还存在"转型过度"的问题,如在品牌延伸方面过于冒进,企业发展的多元化产品超越了一个品牌所能承载的界限,从而出现财务过度透支,最终导致企业现金流紧张。从大陆台资企业转型实践来看,掌握和突破企业一两个核心技术并不能实现真正的转型。而对引进行业发展的关键人才,由传统行业转向新兴产业更不能实现真正的转型,比如传统制造业向高级化、工业化和信息化深度融合,化工产业向新能源、新材料产品升级等。从企业转型的根本目标来看,转型后企业能有自己的关键竞争力,并能通过其获取持续的竞争优势,这才是真正意义上的转型。在大陆台资企业转型方向上,服务业是更多企业较为理想的选择。越来越多的制造企业正在转变为某种意义上的服务企业,服务化成为制造业的重要发展方向,制造业高度发展已呈现出服务化的新趋向。传统制造业企业要存活,也必须向服务化转变。但面对大陆服务业涌现出的商机,并不是所有企业都适合转向此领域,毕竟制造业和服务业有着根本的不同,从 B2B(Business-to-Business,商家对商家)到 B2C(Business-to-Customer,商家对顾客),对经营者的管理和营销思维都提出了新要求。在这种情况下,企业还应该考虑本业升级,提高企业附加值的增值能力。

2."升级"成台资企业转型升级的主流

台资企业升级一般是指就地技术升级,除研发层面上的技术升级,企业也可通过产业链的延伸,往品牌与销售渠道上升级。从台资企业所处产业发展来看,目前大陆台资企业正在加快技术升级应对环境变化。对于台资企业的升级,台湾区电机电子工业同业公会理事长焦佑钧曾接受媒体采访时表示,"对于珠三角和长三角地区已形成产业群聚和完整供应链的电子和机电产业而言,大规模的工厂搬迁并不现实。关键是企业创新研发,同时提升产品附加价值,强化营销渠道。"由此可以说,技术创新是台资企业升级最根本的选择,同时也是企业发展的动力之源。通过本业升级,完善产业链,提高产品附加值的方法已经成为台资企业转型升级的主流。台湾财团法人资讯工业策进会产业情报研究所所长詹文男对大陆台资企业转型升级也提议,制造业领域的台商在原有的基础上应继续强化、扎根。他表示,台商过去是逐水草而居,不停寻找成本低廉的地方,但现在要由 cost down(降低成本)转为 value up(提升价值)的思维,思考如何创造价值。因为往成本更低廉的地方迁移仍无法解决根本问题,只是暂时缓解。从企业持续经营角度来看,掌握情势变化,做必要的深耕与投资更为重要。

大陆仍是台资企业投资发展的最主要市场。虽然沿海市场的竞争地位和吸引力随着经济发展的变化有所下降,但仍是台资企业主要竞争市场。就地升级,台资企业就必须考虑通过何种方式来实现,部分企业可能通过技术创新(往往是规模型企业),而另外一部分企业可能通过企业品牌的塑造或企业渠道的完善来升级,还有部分企业可能同时通过综合多种方式来实现升级。台资企业不管以何种方式实现转型升级,应始终围绕本业产业链的完善来提出有针对性措施。这就要明确升级就是从企业价值链的低端转向高端。实际情况也不完全是转向价值链高端的企业,必须考量企业是否具有技术行业标准的操控能力。如果缺乏这种能力,那就要求企业专注于产业链的中下游。处于价值链中下游的企业,通过发展企业品牌,创新营销渠道,同样会有自己的生存空间。

3.地区转移成台资企业转型升级的又一方向

产业转移是地区分工或国际分工的客观要求,是发挥比较优势、取得比较利益、促进产业高效发展的重要途径。[①] 由于从大陆沿海到内陆的纵深腹地,地区间的自然禀赋不同,拥有的生产要素的状况也不一样,地区间产业发展比较优势非常明显,这也为台资企业产业转移提供了动力。受国际金融危机冲击与大陆经济环境变化影响,尤其是《海峡两岸经济合作框架协议》(ECFA)签署后创造的两岸经济合作新契机,新一波台商大陆投资热正在兴起,台商投资区域布局出现重大变化与调整。大陆台资企业开始加速内迁,中西部地区成为新的投资热点地区。除了"内迁",大陆台资企业转型升级过程中"东归"以及前往"VIP"国家(即越南、印尼、菲律宾)转移的现象也比较明显。虽然面临大陆经济环境变化的压力,但纵观全球经济环境,大陆仍是台资企业首选投资地之一。

对于大陆台资企业而言,向具有低成本和政策优势的大陆中西部地区转移成为一种方向性选择。有关数据表明,台商投资大陆中西部地区的金额比

---

① 简新华、李雪:《新编产业经济学》,高等教育出版社 2009 年版。

例已上升到 19% 左右。台商往内陆设厂,复制华南、华东的引资模式,进行产业梯度转移是目前大陆台商最关注的议题之一。①

台资企业"东归"回流到台湾,或转移到"VIP"国家,是否又是一种比较好的选择呢？从目前的情况来看,后两种转移对台资企业转型升级来说并不理想。一方面,台资企业所追求的低成本,尤其是劳动力成本优势已经不再是台资企业投资发展的首要考虑因素,而市场因素逐渐成为企业最关注的焦点;另一方面,大陆沿海地区产业"锁定效应",其中包括产业与地区集聚"锁定"现象还比较明显,这对于跨地区转移带来的经营成本降低不利。

总之,"向内迁移"、"东归回流"、"外移 VIP 国家"等选择,对于台资企业来说的确重要,但无论选择哪种转移方式,台资企业最终要考虑的问题还是转型升级。在劳动力、土地、税收、环保成本不断上升的今日,以生产代工起家的台资企业面临严峻考验,而国际经济发展的疲弱,更是给依靠外销发家的台资企业致命一击。在两岸经贸交流经过 30 多年的持续发展后,两岸经济发展环境发生重大变化。为应对企业转型升级,台资企业首先考虑的不是"转移术",而是加紧练习"转身术"。②

三、大陆台资企业转型升级的基本效应

大陆台资企业转型升级是其适应经济环境发展变化而作出的一种应对措施,在这个措施的推行过程中,将产生众多效应。这个效应既体现在企业发展层面,又体现在企业所属的产业层面,最后还体现在宏观区域经济发展层面。

(一)台资企业转型升级的效应——企业层面

1.台资企业转型升级的群效应

台资企业在大陆沿海地区投资发展已有 30 多年的时间,形成了几大台商投资聚集地。在当前发展环境下,台资企业大多面临转型升级再发展的选择,而在台资企业转型升级过程中,可以是单个企业的行为,也可以是一组企业联合转型升级。但受制于发展环境的限制,单独由某一企业行动,往往难以完成

---

① 康淼、李慧颖、胡苏:《两岸经贸关系步入转型期——台商面临转型压力》,《经济参考报》2008 年 4 月 17 日。

② 田立平、程丹:《"转型"成为最热词》,《长江商报》2012 年 12 月 4 日。

其自身的转型升级,而不同企业相互作用或联合行动,则可加速推进这一进程,同时会带动一组企业共同转型升级。可以把由一组企业相互作用或联合行动共同实现转型升级的效果称为产业转型升级的群效应。其具体表现为一个企业转型升级,带动产业内其他相关企业转型升级,或者一个企业转型升级需要其他企业的配合,一组企业共同行动从而实现转型升级。[①] 在台资企业转型升级的群效应中,一方面可通过关联性较强企业间的拉动来实现,如当某一企业率先转型升级时,要求其他相关企业进行配套转型升级,能与其配套转型升级的关联企业的竞争力将提升,从而拉动一组企业完成共同转型升级。另一方面可通过企业间的共同行动来实现,如相关联的一组企业为争取共同利益最大化,以策略联盟的形式促进转型升级。

2.台资企业转型升级的连锁效应

台资企业的转型升级是一个高端化发展的过程,这一过程会引发包括企业的产品、产业链、市场等一系列的连锁变化。就台资企业转型升级的产品变化来说,原来所从事的低端加工贸易型产品在企业转型升级过程中可能会得到改善,主要朝企业自主产品品牌的生产方向发展。台资企业自主产品品牌的建设,不仅为企业拓展新的市场、激发潜在市场提供了条件,同时更为企业延伸整个产业链条打下了基础。当然企业所经营的产业链延伸其实也是企业产品品牌建设,进一步深化市场发展的重要措施。可见,台资企业在转型升级的过程中,将在企业内外产生系列的连锁效应。

3.台资企业转型升级的位移效应

台资企业转型升级的位移效应主要是指企业所在市场环境中的劳动力、土地、资本、政策等的变化,对企业生产地及市场所带来的转移效应。这种效应是企业为逐利而根据市场发展环境的变化所采取的一种应对措施。自2008年以来,台资企业在大陆投资遭遇国际金融危机、人民币升值及大陆劳动力成本上升等变化,而这些变化对大陆台资企业产生了重大影响。在大陆台资企业市场环境发生重大变化的情形下,台资企业开始重新布局投资区域,其中大陆内陆地区生产成本相对较低,市场潜力巨大,从而吸引了大批台资企业往大陆中西部地区转移,同时这些地区也是大陆未来扩大内需的重点地区,市场潜力大,有利于内销型企业的生存与发展。目前大陆台资企业投资的区

---

① 贾建中:《产业转型升级的群效应研究》,《华南理工学院学报》(社科版)2012年第1期。

域布局调整正由东部沿海地区向中西部内陆腹地转移,已成为其转型升级中的一个主要选择。

(二)台资企业转型升级的效应——产业层面

1.台资企业转型升级的产业协同发展效应

所谓产业协同,是指集群内的企业在生产、营销、采购、管理、技术等方面相互配合、相互协作,形成高度的一致性或和谐性。集群内企业相互协同会产生协同效应,即对单个企业而言,作为集群组合中的一个企业比作为一个单独运作的企业所能获得更高的盈利能力就是协同效益,即所谓的1+1>2的效果,进而形成竞争优势。① 根据调查结果显示,大陆沿海地区台资企业的转型升级大部分选择就地转型升级,究其原因,可从台资企业所在产业发展的协同效应来分析。大陆沿海地区台资企业多年来的投资发展基本已经架构好其生产销售网络,在这一网络内各企业间可及时分享市场信息,从而可提高企业的生产经营效率。从生产角度来说,台资企业大陆沿海地区投资初期,主要考虑的是地区内廉价劳动力优势,但这一主要考量因素随着大陆经济环境的变化,其影响力在逐渐下降。当前台资企业更多的是考虑地区的市场及行业间的关联协同性,尤其是在面临转型升级的压力下。出现这一变化的一个主要原因就在于,相互关联的台资企业通过所在产业的协同发展,可共同开发或共享相关产业技术、产业发展人才、产业发展的原材料等,从而可以降低其转型升级的成本及提高企业抵御风险的能力。

2.台资企业转型升级的产业集聚效应

产业集聚效应主要是基于其地缘关系、行业交流等关系,在产业技术链或价值链上具有上下游关系的台资企业在大陆某一特定地理区域高度集中的现象,是台资企业在大陆普遍采取的一种投资策略。② 具体来说,大陆台资企业转型升级的产业集聚效应,可通过三个维度来考察:首先是台资企业空间上的集聚,表现为企业所利用的生产要素在地域上的接近性,并有显著的地域相关性;其次是台资企业所经营的行业集聚,如长三角地区的电脑装配业、珠三角

---

① 胡大立:《产业关联、产业协同与集群竞争优势的关键机理》,《管理学报》2006年第6期。

② 张传国:《台商大陆投资问题研究》,商务印书馆2007年版。

的光电业等;最后是台资企业所处产业的产业链长度。一般来说,产业链较长的企业集聚的可能性越大,反之企业集聚的可能性较小。从台资企业在大陆沿海地区投资现状来看,其产业集聚性非常明显。而在产业转型升级过程中,台资企业不仅要考虑自身的转型升级方式,同时还要考虑产业中相关企业的行动,因为稳定产业集聚的发展环境,将为企业带来规模经济,由此可提高企业发展的竞争力。

3.台资企业转型升级的产业创新效应

创新是经济发展的活力之源。对于企业发展而言,产业创新便是企业获得可持续发展的根本保障。对于正处于转型升级中的台资企业,产业创新便是其提高企业竞争力,实现再发展的重要方式。当前大陆台资企业大多缺乏创新,这主要体现在生产技术、产品品牌、经营方式等方面。为突破转型升级的瓶颈,台资企业必须着重从其所在产业上找到企业的创新点,如大陆台资企业大多生产链短,并且处于"微笑曲线"的低端,那么通过多年来积累的生产经验,集中资源进行技术创新,促使产业链往两端延伸,这是其重新获得市场竞争优势的关键。除此之外,台资企业在大陆多年来进行的是代工生产,品牌建设或创新发展滞后。如何在企业技术改造的基础上,创新企业的产品品牌亦相当重要。台资企业转型升级所进行的技术改造与产品品牌建设,不但为企业本身带来创新活力,同时受创新活动溢出效应的影响,更可带动整个地区的创新发展能力。

4.台资企业转型升级的产业融合效应

在台资企业转型升级过程中,如何降低成本,是每位业者必须考虑的问题。两岸产业合作从最初的垂直分工,到现在的水平与垂直相结合的混合分工模式,虽有进步,但作为合作载体的台资企业始终没有完全融合到大陆的产业链中。由此在转型升级过程中,台资企业很难借助由两岸产业融合带来的技术共享,从而出现企业的研发投入不足的现象。此外,两岸产业缺乏融合,台资企业产业链延伸的空间也受阻,这不利于台资企业从外销转向内销市场的策略调整。因此,如何从两岸已有产业合作基础出发,实现两岸产业融合至关重要。要实现这一目标,台资企业必须改变过去仅从生产环节与大陆企业合作的方式,而应从整个产业链来布局,比如在产业链上游两岸合作进行研发,突破行业发展中技术瓶颈,中游进行生产联盟,扩大企业生产规模效应,下游衍生产品服务,增加企业的盈利点。

(三)台资企业转型升级的效应——区域层面

1.台资企业转型升级的区域经济整合效应

区域经济整合是当前全球经济发展的一个重要趋势,对地区经济发展有着巨大的推动作用。一般来说,有效的区域经济整合往往以产业间的对接和合作为基础,产业间的合作,不仅可以带动地区间生产要素的快速整合,同时更能为企业发展提供更广阔的市场。推进地区产业间的合作,企业应能发挥主体性作用,也就是说,企业在市场的引导下,根据需求调节地区间的生产要素投入以及产品的生产。大陆台资企业转型升级,同样也能发挥出区域经济整合的效应,这个效应主要体现在:一方面,台资企业转型升级过程中的生产基地的转移,能为地区间的经贸交流提供更多的通路,从而整合两个地区间的资源,并能发挥出比较优势;另一方面,台资企业的转型升级能进一步提升两岸经贸交流的质量,加速推进两岸间更紧密合作,如相关台资企业可通过转型升级这一契机,将其重要的研发基地以及现代产业发展经验等更多地转移到大陆地区,以满足大陆市场经济发展的需求。

2.台资企业转型升级的区域经济拉动效应

自20世纪80年代初以来,台资企业投资大陆不仅为大陆经济发展注入了活力,同时也为解决地区就业等起到了巨大的作用。在当前新环境下的台资企业转型升级,同样也会对大陆经济产生重要的拉动作用。这个作用的体现,一方面,从台资企业集聚地看,在大规模的台资企业转型升级过程中,大规模投资或者是技术改造将拉动相关行业的发展;另一方面,地区内已成功转型升级的台资企业,其对进一步扩大地区内需市场将产生一定的刺激作用,由此带动地区投资热。在台资企业转型升级的影响下,企业的产品质量与品牌都将会提升,从而有利于提升大陆外贸市场的竞争力,扩大外贸市场。因此,台资企业的转型升级对大陆经济发展中的"三驾马车"都将会产生积极的拉动效应。

3.台资企业转型升级的区域经济发展优化效应

台资企业的转型升级,不仅要实现低技术、劳动密集型产业向高技术、资本、知识型产业迈进,同时更要注重企业产业链的延长和升级,实现从价值链中间环节向价值链两端延伸,提高企业的产品附加值。这其中就包含两方面的经济优化措施:从微观角度观察,企业技术升级会提升地区内企业的发展水平,提高企业的市场竞争力;从宏观角度观察,企业技术改造或者是企业产业链的两端延伸,不仅会对地区的产业结构产生优化作用,同时对地区的产业发展环境也会产生优化作用。

第七章

海峡两岸关系和平发展的社会基础

海峡两岸关系和平发展的社会基础就是构建密不可分的两岸同胞的命运共同体。两岸关系虽然是一个政治问题,但是,各项民间交流和接触也可发挥"润滑剂"和"加速器"的作用,达到"以民促官""以经促政"的社会效果。为此,对待两岸交流问题必须"求同存异",在政策措施上,表现得更灵活、有弹性和务实,不以政治分歧影响甚至干扰两岸各项交流和合作,尽量淡化政治色彩,减少民间交流中的政治阻力。推动和扩大两岸交流与合作,既是经济利益的需要,也是两岸关系和平发展与和平统一的需要。促进两岸交流的政策,就是要本着"两岸一家亲""两岸血浓于水"的理念,创造两岸关系稳定发展和社会交往沟通的有利条件,形成"你中有我,我中有你"的局面,从而使两岸交流交往之路越走越宽。

第一节 台湾政治社会生态的特点和变化

构建海峡两岸和平发展的社会基础,需要深入分析、了解和把握台湾政治社会生态的基本特点和变化趋势。自 20 世纪 80 年代中后期台湾政治和经济"解严"以来,岛内的政治生态和社会环境发生了巨大变化。考察这些变化的本质,可以简要地概括为两个基本点,即政治上的本土化和经济上的外向化。这两个方面的逆向发展,与世界发展潮流中的政治多元化和经济全球化相吻合。

一、台湾政治社会生态的基本特点

台湾地区的政治社会生态处于威权政治向民主政治转型的过程中,政党政治还不完善:一方面,从西方引进的民主政治在台湾逐步深入,已促使台湾逐步走上民主化的不归路;另一方面,在特殊的历史和族群背景下,台湾政治借民主化外壳,以选举为工具,走上了以"族群撕裂"和"省籍对立"为特征的本土化之路,甚至在一定意义上呈现出某种恶质的政治生态。

(一)台湾政治社会生态下的两大基本阵营

台湾政治社会生态的基本特点主要表现在两个方面,即政治本土化进程中政党的本土化和蓝绿两大(政党)阵营对决格局的形成。2000 年民进党执政,是台湾政治本土化的高潮;2004 年国亲联合共推"总统候选人"与民进党对决,是两党政治格局雏形形成的标志;2005 年国、亲、新三党在大陆之行前后与民进党、"台联党"就两岸关系、统"独"议题的斗争,则显示了蓝绿对决格局的完全形成;2008 年初国民党重新执政,说明两党轮流执政将成为台湾政治常态;2014 年底台湾地方"九合一"选举民进党大胜、国民党惨败显示了这一发展趋势。

1.政治本土化的深远影响

"本土化"有两层含义,就广义而言,是指在政治、经济、社会各层面建设根植台湾的取向,即政策台湾化;就狭义而言,是指重要的党政部门增加台籍人士的比例,即人员台籍化。蒋经国执政后期,为巩固国民党政权推行的"政治本土化",反映了台湾本省人当家做主的愿望和要求,符合台湾政治发展的潮流。因为本土化以台湾意识为基础,对民众有很强的号召力,很快就从政治层面扩展到文化、教育等方面,20 世纪 90 年代逐渐达到高潮。台湾的本土化与民主化紧紧结合在一起,显示出很强的力量,任何政治力量只能去适应它、顺应它,否则就很难有发展的空间。但 90 年代以来,台湾的本土化在某些政治人物的误导之下,已经发生了扭曲,逐渐发展为从对中国的排斥,到台湾主体性与主体意识的强化,从而导致从台湾意识中异化出"台独"意识。尤其民进党上台后,通过在选举过程中的不断操弄,这些意识都被进一步强化,似乎本土与非本土已经成为检验政治力量"爱台"还是"卖台"的尺度,似乎越"去中国化",越鼓吹"台独",越对抗大陆,就越本土,越爱台湾。在这样的误导之下,具有外来色彩的国民党在选举中变得相当被动。由于岛内非理性的选举文化,本土性政治人物以及政党更容易受到选民的认同。民进党在本土化的过程中,不断操弄这样的议题,并不断获得政治上的好处,致使台湾的政治生态不断发生变化。

政治本土化在台湾岛内的表现首推省籍、族群问题。表面上看,省籍、族群问题是官方的一种政策禁忌,只是一种社会争议,但是,在台湾的政治社会生态,尤其是政治选举中,省籍、族群问题已成为一种选举利器被充分运用,尤其为"独派"政党作为一种选举法宝所熟练使用。本土化的发展使台湾政治重心向"本土性"政党移动,即任何政策决定的依据,必须以台湾人的福祉利益为第一优先考虑,政党成员结构主体和政治明星人物是以台湾省籍为主(在政治文化更加宽容的情形下,其成员或还可以包括虽属大陆省籍但"认同台湾"的所谓"新台湾人")。前者构成台湾所有政党间最大的公约数,后者则是由台湾"身份政治"所规定,并且随着人口自然结构演变日益被强化。民进党无疑在这方面占据了历史的、政治上的制高点和诠释上的言语霸权。这一历史性规定在将泛蓝政党置于被动防守地位的同时,也促使其加快本土化进程以适应选战需要。从台湾政治发展进程来看,自李登辉担任国民党主席以来,国民党确实也完成了向"本土化政党"蜕变的过程。2007年马英九为了参选2008年台湾地区领导人,通过对国民党《党章》的修改,也刻意强化了关于国民党本土化政党的表述;这一现象在马英九当选之后虽有所缓解,但趋势并未改变。当然,在第一次政党轮替前,国民党、民进党两党毕竟还存在一些显著的差异,国民党的政策多偏向于照顾掌握国家机器的资产阶级,而民进党则偏向于照顾中下阶层民众。但这一差异,在民进党执政后,实际上已逐渐弭平。至于曾被视为国、民两党间的本质性差异,如传统上国民党所主张的"大中华民族主义",与民进党所主张的"台湾民族主义"的相互冲撞,往往更多地表现为台湾经济在两岸一体化分工中如何定位的问题上。这一点可以在民进党以往的"中国政策"大辩论中看到形迹。故而国民党的"大中华民族主义"不断地被刻意放大,它更多的是出自民进党的政治运作,需要将泛蓝定位为"非本土性政党"而已。当然,随着台湾本土化的推动,主要政党在纲领政策等方面的趋同化也相当明显,在"统独"光谱上的差距缩小。这在国民党表现得更加明显。为了选举的利益,国民党愈发本土化,弱化其中国色彩,不再坚持统一的取向,反对"一国两制"等。这一切都使其与原来的国民党表现出很大的差异性,与民进党表现出某种趋同。贴近本土、去中国化,强化主权与主体意识,强化对台湾的认同,似乎成了台湾政党的未来趋势。这些不仅对政党本身产生影响,也会对两岸关系产生深远影响。作为一种政治符号的象征,"蓝绿对峙"实际上是以省籍、族群的两极对峙为动能的,同时,它也是台海两岸僵持对立在岛内政党政治中的反映。

2.绿营政治生态的主要特点

与国民党相比,民进党在成立以来短短不到30年的发展过程中,已经形成了一个思维定式,即族群诉求仍是政治动员的高阶手段。在台湾选举型政治社会生态下,民进党深谙族群动员长期存在的有效性和廉价性。正如陈水扁曾经所言:"民进党是靠本土意识起家,才能获得那么多信仰本土的南部民众支持,尤其是'台湾主体意识'这块神主牌,那是民进党的饭碗,不能给人抢走。"因此,民进党虽无明确宣言,但一旦面临选举,全党都深研选举技术,以弥补执政能力与政治道德的缺失。从过去几年来蓝绿较量的过程与结果看,在台湾社会尤其是绿营内部,"立场"意识先于"是非"观念,所有的观念、政策、事物等都被分类成蓝绿两套尺码,而且绝对是立场先于一切。从高层政客到普通选民,均被罗织在这个结构当中。民进党内部虽然有对贪渎行为检讨的声音,但是对上述影响民进党基本发展方向的惯性思维却没有多少反省,而外部环境也还没有形成足以让民进党被迫放弃这些惯性思维的客观条件和压力。因此,在岛内凝聚"台独"意识形态的共识,在变动中寻求权力结构的新平衡,以实现民进党的重新执政,仍是民进党政策的着力点。

但是,对绿营来说,也有一个两难困境。一方面,民进党的大陆政策不符合当前两岸关系和平发展的主流,不舍弃"台独"神主牌难以维持台海局势稳定;另一方面,对大陆政策改变幅度太大,又会引发"台独基本教义派"的反弹,而"台独基本教义派"的意向对于只剩下那些死忠铁票的民进党而言,又更显重要。面对此情势,在 2016 年台湾地方选举前,民进党的大陆政策,仍然是模糊的、不明确的,可能会有一些小的调整和松动,但幅度有限,象征意义大于实质意义,反映出民进党在两岸政策上开始探路试水。有学者认为,这是一条有别于李登辉、陈水扁为代表的旧"台独"路线的新"台独"路线。新"台独"路线的实质:通过技术层面的处理,减少两岸交流不断扩大对意识形态坚持所造成的冲击,甚至能以两岸交流的适度开放来强化其对"台独"意识形态的坚持。这是一种新的两岸关系处理模式。它一方面放弃了以"台独"意识形态捆绑大陆政策的僵化思维,通过"政经分离"的方式,逐步将意识形态与两岸经济交流区隔开来;另一方面,又要在坚持"台独"基本路线与开放两岸交流之间寻找平衡点,在不放弃坚持基本意识形态的情况下,谋求最大的经济与政治利益。对于台湾岛内绿营内部政治生态的些微变化,都必须予以关注,以充分利用其有利于大陆方面和有利于两岸交流的因素。但是,必须破除那种盲目乐观和麻痹大意的思维方式,即两岸交流的不断加强和台湾对两岸交流的渐进开放,并不一定意味着"台独"空间越来越小,相反"台独"势力会在新的形势下,寻找到新的生存方式。可见,应在认真研究和仔细观察的基础上,提出切实有效的因应之道。

(二)台湾政治社会生态下的两个特殊群体

台湾的民主选举从一开始就走上了"族群政治"的歧途。一些持有极端意识形态的政治力量,为获支持,通过唤起族群集体悲情记忆来动员群众,以被剥夺的危机感来刺激选民,进而将这样一批情绪化支持者固化为政党的"基本盘"。民众对政党的认同和选择,情感因素占据主要成分。族群政治打破了在成熟的民主社会中以议题结盟的游戏模式,而出现近乎永久性的结盟。支持者对党派或候选人的支持主要源于情感,而不是利益和政策。在蓝、绿两大阵营的两岸观迥异并有特定基层群体支持的现实情况下,从年龄、地区以及企业和行业分布看,台湾中南部、中下层、中小企业和青年一代,即所谓"三中一青"的政治价值与政党取向相对偏向于绿营但又游离于蓝绿两大阵营之间,属于台湾政治社会生态下两类较为特殊也较具挖掘潜力的群体,因而属于需要努力争取的"中间选民"。

1.台湾青年学生的政治观

台湾青年学生的政治观基本上可概括为以下几点:关心岛内政治,但参与意识淡漠;受"台独"言论毒害较深,存在"弃中就台"的倾向;对台湾前途持开放态度。

台湾青年学生对于政治的态度是矛盾、游离的。岛内"台独"势力利用青年人政治观念尚未定型、易受各种理论影响、是非辨别能力弱的特点,把青年作为"台独"的突破点,大肆推行以"去中国化"为核心的"本土化教育",进一步剥夺青年学生学习、了解中国文化的机会,增加青年对于台湾文化的认同。在"台独"政策的误导下,台湾青年群体明显出现了"弃中就台"的"台独"倾向。在"台独"成为"政治正确"的强势语言后,青年成为支持"台独"比例最高的群体,且有逐年增加的趋势。当然,台湾青年成长在多元、开放、族群平等的政治环境中,相对于他们的长辈,对于大陆没有强烈的仇恨,也谈不上热爱,不存在认同大陆的心理基础。但是,台湾岛内青年对于在大陆求学、工作抱有很大的期望。近年来,岛内经济一直不景气,而大陆经济却蒸蒸日上,显示出极强的活力和广阔的发展前景,越来越多的台湾青年开始把大陆当作求学和就业的目的地。据台湾地区的一项民意调查显示,在台湾北部地区的大学生中,有30％的人愿意到大陆求学,46％的大学生想到大陆就业。青年一代获得信息的渠道多,头脑灵活,行事务实,更注重个人前途,并不十分关心"台湾前途"等宏大叙事,"国家观念"较为淡漠,政治忠诚度和抗压性较低。在两岸关系问题上,青年一代对台湾前途持开放态度,敢于接受所有选项。在他们看来,如果

"台湾独立"能给台湾带来尊严,而且不会引发战争,那么"台独"这一伪命题就可接受;如果两岸统一能够给台湾带来实惠,且能保持目前广泛享有的民主和自由,那么统一也可以成为选项;如果局势不明朗,前途难以预测,那就没有理由不维持现状。他们的矛盾心态在历次民意调查中反映得很清楚。在他们看来,当前台湾最应该解决、最重要的问题分别是经济、教育和"内政",而两岸、"国防"排在最后。这又说明,台湾青年一代更关心个人发展前途、生活舒适程度,对于台湾前途、"国家定位"等政治性强的议题较为冷淡,对"台独"理念的坚持程度、对民进党的忠诚程度相对较低,政治抗压性不足。

上述分析表明,虽然台湾青年一代深受"台独"言论和思潮的影响,他们的"国家认同"确实较为混乱,部分人甚至支持"台独",表现出较明显的"台独"倾向,但是,这并不说明他们就已完全倒向"台独",他们的政治观念和"国家认同"尚未定型,可塑性很强。他们可能对大陆没有多大的好感,但也谈不上什么仇恨,这就为我们"做台湾青年的工作"提供了一定的空间。正是因为青年们的政治观念和价值取向尚未成型,完全存在被争取过来的可能,所以只要我们加大对台政策宣传力度,创造两岸热络气氛,开展两岸青年互动往来,组织更多的岛内青年朋友到大陆参观、访问、学习、工作,构筑两岸青年共同的和平发展观、民族观、历史观、文化观,相信岛内青年对大陆的看法、对台湾回归的态度,是会朝着有利于统一的方向发展的。

2.台湾农民(尤其是中南部农民)的政治取向

当代台湾农民是岛内非常特殊同时又非常重要的群体,是"绿色"政党和"台独"势力的重要支持者,其政治取向对于开展对台工作具有特殊的重要意义。

台湾农业和农民地位的弱势化,引起了台湾农民政治取向的转变。从政党支持的角度分析,20世纪50—60年代,由于国民党的土改政策维护了农民的利益,台湾的乡村民众自土改之后就具备较保守的社会性格,对执政党也一直付出较持久的"政治效忠"。但是,到70年代以后,台湾农民的政治心态开始发生微妙的变化。由于台湾工商业迅猛发展,农业的弱势地位日益显现,农民越来越认识到自己处于被相对剥夺的地位。台湾农民群体的边缘化,必然导致他们社会挫折感的增强,而社会挫折感又会促使"他们的愤懑感一定会转化并导向运动的信仰和行动"。台湾农民的选票越来越多地流向民进党的票箱,成为民进党上台的重要基础。民进党在1986年9月28日创党后,靠打着"维护农工弱势群体利益"的旗号起家;但是,在90年代以后,为取得执政地位,民进党日益向工商界靠拢,开始忽略农民群体,特别是2000—2008年陈水扁执政时期,过于沉溺于政治纷争,相对忽视对农民境遇的改善,台湾农民对于执政的民进党政权也产生了一定的怀疑和不信任,部分农民转而支持更为激进、具有"台独"色彩的"台联党"。

从国家认同和两岸关系的角度分析,台湾农民所处的相对被剥夺地位,对其国家认同和两岸关系均产生了不良影响。由于台湾农民基本上属于所谓的"本省"族群,而"外省"族群以往在政治、经济上具有相对优越的地位,台湾农民往往不从自身或社会经济发展的角度考虑自己的弱势群体地位,而是在个别政客的蛊惑和误导下将自己的弱势地位归因于"外省人"的欺压,对"外省"族群产生了憎恨情绪,进而将其来源地——大陆也列入憎恨的目标,严重影响了两岸关系的发展。更令人忧心的是,由这种憎恨情绪逐渐产生了所谓的"中国意识"和"台湾意识"的区分。由于特殊的历史原因,再加上个别政客的蛊惑宣传,台湾同胞的"中国意识"日益淡薄,而"台湾意识"日益浓厚,甚至开始上升为"国家"意识。由于农民对土地赋予更多的情感,他们比其他群体拥有更浓厚的乡土意识,台湾农民的"中国意识"更容易动摇,更易于认同"台湾意识"。因此,当代台湾农民已经成为民进党和"台联党"等具有"台独"色彩政党的重要社会基础,并对两岸关系产生了不良影响。

从年龄和代际的角度分析,农民个人或群体早期接受的社会化教育不同,往往会引起他们日后的政治认知和政治情感的不同。从早期社会化来看,台湾地区的老龄农民大多是在日本殖民统治之下成长的,在他们当中部分人的政治认知结构中,或多或少保有日本化的政治认知因素。尽管这些农民在当前台湾已为数不多,但是他们的思想观念对于其子女的社会化影响仍不可小视。中年农民基本上都是在国民党政府教育下成长起来的,他们政治认知中的中国政治文化主体性是毋庸置疑的。但是,由于其中60岁以上的农民大多都经历了国民党统治初期的高压政策,对当时的白色恐怖记忆犹新,加上他们的教育水平一般较低,接受更多的是台湾乡土知识的教育以及父辈对他们的家庭教育。可见,中老龄的台湾农民,其政治认知相对也具有更多的闽南地方文化认知和日本殖民时代遗留下来的政治认知因素。在国家认同方面,他们更容易淡漠"中国意识",而选择"台湾意识"。在政党支持方面,他们大多支持民进党和"台联党"。尤其是老龄农民,更是激进"台独"势力——"台联党"的主要支持者。而中年台湾农民则有所不同,基本上都是在政治稳定、经济发展的背景下长大的,少有挫折的经历,而且受教育程度一般较高,社会化的内容也更接近国民党的"大中国文化",因而在具有"台湾意识"的同时,也大都认同"中国意识"。在政党支持方面,其主体支持民进党,属于民进党中的温和派,部分支持国民党。

此外,台湾农民的组织能力和经营规模对其政治价值观也有一定的影响。在政治取向上,大多数的农民在政治取向上多支持民进党和"台联党",但是,农会组织的领导人却大多是国民党人。在两岸关系上,农会的主要领导人大都乐见两岸关系和缓以及两岸经贸交流开展。而一般会员由于不能直接或明显地受惠于两岸经贸往来,往往在某些政党的负面宣传下,倾向于支持两岸隔离政策,对大陆充满相当的敌意。同时,台湾的小农往往支持极端主义团体——"台联党",以寻求眼前问题的解决或宣泄自己的愤怒;而有一定经营规模的农民则不同,可以通过实现规模经营来提高比较效益,从而增强抵御市场风险的能力,反映在政治取向上,往往比较理性地支持较温和的政党,如国民党,而且乐见两岸关系的缓和与改善。特别是大陆开放台湾农产品出口到大陆和台湾农民到大陆投资农业园后,前来投资的农民多为在台湾有一定经营规模的农民,他们游走于海峡两岸,对两岸关系的发展具有良性作用。

可见,台湾农民的政治取向在总体呈现"绿化"的背景下,又因年龄和代际、组织能力和经营规模的不同而呈现多维复杂的特点。大致说来,青壮年农民与有一定经营实力和组织能力的农民在政党支持和两岸关系上往往具有相对温和、理性的特点;而老农和小农在政党支持与两岸关系上往往呈现激进和无理性的特点。深入具体地了解台湾农民的政治取向,正确理解他们的复杂心态,对有针对性地开展台湾农民的工作具有重要意义。

此外,拥有100多万人数之众的大陆台商在台湾政治生态中的角色也越来越重要,其政治观对台湾政治发展具有相对较大的影响。

二、台湾政治社会生态的变化趋势

虽然当前台湾地区的政治社会生态在一定意义上以政治乱象的形态存在,但是,随着岛内政党政治的改进和选民素质的提高,台湾的政治社会生态尤其是民主化进程,仍表现出一些良性的发展势头。具体表现主要有以下几点:

(一)政党政治逐步趋向完善

在台湾地区,政党轮替已成为常态,政党政治的两党制整合已然定型,威权政治已无恢复的可能。靠选举上台的执政党,如果执政无方,不能满足人民的需求,也将被民众用选票赶下台。未来数十年内,台湾政党将进行多次轮替。于是,台湾的两大政党,即民进党和国民党,都有上台执政的机会。当前,台湾的政党分为泛蓝和泛绿两大阵营。泛蓝阵营有国民党、亲民党和新党等,泛绿阵营则有民进党和"台联党"("台湾团结联盟")等。处在政治光谱两端的新党、亲民党(主张统一)和"台联党"(主张"台独")都面临泡沫化的危机,主张维持现状的国民党(反对"台独")和民进党(反对统一)则构成了台湾的两大政党。就国、亲、新三党而言,如果不进行合作而单打独斗,谁都难以在大的选战中超过民进党获得多数,这已被多次选举所证明。国、亲、新三党上下对此都有共识,加上国、亲、新三党的政治理念和民众基础大致相同,使得三党具备了合作的基本条件。在分则必败、合则可胜的压力下,三党之间松散的联盟关系或许会继续保持下去。这就对民进党形成抗衡之势,从而构成台湾政坛两党制的基本框架。但是,当政治利益发生冲突或权力分配不均时,三党松散的联盟关系就会土崩瓦解,又给民进党可乘之机。2016 年台湾地区领导人选举,宋楚瑜再次出来参选,就验证了这一道理。

(二)政治文化逐步趋于理性

自 20 世纪 80 年代中期台湾"解严"以来,以选举制为中心的西方式民主制度在岛内急速推展,选举已成为当今台湾规模最广大、影响最深远、重复最频繁的政治现象和政治行为,选票则成了执政合法性的唯一基础。长期处于威权统治下的台湾民众,在"解严"之后,政治热情急剧高涨,参与政治的主动性不断提升。特别是"本省人""本土意识""台湾优先"等政治诉求对他们具有很大的吸引力,分离主义势力的"台独"主张在他们中间也不乏支持者。这一方面反映了台湾民众要求当家做主的意愿;另一方面也表明,在分离势力的蛊惑和政客别有用心的误导下,岛内一部分民众在对台湾前途的认识上出现了严重的偏差。尽管这种偏差不排除有矫枉过正的成分,但这种偏差及相应的政治行为,却遭到了并不认同这种理念的另一部分人的激烈反对。于是,台湾社会被撕裂为基于"统独"之争的两大基本阵营,形成了尖锐的对立。这种族群的对立和冲突导致了台湾政治文化的劣质化。其重要表现:以统"独"意识形态画线,凡事只讲立场,不讲是非,立场不同的政治人物和政党之间乱扣帽子,互相抹黑,必欲置之死地而后快;民众对政治现象的判断和在选举时的投票具有突出的非理性特征;各种议题都与政治扯在一起,意识形态的争执压倒了一切,甚至连迫切的民生问题都淹没在政治争论的喧嚣中而鲜有人顾及。例如,2014 年春台湾的"太阳花学生事件"以反对《海峡两岸服务贸易协议》为祈求,就是将经济议题泛政治化。在这种意识形态挂帅的劣质政治文化的引导下,社会和谐遭到了破坏,经济发展受到了漠视,社会稳定亦在一定程度上受到了影响。

　　未来随着台湾政治将逐步朝趋于成熟的方向发展,"台独"这种与岛内民众根本利益相悖的极端政治现象,或将呈逐渐式微之势,劣质的政治文化将有所改善。近几年来,一些基层选举的情况一再表明,选民们以往那种政治情感的非理性宣泄和盲从已开始让位于冷静的判断和理性的选择。选民关注的重心正在逐渐由意识形态挂帅转为对关系切身利益的民生问题的重视,族群间的尖锐对立出现松动的迹象。一部分选民已超越蓝绿的森严界限,开始了政见的互动、妥协和整合,台湾的政治文化出现了改善的苗头。今后,这种转向趋势将得到加强,并从基层选举转向台湾地区领导人选举。

(三)选民结构逐渐趋向改善

　　未来台湾的选民结构将会出现一些变化。从政治立场上看,中间选民的数量将增加。随着教育的普及和发展,在政党多次轮替和选举频繁进行的情况下,民众将不断经受政治风雨的洗礼,并从中得到锻炼,他们的政治见解和辨别、判断能力整体上会得到提升。这种提升将使极端政治主张的市场越来越小,空洞的政治口号将越来越难以惑众。选民在投票时,将把政党的执政能力和政绩置于首要考虑的位置,越来越根据自己的实际利益作出投票选择,导致中间选民数量增加。虽然蓝、绿双方都各自拥有一部分"铁票",但是每一方的"铁票"都不足以使其在重要的选举中稳胜。于是,争取中间选民就成了各方取胜的关键因素。在政党竞争的天平上,中间选民的分量举足轻重,这使得各方政见的推出和实施,都必须考虑中间选民的利益。无论哪个政党,想要上台执政,都必须制定出切实的民生政策,给普通大众带来实惠,只靠政治煽动将难以使他们服膺,政治冒险更不会为他们所接受。这无疑对任何试图上台执政的政党都形成了有力的制约。

　　未来台湾选民的年龄结构也将出现一些变化,并导致选票投向的变化。随着更多的年轻人陆续具备选民资格,这些人的选票投向可能出现两个变化:一是多元化。选票投向趋于分散,由于这些人没有历史包袱,是在社会和政治多元的氛围中成长起来的,其政治立场具有很强的个性化色彩。二是务实化。他们注意力的重心将放在有关自己切身利益的问题上,而能够引发年轻人政治激情的社会剧变已经过去,政党轮替和政治纷争的持续上演,将使这部分人习以为常,并以平常的心态加以对待,参与政治的热情将消退。当然,也不能排除他们中的一些人会患上"政治冷漠症",在选举时不出来投票,如同其他实行西方式民主的国家和地区所普遍存在的情况一样。选民结构和相应政治取向的变化,将为台湾的民主政治趋向成熟提供重要的社会基础。

(四)政党的趋同化趋势加强

随着台湾本土化的推动,主要政党在纲领政策等方面的趋同化相当明显,在统、"独"光谱上的差距也有所缩小。这在国民党和民进党都表现得十分明显。为了选举的利益,国民党愈发本土化,弱化其中国色彩,不再坚持统一的取向,反对"一国两制"。这一切都与原来的国民党表现出很大的差异性,与民进党表现出某种趋同。贴近本土、"去中国化",强化主权与主体意识,强化对台湾的认同,似乎成了台湾政党的未来趋势。同样,民进党为了选票,争取更多的中间选民的支持,也不再那样顽固地坚持"台独"路线和"台独"党纲,主张两岸维持现状,并出现与大陆交往的声音,甚至一些重量级人士纷纷访问大陆,要求正视两岸关系。这些现象不仅对政党本身产生影响,也会对两岸关系产生深远影响。

总的看来,台湾政治演变的大方向是明确的,即目前所实行的西方式民主政治会趋向成熟。随着这种成熟程度的不断加强,在岛内政治社会生活中,民生等社会经济方面的议题将越来越为民众所重视,其地位也将越来越突出,并逐渐占据主导地位,而统、"独"等意识形态方面的议题将退居次要地位,呈现逐步淡化的趋势。因此,从长远看,台湾民主政治的推进对岛内分离主义会形成一种牵制,从而有助于促进台湾海峡局势稳定和两岸关系和平发展。不过,也要充分考虑台湾社会转型不会一蹴而就,很可能将经历一个较长的过程。过渡时期在各种因素多方博弈的复杂作用下,不能排除台湾政治发展的某个方面会出现曲折和反复,并导致两岸关系和平发展出现波动的局面。

第二节　海峡两岸人员交往的特征和策略

海峡两岸社会人员交往以其广泛性、直接性、灵活性和亲密性等优势和特点,成为两岸交流和融合的重要通道。构建两岸关系和平发展的社会基础,就是扩大两岸人员直接往来,增加相互接触的机会,化解敌意和分歧,消除偏见和误解,增强互信和共识,逐步融合在"两岸一家亲"的共同理念和实践中,从而形成"两岸命运共同体"。

一、海峡两岸社会人员交往的发展特点

两岸社会人员往来在 2008 年以前主要表现为台湾同胞到大陆从事各种交流往来活动;2008 年以后,随着台湾开放大陆赴台旅游,大陆同胞前往台湾的数量也快速增加,双方的客流量趋于平衡。

(一)两岸人员往来的阶段性特征

两岸人员社会往来从 1987 年台湾开放民众赴大陆探亲开始,到 20 世纪 90 年代台湾民众纷纷到大陆旅游观光,从 21 世纪初期商务考察的兴盛,到 2008 年起两岸相互开放,经历了从限制交流到开放交流、从单向交流到双向交流的四个阶段性发展阶段。

1.以探亲为特征的起步阶段(1987—1991)

从 1987 年 11 月 2 日台湾当局正式开放民众到大陆探亲起,两岸人员往来开始由暗转明,步入正常的发展轨道。1988 年到大陆访问的台湾同胞达 45 万人次,其中到福建的就有 15 万人次,占台胞来大陆总人次的 1/3;至 1991 年台胞来大陆增至 95 万人次,翻了一番多,4 年累计达 284 万人次,其中来福建的就有 100 万人次。大陆同胞赴台访问也开始起步,但人数相当有限,每年仅有数千人次,累计不超过 2 万人次。这一阶段两岸社会交往主要是单向交流,以台胞探亲为主,旅游、商务居后。

2.以交流为特征的兴起阶段(1992—1999)

1992 年邓小平南方谈话发表后,中国大陆兴起市场经济发展热潮,台胞纷纷到大陆寻求新的发展机会,从而促使两岸人员往来快速发展。1992 年台胞到大陆首破 100 万人次大关(其中来福建的就有 33 万人次),大陆同胞赴台访问也开始出现增长趋势,首次超过 1 万人次。从 1994 年起,厦门、福州等地获准授权直接为抵闽台胞审批签发一次有效的来往大陆通行证(落地办证),1997 年又获准对"台胞证"办理加注手续(落地签注),极大地推动了两岸人员往来。1997 年台胞来大陆突破 200 万人次大关(其中来福建的有 31 万人次),至 1999 年达 258 万人次(其中来福建的有 41 万人次),而大陆同胞前往台湾也首次超过了 10 万人次。这一阶段两岸人员往来出现有限的双向交流,以台胞旅游观光和工商考察为主,探亲和其他交流活动居后,福建每年接待台胞人数大致在 30 万～40 万人次,与大陆其他沿海地区接待台胞人数的快速

增长相比,显得相对滞后。

3.以商务为特征的发展阶段(2000—2007)

进入 21 世纪,在两岸经贸交流热潮的带动下,两岸人员往来日益热络,2000 年台胞来大陆首次突破 300 万人次大关。2001 年初,厦门—金门、福州—马祖海上客运直航相继开通,"两门、两马"航线成为台胞进出大陆的重要通道。从 2004 年 5 月起,福建可为部分台湾居民签发五年期"台胞证"。2004 年底,福建居民赴金门、马祖正式开放,闽台民间双向往来开始了新的发展历程。2005 年两岸人员往来突破 400 万人次,其中台胞来大陆达 410 多万人次,大陆同胞前往台湾访问的数量也达 16 万人次。2007 年两岸人员往来已达 486 万人次,其中台胞来大陆 463 万人次,占两岸人员往来总数的 95% 以上,仅有不到 5% 是大陆同胞赴台访问(23 万人次)。这一阶段两岸民间双向往来快速发展,但仍以台胞商务考察为主,旅游、探亲、会议和其他交流活动居后。由于海上直航的开通,福建在两岸人员双向交往中扮演的角色凸显出来,两项指标均位居大陆各省市前列,至 2007 年底,接待台胞累计约 800 万人次,占台胞来大陆总数的 18%,其中通过"小三通"航线往来的台胞就有 260 多万人次。

4.以开放为特征的兴盛阶段(2008 年起)

2008 年马英九上台、国民党重新执政后,两岸"两会"恢复协商,首轮谈判就开放两岸直接通航和大陆居民赴台旅游达成协议,两岸交流进入全面开放和双向交流的兴盛阶段。2008 年大陆居民赴台旅游、考察、商务等人数达 28 万人次,增长 21%;翌年更达 94 万人次,增长 236%;至 2014 年增至 405 万人次,比 2008 年增长了 13 倍之多,达到台湾同胞来大陆的 3/4 规模,未来几年内将超过台湾同胞来大陆的人次。同时,台湾同胞来大陆略有增长,近年维持在 500 多万人次的规模。海峡两岸人员往来在台湾开放大陆居民赴台旅游后快速增长,其中 2009 年突破 500 万人次,2010 年超过 600 万人次,2011 年超过 700 万人次,2013 年超过 800 万人次,2014 年达 941 万人次,6 年时间增长了近 1 倍,增长贡献主要来源于大陆游客赴台旅游观光数量的快速成长。未来随着陆客赴台规模的不断扩大,两岸人员往来客流量将趋于平衡。

可见,自 1987 年 11 月两岸打破长达 38 年之久的隔绝状态以来,两岸人员往来快速发展,至 2014 年底,总体规模累计达到 9811 万人次,超过 800 万人、8200 多万人次的台胞先后来大陆探亲、旅游、经商和进行其他各种交流活动;大陆也有近 1600 万人次赴台从事考察、访问、探亲、旅游等民间交流活动。

表 7-1　两岸人员往来与交流统计一览表

年份	台胞来大陆（人次）	增长率（%）	大陆居民赴台（人次）	增长率（%）	赴台交流项目（个数）	增长率（%）	赴台交流人数（人次）	增长率（%）
1987	46679*	—	—	—		—		—
1988	446000	863.8	8545		13	—	13	—
1989	551800	20.4	—	—				
1990	890500	66.8						
1991	946632	4.8	9005	—	18	38.5	27	107.7
1992	1317770	39.2	10904	21.1	155	761.1	920	3307
1993	1526969	15.9	14615	34	507	227.1	3309	259.7
1994	1390215	−9	17583	20.3	563	11	3396	2.6
1995	1532309	10.2	42180	139.9	787	39.8	5210	53.4
1996	1733897	13.2	65205	54.6	971	23.4	5592	7.3
1997	2117576	22.1	56570	−13.2	1257	29.5	8707	55.7
1998	2174602	3.7	78423	38.6	1746	38.9	11462	31.6
1999	2584648	18.9	103977	32.6	1816	4	13554	18.3
2000	3108643	20.3	102933	−1	1787	−1.6	13623	0.5
2001	3440306	10.7	122198	18.7	2915	63.1	24719	81.5
2002	3660565	6.4	138981	13.7	4384	50.4	38259	54.8
2003	2730891	−25.4	124616	−10.3	2847	−35.1	24480	−36
2004	3685250	34.9	144526	14.2	4475	57.18	30728	25.52
2005	4109188	11.45	159938	10.58	5902	31.89	33421	8.76
2006	4413238	7.4	207650	29.8	7243	22.7	40981	26.4
2007	4627881	4.86	229877	10.7	7471	3.15	41766	1.92
2008	4367594	−5.6	278712	21.2	8393	12.34	46832	12.13
2009	4483865	2.66	935505	235.7	13243	57.79	103300	120.6
2010	5140554	14.65	1661877	77.64	19089	44.14	146729	42.04
2011	5263014	2.38	1844980	11.02	21715	13.76	143833	−1.97
2012	5338095	1.43	2629515	42.52	25842	19.01	159872	11.15
2013	5161290	−3.31	2915093	10.86	29139	12.76	175114	9.53
2014	5366000	3.35	4046000	38.80	—	—	—	—
累计	82155971		15949408		162278		1075847	

注：* 为前三年合计。

资料来源：国台办网站，两岸人员往来统计。

（二）两岸人员往来的载体类型

两岸人员社会往来的载体丰富，平台多样，类型众多。大陆各地在开展对台人员交往中，领域不断拓宽，层次逐渐提高，规模不断扩大，社会影响和作用日益增强。目前主要渠道和类型有以下几种：

一是经贸活动型。两岸经贸关系衍生的各项商务交流活动，是两岸人员往来最主要的载体。台湾产业向大陆转移不仅带动了两岸各种生产要素的单向或双向流动，也带来了台商从业者及管理人员来大陆从事各种经贸活动的热潮。由大量的资金流、货物流和信息流等生产要素流动带来的人员流动，构成了两岸人员往来的主要形式。据台湾区电子电机公会的调查统计，在大陆的台商有100多万人，其中在珠三角的台商有30多万人，在福建的台商有20多万人，在长三角的台商更高达50多万人，在环渤海湾地区也有10多万人，在中西部地区的台商也越来越多。这些台商构成了两岸人员交往的主体，占两岸人员交流总量的一半以上。

二是旅游交流型。两岸旅游业界双向联系和沟通促进了两岸人员交往。首先，请进来。从1993年起，两岸每年都举办旅游业联谊会，促进两岸旅游业界的交流，带动台湾游客来大陆旅游的热潮。大陆重大的旅游活动都邀请台湾旅游界参加，这些交流活动不仅加强了两岸旅游业界的相互了解，而且促进了两岸民间的相互交往。其次，走出去。大陆各级旅游机构和部门组织旅游业者赴台交流。福建省旅游协会和福州、泉州、厦门等市旅游协会多次组团赴台湾、金门、马祖考察访问，为双方的进一步合作奠定了良好的基础。2005年11月，时任国家旅游局局长邵琪伟首次率团访问台湾，与台湾有关方面探讨大陆居民赴台旅游合作事宜；2006年大陆方面还首次组团赴台北参加"海峡两岸旅游展"，并设置专门摊位参展。再次，相互磋商和开放。2010年5月，"台旅会"和"海旅会"分别在北京、台北成立，这是两岸首设的官方互派机构，具有特别意义。为进一步推动两岸旅游交流活动，两岸旅游主管部门利用每年旅游展期间，互派代表参展，大陆与台湾旅行品质保障协会等旅游界长期保持联系，探讨解决旅游合作中存在的拖欠款、旅游组团、旅游安全、旅游诚信等问题，推动两岸旅游业的规范合作。近年来，大陆居民赴台旅游快速增长，成为台湾外来旅游客源的第一大市场。大陆赴台游客2012年达258.6万人次，2014年超越322万人次，占大陆人员赴台人员总数的80%。台北市在环境保护、文物古迹、旅馆服务、导游服务、公共设施、环境整洁以及人情味等七个方面获得最高比例的陆客满意，尤其"人情味"一项，几达七成（69.3%），比例最高。

三是宗教朝拜型。两岸神缘相合,台湾信众每年都到大陆祖庙进香朝拜,如龙海白礁和海沧青礁的慈济宫、云霄开漳圣王陈元光庙、安溪清水祖师庙、古田临水宫等,尤其是莆田湄洲岛的妈祖庙,朝圣的台胞更是络绎不绝。大陆祖庙也先后组织妈祖、关帝祖庙金身到金门、澎湖和台湾本岛进行巡游,受到台湾民间广大信众的热诚欢迎。此外,大陆还先后举办了 10 多届关帝文化旅游节以及陈靖姑文化旅游节等活动,民间信仰等宗教交流已成为两岸人员往来的重要形式。近年来,到大陆进行宗教朝拜的台胞日益增多,每年都有 50 多万人次,约占台胞到大陆总数的 1/10。

四是寻根谒祖型。台胞绝大多数都是几百年来先后从大陆迁移过去的,2300 万台胞中有 98% 的人祖籍地都在大陆,许多人对祖籍地有寻根谒祖的愿望。1987 年台湾开放民众赴大陆探亲后,大陆各省、市、区积极吸引台胞回乡祭祖认亲,谒祖墓,修祖厝,认祖宗。例如,1997 年,仅陈氏宗亲就组织数百人到福建开漳圣王墓谒祖祭典,并取回墓土留念。2001 年,吕秀莲的胞兄吕传胜率桃园吕氏宗亲回祖籍地福建南靖县田中村吕厝龙潭楼祭祖。台湾恳亲会、宗亲会等活动持续不断,激起了一拨又一拨的台湾民众到大陆寻根谒祖的热潮。台胞在进行两岸社会交往活动时,祖籍地往往具有潜移默化的因素,探亲与旅游和工商考察常常相互作用和影响。如台商李瑞河就在祖籍地漳州投资数亿元,建设国家 4A 级旅游区天福茶博物院、雕塑园等景点,每年接待游客超过 50 万人次。

五是文教交流型。大陆与台湾文化源远流长,围绕"湄洲妈祖文化""海上丝绸之路文化""闽南文化""马江船政文化"等主题的两岸文化交流活动相继举行。一大批既富有福建地方特色又能吸引台胞的旅游文化产品,如福州的爱国英雄林则徐,泉州的南音、高甲戏和木偶戏,漳州的林语堂文化研究、芗剧、歌仔戏、木偶、雕刻、灯谜艺术、斗鸡等,均是开展对台社会交往的重要载体,深受广大台胞的喜爱,吸引众多台湾同胞积极参与,从而促进了两岸人员往来。两岸教育交流也吸引了台湾青少年来大陆参加教育考察活动。以艺术交流、生物考察、弘扬中华文化为主题的少年儿童夏令营、声乐合唱节和闽南童谣文化会演,两岸大学生辩论赛、赛艇对抗赛等活动相继举办,并形成常态化,在两岸大、中、小学生中引起了强烈共鸣。大陆自 1985 年起开始招收台湾学生,几乎所有重点大学和一般本科院校都先后陆续招收台湾学生,各高校累计招收大学本科以上学历的台湾学生数万人。此外,两岸在农业、水利、矿业、法律、生物、食品、茶艺、烹饪、纺织、服装、书画、体育、新闻、出版、卫生、会计等领域的交流活动也异彩纷呈,为两岸人员往来开辟了广阔的发展空间。

二、拓展两岸人员交往的基本策略

两岸社会往来使两岸民众联系越走越近,心越连越紧。通过SWOT矩阵分析法,论述拓展两岸社会往来的外部环境和内部条件,以便从中提出适当的策略组合。

(一)拓展两岸人员往来的SWOT分析

对拓展两岸社会往来的研究基本属于战略发展范畴。SWOT(strengths,weaknesses,opportunities and threats)矩阵分析法最初被用于微观企业的战略分析,近来也有学者将之用于行业、部门或地区的战略发展分析,其理论框架因具有直观、清晰、系统、全面说明问题的特点,这里将之延伸用于分析拓展两岸社会往来面临的外部环境(包括机遇与挑战)以及存在的内部条件(包括优势与劣势)。

1.拓展两岸人员往来面临的机遇(opportunities)

(1)大陆方面积极鼓励两岸人员社会往来的政策机遇

习近平总书记多次发表重要讲话,强调要加强对台湾人民的工作,加强同台湾同胞的团结,扩大和深化两岸人员往来和经济文化交流合作,建议"以为民谋利为出发点,实现两岸经济共同发展繁荣""以加强交流沟通为途径,广泛凝聚两岸促进互利合作的智慧和力量""在互相尊重和保障对方经济利益的前提下,以区域对区域、民间对民间、行业对行业、企业对企业的方式,灵活处理有关事宜,不断深入探索,不断积累经验"。因此,大陆方面积极鼓励两岸民间社会交流与合作的灵活、务实政策,为拓展两岸社会往来提供有利的政策机遇。

(2)台湾民间希望扩大两岸交流的迫切愿望

两岸民间社会交往是基于中华文化背景以及比较利益驱动下双方民众进行的一种交汇融合。随着近年来大陆经济的蓬勃发展,台商大量涌入大陆寻找投资和发展机会,越来越多的台胞到大陆就业、求学、旅游、定居,也有越来越多的大陆同胞到台湾旅游观光,多数台湾民众已经认识到两岸交流与合作对台湾社会经济发展的重要意义,尤其是两岸经贸关系已经成为两岸社会融合的重要驱动力。两岸社会交往的大势、台湾民众希望扩大两岸交流的迫切愿望和强大压力,迫使台湾方面也不断开放两岸社会交往和人员交流。

2.拓展两岸人员交往面临的挑战(threats)

(1)两岸人员交往的政治风险因素

考虑到两岸政治对立状态尚未正式结束、台湾岛内一些政党和团体对大陆形象的刻意曲解以及台湾当局的政策限制等政治风险因素,一些台湾民众对大陆还存在某些误解和偏见,对与大陆交往往往会顾虑重重,对大陆游客在台湾的一些行为也有负面的看法。双方在人员交往中的政策限制和手续问题等因素也构成了两岸社会人员交往的障碍。

(2)大陆台商转型给两岸社会交往带来的挑战

随着中国大陆经济发展日益成熟和相关环保、劳保等规范政策法规陆续出台,初期在东南沿海地区投资的大陆台商面临新的转型期,部分台商内移或外移的现象日益明显,台胞在大陆的聚集地从传统的"大热点"长江三角洲地区(约 50 万人)、"余热点"珠江三角洲地区(约 30 万人)和"小热点"海峡西岸经济区(约 20 万人),逐渐向"新热点"环渤海地区(10 多万人)、"新新热点"中西部地区(10 多万人)和外热点(如 VIP 国家,即越南、印尼、菲律宾)等地转移和扩散。台商内移和外移的趋势淡化了传统地区开展两岸社会交往的区位优势。

3.拓展两岸人员交往存在的优势(strengths)

两岸深厚而密切的人缘、亲缘关系,对加强社会交往具有强大的凝聚作用。海峡西岸是台湾民众的主要祖籍地。在台湾社会中,讲闽南话的占75%,讲客家话的占 13%,两种语系的人口构成了台湾移民社会的主体。由于血缘相亲,语言相通,民情、风俗相近,不少姓氏宗族也相同,从而孕育了独具特色的民俗文化。两地共同的祖先、共同的语言、共同的开发历程,构成了两岸民间千丝万缕的社会联系。这种源远流长的人文关系,为两地社会交往提供了天然的纽带和桥梁。海峡两岸自然条件和生态环境十分相近,宜于台湾民众往来和居住。两地之间一衣带水,隔海相望,咫尺海峡成为相互之间联系的纽带,为双方进行各项交往活动提供便捷的海上通道。随着两岸关系和平稳定发展,这种地缘优势更加凸显,使海西区逐渐发展成为两岸社会交往的接合部,成为台湾与大陆联系的重要通道。

4.拓展两岸人员交往存在的劣势(weaknesses)

(1)相关部门工作力度不够

一些地方党委、政府领导将对台工作看成只是涉台部门的职责,对两岸社会交往缺乏足够的认识和支持,没有把对台工作纳入工作考核范围。其一,缺乏系统性,没有分门别类地对两岸社会交往和民间交流制定战略发展目标,提供足够的指导和支持,使两岸社会交往缺乏政策保障;其二,缺乏组织性,各部门存在"各自为政"现象,工作力量分散,缺少协作意识,许多涉台团体单位横向联系较少,缺乏信息交流与资源共享,相当部分资源未能有效运用,缺少持久性,难以深入;其三,缺乏主动性,只是被动地接待台湾民众和团体来访,局限或流于表面联系和个案处理,或等待台湾方面的邀请,有被动应付之感;其四,缺乏长远规划和深入研究,对拓展社会交往的目的、方式、途径、活动平台及两岸关系变化带来的影响和应对策略研究不够深入,对台湾的社情民意缺乏了解,在交流时引发误会时有所闻,尤其是在改变台胞对两岸关系的看法、树立反"独"促统立场等方面,缺乏长期、有效的工作手段。

(2)大陆居民赴台交流手续烦琐

两岸人员交流和社会往来,除了台湾当局的政策障碍外,与大陆对赴台团体和人员在资格审查和审批手续上过于烦琐也有一定关系。大陆有关人士和学术团体赴台交流,在审批上需要省级,甚至中央有关部门的批准,并要提供大量的证明材料,审批环节过多。

(3)传统对台联络资源优势弱化

随着时间推移,老一辈台胞逐渐淡出历史舞台,其对岛内台胞的联系面和影响力逐渐减弱。如民革联系的原国民党军政人员、台联联系的旭瀛同学会、黄埔同学会与岛内台胞的联系都呈弱化趋势。同时,近年来岛内几次政党轮替和政治生态的变化,与台湾中、上层人士的联络面也在逐步萎缩,做好台湾第二、三代和中青年人士工作的难度有所增加,传统的对台联络资源优势正在弱化。

(4)民间团体交往活动存在困难

两岸社会交往和人员交流很大程度上是通过各种民间组织进行的,但这些涉台团体存在不少困难,有的没有自己的专职人员和固定的办公场所,要开展对台交流往往力不从心;有的经费来源困难,主要是社团成员的会费,仅能维持日常会议活动。许多单位对来大陆进行民间交流的台湾团体接待费用不足。一些涉台大型联谊活动常有资金短缺的困难,影响活动的策划和规模效应。由于对台交流资金不足,一些好的工作设想、意见和建议难以得到有效的实施。

(5)两岸企业家之间缺乏互信交流

虽然两岸同文同种,但由于曾长期分隔,双方所处的文化背景及衍生的社会习惯存在一定差异,两岸企业家之间往往互信不足。台湾业者把"群聚链"

从台湾复制过来,与当地企业家交流较少。台商在经商以及日常生活中,主要还局限于台商圈内,往往喜欢与熟悉的亲朋好友相聚、互相照应,形成"抱团"现象,使两岸企业家之间的交流机会相对有限。

(二)拓展两岸人员交往的 SWOT 矩阵和策略组合

1.拓展两岸人员交往的 SWOT 矩阵

根据两岸社会交往的机会与威胁、优势与劣势,构造 SWOT 矩阵图,并通过对机会、威胁、优势、劣势的交叉分析,可以分别得出 SO、WO、ST、WT 的策略组合。

表 7-2 拓展社会交往 SWOT 矩阵分析

		内部环境	
		优势(S) S1.区位优势凸显,"五缘"关系密切 S2.两岸经贸交流已具有一定的基础,对台经贸政策成效初显	劣势(W) W1.地方政府部门工作力度不够 W2.大陆居民赴台交流手续烦琐 W3.传统对台联络资源优势弱化 W4.民间团体交往活动存在困难 W5.两岸企业家之间缺乏互信交流
外部环境	机会(O) O1.大陆方面积极鼓励社会交往的政策机遇 O2.海峡西岸大力开展对台交流的发展机遇 O3.台湾民间希望扩大两岸交流的迫切愿望	S+O 策略选择 如何利用优势把握机会 SO1.加强姓氏宗亲社团联络 SO2.扩大民间信仰社团来往 SO3.推动闽南地区与台湾中南部的民间交流 SO4.借助侨胞拓展社会交往	W+O 策略选择 如何克服劣势把握机会 WO1.汇聚各方力量,整合对台资源 WO2.制定有关对台政策法规 WO3.成立对台民间交流机构 WO4.搭建两岸企业家交流平台
	挑战(T) T1.双方对两岸社会交往和人员交流的政策限制 T2.台商外移淡化传统地区的对台优势	S+T 策略选择 如何利用优势应对挑战 ST1.探索对台交流途径,加强民间信息交流 ST2.建立两岸经济合作机制 ST3.做好对台旅游交往工作 ST4.开展民间文化交流	W+T 策略选择 如何避免劣势应对挑战 WT1.拓展新的对台联络渠道 WT2.优化两岸社会交往的服务体系 WT3.做好台胞联系服务工作 WT4.举办对台社会交往活动

2.拓展两岸人员交往的策略组合

在开展两岸社会交往的进程中,应积极发挥"五缘"优势,大力拓展"六求"作为,进一步拓展两岸人员往来:探索对台交流途径,做好做实对台工作;制定涉台政策法规,创造良好的法律环境;建立两岸合作机制,搭建社会交往平台;整合各种联络资源,发挥民间社团作用;密切两地民众往来,争取台湾民心归向。

(1)探索对台交流途径,做好做实对台工作

首先,探索对台交流新的途径。拓展两岸社会交往是争取台湾民心最直接、最有效的途径和手段之一,也是全面推进两岸合作、促进和平发展、加快统一进程的重要战略举措。各地应着眼于新的实践,不断探索新的途径,突出"以地对地,以民对民,先行先试,项目带动"的灵活举措和务实做法,加快区域交流与融合。

其次,成立对台民间交流机构。创立"两岸民间交流基金会",以政府引导、社会参与、市场主导来筹集民间对台交流资金,资助和扶持民间交流的重点项目;建立"两岸民间交流促进中心",整合分散的民间交流力量,有计划、有步骤地开展社会交往;成立"两岸民间交流特批办事处",争取中央支持,下放交流审批权限,简化大陆一般人员赴台手续,开辟高效、便捷的社会交往通道。

再次,举办两岸社会交往活动。通过举办各式各样的论坛和活动,拓展两岸社会交往,如举办海峡百(家)姓论坛,加强两岸姓氏文化交流,促进两岸基层民众往来和沟通;设立两岸民间信仰论坛,加强两岸民间信仰群众的联系,探求民间信仰在两岸社会交往中的作用;开办两岸职业妇女论坛,让两岸妇女有机会走在一起共同探讨她们在现代社会中的角色、地位和作用,加深彼此之间的了解和共识;举办海峡民间艺术周,在民间艺术层面上聚集人气和人心;举办两岸青少年手拉手活动周,广泛增进两岸青少年彼此间的了解和共识。

(2)制定涉台政策法规,创造良好的法律环境

积极开展有关涉台法律问题的调研,制定有关涉台政策法规,为两岸社会交往创造良好的政策和法律环境。

其一,制定有关政策为两岸社会交往创造良好的法律环境。在遵循国家有关法律法规以及维护国家利益和祖国统一的原则下,各级地方人大可制定《人民代表大会关于进一步加强涉台民商事审判工作的指导意见》,严格界定一些专门法律的适用界限(条件),增加有管辖权法院,变单一集中管辖为多向

管辖,来规范和统一法律适用,确保裁判的严肃性,提高裁判的公信力,来解决对台送达问题;制定《加强涉台法律咨询服务工作的若干意见》,加强各级检察机关与台办交流合作,以及各级检察机关与台商投诉协调中心和台商投资协会的工作联系,共同开展涉台法律问题的调研,积极协调、处理涉台法律纠纷,切实保障台商、台胞的合法权益,努力消除台湾民众对中央政府法律政策的疑虑和误解。

其二,制定有关政策让定居大陆的台胞享受与大陆民众同等的待遇和权利。两岸交流政策先行区可在中央的支持下,先行制定《台湾民众定居满五年所应享受的待遇与权利》,让这些台湾同胞拥有大陆居民身份证,有选举和被选举权,可参加公务员考试,可担任政府有关部门的领导职务等,为台湾民众提供一个新的发展空间,使台湾民众与大陆民众无身份区别,真正融入大陆社会。继续争取公安部的政策支持,延长证件有效期。

其三,制定有关政策解决台生就业问题。在加强两岸人员往来上,应把解决台生就业问题作为争取台湾民心工程的重要组成部分,以此来体现大陆对台湾青少年的爱护和关心。相关对台交流先行区,如福建可试行制定《台生就业条例》,在充分照顾台湾青年学生前途、利益的基础上,对台生就业的适用范围、准入领域、资格认证、人事档案管理等加以明确的界定,解决学成后的台生和来大陆寻找工作的台生的就业问题。

其四,制定有关政策促进两岸婚姻关系的正常发展。随着大陆涉台婚姻越来越多,涉台婚姻密集的省市可制定《涉台婚姻管理办法》,认识、明确涉台婚姻登记和管理相关婚介机构的重要性及其职能部门的作用,建立对台湾单身证件的认证制度以及对所有台湾地方法院公证机关出具的无配偶声明书实行认证制度,协调和联系台办、民政、公安、法院、司法、工商、宣传、妇联等部门之间的工作,发挥姻亲关系在推动两岸社会交往中的优势和力量,进一步加强两岸民间的亲情联系。

其五,制定有关政策加强涉台民间组织管理工作。制定《涉台民间组织管理办法》,一方面促使有关对台民间社团能够名正言顺、公开、合法地开展对台民间交流,如一些姓氏宗亲联谊会、研究会等社团;另一方面促使台湾有关民间组织能够在我国法律法规下与有关社团开展正常的交流合作,充分发挥涉台民间组织在促进两岸社会交往中的积极作用。

(3)建立两岸合作机制,搭建社会交往平台

其一,建立两岸经济合作机制。两岸经贸关系的良性持续发展,是拓展社会交往和人员交流、争取台湾民心的重要基础和平台。在不违背"一个中国"

原则的前提下,适当以"政经分离"的方式,优先发展两岸经贸关系,让经济规律决定经济交流的发展进程,以弹性定位空间规范和促进两岸交流,真正落实"不以政治分歧去影响、干扰两岸经济合作"的政策。积极试行一些带有探索性的经济合作议题,寻找突破口,在试验中逐步完善经济合作机制,在条件成熟时予以扩大推广,保障两岸经贸合作关系的持续稳定发展。

其二,开展两地民间文化交流。充分发挥"文缘"优势,以文为媒,通过文化交流、学术研讨、寻根旅游等形式开展民间交流。继续办好大陆民间艺术作品赴台巡展、两岸摄影艺术作品交流展、中国闽南文化节、闽南文化论坛、海峡两岸歌仔戏艺术节等,让这些文化交流活动不断促进两岸文化交流融合;闽剧、梨园戏、提线木偶、布袋戏、歌仔戏、芗剧等地方剧种可轮番在两岸进行登场交流,促进台湾民众对中华文化的认同。

其三,扩大两岸旅游交往渠道。一方面,扩大大陆地区居民赴台"自由行"的试点城市和区域范围,让更多的大陆居民更加便捷地赴台旅游观光,增加与台湾社会和民众接触的机会;另一方面,吸引更多的台湾民众,尤其是中南部民众来大陆观光旅游,了解大陆的风土人情、社会风貌和改革开放的经济成果。

(4)整合各种联络资源,发挥民间社团作用

在拓展社会交往过程中,要团结一切可以团结的人,广泛汇聚各方力量,整合各种联络资源,积极发挥民间社团的作用。

其一,加强姓氏宗亲社团的联络。在台湾,各种民间社团众多,如同乡会、宗亲会等,遍布各个县、市,有着广泛和密切的群众基础。通过开展族谱溯源,利用各姓氏宗亲会的优势,动员各地特别是闽南地区乡亲组织修编族谱,以族谱促寻根,从血缘、亲缘扩大两地基层民众的交流和融合,密切台湾民众对祖籍地的归依情感,强化台湾民众"根同宗、血同源"的意识。

其二,扩大宗教和民间信仰社团的来往。两岸宗教和民间信仰一脉相承,尤其是台湾的佛教、道教和民间信仰,主要是大陆先民从家乡分灵过去、设堂供奉的。开展宗教界及民间信仰人士的交流,争取多渠道入岛与台湾宗教和民间信仰社团交往,尤其是加强宗教和民间信仰中的大陆祖庙与台湾分庙之间的人员往来,有利于连接两岸民众共同的精神纽带和情结,激发社会交往的热情。

其三,加强两岸民间商会的互动。台湾民间商业、企业协会十分活跃,经常来大陆开展商务考察活动。各地应积极与台湾民间商业、企业协会开展经贸交流合作,邀请台湾工商社团、工商界人士来大陆考察投资,组织有代表性

的民营企业家赴台考察经商,广泛接触台湾岛内工商界人士,进一步密切两岸经贸往来与合作。

其四,加强两岸妇女团体的来往。各级妇联组织以及各行业妇女组织可根据自身的优势和特点,一方面邀请台湾有关妇女组织来大陆了解、认识大陆妇女生存和发展状况;另一方面组织入岛访问团与台湾有关妇女组织开展两地妇女在生活、工作、家庭等方面的交流,加深两地妇女情感,以妇女的力量来拉近两岸民众的心理距离。

(5)密切两地民众往来,争取台湾民心归向

台湾民众心态具有多元性和地域性的特点,从而要求我们要更有针对性地对不同政党、不同政治派别、不同年龄、不同族群、不同地域采取不同的工作方法。在争取台湾民心的过程中,应密切与台湾各阶层人士的来往,针对特定地域、特定人群,有针对性地开展工作,尤其是做好台湾中南部人民的工作,推动两岸基层民众、青少年、知识分子等方面人士的往来,促进两岸民众融合。

其一,加强与台湾基层民众的往来。一方面,要广开渠道,让台湾基层民众有机会到大陆参观访问,让他们切身感受大陆的发展变化,真切了解大陆民众对台湾及其民众的诚心善意,消除他们对大陆的某些误解、反感、恐惧;另一方面,要创造条件和机会走进台岛,多与台湾基层民众接触,多了解、倾听他们对大陆的看法和心态,以求得对台湾百姓客观、正确的认识以及心灵间的相互沟通和融合。

其二,做好台湾中南部人民的工作。中南部民众从国民党时期到民进党执政,都一直难以正面了解大陆的情况,且他们在经济上也相对落后,对大陆比较反感,又是民进党的重点支持者,因而更应加大力度做好台湾中南部民众的工作,这对于反"独"、遏"独"具有重要的政治意义。台湾中南部民众的祖籍地大多在泉州和漳州,血缘相亲、语音相通、习俗相同,据此,可在闽南地区建立台湾中南部民众交流基地,赋予特殊政策,全面开展两地交流项目,有计划地每年吸引 30 万～50 万从未来过大陆的台湾同胞来大陆参访,其中 2/3 应是台湾年轻人和中南部民众。

其三,拓展与台湾青年一代的互动。在对台工作上,应放眼长远,加强与台湾各党派新生代、各界青年才俊、在校大学生等新生力量的接触和来往,建立互信和互动联系,增加两岸青年之间的了解和认识,举办各种交流活动,让更多的台湾青年有机会来大陆零距离地感受和了解大陆的真实状况,以对大陆有正确的认识和判断,从而增强台湾青少年的民族认同感,促进台湾新生力量来推动两岸关系的稳定发展。

其四,做好台胞的联系服务工作。积极发挥在大陆投资的台商、生活的台胞、学习的台生的特殊作用,来拓展大陆民众与台湾本土民众的交流往来。由于他们生长于台湾,对台湾的情况比较熟悉,又多年居住在大陆,对大陆的政策、环境、人际相对熟悉,要鼓励他们向台湾民众多反映大陆各方面的真实情况,架起两岸社会交往的桥梁和纽带,促进两岸民众之间有更多相互坦诚的来往。

其五,借助海外侨胞力量拓展社会交往。港澳同胞和海外华侨华人与台湾各界有着特殊的关系,应充分发挥侨乡的作用,建立社会交往的海外网络,以侨为桥、以侨促台,以此作为两岸民间友好交往的重要桥梁和纽带;加强与海外侨胞的联系,尤其是与海外台籍社团、学校和年轻台籍侨胞的联系,加深其对两岸关系和平发展与祖国和平统一的认同;鼓励和支持更多台籍侨胞来大陆参观、访问,发展事业。

其六,重视发挥大陆配偶和亲缘关系的作用。建立与“大陆配偶”长期联络的渠道,通过赴台团组看望大陆配偶,或有选择地邀请在台湾定居的大陆配偶回大陆访问交流,加强沟通联络,了解其生活状况,并提供必要的帮助,特别是要做好其后代台湾乡亲的工作,进一步巩固和发展两岸人缘、血缘、亲缘关系。

第三节　努力争取台湾民心的政策思路

构建海峡两岸关系和平发展的社会基础,首先要通过扩大两岸交流,最大限度地争取台湾民心。在当前两岸关系和平发展的格局下,争取台湾民心具有一定的可行性,关键是要厘清思路,总结经验,讲究方法,把握策略。

一、争取台湾民心的工作空间和基础

(一)争取台湾民心的工作空间

近30年来,随着台湾政治社会的转型,台湾民众的心态发生了潜移默化的巨大变化,从而在一定程度上影响台湾民心的走向。2008年马英九上台、国民党重新执政后,两岸关系重现和平发展的曙光,为大陆争取台湾民心带来良好的契机,做台湾人民的工作空间越来越大。

1.台湾政治社会中普遍存在的信任危机,选举政治的游戏规则为我们争取台湾民心提供了可能

台湾经历了两次政党轮替后,信任危机一直是台湾政治社会发展中存在的一个突出问题。这种信任危机不仅表现为政党之间为了执政地位相互杯葛,还广泛存在于岛内各大族群之间、蓝绿不同阵营的支持者之间,以及民众与媒体、媒体与"政府"之间。虽然有些政治人物提出"族群融合""和解共生"等主张和策略,但长期以来形成的高度分裂的社会心态很难在短时期内得到弥合,一到选举这种矛盾就可能激化。台湾选举期间所出现的政治、经济和社会乱象导致民众对政治的失望情绪挥之不去,使我们做台湾人民工作,争取台湾民心有了更多的空间。只要我们情理结合,方式得当,从台湾民众的利益、需要和情感出发,制定正确的政策和策略,就有办法争取相当部分的台湾民众对大陆产生良性的认识和理解。

台湾所谓"民主政治"的游戏规则也为我们争取台湾民心、影响台湾当局政策走向提供了可以利用的平台。从以往情况看,台湾地区民众政治参与程度比较高,多数大型选举的投票率都达到七成左右,有几次甚至高达八成以上,但台湾民众政治参与的水平却并不高。这是因为台湾民众的政治心理尚不成熟,政治参与中非理性的情感取向过重。如果民众对政治或特定政治团体的情感承诺过于强烈,会对民主政治造成不利的影响,助长导致民主政治动摇的大规模的救世主式运动,产生政治系统的分裂动荡。台湾民众这种不成熟的政治心理可能被台湾某些政党利用和误导,但只要找对方式,同样也可以为我所用,特别是在信任危机弥漫台湾社会的情况下,巨大的心理挫折及其引发的晕轮效应,会使人们视政治为畏途,消极地适应政治环境,主动远离政治生活。我们可以乘机抓住民众这一心理,开展有利于我方的工作。

2.两岸的经贸交流和人员往来的持续热络为我们做台湾人民工作提供了重要的平台

自从1987年两岸开放以来,虽然台湾当局曾为两岸的经贸和民间交流设置种种障碍,但两岸的各项交流交往依然保持热络,不断取得进展,这充分说明两岸的经贸和社会交往有着自发的内在的强大驱动力,它可以超越某些政策性限制和政治上考量。这几年两岸直接"三通"全面实现,在大陆积极推动两岸经贸关系发展的政策支持下,两岸经贸关系持续保持了良好的发展势头,两岸贸易额大幅增长,2014年达到1983亿美元,远超过台湾地区与美国、日本之间的贸易额;台湾对大陆出口市场依存度达到40%以上,两岸经贸关系也进一步密切。与此同时,两岸商品贸易、台商对大陆投资均出现结构性变化,金融服务业领域合作加快,经贸关系持续热络的趋势已经不可逆转,也无法人为阻挡。两岸经贸合作关系所带来的资金、技术、人员、理念等方面的碰撞与交流,已经为做台湾人民工作提供了重要的平台,在今后也必定会产生更重要的作用。

两岸经贸关系的发展不仅有利于两岸关系的稳定发展,让台湾民众切身感受到大陆在他们日常经济生活中的重要地位和作用,还可以以两岸经贸往来带动两岸人员往来。台湾不少民众之所以对大陆有所误解,容易被某些政党和媒体所误导,是因为两岸缺乏必要的沟通和交流。两岸开放20多年以来,虽然到过大陆的台湾同胞已有8200多万人次,平均每人来3.5次,但如果按照人数计算却只有800多万人,也就是说,在台湾2300多万人口中,还有1500多万人没有来过大陆,这部分人大多对大陆缺乏客观、感性和真实的了解和认识。这说明拓展两岸人员往来还有相当大的空间。一般来说,只要到过大陆的台湾同胞,不论口头上如何不愿表达,其内心深处所受到的冲击显而易见。台湾一些民众的岛民意识和闭关心态并不利于台湾未来的发展,可能会导致台湾继续向下沉沦,而且与当前世界全球化发展趋势和两岸经贸、民间交流持续热络的趋势格格不入。只要两岸经贸和民间交流日益热络的趋势不改变,就可以成为我们争取台湾民心的一个必不可少的重要途径。

3. 台湾多数民众主张维持现状的心态特点,为我们争取台湾民心提供了一定的立足点

对台湾民众统、"独"心态的了解,是做台湾人民工作的重要前提。台湾民众的统、"独"心态从20世纪80年代至今发生了很大的变化,主张统一的民众比例不断下降,绝大多数台湾民众开始转向支持维持现状。在1990年左右,主张统一的台湾民众超过50%,主张"台独"的不到4%。而根据近年来台湾政治选举研究中心的民调,当前主张尽快统一和偏向统一的民众下降至不到10%,而偏向"独立"和希望尽快"独立"的民众上升到20%以上,有近70%的民众倾向于维持现状以后再说或者永远维持现状。这些年的各种民调数据大致都反映了这种趋势。从各种民调比较来看,主张统一和主张"独立"的台湾民众都是少数,交叉分析,绝大多数民众并不支持"台独",这就是"台独"分裂势力的最大民意障碍,也是我们做台湾人民工作的民意基础和立足点所在。只要我们从大格局、大趋势和长远考虑出发,扭转台湾民众在心态上的封闭状态,就可以期待他们在统、"独"立场上再次发生有利于反对"台独"、促进统一的方向发展。

解决台湾问题,实现祖国的完全统一,是中国在 21 世纪的三大历史任务之一。要想完成这一历史任务,就必须坚定不移地做好台湾人民的工作。无论是邓小平关于"和平统一、一国两制"的基本方针,还是江泽民关于"促进祖国统一大业"的八项主张①,或是胡锦涛关于对台工作的四点意见,以及习近平近期关于两岸关系和平发展的重要讲话,都非常强调要深入贯彻寄希望于台湾人民的方针,加强与台湾同胞的联系,大力发展两岸经贸往来、交流与合作,增进两岸人民之间的了解和互信。中共"十八大"报告关于对台工作的论述,更是紧紧把握两岸关系和平发展的主题,创造性地理解、运用"一国两制",强调构建和谐的"两岸命运共同体"。在这一系列方针和政策的指导下,应更加深刻地认识台湾政治和经济生态的特点及其变化趋势,扎扎实实做好台湾人民工作,最大限度地争取台湾民心,以"寄希望于台湾人民"的方式,用包括2300 万台湾人民在内的中华民族的集体智慧,坚决制止旨在分裂中国的"台独"活动,维护台海地区的和平与稳定,开创两岸关系和平发展的光明前景,最终实现祖国的完全统一和中华民族的繁荣复兴。

(二)争取台湾民心的工作基础——准确把握台湾民心

随着海峡两岸关系和平发展格局的初步确立和继续巩固,大陆掌握两岸关系的主导权的趋势愈加明显,这将更加增强大陆在新形势下加强做台湾人民工作、尽最大可能争取台湾民心的信心和动力。全面、客观、准确地了解和把握台湾民心,是争取民心工作的基础和前提。

1.台湾民众的心态具有复杂性、多元性、易变性的特点,不能仅仅用非统即"独"的简单二元思维来诠释台湾民心

台湾经过 20 世纪 80 年代以来的政治变迁,以及由此带动的经济、社会状况的急剧变化使得台湾社会和民众心态呈现出复杂多元的特点。这种复杂的民众心理,有些是与台湾移民社会的特性有关,有些受到特定时期历史记忆的影响,有些是存在于现实生活的过程之中,有些则是暂时受到政治环境的煽动和影响。由于岛内的政治、经济和社会变迁在很大程度上是循着自身的逻辑和轨迹发展,有些现象与统、"独"有关,有些现象与统、"独"无关;有些现象与统、"独"是强联系,有些现象与统、"独"是弱联系;有些时候"独"只是表面现象,我们不能简单地只用两岸关系和统、"独"逻辑作为全部内容来诠释由此带

---

①　江泽民:《为促进祖国统一大业的完成而继续奋斗》,《人民日报》1995 年 1 月 31 日。

来的台湾民心的变化。

从台湾的政治发展来看,由于选举日益成为台湾政治权力利益分配的主要手段和台湾社会政治生活的重要内容,不少政治势力和政治人物为了谋求自身的权位和利益,刻意将意识形态问题无限上纲,力图在"独立—维持现状—统一"的政治光谱中找到自己生存和发展的空间。台湾实行的是多党制,每个不同的党有不同的意识形态主张,即使同一政党也有不同的政治派别,也存在意识形态的差异,在激情有加、理性不足的政治恶斗和频繁选举的氛围中,台湾民众的心态很容易受到这些政党和政治人物民粹操弄和煽动的影响。民众对某一政党的好感和支持,往往被某些政治人物出于选举的目的操作为统、"独"议题,其实除了极少数顽固偏激的政党及其支持者外,多数民众对政党和政治人物的支持与他们的统、"独"心态并没有直接的关系,况且这种心态往往是脆弱的、易变的。

绝大多数民调分析都表明,台湾普通民众最关心的并非政治议题,也非统、"独"议题,而是民生议题,狂热的政治参与仅仅只是选举期间的一种表象,最终都要回归实实在在的现实生活,即使是政治人物也不例外。台湾社会愈演愈烈的信任危机使得台湾的政治冷漠者增加,很多民众对政治产生失望、无奈、疏离甚至反感的心理,对政治人物虚幻的"台独"召唤,多数台湾民众反应冷淡,越来越多的民众意识到"台独"的虚伪性。因此,我们在诠释台湾岛内的政治、经济和社会现象时,不能将这些现象"泛'台独'化"和"泛政治化",更不能将暂时不愿意与大陆统一的民众统归结为具有"台独"倾向而列为自己的对立面。台湾民众不认同统一的原因很多,但最主要的还是对大陆缺乏了解和沟通,缺乏信任和信心,他们往往对涉及两岸"高阶政治"的"国家定位"、政治谈判、军事互信等不感兴趣,也不了解,他们更希望两岸发展任何形式的关系都能够维护他们的既得利益,改善他们的生活,增进他们的福祉。

2.台湾多数民众的内心存在着"台湾主体意识"和中国意识两种潜在的意识,不能简单地将台湾的"主体意识"等同于"台独"意识

在民进党执政期间(2000—2008)曾将"台湾主体意识"解释为坚持台湾是"独立的主权国家","绝对不接受一个中国的原则"。不少人因此将"台湾主体意识"与中国意识对立起来,认为"台湾主体意识"的增长使大陆和平统一的希望更加渺茫,会导致台湾民众中国意识逐渐淡薄。实际上,"台湾主体意识"是台湾的历史和政治现实的产物,这一解读是对"台湾主体意识"的刻意扭曲,其目的是要将"台湾主体意识"等同于"台独"意识,从而为"台独"目标服务。因此,必须对"台湾主体意识"做出概念上的厘清,去伪存真,掌握话语的主导权,真正把握台湾民众心目中"主体意识"的含义,否则大陆很可能被利用作为反对"台湾主体意识"和台湾主流民意的攻击对象。

台湾民众中的确普遍存在"台湾人自己当家做主"的愿望,这种愿望并不等同于"台独"意识,也并不必然排斥中国意识。台湾政治大学选举研究中心的民调显示,有48.8%的人认为自己既是中国人,也是台湾人;6.3%的人认为自己只是中国人,40.6%的人认为自己只是台湾人。由于"中国""台湾"是已经被高度政治化的概念,这里面的"中国人""台湾人"是一种政治认同,而不完全等同于国家认同,不少人接受民进党的宣传,将"中国"等同于"中共"、等同于"中华人民共和国",因此拒绝认同。但绝大多数台湾民众的内心并没有排斥中华民族,很多人依然认同历史上、文化上、血缘上、地理上的中国,我们不能将只是认为自己是台湾人的民众看作是"台独"的支持者。

仔细观察台湾民众的日常生活就可以发现,中国的烙印在他们的生活中无处不在。特别是在中南部,很多民众所声称的最"本土"的"台湾文化"本质上就是中国的闽南文化,只不过他们由于受到误导而不了解、不愿意承认而已。在台湾参访时,我们会发现相当多的台湾人包括中南部本省人私下的口头禅依然是"我们中国人",只有与政治挂钩时,他们才特别强调自己是台湾人。

台湾民众的民族认同和国家认同意识的扭曲,与日本对台湾50年的殖民统治、国民党政权败退台湾后实行的白色恐怖和政治经济腐败是分不开的。争取台湾民心就不能完全否认台湾民众的"主体意识",而是要做必要的区分。对于那些依然抱有中国意识的台湾同胞,要继续坚持"充分尊重台湾同胞的生活方式和当家做主的愿望","切实保护台湾同胞一切正当权益"的方针。必须强调的是,肯定"台湾主体意识"是以不否定中国意识为前提的,必须让两岸的人民都明白,如果将台湾"主体意识"不加区分一概否定,必定会伤害到台湾人民,不利于我们做台湾人民工作。同样,如果只承认"台湾主体意识",全盘否定和扭曲中国意识,那必定会导致"台独",而"台独"的结果不言而喻。

3.台湾民众对发展两岸经济关系和进行两岸交流有一种矛盾的心态,既希望两岸经贸和民间交流有利于他们发展经济,又担心与大陆关系过于紧密产生依赖性会损害他们的利益

两岸开放之初,大陆和台湾之间的经济差异经常被岛内某些分裂势力作为搞"台独"、拒统一的借口。1990年《"中国时报"》的民调显示,经济原因是台湾民众不赞成与大陆统一的主要原因之一,30.8%的人认为大陆经济落后,会影响台湾人的生活水平。随着20多年来大陆经济的蓬勃发展,台商大量涌入大陆寻找投资和发展机会,越来越多的台湾同胞到大陆旅游、求学、定居,两岸经贸依存度越来越高,加上近年台湾经济遭遇困境,已经很少有台湾民众再将经济差异作为两岸分裂的借口,多数台湾民众已经认识到两岸经贸关系发展对台湾经济的重要意义,两岸经贸交流已经成为两岸民间社会融合的重要驱动力。两岸经济交流的大势、民众的压力迫使台湾各政党也提出要建立一种"既竞争又合作的两岸经贸关系",并"积极有效地把握两岸经贸发展的契机"。

在充分肯定两岸经贸关系发展对台湾经济的正面意义的同时,一些台湾民众对不断加深的两岸经济相互依赖也有所疑虑。比如有的民众认为两岸经贸并非互惠互利,台商来大陆投资,大陆从中得到更多的利益;有人认为正是由于台商大量涌入大陆,带走台湾的资金、技术、工作机会,才造成台湾产业"空洞化"和经济"边缘化"的危险,失业率屡创新高;还有人担心,两岸经贸关系过于密切会影响台湾地区的"国家安全"、社会安全和经济安全;有些人认为中央政府的让利政策被台湾大企业和达官权贵所获取,岛内普通民众没有直接获利。这些误解的出现,主要还是出于对两岸经贸关系的实质不了解,也与台湾社会上某些人出于政治或其他目的进行不负责任的负面宣传有关,比如有些在大陆投资失败的台商组成"大陆投资受害者协会",对大陆投资环境进行抹黑和歪曲,台湾媒体对台商在大陆被害等刑事案件、大陆"黑心食品"等商品质量问题过多地加以负面报道,也影响部分台湾民众对发展两岸经贸关系的看法。如何消除台湾民众的疑虑,最大限度地发挥两岸经济交流"润滑剂"和"加速器"的作用,通过密切两岸经贸交流来进一步加深两岸经济的相互依赖,增强祖国大陆市场对台湾的吸引力,是当前新形势下争取台湾民心的重要问题。

二、争取台湾民心的工作经验和总结

大陆争取台湾民心、做台湾人民工作的最大成效和关键经验,就是通过采取政治、经济、文化、法律等多方面的措施,牢牢把握两岸关系的主导权。这主要体现在思想认识、政策策略、工作方式等方面。

(一)思想认识的经验和总结

1.在思想上弄清和平发展与和平统一的关系

在当前海峡两岸关系和平发展的新格局中,任何"台湾独立"的诉求在客观上都没有实践的环境和条件,台湾分离主义势力的分裂梦想注定是不可实现的。但是,基于台湾问题特有的艰巨性、复杂性和长期性,国家统一不可一蹴而就。因此,一个基本的判断是:"台湾独立"在客观上不可行,国家统一在短期内还难以实现。解决台湾问题,说到底是一个争取台湾民意的人心工程。当台湾内部的政治体制从"专制统治"走向"选举政治"时,台湾民意的取向,对于未来两岸关系的走向至关重要。基于这一判断,我们认识到,解决台湾问题、最终实现国家统一,宜制定阶段性的战略重点,处理好当前和今后工作重点的关系。当前工作的重点是在"一个中国"的前提下,首先保障两岸关系能够和平、稳定发展,通过两岸交流做台湾人民的工作,通过发展经济扩大利益共同点,通过构筑广泛的包括国际范围内的反"独"联盟,遏制"台独"分裂势力,就可以为国家统一创造包括物质、时间、空间在内的各项条件,进而促进未来和平统一的实现。

2.在认识上分清台湾人民与"台独"势力的区隔

由于特殊的历史经历和悲情记忆,台湾人民形成了有别于大陆人民的政治认知和心理结构,再加上两岸几十年来敌对状态下特殊的教育、宣传以及台湾政党轮替时"台独"势力的思想灌输,台湾人民对大陆形成了一种狭隘的偏见,对统一产生了某种程度的抵制和恐惧,也产生了强烈的"出头天"的愿望。对此,我们从内心深处予以理解并寄予深切同情,也希望通过两岸多方面的交流加深认识,帮助台湾人民实现当家做主的愿望。我们深刻认识到,台湾人民当家做主的愿望与"台独"势力鼓吹的"台湾独立"是有着严格区分的,如果将两者予以混同,势必严重伤害台湾人民的感情,给"台独"势力以可乘之机,给统一大业带来严重危害。《反分裂国家法》强调不放弃使用非和平方式,是针对"台独"势力和"台独"活动的,这就把台湾人民和"台独"势力切割开来。同时,在采取反"独"手段和方式时,对于台湾同胞不太接受的反"独"方式也进行调整。如用"交流压'台独',用两岸和平发展做台湾人民工作",更能在台湾社会得到共鸣。大陆提出的惠台便民政策,泛蓝阵营支持,台湾同胞欢迎,也充分说明对台工作中区隔"台独"势力与台湾人民的重要性。

(二)政策策略的经验和总结

1.启动法律程序,夺取战略制高点

大陆曾针对"台独"分裂势力,调整对台政策和策略,制定和出台《反分裂国家法》,采取了一系列逆势操作与顺势操作相结合的措施,掌握了两岸关系

发展的主导权。《反分裂国家法》以法律的形式强化了大陆反"台独"的刚性，通过全国人大立法的形式把大陆几代领导人一贯宣示的对台基本方针、政策提升到法律的高度，体现了国家的意志和全民的意志，从而为反"独"斗争提供了坚实的法律依据和最广泛的民意基础。《反分裂国家法》规定在"台独"挑起战争时，实施"惩罚式反击"的标准、方式、程序，展示了大陆对"台独"分裂活动决不容忍的决心、信心和态度，也通过完成法律程序，做好应付突发事变的准备，有效遏制"台独"铤而走险，确保两岸关系和平发展，进而加快大陆自身的发展。制定《反分裂国家法》本身也是做台湾人民工作的一项重大举措。争取台湾民心，不仅仅是制定各种"优惠政策"，给台湾人民多少"好处"。实际上，做台湾人民工作是多层面、多角度的，让台湾同胞真正体会到，"台独"没有和平，分裂没有稳定，只有与"台独"划清界限，拒绝当"台独"的炮灰和人质，才能维护自身的利益和安全。《反分裂国家法》的出台，正是起到了这样的警示作用。

2.建立政党交流机制，形成"反独战略联盟"

在两岸敌对状态尚未正式结束、两岸和平协议还没正式签署的情况下，立足反"独"，着眼促统，积极争取岛内拥护两岸关系和平发展和反对"台独"的力量，在反对"台独"和"九二共识"的共同立场上，建立政党交流机制，形成与国、亲、新等党派的"战略联盟"，促成了两岸"反独"统一战线的建立。2005年三党领袖连战、宋楚瑜、郁慕明相继访问大陆，并与大陆方面达成了反对"台独"的高度共识，就是这一策略的重大成果。在三党领袖访问大陆的基础上，连续举办多届两岸经贸论坛，出台一系列具体举措，持续做台湾人民工作，有效减轻台湾民众对大陆的敌对情绪，逐步增强台湾民众对大陆的认同感，从而弱化了"台独"生存的社会条件。

3.化敌为友，争取和转化对立的政党和人物

政治学的最高境界，就是在不动声色之间有效化解对立面；政治家的最大胜算，就是毛泽东所说的，"把自己搞得大大的，然后把对方搞得少少的"，最大限度地化敌为友。在两岸关系和平发展深入台湾民心的新形势下，民进党的一些有识之士也认识到两岸交流和融合的大潮势不可挡，纷纷试探性地访问大陆，表示希望与大陆交流的愿望。台湾绿营大佬谢长廷曾表示，依照"宪法"，"高雄与厦门是两个城市但还是一个国家"。2012年10月4—8日，他又率先赴大陆访问，并表示"民进党与共产党并没有冤仇，民进党早期推动'台独'，是反对国民党的统治，而不是针对共产党"。"两岸经济交流已经取得阶段性成果,如果要继续提升交流,就不能只停留在'求同存异'的阶段,必须面对差异、处理差异,而处理差异有赖双方的耐性与互信。"2013 年 12 月 31 日,民进党"立法院"党团总召柯建铭建议民进党考虑正式宣告冻结"台独党纲",虽然可能是民进党为了选举的一种政治试探,测试党内与外界对冻结"台独党纲"的态度甚至民意反应,但其行为本身是有积极意义的,方向是正确的,是值得肯定的。当然,我们对民进党的转型与两岸政策调整不能过于乐观,任何改变"台独党纲"的主张与建议,都会面临很大压力与阻力,也是多年来这一纲领未能废除、冻结的关键因素所在。

4.广泛团结各种力量,建立国际"反独"统一战线

坚持不懈地做以美国为首的国际社会的工作,借助国际社会的力量约束"台独",防止岛内分裂势力铤而走险。采取"促美压'独'"的策略,把美国当作反"台独"的间接同盟来争取,取得了良好成效。美国从维持台海和平稳定现状的角度,既不希望两岸和平统一,也不希望"台独"带来两岸局势紧张。同时,广泛团结全球的华人、华侨,争取他们站到"反'独'促统"的立场上来,在全世界范围形成反对、遏制"台独"的国际氛围,创造两岸关系和平发展的国际环境。

(三)工作方式的经验和总结

1.坚持"以人为本",直接面对台湾民众开展工作

加强把握台湾岛内民意的特点和变化规律,更加注重技巧性和细腻性,始终把做好台湾人民工作放在十分重要的位置,尊重、信赖和依靠台湾同胞,体谅、理解、爱护和尊重台湾同胞特殊的想法、心态、感情,疏导和化解部分台湾同胞存在的对大陆的误解和隔阂,积极为台湾同胞谋利。"只要是对台湾同胞有利的事情,只要是对促进两岸交流有利的事情,只要是对维护台海地区和平有利的事情,只要是对祖国和平统一有利的事情,我们都会尽最大努力去做,并且一定努力做好。"坚持做到"凡是涉及台湾同胞利益的事情都要认真对待,凡是向台湾同胞做出的承诺都要认真履行"。积极推动两岸交流,出台多种惠民政策,全力推动两岸经济交流与合作,完善 ECFA 后续相关协议,扩大对台经济开放,多给台湾人民以务实、真诚的印象;开放台湾农产品到大陆销售、推动大陆游客到台湾旅游、赠送大熊猫给台湾等一系列具体措施,也是向台湾人民持续释放善意,让越来越多的台湾民众切实感受到大陆的诚意,因而产生了积极的正面影响。

2.坚持"以和为贵",展现大陆的气度和风度

大陆方面充分利用两岸交流、岛内政党领导人继续访问大陆所形成的效应,全程开放海内外媒体采访报道,借助于台湾和国际媒体,特别是电视直播,使广大台湾民众领略了大陆领导人的风度和气质,感受到大陆人民对台湾同胞的骨肉亲情,看到了祖国大陆悠久的历史文化以及各个方面的建设成就,对大陆的正面印象不断增加。换言之,在低层次发生的裂痕,在同一层次是无法修复的,只有在更高的层次上才能弥合创伤再生新肌。

当然,在争取台湾民心、做好台湾人民工作方面,仍然存在一些障碍,需要我们通过更加艰苦卓绝的努力来消除。这些因素包括:两岸之间的互相认同,应当是心悦诚服的认同。这种认同,不只是对血缘的认同,还包括对社会文明的认同;台湾岛内分裂势力仍然存在,甚至还有一定市场,民进党迟迟不愿调整大陆政策,废除"台独党纲";两岸在政治经济制度、社会经济发展水平和生活方式方面依然存在较大差异;两岸政治方面的共识还不够;随着时间的推移,两岸之间传统的国家认同和民族认同正在受到新的挑战;个别外国政治力量和反华势力,出于其狭隘的国家利益和短视的集团利益,不希望两岸尽快实现和平统一。

三、争取台湾民心的战略思路和策略

做台湾人民工作与争取台湾民心是相辅相成、互为目的、互为手段的工作。争取台湾民心的工作在某种程度上是两岸之间的一种政治斗争,是大陆与岛内"台独"分裂势力争夺民心的斗争。这场斗争具有艰巨性、复杂性和长期性的特点。在当前形势下,不能期待争取台湾民心可以一蹴而就,产生立竿见影的效果,更不能急躁冒进。毕竟争取民心是一种长期的潜移默化的影响过程,民众心态的变化往往是微妙和缓慢的,它的最终效应往往在形势发展到临界点时才会全面显现出来。同时,争取台湾民心也是一门艺术,需要高超的策略手段来推行。

(一)争取台湾民心的战略思路

1.准确把握台湾主流民意,做好台湾人民工作

台湾与大陆曾长期隔绝,两岸在社会、经济、政治、文化以及意识形态等方面存在明显的差别,就是在生活习惯、思维方式等方面也存在一定差异。由于

以往国民党长期的反共宣传,多数民众对大陆有一种先入为主的负面观感。当我们在做台湾人民工作时,他们很容易会产生抵触情绪,这是我们争取台湾民心的主要障碍之一。台湾同胞尤其担心统一后,生活水平受到大陆的影响而降低,因而目前暂时不主张统一。历史因素造成的台湾民众对大陆的不信任感和疏离感,现实中由于两岸社会制度与价值观念的不同以及长期以来灌输给台湾民众的"反共、反大陆、反统一"的错误宣传,使台湾同胞对两岸统一充满了疑虑。台湾同胞在特殊历史条件下形成的这些复杂心态,需要我们能够予以充分理解,需要我们在实际工作中用热情和真诚予以化解,更需要我们严格掌握政策界限,把"台湾意识""省籍意识""台湾主体意识"与"台独"意识区别开来,把台湾民众"出头天"的愿望、追求民主的正当要求,与极少数"台独"分子的政治野心区别开来。在具体工作中,首先要宽容大度,耐心细致,循循善诱,摒弃"以批为主"的对台宣传政策。只有充分理解台湾民众的复杂心态,真正从台湾人民的福祉和根本利益出发,才能将做好台湾人民的工作落到实处。对台湾当前经济社会的真实情况,对台湾的经济、民生、社会政策,应该以客观、真实的态度予以反映,不能只反对不肯定、只谈原则不讲灵活,以给台湾民众留下"为了反对而反对"的刻板印象。对于台湾出台的经济政策、金融改革措施、健保政策、教育政策,要进行区分,以广大台湾人民利益作为判断的依据。应该向台湾人民讲清楚什么是我们的"最憎"和"最爱"。对"台独"的憎是讲了很多,但对台湾人民的爱是什么?讲得不够,讲得不透。不仅要讲够、讲透,更要在实际工作中让台湾同胞深切地感受到我们的同胞爱和骨肉情,体会到我们是"打断骨头连着筋的同胞兄弟",是血浓于水的一家人。

2.充分发挥大陆改革和发展效应,全方位开展互动交流

立足于大陆综合实力不断提升的坚实基础,充分发挥大陆改革开放和经济发展的良好效应,创造两岸政策互动的效果。大陆应在两岸"两会"协商的基础上,以最大的和平诚意继续争取与台湾官方进行政治协商和谈判;以务实的方式开展两岸党际交流,包括与民进党的交流;以多样化的措施和优惠政策推动两岸民间交流;在"一个中国"原则下构筑两岸全方位、多层次的交流机制。两岸合则两利,通则双赢。促进两岸交流的政策,就是要创造两岸关系稳定发展和社会交往沟通的有利条件,形成"你中有我,我中有你"和"两岸一家亲"的局面,从而使两岸合作之路越走越宽。

3.加强惠台政策研究,建立惠台工作机制

做台湾人民工作是一项长期的工作,非一朝一夕之功,因而惠台政策的制

定与实施也将是一个长期的过程。应加强对"惠台"政策的深入研究和反思，认真分析既往政策的成败得失，逐步探索建立一种由市场主导与政府引导相结合的政策实施机制。以台湾农产品进入大陆为例，可在明确政府承诺及其优惠幅度的基础上，由财政部门拨付资金，相关部门就政策目标及实施范围、对象制订规则，通过招标方式由具体企业实施，而不是由政府一揽子运作。同时，切实关注惠台政策在岛内的实施效果及利益波及效果，以使政策效果惠及大部分民众，尤其是基层民众，或应该予以关注的民众。另外，加强有关台湾人民的经济、政治乃至社会、文化状况及需求的动态研究，为制定与时俱进、符合台湾实际并为台湾人民所欢迎的惠台政策提供依据。

（二）争取台湾民心的策略手段

未来争取台湾民心仍是一项长期而艰巨的任务，必须放眼长远，力争创新做台湾人民工作的机制，扩大两岸民间交流，加强与台湾各界人士的沟通，巩固党际交流成果，积极争取岛内各党派内的务实开明人士，充分利用社团、血缘、宗亲、地缘、宗教、文化等途径做好交流工作。

1.放宽两岸社会交往政策，促进两岸人员往来

两岸人员往来是我们争取台湾民心最直接、最有效的途径之一。首先，是请进来。还有1500万从未来过大陆的台湾同胞，是我们争取民心工作的重点对象。应对这些没有来过大陆的台胞予以政策倾斜和资金资助，吸引他们来大陆进行参观访问。根据过去20多年800万台胞来大陆，以及台湾选举四年一个周期来测算，我们应该有目的地制订具体的规划，有计划地每年吸引30万～50万从未来过大陆的台湾同胞来大陆参访，其中2/3应该是台湾的年轻人和中南部民众。应积极主动地对长期来往于两岸的台湾同胞提供便利，进一步放宽台湾民众进入大陆的入境管理办法，使台湾民众在办理"台湾居民来往大陆通行证"等问题上更为便捷。条件成熟时，可以考虑在厦门、平潭等特定地区与台湾形成一个国家内部的无障碍通关环境，甚至可以凭台湾地区有效证件无须签注直接进入这些地区，如需进入大陆其他地区，在厦门、平潭直接办理相关证件即可。此外，还有走出去。在大陆人士赴台问题上，可以考虑下放审批权，缩短审批时限、简化审批手续，让更多的人有机会赴台进行各种交流活动。

2.团结一切可以团结的人，孤立极少数极端"台独"分子

争取台湾民心的对象，是除了极少数极端"台独"分子以外的所有台湾同

胞。台湾的各个党派都是我们争取台湾民心工作的对象。两岸交流的对象可"从执政党到在野党"、"从人民到政府"、从"大陆的台胞到两岸之间来往的台湾人民再到台湾内部的老百姓"。即使民进党、"台联党"、"建国党"等有"台独"色彩的政党,也应该将其党与党员区隔处理,将为了"台独"理念入党和为了利益入党的人分开。在争取台湾民心过程中,要着眼于拉,而不是推,要注意"投鼠忌器",不要伤害到他们背后的普通支持者。

对于具有欺骗性的"台独"动作,我们的策略应是"化显于无形",而不是客观上造成"凸显其存在"的效果。以往从李登辉到陈水扁的某些做法就是要加深台湾民众对大陆的敌视,借大陆的强硬反应来制造"悲情意识",从而割裂两岸民众的情感,谋求自己的政治利益,对大陆争取台湾民心造成反效果。因此,不应给"台独"势力提供煽动台湾民众敌视大陆的借口,对于一些故意挑衅大陆的"台独"小动作,我们的反应方式可以更加灵活,不给他提供炒作的机会,做到刚柔并济,以"打太极"的柔性方式化解其不良影响。

3. 争取台湾民心应针对特定地域、特定人群开展工作

台湾民众心态的多元性和地域性要求我们更有针对性地对不同政党、不同政治派别、不同年龄、不同族群、不同地域采取不同的工作方法。从族群看,要加大与台湾本省籍人士的往来,特别是争取与本省籍知识分子交往的机会;从年龄层来说,不仅要做在位的各界人士的工作,更要放眼长远,加强与台湾青年一代的接触和互动;从地域来说,要扩大与台湾中南部民众的交流,尤其是努力争取南部的基层农民。

在争取台湾民心过程中,应加强与台湾各党派新生代、各界青年才俊、在校大学生等新生力量的接触和来往,建立互信和互动联系,增加两岸青年之间的了解和认识。应在各级教育、文化、旅游等管理部门的支持下,举办各种交流活动,让更多的台湾青年有机会来大陆零距离地接触、感受和了解大陆的真实状况,以对大陆有正确的认识和判断,从而增强台湾青少年的民族认同感。台湾学生已经把大陆作为未来的就业市场,应鼓励台湾学生来大陆访问、旅游、交流,或广泛邀请台湾优秀学生代表来大陆活动。

扩大对台招生,是争取台湾青少年最有效的途径。应扩大对台招生学校范围,给台湾青年以广泛的选择空间,从而扩大对台招生规模,以吸引更多的台湾学生来大陆求学。同时,制定有关政策解决台生就业问题,以此来体现大陆对台湾青少年的爱护和关心。在充分照顾台湾青年学生前途、利益的基础上,对台生就业的适用范围、准入领域、资格认证、人事档案管理等加以明确的界定,解决大陆台生学成后在大陆就业的问题。

中南部民众以往都一直难以正面了解大陆的情况,且他们在经济上也相对落后,对大陆缺乏信任感,又是民进党的重点支持者,因而更应加大力度做好台湾中南部民众的工作,这对于反"独"具有重要的政治意义。台湾中南部民众的祖籍地大多在福建泉州和漳州,两地语音相通、习俗相同,在国家政策支持下,可在闽南地区建立台湾中南部民众交流基地,全面开展两地交流项目,有计划地吸引大批从未来过大陆的台湾同胞来大陆参访。针对台湾中南部人民和青年一代中国意识淡漠的现实,动员各高校多学科力量,尤其是文学、艺术、新闻传播等学科的研究队伍,推出一批以反映大陆尤其是闽南地区文化、风俗、经济、社会发展为题材的优秀作品,让他们通过欣赏优秀文艺作品了解大陆,加深文化认同和寻根意识。同时,创造条件促进两岸宗教文化交流,充分发挥宗教人士在国家统一中的作用。

台湾知识分子,特别是一些具有广大民众基础的著名知识分子,在台湾拥有智力优势,对民众在思想、舆论上有较大的影响力。为此,应借助科技、教育等部门的支持和参与,多渠道地开展与台湾知识分子的交流沟通,定期举办双向互动的学术交流活动,深入了解台湾知识分子对大陆和两岸统一的真实想法和心态,改进大陆对台工作的某些不足,进一步完善对台政策和策略,争取他们对两岸关系和平发展与和平统一的认同和支持。

4.加强与台湾经济界联系,促进两岸经济交流互动

在开展两岸经贸活动中,应加强与台湾民间部门(如行业协会,文化、技术社团)、企业家个人的经贸互动,通过多种渠道和方式促使他们进一步向岛内民众宣传两岸经济合作对双方的利益所在,以扩大和促进两岸交流。同时,充分利用大陆台商与祖国发展经济联系紧密的特点,千方百计保护台商权益,支持台商在大陆的各项合法生产经营活动,扩充台商与岛内政、商、学各界的联系管道,宣传大陆的政策,展示大陆改革开放的成绩与台商的经营绩效,吸引更多台湾人士来大陆投资,进一步密切大陆与台湾的经贸关系。此外,通过调整东部经济结构,鼓励和引导先期投资东南沿海地区的台资企业进一步向包括中、西部和东北地区在内的广大内地转移,拓宽台湾与大陆经济合作的地域范围,为台湾各层次产业向大陆梯度转移提供更广大的空间。通过整合两岸经济,进一步提高两岸经济功能性一体化程度,为制度性一体化的实现奠定坚实的基础,创造良好的和平发展条件。为此,我们应进一步加大力度推动两岸经济合作,消除各种政策障碍,运用经济手段加强做台湾人民工作,最大限度地争取台湾民心。

5.借助社会各阶层力量,加强两岸联络与沟通

首先,要充分发挥大陆台胞、台属的联络作用。关怀和爱护居住在大陆的台胞和台属,充分发挥台胞、台属与台湾亲人易联系、易沟通和诚信度高的优势,帮助台属开展与在台亲人的情感沟通活动,使台湾亲人了解大陆的真实情况,让他们领悟大陆对 2300 万台湾同胞的亲切关怀,理解和平发展对台湾发展的深远意义。突出重点,把做好第一代台胞、台属工作作为切入点,争取在做好台湾人民工作上有新的突破。第一代台胞、台属及其台湾的亲人均年岁已高,第二、三代台属与台湾亲人的联系甚少,感情逐步疏远。涉台婚姻造成台属每年递增,新台属的队伍逐渐扩大。随着台属结构的变化,做好台属工作的重点逐步转移到涉台婚姻台属上。因此,既要抓好重点的老一辈台属(仍与台湾亲人继续保持联系的台属)的工作,又要抓好涉台婚姻台属的工作。

其次,借助海外侨胞力量拓展社会交往。要建立社会交往的海外网络,以侨为桥、以侨促台,以此作为大陆与台湾民间友好交往的重要桥梁和纽带。各民主党派、工商联、台联会、统促会、黄埔同学会、台湾同学会、欧美同学会、海外联谊会等组织和团体,与港澳台同胞和海外同胞都有着广泛的联系,并形成对外联系的组织体系和工作网络,成为开展对台工作的重要力量。要继续支持和协助各方面人士通过多种形式和渠道,加强与台湾同胞、海外侨胞和外籍华人、华裔的联系,广交朋友,联络友谊,宣传政策,争取人心;鼓励港澳爱国人士和团体与台湾各界人士建立联系,开展交流、交往活动,从多方面做台湾人民的工作,增强台湾人民对"一国两制"方针的理解、认同和信心,增强其对两岸关系和平发展与和平统一祖国的认同和共识;要加强与海外台籍社团、学校和年轻台籍侨胞的联系,鼓励和支持更多台籍侨胞来大陆参观、访问,发展事业,加深其对两岸关系和平发展与和平统一的认同。

第八章

海峡两岸关系和平发展的文化基础

所谓"文化"是指一个国家、地区或民族的历史、地理、风土人情、传统习俗、生活方式、文学艺术、思维方式、行为模式、制度规范、价值观念等物质财富和精神财富的总和,它既是一种社会现象,也是一种历史现象。文化之所以有维系情感的功能,主要是因为文化往往与认同是联系在一起的。文化是一个民族的灵魂,精神的财富,孕育着民族的生命力、凝聚力和创造力。中华优秀文化是两岸的共同宝贵财富。海峡两岸关系和平发展的文化基础就是构建密不可分的两岸文化交流与合作关系和两岸同胞的精神文化纽带。

当海峡两岸关系和平发展从"开创期"进入"巩固深化期"时,文化交流作为两岸交流中最活跃的组成部分,交流规模也不断扩大,层次稳步提升,领域日益拓宽,合作逐渐深化,从而进一步增进了两岸同胞感情。两岸经济领域已经通过商签 ECFA 获得体制化和机制化成果,两岸文化交流也应向体制化、机制化迈进。因此,要继续推动两岸文化产业的合作和发展,积极打造文化产业展示与交易平台、文化人才培养与交流平台,探索文化产业合作的新模式,争取早日商签两岸文化创意产业合作协议,构筑两岸文化产业迈向国际市场的桥梁。

第一节 海峡两岸文化认同与整合的基础因素

两岸一家亲,两岸同胞是血脉相连的命运共同体。习近平总书记在会见国民党荣誉主席连战时特别强调,"两岸同胞一家亲,根植于我们共同的血脉和精神,扎根于我们共同的历史和文化。我们大家都认为,两岸同胞同属中华民族,都传承中华文化。在台湾被侵占的 50 年间,台湾同胞保持着强烈的中华民族意识和牢固的中华文化情感,打心眼里认同自己属中华民族。这是与生俱来、浑然天成的,是不可磨灭的"。中华文化是维系两岸命运共同体最为基础性的因素之一。因此,在两岸关系和平发展新局面不断拓展的形势下,要将"两岸一家亲"的理念落实到两岸交流中去,就要充分发挥中华文化在维系和巩固两岸命运共同体中的功能,通过两岸文化整合,维系和巩固两岸命运共同体。

一、"两岸一家亲"和两岸命运共同体的意涵

两岸一家亲和两岸命运共同体是两个紧密相连的概念,它们都兼具感性和理性、反映历史和现实、立足当前和放眼未来。近年来,"两岸命运共同体"成为大陆对台政策的关键词之一。早在 2006 年 2 月,国务院台办就表示,"经由十几年来两岸关系的发展,两岸同胞已经结成实实在在的命运共同体"。这是"命运共同体"的提法首次出现在大陆的对台政策中。此后,胡锦涛在中共十七大报告和在纪念《告台湾同胞书》发表 30 周年的重要讲话中,都特别强调指出,"两岸同胞是血脉相连的命运共同体"。"两岸命运共同体"是建立在"两岸同属中华民族""两岸同属中华文化""两岸同根同源"的基础上的一个充满感性诉求的概念。习近平总书记在会见连战时提出两岸一家亲的理念,与两岸命运共同体有异曲同工之妙。习近平指出,两岸"大家同根同源、同文同宗,心之相系、情之相融,本是血脉相连的一家人",两岸同胞虽然隔着一道海峡,但命运从来都是紧紧连在一起的。由此可见,"两岸一家亲"是对两岸命运共同体概念的继承、发展和升华。在两岸关系和平发展新局面不断拓展的形势下,要想实现两岸关系的有序发展、稳定发展和良性发展,就要充分发挥中华文化对维系和稳固两岸命运共同体的功能,不仅要看到其维系两岸同胞情感的一面,更应该发挥其促进两岸民间社会一体化的整合功能,真正将"两岸一家亲"落到实处。

(一)"共同体"的概念中"家"的意涵

近几十年来,"共同体"这个词已经出现被"泛用"的趋势,欧盟的前身是"欧洲共同体",日本谋求建立"东亚共同体",东盟希望建立"安全共同体";李登辉曾提出台湾人民"生命共同体",后来又表示台湾和日本是"生命共同体";在企业界、学术界,也有不少"企业共同体""学术共同体"的提法。"共同体"一词的泛用为我们厘清"两岸命运共同体"的真实意涵带来了困扰。

对"共同体"的理解还是要首先回归到词义学,然后将其放入特定的社会文化背景中来诠释。《现代汉语词典》中对"共同体"的解释:(1)人们在共同条

件下结成的集体。(2)由若干国家在某一方面组成的集体组织。英文的共同体是"community",从它的词源和构词法来看,是由 common(普通的,公共的)加上 unity(联合)而构成的,带有"共同联合体"之意。由此可见,共同体的概念强调"共同"、"联合"、"集体"与"组织"。将共同体的概念放在人类社会发展的大背景下理解,就可以发现,从某种意义上说,任何人类群体的存在形式都可以被看作是某种共同体,但就狭义来说,人类社会意义上的共同体是指人们基于一定的目的和需要,通过一定的形式结合在一起共同活动和共同交往,并由此结成具有一定的共通性和稳定性关系的人的共在共处的组织化形式,是人类历史存在的基本方式。① 台湾学者江宜桦认为,在当今时代,共同体之结合更注重建立在共同分享的基础或共同追求的目的上,并关注于内部构成分子之间的有机关联、沟通与分享、认同和参与。②

当今世界人们在使用"共同体"这个词时一般有三种类型,第一种强调区域性,如"东亚共同体""南部非洲共同体""欧洲共同体"等。第二种强调领域性,如"经济共同体""金融共同体""安全共同体"等。这两种在很多时候是可以结合的,如"欧洲经济共同体""东亚安全共同体"等。还有一种提法则带有感性的色彩,如"生命共同体""命运共同体"等,在很大程度上是一个既模糊又综合的概念。"两岸命运共同体"就是属于这种类型。

英国著名社会学家齐格蒙特·鲍曼曾经非常感性地描述共同体的概念,他认为"共同体"是一种感觉,它是一个"温馨"的地方,一个温暖而又舒适的场所。它就像是一个家,在这个家中,我们彼此信任、互相依赖。它像一个屋顶,在它的下面,可以遮风避雨;它又像是一个壁炉,在严寒的日子里,靠近它,可以暖和我们的手。在外面,在街上,却四处潜伏着种种危险;当我们出门时,要观察我们正在交谈的对象和与我们搭讪的人,我们每时每刻都处于警惕和紧张之中。可是在"家"的里面,在这个共同体中,我们可以放松起来——因为我们是安全的,在那里,即使是在黑暗的角落里,也不会有任何危险。③ 大陆学者王茹认为,当我们说到命运共同体时,便有着命运相连、休戚相关、荣辱与共的含义。④ 因此,"家"可以说是"共同体"最为形象和贴切的比喻之一。

---

① 胡群英:《共同体:人类存在的基本方式及其现代意义》,《甘肃理论学刊》2010 年第 1 期。

② 江宜桦:《政治社群与生命共同体——亚里士多德城邦理论的若干启示》,转引自许纪霖主编:《共和、社群与公民》,江苏人民出版社 2004 年版,第 128 页。

③ 齐格蒙特·鲍曼著,欧阳景根译:《共同体》,江苏人民出版社 2007 年版,第 177 页。

④ 王茹:《两岸命运共同体与两岸公共生活的建构》,《台湾研究集刊》2006 年第 3 期。

(二)对"两岸命运共同体"和"两岸一家亲"的解读

"两岸命运共同体"在很大程度上就是要营造"两岸一家亲"的感觉,在同根同源、血脉相连、文化相通、历史相承的基础上培养和增进两岸同胞相互认同的民族情感。同时,在近30年来形成的紧密经贸关系的基础上增进共同利益,并在此基础上继续扩大两岸经济社会文化的交流,创造破解政治难题的条件,促进两岸关系和平发展框架早日建立。因此,两岸命运共同体是一个兼具感性和理性、反映历史和现实、立足当前和放眼未来的概念,是"两岸一家亲"的具体落实和体现。

在围绕"两岸命运共同体"的讨论中,还有一个重点是,两岸是已经成为命运共同体,还是说两岸现在尚未形成共同体,或者是不完整的共同体,从而需要去重新建构或完善成一个完整的命运共同体。一些学者提出两岸要通过建构经济共同体、文化共同体、社会共同体和政治共同体来实现两岸的最终"统合"或"整合",其逻辑前提明显是两岸还没有建立起"共同体"。两岸"命运共同体"就与上述这些"共同体"的论述存在明显差异。从前者来说,它比较侧重两岸趋同的方面,强调两岸本来就是或已经形成命运共同体,它不需要去重新建构和塑造,而是要被大家所认知、所理解、所接受、所珍惜。大陆对台政策中的表述明显倾向于这一种。而后者则更多看到的是两岸差异的一面,强调要如何整合这些差异,要建立某种组织形式上的共同体。

其实,如果从辩证统一的角度来理解,这两种提法并没有必然的矛盾。从血缘、文化、历史和情感上说,两岸的确早已是命运共同体,但在现实的两岸政治、经济、社会、文化关系中,两岸的融合似乎还不尽如人意,台湾部分民众也存在一些疑虑或抵触,两岸命运共同体似乎也没有组织形式上的保障。因此,稳固两岸命运共同体应该是最为贴切的描述,即两岸命运共同体已然成型,但尚不稳定,也缺乏制度性和形式上的保障,还需要不断夯实和加固。而文化不但有维系两岸同胞民族情感的功能,更有整合的功能,可以为维系和巩固"两岸一家亲"的理念发挥关键性和基础性的作用。

二、文化认同是"两岸一家亲"的精神纽带

"两岸一家亲"不是抽象的,"两岸命运共同体"也不是一个虚幻的概念,而是要有实实在在的内容来维系,而中华文化是维系两岸命运共同体最为基础性的因素。2010年9月28日,王毅在会见"世界台湾商会联合总会"大陆参

访团时表示,两岸之间不管存在哪些分歧,不管今后还会面临什么难题,我们毕竟同根同源、血脉相连,毕竟拥有共同的祖先、共同的文化、共同的传统和共同的历史责任。① 文化之所以有维系情感和保持精神的功能,主要是因为文化往往与认同是联系在一起的。文化认同是人与人之间或个人与群体之间共同习俗、共同理念、共同思维模式和行为规范的一种确认,是对个人或群体的社会属性、文化属性及其正当性的一种确认。根据建构主义"文化—规范—认同"的范式可以知道,文化因素对一个国家、地区或民族内部成员的行为可以产生规范效应,而普通和被广泛接受的社会规范又有助于建构对国家或民族的认同。美国学者安东尼·史密斯认为,文化认同是国家认同的起始和结果,更是民族主义的核心。② 台湾学者江宜桦也将文化认同作为国家认同的三个主要层面之一。③

两岸之间的文化认同直接关系到两岸命运共同体的维系。如前所述,命运共同体的建立和维系需要共同的基础,包括共同的文化、价值观念、利益追求等。两岸同属中华民族,共享中华文化,就是两岸一家亲、两岸命运共同体最为坚实的基础。共同的文化是构成一个民族的基本要素之一,也是一个民族强大的凝聚力的源泉。与两岸之间的经济利益和其他联系相比,文化的影响更为深远、更为深刻。两岸同胞对中华文化的共同认同,可以说是维系两岸命运共同体最为核心的因素之一,是两岸一家亲最为基础的体现。有大陆学者就认为,台湾同胞对中华文化的认同,实质上能够反映出对"海峡两岸同属中华民族"的政治认同。④ 余光中先生也认为,两岸的文化本来就同源同种,在基本层面是一样的,两岸文化不存在实质意义上的分裂。但两岸分离这么长时间,现在两岸迫切需要文化上的交流,在没有太大交流障碍的情况下,强调"文化认同"会好些,我们需要文化认同来增进人们的亲近感。⑤

---

① 《王毅在为世界台湾商会联合总会首次大陆参访团举办的欢迎酒会上的致辞》,http://www.gwytb.gov.cn/gzyw/,访问日期:2014 年 10 月 17 日。

② Anthony D. Smith. *National Identity*, Las Vegas: University of Nevada, 1991, pp.52,74.

③ 江宜桦:《自由主义、民族主义与国家认同》,台湾扬智文化事业股份有限公司 2000 年版,第 15 页。

④ 赵森、李义虎:《构建两岸关系和平发展框架》,周志怀主编:《新时期对台政策与两岸关系和平发展》,华艺出版社 2009 年版,第 210 页。

⑤ 《余光中:两岸文化没实质分裂 只需互相认同》,中评社北京 2009 年 6 月 30 日电。

　　如果两岸之间没有中华文化作为联结，在 1987 年两岸开放之时，分隔了近 40 年的两岸民众感情不会那么快就融洽起来。如果没有对中华文化的认同，就没有两岸开放至今以来热络的探亲、寻根和各种宗教文化交流的热潮。如果没有两岸共同的文化渊源，两岸的经贸合作也不会取得今天的成就。台湾大学经济学教授陈添枝在分析为什么台商投资向大陆倾斜时，就认为第一原因就是语言和文化上的接近，因为文献显示"心理距离"是对外投资地点的重要决定因素，厂商在投资时除了考量各种投资的环境条件外，对"地主国"的亲和感影响投资也极为重大。[①] 另一位台湾学者蔡学仪也表示，两岸皆源于中华文化，拥有共同的历史及传统，甚至语言和生活习惯都非常类似，这对两岸的经济整合形成相当有利的基础。[②] 同样，中华文化中"中庸""和谐""和而不同"等传统思想精华，也比较会对两岸更有智慧地破解政治难题提供帮助。

　　两岸由于在历史上几十年的隔阂，加上李登辉和陈水扁当政时期在"本土化""去中国化""文化台独"等问题上的一系列政治操弄，使得部分淳朴善良的台湾民众在中华文化认同这个问题上产生了模糊的认知，学界还出现了某些诸如"台湾文化与中国文化已经呈现完全不同面貌"，"各自成为两个有相关却日渐不同的文化体系"，"中华文化是台湾文化的一个组成部分"等各种谬论。李登辉和陈水扁的上述做法，其根本目的还是在要影响台湾民众政治上的"国家认同"。台湾学者李允杰就指出，"去中国化"运动是企图以台湾本土文化对抗中国现代文化，强调两岸政治文化的差异和不相容。[③] 台湾学者刘文斌也认为，"去中国化"就是将台湾民众"国家认同"中对于传统中国在制度面、文化面和族群面的认同祛除，转而以台湾文化、族群及制度作为认同主体。[④] 但是，"台独"分裂主义的操弄并没有从根本上影响到台湾民众的文化认同，台湾绝大多数民众并不否认两岸文化的血脉联系，也承认中华文化是台湾文化的核心要素，文化对两岸命运共同体的维系功能依然强劲。当前，两岸领导人都看到了文化在两岸关系和平发展中的重要作用。中华文化是两岸同胞共同的宝贵财富，是维系两岸同胞民族感情的重要纽带。中华文化在台湾根深叶茂，台湾文化丰富了中华文化的内涵。马英九也表示，要打造"具有台湾特色的中

　　① 陈添枝：《全球化与两岸经济关系》，台湾《经济论文丛刊》2003 年第 3 期。

　　② 蔡学仪：《两岸经贸之政治经济分析》，台湾新文京开发出版股份有限公司 2003 年版，第 73 页。

　　③ 李允杰：《台湾政局与两岸关系》，台湾海峡学术出版社 2007 年版，第 6 页。

　　④ 刘文斌：《台湾"国家认同"变迁下的两岸关系》，台湾问津唐书局 2005 年版，第 219 页。

华文化","发展出一个丰富中华文化的模式"。① 这些都为文化在促进两岸关系和平发展中发挥更大的作用创造了机会和条件。

三、文化整合是"两岸一家亲"的人文基础

如果说维系更多强调的是维持"不分"的状态,是一种略带消极的描述,那么整合强调的就是要从积极的角度思考如何进行"巩固"的问题。文化不仅仅只有维系情感的功能,更有整合社会价值、规范社会行为的功能。文化对两岸命运共同体的整合功能首先表现为文化自身的整合功能。大陆社会学家司马云杰认为,文化整合是指不同文化相互吸收、融化、调和而趋于一体化的过程。当有不同文化的族群杂居在一起时,他们的文化必然相互吸收、融合、涵化,发生内容和形式上的变化,逐渐整合为一种新的文化体系。② 海峡两岸同属中华民族,两岸的文化整合是同一民族内部的不同区域之间的次文化整合,而非两个不同民族之间的跨文化整合。台湾文化与中华文化是同质性的文化,其内涵具有高度的一致性。中华文化是台湾文化的根基和核心,台湾文化传承了中华文化的传统,并非是独立于中华文化之外的另一种文化。朱双一认为,尽管台湾文化呈现出比较繁杂的多元包容性以及自己的地方文化特色,但并没有溢出中华文化的范畴之外,而是中华文化整体中的一种地方文化形态,这是由文化核心要素或"民族性格"的根本属性决定的。③

与此同时,我们也应该看到,文化是历史的投影,台湾历史的特殊性也造就了台湾文化的特殊性,当代台湾与中国大陆在政治制度、经济制度上的差异,导致了文化上的明显差异,只讲台湾与大陆在文化上的一致性是片面的,同样,只讲台湾文化的特殊性也是片面的。④ 正是因为大陆文化与台湾文化的差异性,才导致两岸在进行社会文化交流的过程中,一些民众对对方的某些与自己不同的观念和行为不理解、不认同、不接受,才产生了一些需要相互尊重、相互理解、相互包容、相互信任的问题。当然,这种差异性并不是根本性和核心性的,也不能以此认为大陆文化与台湾文化是两种性质完全不同的文化,更不能以此否定台湾文化与中华文化的渊源关系。即便如此,我们依然应该

---

① 《马英九:打造具台湾特色的中华文化》,中评社台北 2009 年 10 月 10 日电。
② 司马云杰:《文化社会学》,山西教育出版社 2007 年版,第 24 页。
③ 朱双一:《闽台文学的文化亲缘》,福建人民出版社 2003 年版,第 18 页。
④ 陈孔立:《台湾历史与两岸关系》,台海出版社 1999 年版,第 235、226 页。

认真思考两岸文化差异的接轨和整合问题。如果两岸在文化领域都无法实现整合，就可能导致两岸之间的社会文化差异在交流交往中更加凸显，无法消弭两岸人民长期不了解所带来的隔阂和误解，甚至可能产生越交流误解越深的状况。

两岸文化的整合对巩固两岸一家亲的理念，构建两岸命运共同体的功能主要表现在以下几个方面：

第一，文化整合是建立两岸民众相互理解、相互信任的重要途径，也可以影响和纠正台湾部分民众在中华文化问题上的一些误解。两岸有共同的中华文化基础，两岸民众在某些问题的认知价值上即使有差异，也是正常现象，关键是双方能否将心比心，有足够的信心和耐心，试着去理解和尊重对方的合理想法和诉求。文化整合可以扮演这样的沟通和桥梁角色，透过文化整合的过程，两岸民众之间可以有更多的交流、接触和了解，相互理解、相互尊重，减少意识形态、价值观念和思维模式上的冲突，并逐渐向趋同的方向发展。胡锦涛提出的对台湾同胞要"理解他们、信赖他们、尊重他们"，其实就是鼓励一种包容的文化价值。只要两岸在文化上相通融合，协商签署两岸经济交流合作协议，尝试建立某种形式的"社会文化共同体"，都是顺理成章之势。

第二，文化整合可以为两岸经济关系的发展提供更有利的人文环境，可以促使两岸经济相互依赖继续向纵深发展。两岸过去20多年间经济关系的发展在某种程度上已经拉近了两岸文化差异的距离，两岸经济交流和互赖深化的过程其实也是一种文化交流整合的过程，两岸经济活动所带动的不仅是资金流、货物流，还带动了人员的频繁往来和观念的碰撞，有助于台湾民众对大陆的了解和对中华文化的进一步认同。但经济的整合并不能取代文化的整合，在两岸经济关系发展到一定阶段后，文化的整合势必要提到日程上。有评论就此提出，"两岸经济联系日趋密切，现在就是开始文化整合的时机"，两岸已经开始"尝试从经济利益的交换进入文化整合的开端"。① 同样，两岸的文化整合可以使两岸发展经贸关系的人文环境更加优化，使两岸投资经商者的心理距离更为接近，从而创造更多的商机和利益，促进两岸经济联系更加紧密，最终形成正常化和机制化的两岸经贸关系，或称之为某种形式"经济共同体"。

第三，文化整合可以为两岸达成政治共识营造良好的氛围。政治共识是构建两岸关系和平发展框架的支柱之一。所谓"政治共识"就是两岸之间需要

---

① 新加坡《联合早报》2009年6月17日、2009年7月13日。

对政治领域所存在的问题和分歧有起码的认知交汇。这些问题至少包括台湾当局的政治定位问题、台湾参与国际活动问题、台湾方面的安全顾虑问题、两岸结束敌对状态、签署和平协议等问题。这些是两岸关系中分歧或对立比较严重的问题,有些是涉及核心或重要利益,解决起来难度比较大的问题。对于这些问题,在解决时机不成熟的情况下,为了避免凸显分歧、激化矛盾,在一定时期内可以考虑暂时搁置,但这些问题无法长期回避。两岸之间需要通过接触、协商、谈判创造解决问题的氛围,争取达成一定的共识,才能够有利于构建两岸关系和平发展的框架。两岸文化的整合无法完全取代两岸针对政治难题的协商,但至少可以为破解政治难题营造良好的氛围,创造了一定的条件。

综述之,中华文化是"两岸一家亲"的历史和文化基础,是两岸命运共同体的重要组成部分,但文化的功能不仅仅局限于文化领域。文化的维系与整合功能是两个不同的维度,一个起到"维稳"的作用,另一个起到"加固"的功效,两者相辅相成,缺一不可。以中华文化的传统来维系两岸同胞的情感,以文化的整合来巩固两岸在经济、社会、政治领域已有的成果,才能够推动两岸命运共同体向组织型、制度性"共同体"的方向发展。只有这样,两岸命运共同体才不仅仅只是一种"家的感觉",更是实实在在承载两岸人民情感和利益的实体,真正在各方面体现"两岸一家亲",才能够为推动两岸关系和平发展和国家的最终完全统一发挥最大的作用。

第二节　海峡两岸文化交流与合作的基本框架

文化因交流而丰富,因合作而多彩。2008 年 5 月马英九执政以后,双方在推动两岸关系方面达成了一个难得的共识,这就是"先易后难,先经后政,有条不紊,循序渐进"。2010 年 6 月 29 日,历经艰苦的谈判,两岸"两会"签署了具有里程碑意义的《海峡两岸经济合作框架协议》(ECFA),这标志着两岸经济交往正式进入机制化、制度化、程式化阶段。此后多年来大陆方面大量的和平让利,让岛内民众切实感受到大陆同胞的善意,尝到了和平发展的甜头。当前,抓紧 ECFA 后续协议协商固然刻不容缓,而能在马英九无连任压力的战略机遇期内,尽快将两岸文化、教育交流合作协议(台湾方面称为文化 ECFA)摆上议事日程,加快协商步伐,这既可为后 ECFA 时期两岸关系和平发展进程增添必要的前进动力,又可为双方政治对话、政治协商创造必要的条件。

一、两岸文化交流与合作的重要意义

两岸政治对话协商是一个敏感而棘手的话题,在"先经后政"的协商顺序中,择机融入柔性、平和的两岸最大公约数——中华文化交流,并将其贯穿始终,能为政治对话协商营造必要的氛围,为两岸正式结束敌对状态创造必要的条件。

(一)有效增进双方情感,增强互信

互信是任何政治对话协商的前提和基础。如无政治互信,任何政治对话协商就无法进行。两岸协商签署文化交流与合作协议,以中华文化为精神纽带和桥梁,拉近彼此原有的心理距离,逐步消除双方固有的心理戒备,融化两岸的心理隔膜,热络台海之间情感,使得双方的政治对话协商有了"坐"下来的铺垫,"坐"下来的需求,"坐"下来的可能,"坐"下来的动力。因此,扫除两岸文化交流与合作协议的最大障碍——"文化台独",尽快将此协议摆上议事日程,正当其时,适得其所。

(二)从认知源头加强互动,缩小差距

中华文化并不只是一种单纯的传统文化,而是包含在文明社会、在现代化过程中中国人特有的一种生活方式和价值观念。在传承传统文化的基础上,中华文化的转化、再造、创新,单靠同为龙的传人的海峡两岸任何一方,都不可能独立进行,唯有通力合作,才能完成。在此携手互动过程中,长期以来两岸文化的同中有异,可逐步相互理解、贯通;而两岸价值观中的异中有同,也可在双方赤诚坦陈交往中,渐渐摈弃原先的误解、曲解。这种中华文化特有的"以和为贵""和谐共生"的精神,可使双方在包容、谅解、互动中加强趋同化的认知,缩小差距。而通过文化认知的趋近认同,是逐步通向政治认同的最佳捷径。

二、两岸文化交流与合作协议的基本构想

(一)两岸文化交流与合作协议的关键主题

两岸文化交流合作协议的底线是坚守"一个中国"原则。但坚持"一个中

国"底线,既要坚持政治原则,也要注意尊重对方,避免伤害对方感情,使两岸交流成果毁于一旦。力戒再度出现类似"东京影展风波"事件,殃及两岸关系。

文化教育属于意识形态、上层建筑。如果说经济是硬实力,那么文化教育就是软实力。对于这个问题,双方都极力强调"以我为主",都想主导交流。大陆强调的是,中华文化的根在大陆,而台湾凸显的是,具有台湾特色的中华文化难能可贵,但问题实质在于究竟谁能真正主导。主导,决不意味着颐指气使、居高临下。主导,要求双方在洽签文化交流与合作协议之前,做好各方面充分准备,让"登陆"、入岛的文化教育交流专案,能为民众首肯接受,喜闻乐见,入耳入心。

(二)两岸文化交流与合作协议的基本思路

1.仿效 ECFA,先商谈框架,后补充细则

ECFA 因为涉及两岸特殊现状,双方不可能像"国家与国家"之间一步到位签署自由贸易协定,只能先就双方经济交往达成一个框架协定,后续实质具体协定在此框架原则基础上,谈成一个,签署一个,逐步补齐。如此先简后繁,先易后难的协商顺序为两岸认可,行之有效。两岸最大的合作基础虽在文化,但最困难的障碍也在文化,原因在于"文化决定了我们是谁"。有浓厚意识形态色彩的文化交流与合作协议亦十分复杂、繁多,故也可仿效 ECFA,先谈框架,后签细则。框架协定可设定协定的主要原则、底线、理念,以及协商的阶段、进程、时间表等。在长期两岸文化交流中,主要存在的问题有盗版、专利、独资制作公司设立的许可等,虽已包括在《海峡两岸知识产权保护合作协议》及 ECFA 后续的投资保障、市场准入等协议中,但文化盗版仿冒、文化专利及文化独资制作公司设立的许可等问题,毕竟有其特殊性、独立性,还需在文化交流与合作协议后续细则中设专门章节具体阐明。

2.设立"两岸文化交流委员会"

由于文化教育交流协议领域广、范围大、项目细、时间长,且程式繁杂,协商全部由两岸"两会"承担显然不现实,宜设立政府主导、白手套性质,包括双方技术官员在内的专门委员会来具体商议。文化教育交流需花费大量经费,大陆由政府拨款实施,而台湾有关部门应把重点放在营造有利于交流的环境上。为此,两岸可分别成立"两岸文化交流委员会",由委员会来推动进行两岸文化交流事宜。

3.整合经营"孔子学院"和"台湾书院"

目前大陆已在世界各地设立了 320 多个"孔子学院";台湾从 2010 年起也

开始在国外设立"台湾书院"。两者都意在传播中华文化,功能、内涵基本相同。若经友好协商,双方另起一名,如叫"孔子书院",将彼此资源整合在一起,实在是有利于中华民族的功德无量的一件好事。现今"孔子学院"因大陆方面重视,已初具规模,但经营管理尚待加强。整合后的"孔子书院"可由两岸管理者组成扬长避短的管委会共同管理。师资方面若能由两岸有关国学专家及青年志愿者组成不同层次的中华文化巡讲团,前者主要负责高端演讲,后者深入世界各地,参与第一线中华文化传播、辅导。由此可在全球形成复兴中华文化的重要据点和平台。

4.两岸共同推动"识繁书简"

目前"识繁书简"已为两岸文化界、教育界所接受,是双方公约数。"识繁书简"有利于中国文字的传承与发展,有利于"一国两字"平稳过渡到"一国一字"。对于这项工作要有紧迫感、危机感。为此经友好协商,可试行做好以下几项工作:

(1)经两岸专门委员会协商,两岸共同组建文字改革委员会,先对汉字字形文件中常用的 7000 多字进行分析比对,对于大陆 1964 版《简化字总表》中科学、合理、公认的简体字予以确认;对于当时考虑欠周,实践证实欠妥的简体字严肃鉴定,重新认对,着重改进简体字的"同音替代""符号替代""草书楷化"等不合理、不现实、不科学的现象。

(2)两岸选择在同等数量的中学的初中高年级或高一阶段设置一门"识繁书简"选修课,让学生通览简体字与正体字对照表,了解两者之间的传承关系和改造规律,举一反三,融会掌握。

(3)双方通过协商,先选择在试点城市中有影响力的平面媒体上,各自进行正体字附注简体字,简体字附注正体字工作。此项工作所需费用由两岸专设基金会拨款解决。让读者通过日常的新闻阅读,在潜移默化中日积月累地做到"识繁书简",试行成功后再予以推广。

5.进一步放宽陆生赴台求学

目前大陆学生赴台就学,台湾方面还有种种不合理的限制,如不准课余打工、没有任何奖学金,所能就读的学校还只限于私立学校,就读学位须硕士以上等。按照教育对等原则,对照台生来大陆就学所享受的条件、待遇,显然是不合理的。双方可就这些议题进行协商,逐步放宽,乃至取消种种不合理的限制,以有利于两岸文化教育交流和人员往来。

第九章

海峡两岸关系和平发展的试行区域

在海峡两岸关系和平发展的形势下,如何打造两岸合作先行先试和对台政策的综合实验区,构筑两岸交流合作的前沿平台,推动两岸交流合作向更广范围、更大规模、更高层次迈进,是促进两岸关系稳定发展和区域繁荣的重要手段。海峡西岸作为两岸经济整合的独特区域,以政策创新作为其发展催化剂,成为中国大陆最具发展活力的区域。

第一节 海峡西岸对台政策先行先试

海峡西岸对台政策先行先试,应按照建立两岸人民交流合作先行区的要求,紧紧围绕建设"先行区"和"示范区"的发展目标,积极探索新路径,努力打造新模式,建立一整套适应科学发展、体制创新和两岸融合的全新的政策机制,把先行先试工作融入 ECFA 的总体框架中,有步骤地让一些带有探索性的经济贸易合作议题,在海峡西岸先行先试,发挥"政策试验"的功能,通过局部先行和试验,探索建立具有区域特色的两岸合作新模式和新机制,以作为推动实施 ECFA、完善两岸经济合作机制的政策导向与发展方向。

一、海峡西岸对台政策先行先试的重要意义

(一)深入推进对台先行先试的有效尝试

当前,海峡西岸发展面临难得的重大历史机遇和前所未有的政策施展空间。随着两岸关系发生重大而积极的变化,"两会"制度化商谈取得重大成果,两岸直接"三通"全面实现,两岸正式签署 ECFA 后,两岸经济关系从正常化逐步走向制度化安排。这一发展机遇为福建积极有效地开展和推进对台先行先试政策提供了良好的外部环境和施展舞台,但也对福建提出了新的更高标

准和要求。在新的形势下,充分发挥福建在对台交流中先行先试的作用,可以更好地服务两岸关系和平发展的大局。因此,海西区对台先行先试的政策定位应与"两岸人民交流合作先行先试区域、对外开放综合通道、东南部沿海先进制造业基地、重要自然和文化旅游中心"相衔接,与两岸经济合作框架协议相呼应,并且更加超前,更加具体,更加具有可操作性,尤其在对台经贸、航运、旅游、邮政、文化、教育等方面,实行更加灵活开放的政策。这是福建深入推进对台政策先行先试的有效尝试。

(二)建立两岸经济合作机制的重要步骤

两岸"两会"恢复商谈后,达成了一系列有关促进两岸经济合作的协议和共识,为两岸经济交流的正常化带来了显著的成果。在两岸经济关系基本实现正常化后,两岸经济合作的制度性安排也在循序渐进地推动,逐步从功能性整合走向制度性整合。因此,未来"两会"协商的重点是在 ECFA 签署后,如何进一步补充 ECFA 的内容,完善两岸经济合作机制。但是,两岸制度性经济合作是一个长期的、逐步推进和分阶段实施的开放过程,需要在局部地区渐进试行,因而要统筹安排,从点到面,从局部到整体,逐步推进。福建在这一方面就可创造一个有利的"外壳"和平台。没有"先行先试"的区域合作试点,就不能一揽子解决两岸经济制度化安排的政策问题。可见,海西区对台政策先行先试,既为两岸合作提供新的平台和载体,又为两岸关系发展提供新的动力和机遇。只要找准自己的定位和发展方向,有效地促使海西在资源、劳力和制造等方面的优势与台湾在资本、管理和服务等方面的优势相互结合,形成两地互补、互利、互惠以及相互依存的关系,福建对台交流与合作就能展现出美好的发展前景和深远的战略意义。

(三)建设海峡西岸繁荣带的战略举措

随着中国大陆改革开放的不断深入,以行政区划为主体的经济管理模式逐渐被打破,以经济关系为纽带的区域经济协作日益得到加强。各地根据自身的资源条件、产业优势和技术基础,不断加强相互之间的经济联系,从而出现了多种形式的区域经济合作。从珠江三角洲到长江三角洲,从环渤海经济区到中部地区,从海峡西岸经济区到北部湾地区,区域之间既出现相互合作的趋势,又形成相互竞争的态势。在 20 世纪 80 年代"开放广东沿海特区"、90年代"发展上海浦东新区"、21 世纪初期"开发天津滨海新区"的战略步骤下,通过建设海峡西岸繁荣带,积极开展对台先行先试,大力促进"海峡经济区"的形成,完全符合深化沿海开放战略和区域协调发展战略的实际要求,是中国区域经济发展的客观需要。2009年5月,《国务院关于支持福建省加快建设海峡西岸经济区的若干意见》的出台,就是海峡西岸对台政策先行先试的有效尝试。2015年4月21日,福建自由贸易试验区正式挂牌,预示着两岸经济合作试验政策得到进一步深化。

(四)扩大对台交流合作的重要部署

海峡西岸对台政策先行先试,可提升至"推进祖国和平统一大业的战略部署"的高度来考虑。福建在促进两岸关系和平发展和祖国统一大业中有着不可替代的独特优势和重要地位。2014年习近平总书记视察福建时,要求福建加快发展,稳步推进两岸经济交流合作。这些都表明海峡西岸对台先行先试的重要性和紧迫性。在新的形势下,福建积极推动对台政策先行先试,在拓展两岸人员往来通道、搭建两岸经贸合作桥梁、做好台湾人民工作等方面形成具有一定影响力的对台工作平台,将有助于福建在两岸交流合作中更好地发挥前沿基地和桥梁纽带作用。

二、海峡西岸对台政策先行先试的功能定位

海峡西岸对台政策先行先试的功能定位,要紧紧围绕建设"先行区"和"示范区"的发展目标,在深化改革和扩大开放上先行先试,奋力成为科学发展和体制创新的先行区;在对台招商和扩大利用台资上先行先试,全力构筑两岸产业对接的集中区;在对台工作和扩大交流合作上先行先试,全力打造"两岸共同家园"和"两岸融合的示范区"。

(一)在深化改革和扩大开放上先行先试,奋力成为科学发展和体制创新的先行区

围绕海峡西岸建设的发展目标,全面改善投资环境,大力推进基础设施建设,构建公共服务平台,提高海峡西岸的改革开放水平。

1.推进基础设施建设,优化投资硬环境

以打造科技工业园区为目标,加快园区建设,完善道路、供水、供电等基础设施和社会设施配套,为产业集聚发展提供功能更加完善的载体;进一步明确园区的发展规划和功能定位,不断完善园区的配套建设、管理和服务,促进企业向工业园区集聚,引导关联企业聚集化发展,形成以龙头骨干企业为主导、

中小企业为配套、物流配送为保障的各具特色的工业园区;在交通设施建设方面,加快建设高速铁路、沿海大港、新机场和高速公路改扩建,形成以高速公路、高速铁路为主骨架,海、空港为主枢纽的现代化综合立体交通运输体系,成为服务海峡西岸及周边地区发展的新的对外开放综合通道。

2.构建公共服务平台,优化投资软环境

深化行政审批制度改革,创新行政审批方式,简化和规范审批程序,提高行政效能和办事效率,率先实行审批管理"零收费"制度,构建服务型政府。转变政府职能,全面推进政事、政资、事企、政府与市场中介组织分开,强化政府经济调节、市场监管、社会管理和公共服务的职责。增强服务意识,改善服务方式,创新服务手段,营造亲商、安商、富商的良好氛围,促进技术服务、标准检测、网络信息、培训、现代物流等产业集群区公共服务平台建设。进一步建立健全涉台法律法规,依法保护台胞的正当权益,为台胞投资兴业、交流交往提供便利服务和法律保障;健全台商、台胞、台属接待服务制度,定期召开台商座谈会,帮助台商解决生产经营中的困难。

(二)在对台招商和扩大利用台资上先行先试,全力构筑两岸产业对接的集中区

针对台湾产业发展特点和对外转移趋势,加大对台招商引资力度,着力推进与台湾先进制造业、金融服务、旅游会展、航运物流、商贸、文化创意等方面产业的对接,提升产业合作规模、层次和水平,打造两岸产业对接集中区。

1.加大对台招商引资力度,扩大利用台资规模

抓住国内外新一轮产业重组和生产要素转移的契机,密切跟踪台湾产业发展动态,密切与台湾相关行业协会、企业的联系,依托各类产业园区,突出"以台引台",促进两岸产业对接。以优化产业结构和增强竞争力为核心,以重大项目、高科技、高附加值项目、生财项目为重点,着力引进一批高质量的产业链龙头项目和配套项目;以台商联合会、台商投资企业协会为中心,充分发挥台商与台湾厂商协会联系密切的优势,有计划地邀请台湾工商界人士到福建进行考察,促进两地产业合作。

2.完善科技发展机制,有效提高利用台资水平

注重引进先进技术、管理经验和智力资源,加大多元化科技投入,提升企业技术进步和技术创新能力,为高新技术产业发展提供支撑。推进国家级对台科技合作与交流基地以及光电显示产业集群建设,重点引进开发液晶显示、

太阳能、节能汽车、精密仪器、碳纤维等高附加值的新技术、新产品,打造高新技术产业重要基地。加强对产业技术创新服务平台建设的指导,并在资金、技术、人才等方面给予必要的支持,切实增强服务功能。

3.走新型工业化道路,打造先进制造业基地

发展以光电业为主的高新技术产业集群,推动传统制造业调整升级,不断优化产业结构,促进产业升级,壮大产业规模。密切跟踪台湾先进制造业的发展趋势,围绕龙头企业有针对性地展开产业集群招商,加速上、中、下游配套企业的引进与衔接,延伸产业链条,扩大集群规模,做大做精拳头产品。大力实施品牌带动,加大自主知识产权和自有品牌的培育力度,引导和推动技术、资本等资源向优势品牌企业和产品集聚,扩大品牌企业的生产规模和市场占有率,不断提升产业核心竞争力和整体发展水平。

4.发展现代服务业,建设港口物流基地

把握台湾服务业积极拓展大陆市场的机遇,加强与台湾服务业的合作,完善服务业发展规划,吸引台湾高端服务业项目落户海峡西岸,在区内中心城市设立地区总部、配套基地、采购中心、物流中心、营运中心和研发中心,促进现代服务业和先进制造业有机融合,全面加快现代服务业发展,努力推动现代服务业上规模、成系统,不断增强中心城市的综合服务功能,提升城市生活品位和服务建设海峡西岸能力。充分发挥中心城市临海优势和对外交通日益便利的优势,加强培育物流市场,以港口物流为龙头,区域物流为支撑,大力发展现代物流业,推动国际物流、对台物流和保税物流发展,努力培育光电、电子信息和轻工食品等主导产业物流供应链,加快物流信息化建设,促进物流企业集聚,扩大物流规模,形成立足于东南,服务于海峡西岸乃至内陆腹地的现代港口物流基地。

(三)在对台工作和扩大交流合作上先行先试,全力打造"两岸先行先试的示范区"

1.两岸 ECFA 特别试行区

在两岸签署 ECFA 后,还需要一个分阶段实施、不断补充和逐步完善的过程。在此过程中,海峡西岸可作为 ECFA 的特定先行先试区域,在 ECFA 实施过程中,先行实施某些正在商谈或将要商谈的项目和条款,为 ECFA 的补充协议和全面实施探索途径,积累经验。如在两岸金融合作以及台湾服务业市场准入等方面争取中央更多的政策支持,积极试行两岸金融机构设置及信贷、汇兑、结算的开放,放宽汇率、税率、利率限制。

2.两岸要素往来通行区

积极探讨和大胆试行两岸贸易和人员等要素往来便利化管理办法,推动两地海空客货运直航更加便捷,使两岸各种生产要素的流动更加顺畅。如以平潭岛建设开发为重点,促进经贸交流和各类要素的直接双向流动,并在设立对台综合实验区以及台湾商品的市场准入等方面争取中央更多的政策支持。

3.两岸同胞融合示范区

进一步做好台胞服务工作,对台胞在本地置产置业、就学就业、居住生活等实行居民待遇,鼓励常住台胞融入社区生活,参与社区服务,依法支持在当地投资、工作、生活的台商、台湾专业人士和优秀人才加入群团组织。进一步提升与台湾文化、教育、卫生、体育、民俗、宗教等方面交流合作的层次和水平,做好台湾人民工作,促进两岸民间交流和情感融合,努力为推动两岸关系和平发展做出新的贡献。

三、海峡西岸对台先行先试政策的主要机制

海峡西岸对台先行先试的政策机制,就是要在扩大对外开放、深化体制改革和加强对台合作方面,积极探索新路径,努力打造新模式,建立一整套适应科学发展、体制创新和两岸融合的全新的政策机制。因此,如何充分利用海西特殊的对台区位优势、工作基础和中央的政策支持,在进一步落实"同等优先、适当放宽"政策的基础上,把先行先试工作融入 ECFA 的总体框架中,有步骤地让一些带有探索性的经济贸易合作议题在海峡西岸先行先试,发挥"政策试验"的功能。

(一)提供便利的投资合作条件,健全投资开发建设机制

加强投资领域的合作,提供更加优惠和便利的投资环境,形成更加有利于海峡西岸建设的投资机制。

1.财税支持政策

(1)在国家产业布局和规划上,优先安排国家重大项目在区内布点,对基础设施建设给予一定的财政配套支持,采取如投资补贴、财政贴息、低息贷款等相关优惠措施,吸引各类资金参与建设。(2)对投资鼓励类项目,享受15%所得税优惠税率,免征设备进口环节增值税;对投资电子、机械等重大项目,免

征设备关税和进口环节增值税;对台商投资企业税后利润再投资,继续实施退还再投资部分已缴纳所得税税款40%的政策。(3)对于非台商投资区范围,比照台商投资区执行过渡期税收优惠政策。(4)区内自台湾进口商品所征关税返还,成立有关产业发展基金,或争取设立两岸合资的"海峡投资基金",拓展融资渠道。

2.土地审批政策

重新梳理土地收储机制,赋予灵活的土地政策:(1)积极推动台商投资区扩区,将更多地区纳入台商投资区范围,形成一个更大范围的台商投资区,其建设用地指标由国土资源部单列解决,一次性下达、封闭运作,定期考核,可有效解决制约经济发展的用地瓶颈问题,增强承接台湾产业转移的载体功能,从而为吸引台湾大资本、大项目的落户创造条件。(2)对台商工业用地实施优惠价格政策,或采取5年税收返还政策。(3)经批准,生产性台资企业利用原工业厂房发展服务贸易类项目(不包括商业开发),免补缴土地出让金。

3.项目审批政策

积极争取中央支持,将台资项目核准和审批权限下放给地方,进一步简化台资项目审批内容:(1)由省级政府审批鼓励类项目、部分限制类项目的台资项目合同、章程和变更以及相应的发证权。(2)涉及国家产业政策持股比例要求的,放宽为允许台商控股。(3)对台湾500强企业在区内投资的项目审批,在有关规划、重大项目布局及项目审批、核准、备案等方面给予倾斜。(4)对于不需要国家宏观调控的项目由地方主管部门自行审批,如涉及国家宏观调控的项目,可采取个案审批,优先安排。(5)对于不需要国务院行业主管部门审批的行业,如房地产、管理咨询、饭店餐饮和仓储业务等,直接改为登记制,服务项目由区内相关部门上报商务部审批;而对需征求国务院行业主管部门意见或先由行业主管部门立项的行业,如医疗、广告、电信、建筑、旅行社、物流服务等,下放给当地自行审批,并报国家备案。(6)台资高新技术企业享受经济特区高新技术企业相同政策,放宽台资高新技术企业认定标准,将研发经费投入比例、研发人员比例标准适当下调。(7)台资企业由经营地相关行政管理部门审批后,在当地工商部门登记即可执业,进入其他城区执业无须再次审批。

4.台商准入政策

(1)对台商投资免予提供投资主体资格证明的公证和认证以及台商资信证明,可视同内资,享受内资待遇,从事零售、餐饮、商业经纪与代理、旅馆业、租赁服务业、娱乐服务业、信息咨询服务业等无须外资审批,实行登记制,并参照内资企业进行年检。(2)放宽台商投资的股比限制,允许台商以独资或控股的方式投资机电等产业,投资文化创意产业享受大陆同类企业相同政策。(3)参照CEPA(包括《内地与香港关于建立更紧密经贸关系的安排》和《内地与澳门关于建立更紧密经贸关系的安排》)模式,对港澳开放的一些行业、领域、范围等,也逐步对台商开放,除举办合资、合作和独资经营企业外,鼓励台商申办个体工商户,申请登记的经营范围,可参照国家允许港澳居民的经营范围办理,并鼓励台商购买企业股票、债券、承包、租赁、购买企业。(4)下放台资进入海峡西岸的审批权限,开放基础设施、市政公共事业和服务贸易投资领域,鼓励台商取得土地使用权,开发经营,参与基础设施项目建设,并取得经营特许权等。(5)鼓励台湾投资者租赁农村集体土地,从事农业生产,对台资农业企业享受农业产业化龙头企业的优惠政策。

(二)实行开放的服务贸易政策,增强海峡西岸综合服务功能

努力推动海峡西岸服务业发展,增强综合服务功能。区内一些服务业领域,可优先向对方开放,放宽市场准入条件,相应降低市场准入门槛,或减少过渡期的期限,以吸引台湾企业来区内设立地区总部、配套基地、采购中心、物流中心、营运中心和研发中心。

1.金融业开放政策

健全服务于海峡西岸的金融市场体系、金融机构体系、金融业务创新体系、金融人力资源体系和金融法规政策体系,改善金融发展环境,深化对台金融合作,打造两岸区域性金融服务中心。一些带有"试验性"的政策,可在海西区内试行操作,总结经验后再推广至其他地区。(1)对台资银行申请设立分行(或法人机构或入股商业银行)前一年年末总资产要求降低至60亿美元,且无须先在内地设立代表机构。(2)进一步扩大两岸货币双向兑换范围,推动互设兑换网点,增加兑换品种,提高兑换限额,扩大兑换对象。(3)允许对台贸易直接采用人民币结算,区内银行与台湾地区的银行直接采用新台币结算两岸通汇业务,无须兑换成美元间接计价通汇,区内银行可以为台商开展新台币贷款、贸易融资、担保等业务。(4)台湾同胞投资者经批准可以在区内设立风险投资公司、担保公司、技术转移中心和会计机构等中介机构,从事投资、技术培训和咨询服务等活动。(5)采取股份制形式,与台湾共同合资建立农业合作社、农业信托或农村银行。(6)对区内台资企业给予金融支持,将其纳入大陆中小企业信用担保体系,台商在生产和经营过程中所需的周转资金及其他必要的借贷资金,在同等条件下享受银行优先贷款的待遇。(7)积极推动对台离

岸金融业务,为台资企业提供包括离岸存款质押在岸授信业务、离岸综合授信额度、离岸贸易授信融资业务、离岸贷款业务和银团贷款、债券融资等服务,并探索开展离岸再保险业务。

2.商务物流政策

降低台湾经销商、代理商以及物流、仓储企业的准入门槛,为台商提供更多的发展空间:(1)台湾同胞投资者以及台湾同胞投资企业,可以参与台湾产品交易市场的经营活动,台湾地区的公司、企业、其他经济组织以及台湾同胞投资企业,可以组织举办台湾产品展览、展销活动,设立产品展位,允许台湾服务提供者设立独资、合资、合作企业,试点经营境外展览业务。(2)授权当地审批、组织赴台湾举办商品交易会,及在本地举办面向台湾和海外的大型会展活动,对组织赴台举办的商品展会,赋予组展单位面向全国各省(市、区)的招展权。(3)鼓励台商设立物流企业,利用台湾资金、设备和技术参与物流设施的建设或经营,允许台资物流企业注册的货代公司同时经营货代和货运业务。(4)台商在区内设立的水上运输企业,允许台商控股或独资。(5)台湾同胞投资企业经海关批准,可以设立保税工厂、保税仓库。

3.其他服务业开放政策

积极承接和吸引台湾各类服务企业前来投资设点,开办分支机构或办事处,放宽准入条件和进入范围。(1)放宽台资股比限制,允许台商独资设立船务公司、船代公司、保险代理公司,以独资形式提供音像制品的分销服务。(2)台湾经济行业公会以及公司、企业和其他经济组织,经批准可在区内设立办事机构。(3)台湾地区的科研机构、大专院校经批准可以设立科研分支机构和科研示范基地,台湾同胞投资者在企业内部设立研发中心,可按增设分支机构或增加经营范围的形式予以核准登记。(4)取消台资卫生保健机构投资总额限制,鼓励台湾的医疗机构合资、合作兴办医院,允许台湾服务提供者以独资形式设立门诊部门。(5)根据企业的生产需求(即劳动力市场的需求)培育应用型的技术人才,建立有关的中介服务机构,发展职业教育,引进台湾优秀的职业教育资源和人才,为社会提供台湾优秀职业教育和培训机构的信息咨询,并允许台湾投资者独资开办职业教育学校、职业技能培训机构,条件成熟后再开放其他办学类型,如2+2的合作办学模式(两地各读2年),学生取得本科学历,两岸互认。

(三)实行优惠的商品贸易政策,提供便利的贸易经营环境

在贸易领域扩大对外开放,进一步加强对台合作,提供更加优惠和便利的贸易环境。具体合作政策包括:贸易优惠政策、贸易促进政策、通关便利化政策、扩大海关特殊监管区等方面。

1.贸易优惠政策

(1)对区内劳动密集型产品和高新技术产品出口率先实行全额退税,逐步扩大全额退税产品范围。(2)将对台贸易人民币结算试点扩大为国际贸易人民币结算试点。(3)先行对两岸贸易实行税率优惠,对双方商定的商品,只要符合原产地规则,可享受比规定更加优惠的低关税,甚至是免税或零关税,可先行实施扩大台湾农产品进口零关税政策措施,将进口台湾农业优良种苗的审批权下放给当地。(4)对互补性较强的商品项目适当减免关税,试行部分工业品进口零关税政策措施。(5)对台资企业通过小额贸易进口自用机器零配件免征关税和进口环节税。

2.贸易促进政策

实行更加开放的贸易政策,有步骤地建立对台贸易渠道和网络,鼓励、促进台资企业产品返销台湾,或利用台湾、金门等地区进行简单加工、包装,以MADE IN TAIWAN(台湾制造)出口至国际市场;鼓励加工贸易产业升级,探索企业转型的路径和模式,给予企业自主调整期,实现角色转移、园区转移、增值转移;加强涉台贸易市场建设和运作,继续办好对台小额商品交易市场,提升配套服务水平,扩大经营规模,增强辐射影响力,简化对台小额贸易商品通关、船舶检疫手续,放宽免税入市的台湾商品范围,即产地限制、产品范围限制,允许台商生产所需的机电产品配件进入交易中心经营,取消一次性进口额度限制。

3.通关便利化政策

(1)支持两地海关特殊监管区的紧密合作,就货物通关合作事宜进行磋商,实现互通信息,互认查验结果、检验检疫结果和审议价格。(2)全面推行网上审批、扩大授权、快速审核等措施,使海西区出口的产品检验检疫审批等行政许可进入快车道,最大限度地减少审批程序。(3)对台湾出口至区内的产品采取直通放行,即经产地相关机构检验检疫合格后,直接签发通关单,企业可凭通关单在报关地海关直接办理通关手续,无须在口岸二次申报。(4)对符合条件的进口法定检验检疫货物,口岸机构受理报检后签发通关单,不实施检验检疫,仅对货物加施封识(包括电子锁等),货物直运至目的地,由目的地口岸机构核查封识后实施检验检疫。(5)对台湾农业种苗等生产要素,直接由当地检验检疫部门检疫通关即可引进。

4.扩大海关特殊监管区

积极探索两岸自由贸易区对接的发展途径,争取国家政策支持,做大、做强对台贸易市场,将保税区功能嫁接到对台贸易市场,设立海关特殊监管区域,即免税岛,享受现有海关特殊监管区域的各项优惠政策。第一步,先把原来的对台小额贸易市场改为对台贸易市场,放宽免税入市的台湾商品范围,扩大商品交易的种类,除国家明令禁止和监控的商品外,原产地在台湾的商品都可以进入市场并免征关税和进口环节税,包括服务台商生产需要的机电配件等,并取消一次性进口额度限制;第二步,一些特殊区域可赋予海关特殊监管区政策,实行全区开放,封闭式管理,允许游客享受免税政策,大陆游客入园即可登台湾的离岛地区;第三步充分发挥海关特殊监管区的作用,用好用足区"境内关外"政策,率先与台湾自由经济示范区对接运作,探索实施更加开放和优惠的政策,推进深度合作,逐步实现自由贸易区的功能。

(四)打造两岸交流的前沿平台,建设直接往来的主渠道

全力打造两岸交流合作的前沿平台,健全两岸人员往来的便捷有效管理机制,探索两岸人员往来便利化的管理办法,争取中央有关部门支持对两岸交流交往适当下放审批权限,简化审批程序,促进两岸直接往来。

1.提供便捷的人员往来通道

(1)全面推进"大三通",抓紧推进港口码头、机场及配套设施建设,推动海空客货运直航;(2)继续发挥"小三通"优势,扩大厦金、泉金、两马、平潭与台中、台北等航线的功能,提升服务品质,创新增值服务,打造价格优势,实现无缝对接,吸引更多大陆居民和台湾民众通过"小三通"往来两岸;(3)增加对台货运、客运的直航点,将其纳入保税港区和对台客货运口岸管理;(4)把一些地方列为两岸客滚运输航运点,对进入海峡西岸的台湾机动车辆,给予合法通行牌证;(5)允许进入平潭、大嶝和金门、澎湖、马祖的两岸游客双向免签证自由往来。

2.实行便利的台胞往来两岸政策

(1)实施更加便捷的两岸人员往来政策和管理机制,对从海西区对台口岸入境的台湾居民实行入境免办签注的政策。(2)在相继开放台湾同胞"落地签证""落地签注""多次签注"以及签发五年期"台湾居民来往大陆通行证"和"卡式台胞证"的基础上,可适当延长台胞证的签发期限,在条件成熟时,可考虑长期居住证(类似绿卡)的签发。(3)对台胞在当地的时间不设时限、无须延签,并与本地居民享有同等的权利和便利。(4)台湾渔民、船员随服务船舶进入区

内的,凭台湾地区渔民(船员)证及有效证件在台湾船舶停泊点向公安边防或者公安边检部门申请办理登陆许可。

3.实行便利的大陆同胞赴台政策

(1)扩大办理"大陆居民往来台湾通行证"一年有效多次签注试点,对当地居民及或到海峡西岸旅游的其他大陆居民要求赴台的,给予办理有效多次往返签注或出入境通行证件等方便往来措施。(2)简化赴台交流审批手续,下放赴台交流审批权限,由当地根据实际情况进行灵活操作。(3)参照港澳自由行办法,允许当地居民凭个人有效证件自由前往金、马、澎旅游。(4)授权地方公安机关直接办理从海西赴金、马、澎和台湾本岛的通行证,开放更多省市居民赴金、马、澎旅游。

4.实行灵活开放的旅游政策

加强两岸旅游合作,研究更加灵活开放的旅游政策,建立紧密型的旅游协作机制。台湾旅游企业可以合资、合作形式设立旅行社,并经营出国旅游和境外旅游业务;简化赴台旅游手续,共推双向旅游线路,培育"海峡旅游"品牌,吸引更多两岸同胞经福建往来两岸旅游,打造两岸旅游的"黄金通道"。

(五)打造"两岸共同家园",建设两岸同胞融合示范区

积极打造两岸同胞融合示范区,构建"两地一日生活圈"。

1.设立两岸合作共建区

鼓励两岸合作创办产业园区,采取两地共同规划、共同投资、共同开发、共同管理、共同受益的方式,吸引台湾行业协会、财团和企业到海峡西岸经济区开发建设。(1)建立健全两地事务性沟通机制,组建由两岸人士共同组成的合作共建协调委员会,力促与台湾地方政府的合作。(2)加快推动厦金通道和直接通信工程建设,推进向金门供水、供电、供气及农副产品、日用品供应,支持金门建设大陆台企员工培训基地,鼓励企业参与金门机场、码头、旅店宾馆等旅游设施的投资建设。(3)推动海西区居民到金门实行自由行及72小时免签注,积极构建"一日生活圈"。(4)加强海上、空中直航和海上运输安全生产监督管理工作,密切海上通航和救援合作,推动建立海上救援协作机制,完善台湾海峡防灾减灾体系,切实维护厦台海域安全。

2.台胞享受居民待遇政策

(1)允许台湾同胞在海西区内自由置产置业、就学就业、居住,享受与本地居民同等的待遇,包括社会待遇和政治待遇,鼓励常住台胞融入社区生活,参与社区服务,支持在当地投资、工作、生活的台商、台湾专业人士和优秀人才担任人大代表或政协委员。(2)在当地投资就业的台湾同胞可按照当地城镇职工标准参加社会保险。(3)在当地投资就业的台湾同胞及其家属在医疗、卫生和保健等方面享有与当地居民同等待遇,医疗机构在按规定书写和保存医疗文书的同时,应当据实给就诊的台湾同胞提供符合台湾核退费用要求的医疗文书。(4)在大陆高等院校就读毕业的台湾同胞学生,可以按照国家规定就地就业,并按规定办理就业手续。(5)符合法律援助条件的台湾同胞,可向当地申请并获得法律援助。

3.吸引台湾专业人士政策

率先协商学历、学位和专业人员资格相互承认工作,推动双方高层次人才和专业技术人才的交流。台湾地区专业人士来海峡西岸经济区创业的,享有一定的优惠待遇:(1)以其拥有的专利、专有技术等科技成果作价出资入股的,科技成果作价金额占注册资本的比例不受限制。(2)经认定进入火炬园区、科学园区和台湾科技企业育成中心创业的,享受留学人员创业园的各项优惠待遇和一定面积的经营场地租金减免,获得留学人员创业扶持资金的股权投资支持。(3)设立研发中心、企业技术中心、工程研究中心等技术研发机构,经认定可以按当地相关规定给予补助。(4)进入区内企事业单位博士后科研工作站从事博士后科研工作的台湾博士,经当地人事行政部门核准享受一定的补助。(5)从事科研、高新技术成果转化和产业化活动以及鼓励发展的新兴产业、具有技术领先和良好市场潜力的项目,可以获得科技创新等专项资金支持。(6)符合当地急需紧缺人才引进目录的台湾专业人士,按照当地引进人才政策规定享受优惠。(7)向银行等金融机构申请中小企业信贷融资时,符合担保条件的,在同等条件下可以优先获得担保公司担保支持。

(六)建立密切的区域联系机制,活跃地方和民间交流活动

1.促进地方交流的政策

鼓励海峡西岸各地市与台湾各县市建立某种城市和区域联系机制,促进城市或地区之间的交流,解决特定区域内经济交流与合作中出现的问题:(1)深化基层政党交流,推进两地地方政府和基层村镇之间的交流协作,拓展两地部门、行业和社会各界的对口交流与合作。(2)允许台湾的非政治组织、机构在海西区设立分支机构,鼓励台湾地区县市政府、非企业经济组织来区内中心城市设立办事机构,以便联系、协调有关地方合作事宜。

2.促进两岸协商的政策

(1)积极推进海峡论坛会址及配套设施建设,充分发挥海峡论坛的平台作用,进一步提升海西区在两岸交流合作中的地位和影响。(2)建议将两岸"两会"在大陆举行协商会谈的主要协商地常年设在海峡论坛会址,在"两会"举行经贸商谈时,吸收海西区派员参与。(3)积极争取国家有关部委、两岸协商机构及台湾行业协会来区内设立办事机构,建设两岸事务重要协商地。(4)授权海西区与台湾方面直接开展经贸合作商谈。

3.促进民间交流政策

立足两岸历史文化渊源,发挥闽南、客家等文化优势,深化两地民俗文化交流:(1)以台湾祖籍地文化生态保护实验区建设为载体,保护好、利用好祖、祠、宫、庙等涉台文物古迹和非物质文化遗产。(2)以乡土、乡音、乡戏、乡情为主题,依托区内著名风景名胜区风光,加快闽南戏曲大观园项目建设,密切两地在戏曲教育培训、艺术创作、学术研讨、影视传播、文化体验等领域的交流,继续组织文化艺术团体赴台演出交流,推动建立两岸文化产业合作中心。(3)充分利用春节、元宵、端午、中秋等中华民族传统节日,积极办好富有闽南文化特色的文化交流活动,开展海峡两岸青少年联欢节和夏令营、两岸龙舟赛、中秋博饼等活动,促进两岸民间交流和情感融合。

第二节　平潭对台合作政策先行先试

平潭地处海峡西岸最前沿,与台湾新竹隔海相望,是一个具有特殊政治内涵和地缘利益的海岛。在两岸关系和平发展的形势下,如何进一步贯彻落实"五个共同"的政策思路,发挥其对台先行先试的独特优势,创新建设好平潭特殊监管区,使其成为促进两岸关系和平发展新的重要载体,将有助于构筑两岸交流合作先行先试的前沿平台和对台政策的试验窗口。

一、平潭对台合作政策先行先试的可行条件

平潭对台合作政策实验区具备了现实可行的基础条件。这些现实条件决定了平潭在两岸合作中的产业定位、开发模式与管理机制。这些条件包括:地理区位、交通便利程度、周边地区产业结构以及政策支持力度等。

(一)地理区位

平潭作为福建的"东大门",与台湾隔海相望,陆地面积371.91平方公里,海域面积6000多平方公里,海岸线长399.82公里,主岛海坛岛为福建省第一大岛、全国第五大岛,素有"千礁岛县"之称。平潭拥有众多避风条件良好的港湾和深水岸段,可建优质港口数十处,其中可建万吨以上的有10多处。由于地扼台湾海峡要冲,平潭是中国和太平洋西岸沿海航线南北通衢的必经之地,是东北亚经济区域与东南亚经济区域的枢纽和联结点。每天经平潭东部海面航行的中外轮船约有2000艘。平潭距台湾新竹仅68海里,是大陆距离台湾本岛最近的县,也是未来修建台湾海峡隧道的最佳入海处和两岸轮渡的最佳码头之一。

尽管过去平潭的交通基础设施相对薄弱,但平潭对外海陆空交通建设已经全面展开。第一条连接平潭与大陆的海峡大桥已正式启用,第二条跨海通道正在筹划中。国家民航部门拟在平潭岛建设4C支线机场,相关部门已展开水文、气象、地质、电磁环境等前期勘探工作,开始逐步加快推进机场项目建设。现有的金井码头被改造成万吨级散杂货客滚装码头、游轮码头、多功能码头等,平潭至台中首条海上直通航线也已开通。在对内交通方面,环岛路建设、海峡大桥至城区景观大道也已完工。

(二)周边地区产业结构与水平

平潭县原有产业基础较为薄弱,主要产业是水产加工(产品集中于鲍鱼与紫菜)、砂石加工、废金属加工以及船舶修造业等。平潭是国家新能源开发的试验岛,可供开发的风能资源在100万千瓦以上,其中已开发建成10多万千瓦。但总体而言,平潭原有产业水平还相对较低、规模小,且缺少科学的规划。但是,平潭周边地区产业种类较为齐全,特色突出。从福州市北翼经济和港口功能规划的情况来看,重化工业布局向沿海深水港转移,形成以能源、物流储运为主的产业格局。电子信息制造业主要集中于福州开发区与融侨开发区。各县市根据自身资源条件发展特色产业,同时注重产业的多元化。这些产业基础为平潭高规格的开发奠定了较好的经济条件。此外,由于各自为政以及规划不足,在片面、盲目追求产业多元化的过程中,政府为引资频繁使用超额财政补贴现象,并对企业的环保监管采取模糊处理的态度和方式,给当地生态环境、居民生活造成了一定的不良影响。因此,平潭应凭借大力开发的机遇,通过产业投资引导区域内形成科学合理的产业分工,壮大和提升现有产业集群,解决产业发展过程中的不合理问题,实现资源的最佳配置。

(三)对台政策优势

平潭具有得天独厚的对台优势。自全国人大常委会发布《告台湾同胞书》和实施改革开放政策以来,两岸隔绝状态逐渐被打破。曾经长期作为海防前线的平潭岛,一直承担着两岸交流合作试验田的角色。1979年两岸直接通商从平潭开始,当地渔民利用在海上作业的机会,与台湾渔民开展货物交换的贸易活动,以海产品、中药材等换取台湾产的手表、雨衣、三用机等物品,逐步创造出将海上贸易固定化的模式。1979年1月,平潭县在东澳港成立台湾渔民接待站,为来往的台湾渔民服务。台湾渔轮因避风、修机、补给生活物品或以上述名义驻泊东澳,离去时带走他们所需的大陆商品。刚开始时,台湾渔民只为家族和亲朋采购大陆商品,后来发展成以盈利为目的的纯商贸活动,购买数量由少到多。两岸以货易货交易从此由海上转向陆上,从移动转为固定。1981年初,大陆第一个台轮停泊点在平潭观音澳建成,并投入使用,成为两岸在军事对峙之后的第一个贸易中心。在两岸货币无法通用的情况下,接待站人员帮助运货来的台湾商人与商业部门接洽,让台胞把随船带来的尼龙布、收录机、手表之类物品,根据市场行情等价交易。有的台胞携带少量美钞,在这里按照市价兑换成人民币,然后购买他们所需的大陆货物。平潭为此还成立了平顺贸易公司,专门为台湾渔轮筹集、准备各种适销商品,成为两岸军事对峙缓和后大陆创办的第一个对台贸易公司。

(四)后开发优势

近年来,大陆沿海地区传统产业大规模向内陆地区转移,基础设施项目尤其是交通设施项目建设在周边地区大量展开,产业项目和社会事业项目也积极在沿海一线布点。平潭作为福建正在开发的前沿,已成为未来空间和功能拓展的重要承接地。在两岸"共同规划、共同建设"的政策思路下,平潭可进行高水平、高起点的开发,从而在短时间内赶超发达地区。这是平潭的后开发优势,也是未来最大的发展机遇。因此,平潭作为海峡两岸的连接点和通道的作用及优势将更加突出。随着自由贸易区政策的实施,平潭将享有比经济特区更加优惠的政策待遇。在功能定位上,平潭初步具备简易加工装配、转口贸易、运输仓储、旅游休闲的条件。目前,海内外各界都高度关注平潭的开放开发,还在进一步升温,中央领导也高度重视,多次前往视察,作出重要指示。这是平潭发展的最大政治机遇。

可见,加快建设发展平潭,既具有得天独厚的对台区位条件,又具有明显的对台政策优势,还具有一定的后开发优势,初步具备率先开展两岸区域合作试点、构建先行先试实验区的基本条件。

二、平潭对台合作实验区的发展模式

两岸合作建设开发平潭需要有准确的内涵和定位,还要有可借鉴的发展模式。

(一)两岸合作的内涵、外延和重点

两岸合作开发和建设平潭,既要有明确的内涵和外延,还要有合作的重点。

1.两岸合作的内涵

两岸合作开发和建设平潭的核心价值在于"合作"二字,主要内涵是"共创、共建、共管、共赢",即共同联手规划,共同联手建设,共同联手管理,共同打造一个符合双方利益需要的特殊区域。作为一个具有特殊功能和优惠政策的特定区域,要突出综合试验,突出全面交流,基本方向是以强化平潭与台湾的经济、社会融合为基点,以全面深化两岸合作、促进区域经济社会繁荣为主轴,进一步发挥对台政策先行先试和龙头带动作用,推动产业对接,优化产业结构,提升产业素质,持续推动区域社会经济又好又快发展,成为两岸交流合作的重要口岸和前沿平台,与台湾共同形成一个"通道顺畅、产业循环、经济一体、文化融合、制度趋同"的"两岸共同家园"的示范区。

2.两岸合作的外延

平潭对台开放涉及经济、社会、文化、政治诸多层面,但要"先经济,再社会、文化、教育,后政治",率先在经济合作方面实现"共创、共建、共管、共赢",然后再延伸至社会、文化和教育等层面,最后扩展至政治层面,并朝建成两岸共同家园的目标推进。因此,应统筹安排,循序渐进,从点到面,从局部到整体,从内涵到外延,逐步开放和开发,并根据全岛、园区、片区等不同规模和性质的区域进行试点安排,设置以不同主题为重点的试验内容和合作模式,以达互利、双赢的效果。

(1)两岸交流合作的突破口。平潭作为海西对台交流合作先行区中的领头羊,是连通台湾、区域共建的"开放岛",在许多对台政策方面要大胆尝试,率

先实践，重点突破，为两岸全面交流合作的推进积累重要经验。两岸合作建设平潭特殊监管区，应"求同存异、共创双赢"，形成一个跨越台湾海峡的无形桥梁，成为台湾与大陆直接对接的前沿平台。

（2）海西新兴港市的增长点。两岸合作建设和开发平潭，应整合两岸同胞的共同智慧，形成发展合力，为平潭的经济、社会发展设计全新的蓝图和构想，使平潭成为海西新兴的海岛港口城市，知识密集、信息发达的"智能岛"和资源节约、环境友好的"生态岛"，成为福建省经济发展的新的增长极。

（3）两岸共同家园的示范区。两岸共同编制高品质、高水平的平潭详细发展规划，将使两岸合作建设和开发平潭的过程更加科学、合理和有效，从而促进经济、社会、环境、资源和人口的协调发展、生产力优化布局和社会资源合理配置，逐步建成经济繁荣、宜居宜业的"活力岛"，成为生态环境优美、可持续发展能力强的美好家园。

（4）台湾模式创新的实验区。两岸合作还应大胆进行制度创新，学习和借鉴台湾先进的管理制度，改革现有的管理模式，在某种层面上推动与台湾的制度整合，如在市场经济管理制度、信用制度、企业制度，甚至在某些行政管理制度等方面进行整合创新。

3.两岸合作的重点

两岸合作建设平潭的重点在于"贸易便捷化，往来便利化"，突出产业对接，承接台湾产业转移，连接台湾、大陆和国际三个市场，以"四大基地"为重点，将平潭建成海峡西岸低碳产业基地、现代农业基地、旅游合作基地和港口物流基地，初步形成适应科学发展的体制机制和具有竞争优势的现代产业体系，建成现代化的生态海滨新城和文明和谐家园的先行区。

（二）两岸合作可借鉴的主要模式

两岸合作建设平潭特殊监管区，有许多现成的合作模式可供借鉴：

1.珠—澳模式

珠海与澳门合作建设和开发横琴岛，是两岸可供借鉴的一种合作模式。横琴岛作为珠海市146个海岛中最大的岛，面积106平方公里，是澳门现有面积的3倍有余，地理位置毗邻港澳，现有连接市区的横琴大桥、与澳门相连的莲花大桥和国家一类口岸——横琴口岸，处于"一国两制"的交汇点和"内外辐射"的接合部。特殊的地理位置使横琴岛开发近20年来一直"谋而未动"，直至2009年8月国务院正式批准实施《横琴总体发展规划》（以下简称《规划》）

将之纳入珠海经济特区范围,横琴岛的开发才正式启动。《规划》将横琴岛定位为"一国两制"下探索粤港澳合作新模式的示范区。基于珠澳合作的成果和趋势,珠—澳合作模式的制度创新主要体现在以下几个方面:

(1)以教育产业合作为切入点。2009年6月27日,全国人大常委会通过决定,授权澳门特别行政区以租赁的形式取得横琴岛澳门大学新校区的土地使用权,用地面积约为1平方公里,澳门对澳门大学横琴校区依照澳门特别行政区法律实施管辖,新校区与横琴岛其他区域实行隔离式管理。澳大新校区的落户在土地划分上突破了制度的边界,是以前没有的特例,也可以说是一片"试验田"。

(2)横琴岛的产业定位是无污染、高附加价值和以服务业为主,注重生态环境的保护。珠海市规划横琴岛的建设目标:连通港澳、区域共建的"开放岛",经济繁荣、宜居宜业的"活力岛",知识密集、信息发达的"智能岛",资源节约、环境友好的"生态岛"。为保护横琴岛的生态,《规划》在现有土地总面积106.46平方公里的土地中划出山体、湿地等57.9平方公里为禁建区,并执行最高的环境保护标准和实施严格的环境保护举措。

(3)创新提出海关分线管理。《规划》中最大的亮点是提出实施"分线管理,创新通关",即将现有的横琴口岸功能进行调整,实施人员、交通运输工具和货物进出境查验功能分开,人员和交通工具的通关仍按目前通关模式运作,放在"一线"(横琴与澳门)查验,货物的进出境查验功能后移至"二线"(横琴与内地)。特别针对澳大新校区,澳门与横琴校园之间将由一条24小时全天候运作的隧道连接,师生、职员、澳门居民和访客,可通过隧道进出校园,无须办理边检手续。这种通关监管模式,突破了内地现有通关制度,能够实现最大限度上的通关便利化,使商品要素流通更加便利、公共服务得到共享,促进了社会经济的一体化。

横琴岛发展模式是走向珠—澳共同治理。在总体发展目标之下,横琴岛将采取制度创新的渐进过程,由局部到整体,由教育产业延伸到其他高端服务业、科技产业,通关便利的居民由澳大的学生、教职人员逐步惠及澳门全体居民。可见,这种共同治理模式是值得两岸合作建设平潭特殊监管区借鉴的。

2.中—新苏州模式

作为中国与新加坡两国政府间合作的重要项目,苏州工业园区于1994年2月经国务院批准设立。在园区开发建设中,实践中—新共建、共管、共赢的合作开发方式,实现了经济腾飞。这种全新的中外经济技术交流与合作的模式主要有如下特征：

（1）借鉴有益的建设管理经验。中—新合作模式的实质是两方经济技术互利合作，或者苏州自主地、有选择地借鉴新加坡裕廊镇规划模式的经济和公共管理经验，其中包括系统借鉴城市规划、建设和管理方面的经验，深入借鉴经济管理、市场化等方面的经验，有选择吸收行政管理体制改革、政府职能转变等方面的经验。

（2）实行渐进的产业发展政策。中—新合作模式的服务对象是工业园区，园区产业发展趋势是"先二后三到二三并重"，重点发展高新技术产业和适当发展高效益产业、高就业产业。这一点与横琴岛以高端服务业为主导不同，与未来平潭的产业结构也有所差异。

（3）提供有力的组织保障。园区作为中外政府间的合作项目，一开始就获得了强有力的组织支撑。从中—新两国领导人的高度重视，到双边从中央到地市再到园区三级联合协调体系的共同建立，以及被赋予一系列"不特有特"、"特中有特"的功能性优惠政策，都充分说明了双方政府的支持力度。

（4）采取开发与管理分离的模式。在合作主体上，中—新合作模式采取行政管理主体与基础设施开发主体相分离。园区管委会是副市级政府派出管理机构，在辖区内行使经济和社会综合管理权限。中新苏州工业园区开发有限公司则是园区的开发主体，负责园区内的基础设施建设、招商引资、物业管理等开发事项。开发公司属于中外合资的企业法人，由中—新双方财团组成：中方由中粮、中远、中化、华能等14家国内大型企业集团出资组建；新方财团由新加坡政府控股公司、有实力的私人公司和一些著名跨国公司联合组成。

（5）实施高效的行政管理体制。在管理体制上，苏州工业园区采用扁平化管理模式，按照"精简、统一、效能"的原则，设立精简的园区管理机构，不要求区内机构同上级机构对口设置，区外行政机构一般不在园区设立分支机构。园区以150人的机构编制规模承担了相当于市一级党政机构和近百个职能部门，创造了130多亿元的GDP。

3.中—新天津滨海模式

继苏州工业园之后，中国和新加坡两国政府选址天津滨海新区，开展第二个合作建设项目，即天津中—新生态城。它是世界上第一座国家间合作开发建设的生态城市，是当今世界上规模最大的生态宜居示范新城。生态城位于滨海新区东北部，距天津中心城区45公里，距北京150公里，总面积30平方公里，总投资500亿元。合作模式与苏州工业园区相似，实质也是两方技术经济合作，采用管理主体和开发主体分离的模式。然而，新城有别于苏州工业园区的两大特点：

（1）生态城区的发展定位。天津中新生态城的开发定位是要发展成为综合性的生态环保、节能减排、绿色建筑、循环经济等技术创新和经济推广的平台、国家级生态环保培训推广中心、现代高科技生态型产业基地、"资源节约型、环境友好型"的宜居示范新城、参与国际生态环境建设的交流展示窗口。

（2）改革创新的制度保障。滨海新区已纳入国家整体发展战略，并被确定为综合配套改革实验区，成为中国新的开放"门户"。作为全面改革的实验区，滨海新区可以为自主创新和研发转化提供良好的环境和制度保障，这种创新机制有助于增强生态城建设与发展的动力和活力。

从整体上看，中—新合作模式的最大特点是由双边最高权力机构签署协议来推动合作开发事宜，享有充分的政策支持，最大限度地减少政策协调成本。因此，平潭的开放开发要持续推动，应积极争取中央与台湾地区相关主管机关的支持，在平潭的整体规划与开发上系统借鉴台湾城市软、硬设施建设的成功经验。

4.菲—台模式

菲—台合作模式是菲律宾政府以经济特区的形式进行招商引资。自1992年美军撤离菲律宾苏比克湾后，菲律宾政府通过《基地转型法》，把美军基地转变成自由港经济特区。苏比克湾经济特区包括一个贸易自由港和一个特别经济区，占地670平方公里。苏比克湾观光和工业特区85%的投资来自台湾。2006年，菲律宾苏比克湾管理局、克拉克特别经济区与台湾地区"经济部加工出口区管理处"签署合作备忘录，共同建构"台菲经济走廊"，提供优惠和便利政策给台湾投资者。菲律宾政府的引资政策印证了菲台合作模式近似于中国大陆的开发区模式。其主要特征有：

（1）在开发建设方面，政府积极鼓励台资设立各种类型的经济区，园区土地归台资所有，区内基础设施由台资经营者投资建设。

（2）在人员进出方面，给予初始投资在15万美元以上的投资者及其配偶和未成年子女（21岁以下）在经济区内永久居留的身份，他们可以自由出入经济区，而无须向其他部门另行申请。

（3）在税收优惠方面，企业可获得4年所得税免缴期，最长可延至8年。所得税免缴期结束后，可选择缴纳5%的"毛收入税"以代替所有国家（中央）和地方税，其中3%上缴中央政府，2%上缴地方财政。进口资本货物（设备）、散件、配件、原材料、种畜或繁殖用基因物质，免征进口关税及其他税费。同类物品如在菲律宾内采购，可享受税收信贷，即先按规定缴纳各项税费，待产品出口后再返还(包括进口关税部分的折算征收、返还)。

(4)在产品销售方面,经批准,允许企业生产的产品 30% 在菲律宾国内销售,但须根据国内税法纳税。

从整体上看,菲—台模式的主要特点体现在:它是台商投资区和出口加工区的功能叠加,值得借鉴的是苏比克湾在税收上采用简便的计算方式,同时让投资者及其家属享有永久居住和自由出入的便利政策。

(三)两岸合作可采用的基本模式

平潭开放开发应在充分考虑各种条件的基础上,有选择地借鉴既有的合作模式。目前,有以下四种合作模式:

1."五个共同"开发全岛

针对未来平潭的发展远景,按照科学发展观和"高水平、高层次、高标准"的要求,突出"五个共同"开放开发平潭,即闽台共同规划、共同投资、共同建设、共同管理、共同受益。这种模式在大陆尚属首次,具有很大的前瞻性和独创性。

(1)"五个共同"下的地域范围。第一步,全面开发整个平潭岛,包括陆地面积 371.91 平方公里,滩涂 65 平方公里,海域面积 6000 多平方公里,海岸线长 399.82 公里。平潭地域较广,在客观上提升了平潭规划与管理的难度,要求制度创新,须分阶段,由易到难,循序渐进。第二步,在平潭岛全面开放开发的基础上,开发平潭周边的陆域地区,范围可更大。

(2)"五个共同"下的发展定位。在制度创新与政策支持下,平潭作为特殊监管区的定位应是分阶段的:第一阶段作为大陆的"中国自由贸易试验区"(福建片区)之一,首先突破人员、货物流动的限制,台籍人士无须持台胞证即可登陆,根据游客、高技术人才、教师、开发商等不同身份,给予长短不等的停留期。台湾牌照车辆可随客滚轮靠泊平潭,并在岛上自由行驶,台湾驾照在此可以通行。同时,台湾商品进入平潭流通、消费免除相关进口税,出区入境则视作进口。第二阶段,全面性制度融合。平潭将实现两岸在经济、社会、文化、政治领域全方位的合作与融合。可以赋予平潭一定的省级立法权,开创台胞在平潭的第二户籍,台籍商人、教职工、技术人才及其家属可在平潭无障碍置产、与平潭当地人享有一定的选举与被选举、议政、集会等权利,并利用这一身份方便地与平潭以外的其他大陆地区往来。

(3)"五个共同"下的内外联系。平潭是一个相对独立的但非孤立的岛屿,医疗卫生、公共安全、商品、电力、水源等都无法实现自给自足。平潭的合作开发不能损害周边其他地区的利益,须符合国家整体规划。尽管福州市级所有的项目审批权限已全部下放至平潭,福建省各厅局部门也都陆续下放审批权限,但仍缺乏足够的组织保障。因此,应积极争取中央支持,效仿苏州工业园区建立中央级的"政府间"协调理事会,协调与周边地市、与国家整体规划调控之间的关系等重大问题,并可吸纳国台办、商务部、海关等部委和台湾有关部门人士作为平潭综合实验区的高级顾问,以提高平潭综合实验区决策的权威性,强化重大政策的落实、协调和引导作用。①

2.划出区域设立台湾专区

借鉴横琴岛的澳大专区的经验,在平潭岛划出特定区域,设立台湾专区,这也是可行的模式之一,关键在于目标、制度与内涵的探讨。

(1)设立台湾专区的目标探讨。由于平潭岛面积较大,设立台湾专区的合作模式源于两种不同的目标定位:其一,发展目标定位于自由港,设立台湾专区可在实现平潭岛整体对外开放的基础上,对特定区域(台湾)有重点的倾斜;其二,效仿珠海横琴岛模式,以特定产业、局部区域为突破口,分阶段、分片区合作,最终走向整个区域的闽台共治。

(2)设立台湾专区的制度探讨。设立台湾专区能够保证制度创新与开发建设的协调同步,在面积有限的专区内,人员、资本、货物自由流动以及自主管理所受到的阻碍更小,制度创新与构建的难度较低。另外,不同产业、不同层次的合作对制度的要求不同,因而可以在平潭整体开发的基础上,针对特殊专区给予更为开放的政策。

(3)设立台湾专区的内涵探讨。台湾专区的种类有分类专区和综合专区两种。分类专区可分低污染的低碳产业专区、现代农业专区、物流专区以及其他高端服务业专区,功能较为单一,旨在实现闽台产业的对接;综合类专区包括教育、医疗保健、住宅开发等,功能较为多样,旨在实现闽台经济生活的深度融合。台湾专区的属性:在合作规划的前提下,除特别救助、自然灾害抢险外,台湾方面可对其自主经营、自负盈亏、自担风险;专区自主决定台湾民众,甚至其他国家或地区的人员自由出入专区,无须办理大陆的边检手续。

3."海峡两岸＋新加坡"三地合作

苏州工业园区与天津生态城作为中—新合作的成功范例,为海峡两岸和

---

① 李鸿阶、单玉丽:《关于加快推进平潭综合实验区建设的若干建议》,《亚太经济》2010 年第 3 期。

新加坡共建平潭提供了一定的制度基础和合作经验。然而,三地共建模式涉及两个国家和一国之内两个独立关税区等复杂因素。因此,作为一个新建的区域实体,平潭应按照一种全新的模式来设计和运作,其有别于苏州模式与天津模式的关键是三大主体的定位与相互关系。

(1)新加坡的定位探讨:新加坡作为经济技术的提供者,提供经济管理、行政管理体制、政府职能转变等方面的经验。针对平潭岛的生态景观、地理位置,重点提供城市规划、建设和管理方面的经验,效仿天津生态城,将平潭规划建设成综合性的生态环保、宜居示范新城。

(2)台湾的定位探讨:台湾作为产业投资者,重点发展节能环保、科技研发、软件产业、总部经济、服务外包、文化创意、教育培训、会展旅游等高端、高质、高新、低碳产业,将平潭建设成现代高科技生态型产业基地。

(3)大陆的定位探讨:大陆作为软、硬环境的提供者,为实践新加坡城市建设规划理念提供相应的物资、人力、融资、政策支持保障。同时,作为体制变革或承接的主体,借鉴新加坡和台湾地区的经验,完善平潭开发的管理体制和政策体系。另外,为实现与台湾经济、社会、文化的深度融合,实施开放、便利的优惠政策,为台湾人流、物流、资金流的自由出入提供制度性保障。

4.开发区模式

制度选择往往存在路径依赖的惯性和自我强化的趋势,而制度变迁涉及面广,成本高,风险也高。因此,传统开发区模式依然有存在的可能性和必要性。所谓"开发区模式",就是以特殊的土地、特殊的税收、特殊的服务来吸引外来资本。然而,开发区发展的外部环境已发生重大变化。随着加入WTO后过渡期的结束,内外资企业所得税逐步统一、增值税转型不断推进、金融体制改革日益深化、国家加强对土地管理等一系列改革使优惠政策的空间越来越有限,开发区发展模式的转型势在必行。

(1)增长方式以要素驱动与创新驱动并举。开发区发展的优惠政策和要素驱动必不可少。随着体制的完善和要素成本的增加,提升人力资本为基础的新竞争优势,加大技术创新的鼓励扶持力度,鼓励技术要素参与分配,通过技术股权等手段,调动技术创新者的积极性必不可少。

(2)产业结构实行制造业与专业服务业并重。重点发展物流、研发、中介、教育、培训和分销等现代服务业,积极承接国外服务业外包和转移,吸纳跨国公司设立研发中心、技术服务中心、培训中心、采购中心、财务中心等。

(3)环境建设以基建环境和生态环境并重。保障开发区投资硬环境,特别重视水、电、路、讯等基础设施和园区配套设施建设,同时要注重投资创业、生活休闲环境。加强社会服务功能建设,营造良好的工作、生活、学习和文化环境,吸引各类人才到开发区创业。

综合而论,以上四种开发开放模式均有可借鉴之处,并非相互排斥的,在开发过程中可以依照实际情况灵活地兼而采之、兼收并蓄。一方面,平潭岛的两岸合作开发可以从局部区块、个别产业寻求突破,可效仿横琴岛以教育产业为切入点,争取让台湾高校在平潭设立分校,或者两岸投资设立独立学院或科研中心,将台湾优质学科引入大陆。在此基础上,进行制度创新,台湾对新校区独立管理,与平潭岛其他区域隔离,两岸学生享受定期、便捷往返平潭与台湾的机会。另一方面,两岸共同开发平潭岛涉及财税、行政管理、项目审批、基础设施开发等多层面的利益协调,建立市对市、镇对镇等设多个层面的协调机制,争取国家税务总局等部门的许可,以租代税作为平潭开发基金继续投入使用。

无论选择何种模式,平潭的开放开发须把握一个主题和两个关键:

一个主题:定位于两岸人民融合的示范区、探索两岸制度融合的示范区。

基于明确的主题,平潭开发模式应把握两个关键:

(1)充分利用其地理区位优势,积极推动两岸贸易往来更加便利、人员往来更加便捷。积极尝试在平潭设立客货码头、滚装码头,推动滚装航线的开通和持续运行,为两岸货物、人员及车辆进出创造更便利的通道。

(2)充分重视生态环境保护。平潭特殊监管区不能照搬现有工业园区、台商投资区的模式而发展重化工业和制造业,相反应以创造环境优美、制度宽松、适宜台湾同胞生活和休闲的生态新城为目标。

三、平潭对台合作政策的功能定位

平潭实验区不是一般意义的保税区性质,更不是各类保税区简单的功能叠加和政策整合,而应是两岸合作的、有创新模式的特殊区域。基于建设平潭实验区的视角,在立足现状的同时,通过借鉴其他实验区的功能定位、管理体制、政策体系和通关监管等经验,探索平潭的发展模式。平潭实验区的功能应与其有所区隔,在生态环境、产业选择、贸易免税方面,可效仿兰卡威的做法,发展旅游业,保护生态环境,不过分强调物流、转口、出口加工等功能。在政策支持上,"两岸合作"的战略定位客观上要求平潭具有较高的自由度,自由贸易区拥有的政策支持是平潭争取更大自由度的起点。平潭已经试行自由贸易区的政策,争取创新税制,区内试行商品与货物免税等,与内陆地区适当隔离,创新出入境管理规范,让台胞与境外人士可免签证短期停留。在区域管理方面,可以借鉴台湾自由贸易港区的成功经验,享有充分的事权,借鉴香港自由港模式,广泛引入市场化经营机制,并采用风险管理方式,作为货物通关的检验标准。

平潭试验区应成为深化改革、扩大开放、科学发展、先行先试的两岸合作实验区,在充分运用各种政策的基础上,应努力创新理念,探索机制,解放思想,跨越体制上的障碍,真正朝"自由港"方向转型和发展,并在一定程度上享有"海关治外法权"。其功能定位包括以下几个方面:

(一)多元化的业务功能

平潭实验区是一个可与台湾自由经济示范区对接的重要创新载体,其功能除涵盖仓储物流、对台贸易,采购、分销和配送、检测和服务维修、对台商品展示、研发设计和港口作业等功能外,在形式上应超过自由贸易港区的功能模式,成为两岸经济整合的试验田,发挥示范、导向和辐射的作用。

(二)探索性的政策机制

平潭实验区的模式应是"物流中转、区港结合",境外(台湾)货物入港区保税,货物出区进入大陆销售按货物进口的有关规定办理报关,并按货物实际状态征税;大陆货物入区视同出口,实行退税;区内企业之间的货物交易不征增值税和消费税。

(三)创新型的监管体系

平潭实验区应以"运转高效,力求精简"为准则,避免政出多门且多变,除海关真正执行"境内关外"政策外,其他相关管理部门,如国检、税务、金融、财政等配套也应相应地实行"境内关外"管理,形成统一、配套、协调、高效、精简的管理机制,以解决法规滞后的问题,逐步建立新型的监管体系。

(四)对台贸易的重要市场

平潭实验区的目标应是"对台主导,大胆放开",可设立两岸免税商品中心,赋予批发零售、商务洽谈、商品展示、保税、包装、简单加工等功能,并免征营业税和其他服务费用,培育两岸产品交易与推广的市场平台,作为台湾产品交易的重要市场。

（五）对台转口加工的重要基地

平潭可探索试行"开城模式"（OPZ），设立台湾产品的境外加工区，延长加工贸易价值链，允许台湾原辅材料和半成品进入平潭加工增值后，进入大陆市场，免征关税和增值税，增值部分在销售环节抵扣；同时，按原产地原则，出口东盟等国际市场。

第三节　厦门对台合作政策先行先试

厦门地处海峡西岸前沿，在两岸关系和平发展的形势下，如何进一步发挥对台优势，加快厦门对台经济合作政策先行先试，构筑两岸交流合作的前沿平台和对台政策的试验窗口，是落实"四个全面"理念、实现经济转型和产业升级的重要载体，也是促进两岸关系和平发展的重要使命。

一、厦门对台合作政策先行先试的必要性和紧迫性

厦门建设对台经济合作试验区，不仅具有推进对台先行先试、扩大对台交流、促进海西建设的必要性，而且具有实现经济转型发展、促进产业升级的紧迫性。

（一）厦门对台合作政策先行先试的必要性

厦门在促进两岸关系和平发展和祖国统一大业中有着不可替代的独特优势和重要地位。厦门经济特区因台而设，是贯彻"和平统一，一国两制"伟大构想的战略布局。1980年，党中央、国务院批准设立厦门经济特区，赋予厦门促进两岸关系和平发展和祖国统一大业的重要历史使命。《国务院关于厦门经济特区实施方案的批复》（国发〔1985〕85号）进一步明确指出："厦门特区扩大到全岛是为了……加强对台工作，完成祖国统一大业作出的重要部署。"随后，中央先后赋予厦门设立台商投资区、建设对台小额贸易区、两岸"小三通"试点、实施区港联动等一系列对台交流合作的特殊政策。江泽民视察厦门时多次强调："厦门经济特区是海峡两岸开展经济文化交流的一个重要窗口"，"厦门特区要促进两岸三通与和平统一，这是厦门光荣的历史任务"，"厦门优势、特色应该体现在与台湾的经济合作和贸易上来，这个作用别的特区不能代替，

这个作用随着历史前进会越来越显示出来"。胡锦涛视察厦门时,进一步要求厦门"推进两岸经济技术交流合作取得新进展,促进两岸直接通航出现新局面,把寄希望于台湾人民的方针落到实处,推动两岸共同弘扬中华文化优秀传统"。这些都清楚表明,充分发挥厦门对台工作的独特优势和作用,为两岸关系和平发展做出历史性贡献,是中央赋予厦门经济特区的神圣使命和一贯要求,也是厦门义不容辞的崇高责任。

厦门特区创建 30 多年来,根据中央对台方针政策和福建省委对台工作部署,积极发挥区位、人文优势,始终坚持先行先试,在对台经贸合作、文化交流、人员往来、联络交友、宣传入岛、处理涉台突发事件等方面做了大量卓有成效的工作,取得了明显的业绩。2014 年,在两岸 940 万人次的人员往来(含大陆和台湾同胞)中,有近 200 万人次是通过厦门海空口岸进出的,占五分之一强。但是,随着特区的快速发展,厦门原有的发展模式和有限的区域空间制约了特区功能的进一步发挥。在新的形势下,厦门作为海峡西岸的中心城市,应从传统的承接台湾产业转移的生产基地转向吸引台湾现代服务业的交流基地。建设厦门对台现代服务合作区,在搭建两岸经贸合作桥梁,拓展两岸人员、货物和资金各要素往来通道,进一步做好台湾人民工作等方面形成具有较大影响力的对台工作平台,将有助于厦门在两岸交流合作中更好地发挥前沿基地和桥梁纽带作用,因此,加快建设厦门对台经济合作区,是厦门乃至海西进一步扩大对台交流合作的重要举措,其必要性可提升至"推进祖国和平统一大业的战略部署"的高度来考虑。

当前,加快建设厦门对台经济合作区面临难得的重大历史机遇和前所未有的政策施展空间。随着两岸关系不断朝着和平稳定的方向发展,两岸的"两会"制度化协商取得了重大成果,两岸"三通"全面实现,经济、文化、教育以及其他各个领域的交流合作不断取得新的成果,民间交流日益活跃,从而为厦门积极有效地开展和推进对台先行先试提供了良好的外部环境和施展舞台,但也对厦门对台经济合作政策先行先试提出了新的更高标准和要求。加快建设厦门对台经济合作区,有利于充分发挥厦门在对台交流中先行先试的作用,更好地服务两岸关系和平发展的大局。因此,厦门对台经济合作区的定位应与"两岸人民交流合作先行先试区域、对外开放综合通道、东部沿海现代服务业基地、重要自然和文化旅游中心"相衔接,与两岸经济合作框架协议相呼应,并且更加超前,更加具体,更加具有可操作性,尤其在对台金融、商贸、航运、旅游、邮政、文化、教育等方面,实行更加灵活开放的政策。这是厦门乃至海西深入推进对台先行先试的有效尝试。

(二)厦门对台合作政策先行先试的紧迫性

1.促进经济转型发展的紧迫要求

经过30多年的改革开放,厦门社会经济发展已经达到了一个新的水平。厦门经济在初步完成工业后,正逐步向后工业化社会转型和迈进。现代服务经济时代的到来,是厦门社会经济发展的必然结果和产业转型升级的客观要求。现代服务业是一个地区现代化程度的重要标志,是反映一个地区综合实力的重要内容,也是实现经济可持续发展的重要力量。随着人们生活水平不断提高,人们对高品质、多样化的生活需求日益增多,并在实现更加富裕生活的目标下,获得精神满足的欲望变得更加强烈。于是,在经济条件相对成熟的厦门地区形成了越来越大的服务需求,从而为服务产业化提供良好的市场环境。在厦门经济从工业主导逐步向服务业主导转化的进程中,按照"面向世界、对接台湾、服务海西"的定位,根据厦门的基础条件和产业发展要求,以加快建设两岸区域性金融服务中心、两岸贸易中心和东南国际航运中心为重点,推进厦门经济转型升级,促进由"厦门制造"向"厦门创造"和"厦门服务"转变,是厦门当前的紧迫任务。因此,有必要选择产业关联效果明显、市场潜力大、与民众生活关系密切和附加价值高的服务行业作为策略性服务业加以重点扶持,在融资、投资奖励以及市场行销等方面给予支持,创造有利于现代服务业成长和壮大的政策环境。近年来,厦门市紧紧围绕营运中心、金融、物流、软件和信息服务业、商贸、会展、旅游、文化产业、服务外包、科技研发与服务等十个现代服务产业群,加强服务业政策扶持和规划引导,培育工作取得明显成效。尽管厦门服务业发展较快,但以现代服务业为先导的整个服务业的发展水平依然不高,还低于工业在经济结构中的地位。进一步提高厦门服务产业的发展层次,有效借鉴台湾发展新兴服务业的成功经验,加强对台现代服务业合作,吸引台湾现代服务业,尤其是金融、科技服务业的投资,是当前厦门加快实现产业升级和经济转型的紧迫任务。

2.推动引资产业升级的紧迫要求

随着服务业在整体经济中的地位日益重要,全球服务业对外直接投资在国际直接投资(FDI)中的比重也不断上升。目前,全球服务业外商直接投资占全部外商直接投资的比重已超过60%,服务业已成为外商直接投资的主导产业。厦门是外向型经济,改革开放的经验证明,外资在厦门经济中扮演着重要角色。但是,厦门的外商投资领域主要集中在制造业,服务业投资规模相对较小。吸引外资服务业,特别是台湾服务业投资,对厦门促进引资产业升级具有紧迫性。首先,建设厦门对台经济合作区,吸引台湾现代服务业投资,可以有效提高厦门利用外资水平。传统产业升级和实现现代化必须以服务业发展为基础,新型工业发展在很大程度上依赖于服务业发展,而且越是高端的制造业,对服务业的依赖就越大。吸引现代服务业投资,对厦门吸引台湾及全球高科技产业投资有积极的推动作用。其次,吸引台湾服务业投资可以进一步巩固厦门在对台经贸合作中的优势地位。自改革开放以来,厦门一直在大陆对台经贸合作中扮演着重要的角色。但在20世纪90年代后期和21世纪初期,台商投资大陆逐渐由以轻纺为代表的传统劳动密集型为主转向以石化为代表的资本密集型和以电子信息为代表的技术密集型产业为主,投资厂商由中小企业为主转为大型企业为主,台商投资区域也逐渐由南向北、由东向西转移。厦门在第三波台商投资热潮中,吸引台资力度和成效相对放缓,落后于珠三角和长三角,甚至环渤海湾地区。从区域经济优势和产业聚集优势两个方面来看,厦门要确保对台经贸交流中的优势地位,必须寻找新的产业切入点,而现代服务业则是最佳选择。

3.探索对台创新政策的紧迫要求

在过去30多年改革开放中,厦门凭借经济特区所具有的特殊政策和灵活措施,在扩大对台交流和引进台资等方面比其他地区先行一步。但是,随着改革开放力度不断加大,尤其是在实施"西部大开发""促进中部崛起"等一系列区域发展战略和区域综合改革配套政策措施后,内陆地区的开放政策在不断加强,政策差距日益缩小,如重庆、深圳、苏州、珠海等地发展现代服务业的改革政策就非常超前,措施也十分灵活,从而使厦门特区对台优惠政策不再具有多少优势,"特区不特"的趋势不可避免。这意味着,通过优惠政策引导台资布局的现象将趋于消失,台资流向已从"漏斗型"转向"扩散型"。厦门在吸引台资政策方面,以前有"南不如东莞,北不如昆山"的提法,现又有"北不如天津滨海新区,西不如重庆"的说法。因此,在厦门原有优惠政策优势逐步淡化而其他周边地区改革发展配套政策力度日益加大的紧迫形势下,厦门如果再靠原有优惠政策优势吃饭,显然是引资乏术,对台资吸引力将有所减弱。因此,在原有优惠政策不再而先行先试政策尚处于探索阶段的"空档"期间,努力创新对台政策,积极大胆先行先试,加快建设对台经济合作区,是当前厦门进一步探索对台政策不断创新的迫切任务。

4.扩大经济发展腹地的紧迫要求

随着台商投资形态由劳力密集型加工出口产业主导逐步转向市场占领型

主导,厦门市场规模相对偏小和经济辐射面有限的弱势逐渐显现出来。2014年闽南金三角地区经济总量加起来超过1万亿元,而珠三角地区超过5万亿元,长三角地区更达10多万亿元。这种形势对厦门吸引台湾大型现代服务企业投资以及建设对台经济合作区相对不利。厦门原有经济基础较为薄弱,可供台资企业选择的合资载体或合作伙伴相对较少,周边地区能提供配套服务的企业也不够充分,关联配套产业未形成一定规模和服务产业链。这一局面势必增加在厦台资企业服务成本支出,影响企业的经济效益。相对而言,台资企业投资的产业在长江三角洲、珠江三角洲,甚至是环渤海地区,已形成一定的产业链,产业配套服务能力相对较强,大部分的相关生产性服务业在本地就可提供。正因为这些区域产业配套能力强,吸引新的相关产业,尤其是龙头企业投资进驻就相对较为容易,从而使招商引资工作进入良性循环的发展轨道。因此,加快建设厦门对台经济合作区,形成立足于大陆对台最前沿,服务于海西及周边地区的新的对外开放综合服务基地,不仅有利于厦门吸引台湾及全球高科技产业投资,解决高端制造业对服务业依赖的问题,而且有利于厦门吸引海西其他地区(尤其是闽南金三角的漳泉地区),甚至是内陆地区以厦门作为服务平台,承接相关产业转移,发挥“前店后厂”的窗口作用,从而增强厦门作为海西“龙头”的经济带动力,扩大厦门服务经济的内外辐射面。

二、厦门对台合作政策先行先试的可行性

厦门对台合作政策先行先试拥有坚实雄厚的经济基础和发展条件,具有一定的现实可行性。

(一)厦门发展对台经济关系的基本条件

根据一般工业化地区经济发展经验,产业开发顺序大多是从农业而至工业,在工业发展达到一定水平后,再通过服务业的扩张以扩大经济发展的成果。厦门在初步完成工业化进程、跻身人均GDP 1万美元的地区行列后,完全有条件凭借改革开放的成功经验和社会经济发展的惯性,大力扩展第三产业,壮大服务经济,促进产业升级,从而推动现代经济社会迈向后工业化时代。

第一,工业化推动服务经济的发展。厦门工业的不断扩张有力地带动了整体经济的成长,促进了居民收入的大幅提高。在工业经济的带动下,生产与生活需求不断扩大,服务业出现高速成长的机会。随着工业化进程的初步完成,厦门经济社会对服务业产品及劳务的需求大幅增长,不仅商业、餐饮、运

输、仓储、通信等流通领域中的传统服务业蓬勃发展,而且金融、保险、房地产、资讯、经纪、大众传播以及其他新兴服务业的发展空间日益增大,同时,由于文化、教育、娱乐、旅游、休闲、医疗、保健等消费支出在家庭消费支出中的比例愈来愈高,现代服务业的发展潜力越来越大。可见,厦门工业实力的壮大,是现代服务业发展的基础。

第二,城市化促进服务经济的扩张。城市化进程的加快为服务业的发展提供了许多新的机会。随着工业化进程的不断加快,城市化进展迅速,厦门市常住人口从 2000 年的 200 多万人增至 2014 年的 400 多万人,平均每年递增率约 5%。城市化的结果不仅使人口向岛内集中,而且有愈加集中的趋势,并引申出两类服务业:一是由于社会分工程度的提高而产生市场活动的增加,生活服务业的发展空间明显增大;二是由于城市人口增加,对房屋、水电、煤气、交通、卫生、文化、教育等公共基础设施的需求产生额外的增长,社会服务业的发展潜力大大增强。由工业化引发的城市化为厦门现代服务产业的发展壮大提供了良好的条件。

第三,外向型经济发展带动服务经济的壮大。厦门外向型经济的快速发展促进了对外贸易的扩张和港口货物吞吐量的增加。2014 年厦门外贸达 836 亿美元,其中出口 532 亿美元,港口货物吞吐量突破 2 亿吨,集装箱吞吐量达 857 万标箱,居全国第八位。厦门对外贸易和运输服务的成长又带动了其他服务业的发展,包括银行、保险、广告、通信、资讯、信息处理、营建工程、娱乐以及旅游观光等事业发展的机会不断增多。在商品贸易快速发展的环境下,劳务贸易具有较多的发展机会与广阔的拓展空间,对外服务经济发展潜力巨大。

第四,消费市场的扩大为服务业的成长创造条件。厦门居民收入水平提高后,各种消费方式随之明显增加,带动了厦门需求市场的扩大,从而为服务业的发展提供了无限的商机。2014 年厦门居民人均可支配收入 36915 元,比上年增长 8.3%。城镇居民人均可支配收入 39625 元,增长 8.2%,全年实现社会消费品零售总额 1072.94 亿元,比上年增长 10.0%。电商零售持续蓬勃发展,全年限额以上主要电商企业通过互联网实现商品零售额 54.53 亿元,增长 50.1%,"双十一"当月实现零售额 7.48 亿元,增长 76.1%,为全年网络零售额最高月份,腾讯、百度、阿里巴巴、美团网四大国内电商巨头齐聚厦门。这充分显示了厦门民众消费实力的扩张。同时,居民消费结构也出现较大变化,食品、衣着等基本消费支出占总支出的比重明显下降,房租和居家设备等消费支出结构有所提高,医疗、交通、教育等消费支出结构大幅增加。这显示厦门民众生活质量大幅提高,购置汽车、家用电器、旅游、通信、娱乐费用等非基本生活消费快速成长。在内需市场不断扩张的带动下,厦门现代服务业的发展空间呈扩大趋势。

第五,两岸新兴产业和现代服务业合作示范区条例正式实施,跨境电商、冷链物流稳步发展。2014年新批台资项目167个,比上年增长21.0%;合同利用台资(含转第三地)4.4亿美元,增长1.7%,台资主要投资电子、食品制造、批发零售、科研技术服务、计算机服务、仓储、商务中介等行业。两岸交流往来日趋活跃,对台出口15.59亿美元,增长9.6%;成功举办台交会、文博会、海峡论坛等涉台特色活动。

从上述因素看,工业化进程不仅促进了城市化扩展,而且推动了外向型经济发展,同时还扩大了民众消费需求,为现代服务产业的扩张创造了良好的经济环境。未来厦门社会经济发展趋势将从发展商品经济为主开始转向发展服务经济为主,逐步迈向后工业化社会,进入服务经济时代。

(二)厦门发展现代服务业的滞后现象

作为中国大陆率先崛起的经济特区之一,厦门服务业发展取得明显成效,服务业已成为厦门经济增长的主要支撑力量之一,并初步形成了以商贸、旅游、金融保险、交通邮电、房地产业为主,其他行业共同发展的格局。2014年,厦门服务业产值达1751亿元,占GDP比重53.5%,高出全国平均水平。但是,相对于厦门整体经济发展水平,服务业的发展仍然存在明显的滞后现象,主要表现在以下几个方面:

一是服务业产值占GDP的比重仍然偏小。2014年,厦门人均GDP达1万多美元,超过中等发达地区水平。经济达到这一发展水平的国家或地区服务业产值的结构比重一般都在60%以上,发达国家大多在70%左右,美国、我国香港等地甚至超过80%,而厦门服务产值的结构比重与此还有相当距离,大致有10~20个百分点的落差。与国内一些发达城市相比,厦门服务业比重也有不小差距。北京、上海等相对发达地区的服务业结构比重都比厦门高出10~20个百分点。作为海西区最为发达的中心城市和经济"龙头",厦门的服务业产值比重明显偏低,对周边地区的带动作用和辐射力有待进一步提高。

二是服务业结构层次偏低,现代服务业发展缓慢。世界服务业不仅发展速度加快,服务业的结构层次也不断升级,高附加值和知识密集型服务业成为带动服务业高速发展的引擎,而厦门服务业仍以传统服务业为主,研发服务、信息服务、金融保险等现代服务业比重偏低。这也是厦门服务业发展赶不上经济发展水平的主要原因之一。

三是服务业市场化程度较低。厦门服务业除批发、零售、餐饮、交通运输等传统服务业市场化程度较高外,其他众多服务业的市场化程度比较低,特别是一些发展潜力较大的行业,如金融保险、邮电通信、教育、文化、卫生等行业,一直是由政府垄断或限制经营的。

四是服务业竞争力不强,部分生产性服务业无法满足厦门经济发展的需要。厦门服务业以小型企业为主,具有较大规模和较强市场竞争力的大型企业集团较少,没有形成有特色的优势行业和服务品牌,缺乏竞争力,不仅无力开拓厦门以外市场,厦门本地市场的一部分也拱手让人,特别是一些生产性服务业,如会计、广告、设计、研发、信息咨询等。厦门不少大型生产企业都是向外寻求服务支持。

厦门现代服务业发展的滞后问题若不能改观,将会制约厦门经济发展迈上一个新的台阶。厦门有必要改变目前的经济增长方式,从以工业为主导,逐步转变为以服务业为主导,至少要做到工业和服务业齐头并进,如此方能使厦门经济的质和量都能得到真正的提升。

(三)厦门对台合作政策先行先试的 SWOT 分析

厦门深化对台经济合作研究基本属于战略发展范畴。SWOT (strengths,weaknesses,opportunities and threats)矩阵分析法最初用于微观企业的战略分析,后来也有学者将之用于行业、部门或地区的战略发展分析,其理论框架因具有直观、清晰、系统、全面说明问题的特点,这里将之延伸用于分析厦门对台经济合作政策先行先试存在的内部条件(包括优势与劣势)和面临的外部环境(包括机遇与挑战),以便从中提出适当的策略组合。

1.优势(strengths)

一是地利优势。海峡西岸经济区是大陆距离台湾最近的地区。厦门作为海西区的中心城市,地处闽南金三角的中心地带,与台湾隔海相望,是大陆距离台湾最近的城市之一,区位优势十分明显。厦门港距台中港仅136海里,距高雄港165海里,距离金门仅3000米。两岸实现直航后,有利于台资企业降低运输费用,减少贸易交易成本,从而增强企业竞争力。厦门与台湾同属中亚热带向南亚热带过渡带季风性气候,自然生态条件十分相近,台湾服务业者在厦门生活十分适宜。厦门有良好的港湾条件,海、陆、空港齐全,口岸服务体系完备,综合运输体系完整,是东南沿海重要的贸易通商口岸。同时,厦门旅游资源丰富,旅游功能日益完善,生态环境质量在全国处于较高水平。这些都是过去厦门吸引台商投资者落户鹭岛的重要优势。对于吸引台湾服务业者来说，这个区位优势依然会发生作用，是大陆其他地方所无法替代的。

二是人和优势。历史上两地人员迁徙往来频繁，民间贸易由来已久，拥有相同的民俗文化和宗教信仰。两地共同的祖先、相近的语言和相联的开发历程，构成了千丝万缕的社会经济联系和深厚而密切的人文关系。这种源远流长的人文关系，为两地经济联系提供了天然的纽带和桥梁，对加强经济交流具有强大的凝聚力。在服务业中，不管是服务的提供者，还是接受者，都是以人为中心。根据台湾区电机电子工业同业公会的调查，目前在厦门常住的台商约有 10 万人，占福建常住台商（20 万人）的一半，占全大陆常住台商（100 多万人）的 1/10。厦门作为两岸人员往来的重要通道，除两岸直接"大三通"的渠道外，对台"小三通"的优势更为明显，厦金航线突破每年 150 万人次大关，两岸人员往来有近 1/5 是通过"厦金航线"中转的，"厦金共同生活圈"的构建对厦门对台服务业合作区建设也非常有利。作为海峡西岸中心城市，厦门与海西其他成市相比，在吸引台湾现代服务业投资中处于相对有利的地位。

三是经济优势。现代服务业的发展是以农业和工业，特别是制造业的发展为前提条件的。厦门工业发展相对比较成熟，2014 年厦门工业增加值达1500 亿元人民币，在经济结构中的比重为 46.7%。特别是近年来，厦门吸引了不少资本和技术密集型跨国公司投资，2014 年利用外资 28.54 亿美元，比增50%，实际利用外资也达 20 亿美元。工业的迅速壮大和外资的大量进入为厦门培育出较大的服务业市场需求。

四是体制优势。经过 30 多年的改革开放，厦门市场运作机制相对成熟，政府服务水平和行政效率也相对较高，经济特区初步形成了相对先进的经济环境。

五是政策优势。随着"台商投资区"范围逐步扩大和自由贸易试验区的正式挂牌，厦门既有经济特区，又有台商投资区，还有火炬科技园区以及加工出口区、保税区和最新的自由贸易区等，初步具备了加工装配、转口贸易、物流运输、金融配套以及在对台经济合作方面先行先试的空间和条件。两岸"大三通"实现后，两地之间的咫尺海峡为双方进行各项服务业交流活动提供便捷的海上通道，有利于企业降低服务成本费用，增强企业竞争力。

2.弱势（weaknesses）

一是台商投资企业规模相对偏小。厦门在吸引前两波台商企业投资中站在了领跑的位置，但多为中小型传统产业，其对现代服务业的需求相对有限;在第三波台商高科技产业投资热潮中,厦门收获有限,而这些企业对现代服务业的需求相对较大。这也是厦门在吸引台湾服务业投资时,娱乐、餐饮、商业等传统服务业相对较多,而金融、研发、信息等现代服务业相对较少的原因。

二是厦门经济总量偏小,经济腹地有限。2014 年全市 GDP 为 3274 亿元,在全国主要城市中排在 30 名以后,在 15 个计划单列市中倒数第一。比经济总量偏小更不利的是,厦门经济腹地有限,对服务业发展的制约更为严重。对于厦门服务业而言,只有漳州、泉州和闽西可作为其经济腹地,而以广州和深圳为中心的珠三角地区 GDP 超过 5 万亿元,以上海为中心的长三角地区(沪、浙、苏)GDP 更达 10 多万亿元,上海、北京、广州、苏州、深圳、天津等城市 GDP 都超过万亿元。这种形势对厦门吸引台湾大型现代服务企业投资以及建设对台现代服务业合作区相对不利。

三是厦门科技和人才竞争力不强。现代服务业都是知识密集型服务业,知识型服务业已成为现代服务业最重要的组成部分,也是服务业发展的主要推动力量。知识密集型服务业的发展需要大量跨领域人才和专业化人才。与长三角和珠三角地区相比,厦门在科技和人才方面都不具优势。不仅如此,厦门科技和人才竞争力一直是影响厦门整体竞争力的不利因素。在每年度的《城市竞争力蓝皮书:中国城市竞争力报告》中,厦门整体竞争力排名大都进入前十。该评估报告用十二个指标来评价城市竞争力,厦门仅有四项未能进入前十名,其中科技和人才就占了两项,这就是厦门的弱势所在。

3.机遇(opportunities)

一是政策机遇。近三年来,两岸经贸交流发展势头良好,政策开放成为必然趋势。大陆方面积极鼓励两岸服务业合作,为厦门建设对台现代服务业合作区带来了政策机遇。随着两岸经济合作框架协议的签署和实施,厦门对台先行先试的政策优势就能发挥更大的作用。大陆已全面放宽台湾同胞在大陆就业的限制。这些对台经贸政策的不断开放,都是厦门吸引台湾现代服务业投资的有利时机。

二是发展机遇。近年来,国务院关于支持福建省加快发展的政策不断出台,海西建设从区域战略上升为国家战略,"一路一带核心区"和"自由贸易试验区"等政策,让厦门迎来了继改革开放之后又一次重大发展机遇。厦门作为海峡西岸的中心城市,已充分认识到发展现代服务业的重要性,正大力开展对台交流,努力建设对台经济合作区。厦门的城市定位是大力建设"创新厦门"

"平安厦门""文明厦门""幸福厦门""美丽厦门",并确立以发展现代服务业为主要内容的对台交流合作前沿平台。

三是投资机遇。厦门建设对台经济合作区正逢台湾生产性服务业加速向大陆转移的投资机遇。随着台湾制造业的大量外移,各种服务业客户出现不同程度的流失,台湾岛内服务业,特别是生产性服务业,大都有随制造业外移的迫切需求。厦门凭借地域和语言优势,对台湾不少服务行业和服务人才具有强烈的吸引力,如金融、物流、广告、设计、呼叫中心、教育培训、服务外包等。

4.威胁(threats)

一是政策风险。服务贸易领域除跨境部分的企业服务在 WTO 规则中有所规范外,境内部分的企业服务部分 WTO 规则是难以规范的,即可以不对外开放或不完全对外开放。虽然两岸已经签署 ECFA,两岸服务贸易领域正在逐步开放,但需要一个长期逐步开放的过程,许多领域双方都还没有向对方完全或局部开放。台湾方面更多地从政治利益和安全角度考虑,在两岸服务业合作政策上相对保守,并制定了一系列预警和保护措施,对台商赴大陆投资服务业分类管理,导致两岸服务贸易不能完全有效地按比较利益原则进行分工,两岸服务业开放政策也无法完全衔接,服务业合作的常态化机制有待进一步完善。

二是竞争威胁。厦门吸引台湾服务业投资、建设对台经济合作区面临激烈的竞争。这种竞争既有来自全国各地的,如广州、大连、上海、青岛、重庆、天津、苏州等地,这些城市不仅市场规模优势较为明显,而且对服务业招商引资也非常重视,如上海近年来吸引的全部外商投资中,服务业投资占了一半,近期苏州赴台招商,推出的对台招商项目中,有一半以上属于现代服务业;还有来自海西区其他城市的竞争,以会展服务业为例,除厦门的投洽会、台交会外,福州、泉州、漳州每年都定期举办多场以对台招商引资为主题的展览会,如福州的"5·18"展会、"6·18"展会、泉州的服装博览会、漳州花博会等,其中有些展会的性质和功能大同小异,互相争夺资源,互相制约,无法形成有影响力的品牌展会。

5.SWOT 矩阵分析

根据厦门对台经济合作政策先行先试的优势与劣势、机会与威胁,构造SWOT 矩阵图,并通过对机会、威胁、优势、劣势的交叉分析,可以分别得出SO、WO、ST、WT 的策略组合。

表 9-1 厦门对台合作政策先行先试 SWOT 分析

		内部因素	
		内部优势(S) S1.地利优势明显 S2.人文优势突出 S3.经济基础良好 S4.体制优势较好 S5.政策优势较强	内部劣势(W) W1.企业规模偏小 W2.经济腹地不足 W3.人才储备较少
外部环境	外部机遇(O) O1.两岸经济合作的政策机遇 O2.海西加快建设的发展机遇 O3.台商产业转移的投资机遇	发挥优势——把握机遇:SO SO1.借鉴台湾服务业发展经验,深化对台产业合作 SO2.迎接台湾生产性服务业转移 SO3.灵活运用对台先行先试政策 SO4.打造对台服务业合作平台	避免劣势——把握机遇:WO WO1.推动服务企业规模化经营 WO2.建立服务业信息服务体系 WO3.协助台湾现代服务企业开拓大陆市场 WO4.建立农业保险制度,规避市场风险
	外部威胁(T) T1.服务开放限制的政策风险 T2.其他地区的竞争威胁	发挥优势——消除威胁:ST ST1.扩大两岸各种交流渠道 ST2.建立两岸服务企业的策略联盟,化解恶性竞争 ST3.建立管理服务配套机制	避免劣势——消除威胁:WT WT1.增强区域联系,扩大市场腹地 WT2.加强政策扶持,建立服务业合作基金 WT3.营造法制化环境,推动交流正常化 WT4.宣传厦门对台现代服务业合作的优惠政策和便利措施

　　总体看来,厦门对台经济合作区建设,既具有坚实雄厚的经济基础和发展条件,又具有得天独厚的区位条件和对台优势,初步具备了率先开展对台经济政策先行先试、构建两岸经济合作区的基本条件。

三、厦门对台合作政策的产业选择

根据台湾经济发展现状及对外投资趋势,结合厦门经济的发展条件及未来规划,选择两岸经济合作的优势项目:

(一)金融业

金融业是台湾服务业中对外投资最大的行业,占服务业对外投资的60%以上。虽然台湾金融服务业发展相对成熟,但其中积累的问题也不少,最突出的是金融机构过多而金融市场有限,以致金融业处于完全竞争状态,平均市场占有率过低,金融机构的盈利能力下滑。目前大陆已有台资企业9.2万家,几乎每家都需要相关金融配套服务,加之大陆经济快速发展,大陆金融市场需求前景十分广阔,台湾金融机构对大陆投资可谓需求迫切。厦门是两岸经贸和人员往来最频繁的城市之一,也是台商投资集中地之一。随着两岸金融合作协议和ECFA的签署,两岸金融合作已开始起步,厦门作为两岸区域性金融中心的地位进一步凸显,已有23家台湾银行机构在厦门开立38个人民币代理清算账户,对台跨境人民币实际转汇结算345.0亿元,增长95.0%,厦门中行获准向台湾调运人民币现钞。

厦门对台经济合作区建设应以金融业为重点,积极开展金融创新试点,制定试点方案,大力推进金融创新政策在合作区先行先试,改善金融发展环境,建立服务于两岸企业的金融市场体系、金融机构体系、金融业务创新体系、金融人力资源体系和金融法规政策体系,打造两岸区域性金融服务中心。因此,要加强两地金融业者的联系与沟通,积极开展招商引资,促进金融机构在合作内集聚发展,吸引台湾及国内外各类金融机构在合作区内设立地区总部或分支机构,并鼓励厦门当地金融业者寻求与台湾同业在厦门成立合资机构,形成金融业集聚发展效应。

要深化两岸金融合作,一些带有"试验性"的政策,可在合作区先试行操作,总结经验后再推广至其他地区。(1)对台资银行申请设立分行(或法人机构或入股福建商业银行)前一年年末总资产要求降低至60亿美元,且无须先在内地设立代表机构。(2)进一步扩大两岸货币双向兑换范围,推动互设兑换网点,增加兑换品种,提高兑换限额,扩大兑换对象,新台币挂牌兑换业务由个人扩展到企业,由现钞延伸到现汇,试点银行从中国银行扩大到其他银行。(3)允许对台贸易直接采用人民币结算,区内银行与台湾地区的银行直接采用新台币结算两岸通汇业务,无须兑换成美元间接计价通汇,区内银行可以为台商开展新台币贷款、贸易融资、担保等业务。(4)台湾同胞投资者经批准可以在区内设立风险投资公司、担保公司、技术转移中心和会计机构等中介机构,从事投资、技术培训和咨询服务等活动。(5)采取股份制形式,与台湾共同合资建立农业合作社、农业信托或农村银行。(6)对区内台资企业给予金融支持,将其纳入大陆中小企业信用担保体系,台商在生产和经营过程中所需的周转资金及其他必要的借贷资金,在同等条件下享受银行优先贷款的待遇。(7)台商投资担保公司的资格,对净资产的要求可降至3000万美元,合资者可降至3000万人民币。(8)积极推动对台离岸金融业务,为台资企业提供包括离岸存款质押在岸授信业务、离岸综合授信额度、离岸贸易授信融资业务、离岸贷款业务和银团贷款、债券融资等服务,并探索开展离岸再保险业务。

(二)物流业

台湾物流业发展相对成熟,尤其是随着台湾成为许多跨国公司的重要原材料、零配件供应地之后,物流配送需求大幅增长,现代物流业已发展到相当高的水平,还涌现许多专门从事第三方物流配送、为客户提供增值服务的现代物流公司,初步形成了以大荣货运与东源物流为龙头,众多专业物流公司相互竞争的发展格局。但是,当前台湾物流业也面临发展困境:一是随着大陆经济发展,港口、码头、机场、高速公路等基础设施不断完善,初步形成以上海为中心的华东地区和以香港、深圳为中心的华南地区两大物流平台,台湾在东亚及东南亚物流地位随之下降,并面临边缘化的危机;二是台湾许多工商企业到大陆投资,供应链中的中下游企业也纷纷转到内地,使台湾物流业的货源受到很大影响,物流市场缩小;三是国际金融危机后,台湾物流业者面临其他国家和地区物流业者更为激烈的竞争,希望到大陆寻找新的发展机会。

厦门港口条件优越,两岸实现直接"三通"后成为离台湾最近的港口之一,这种优势是其他港口所无法替代的,厦门机场也是大陆东南地区重要的航空枢纽。厦门与台湾物流业合作应立足于两岸"大三通"后共同打造一个与华东、华南并驾齐驱的物流中心。目前,两岸已开放部分产品零关税进入对方市场,开放范围还将进一步扩大,这对厦门吸引台湾物流业投资也是一个良机。厦门可以利用优越的地理条件和成熟的海空运输基础,建立台湾产品进入大陆市场的转运中心。

（三）工业设计及研发业

台湾的工业设计、研发服务、技术开发等为制造业服务的高科技服务业也具有一定实力。台湾原是世界最主要的代工地之一，近年来，台湾代工模式逐渐由 OEM 发展成 ODM 甚至 OBM，从而推动了台湾工业设计水平的提高。特别是在工业品后期设计，包括外形、细部设计等方面，台湾具有较强实力和价格优势。为了节约成本，世界上不少大厂都将工业品的后期设计委托台湾公司完成。台湾研发服务业发展已有一定基础，目前台湾地区在中国大陆、美国、日本每年申请的专利数都名列前茅。

以厦门现有的产业基础和科技实力，要吸引台湾企业到厦门设立研发中心，首先应选择适宜的产业切入口。厦门在光电产业和生物产业两大领域具有一定的实力，而这两大产业也是台湾的优势产业，应作为吸引台商投资研发服务业的重点。一方面，要加强这两大领域的人才培养和招揽，扩大与台湾高校和科研机构的交流与合作，设立专门研究机构，培养专业人才，并将这两类人才作为急需人才重点引进；另一方面，对投资研发中心的服务企业给予奖励，如按投资额的一定比例抵扣税费。

（四）旅游业

厦门是大陆东南沿海地区的重要航空中心，与台湾近在咫尺，加之厦门本身就是一个非常有吸引力的旅游城市，完全有条件成为大陆游客进入台湾的重要通道。随着大陆居民赴台旅游数量不断增加，厦门作为两岸旅游往来的重要中转地，市场商机越来越大。为此，厦门应全力打造两岸旅游交往的前沿平台，健全两岸人员往来的便捷有效管理机制，探索两岸人员往来便利化的管理办法，争取中央有关部门支持对两地交流交往适当下放审批权限，简化审批程序，促进两岸直接往来。

（1）提供便捷的人员往来通道。全面推进"大三通"，抓紧推进厦门新机场、港口码头及配套设施建设，进一步推动海空客运直航航线的增加；继续发挥"小三通"优势，扩大厦金航线的功能，提升服务品质，创新增值服务，打造价格优势，实现无缝对接，吸引更多大陆居民和台湾民众循"小三通"往来两岸；允许进入金门和厦门的两岸游客双向免签证自由往来。

（2）实行灵活开放的旅游政策。加强两岸旅游合作，研究更加灵活开放的旅游政策，建立紧密型的旅游协作机制。台湾旅游企业可以合资、合作形式设立旅行社，并经营出国旅游和境外旅游业务；简化赴台旅游手续，共推双向旅游线路,培育"海峡旅游"品牌,吸引更多两岸同胞经厦门往来两岸旅游,打造两岸旅游的"黄金通道"。同时,加强与金门的合作,由两岸业者共同开发厦金两地旅游资源,把厦金打造成两岸同胞的休闲地。

(五)会展业

台湾会展业曾经一度风光,台北世贸中心曾是亚洲除日本以外最知名的展览馆。随着新加坡以及我国香港、上海、广州等地会展业快速发展,台湾展馆设施不足的问题日益突出,严重制约了台湾会展业规模的扩大,至今台湾也未能培育出一个在全球有重要影响的展览。但是,客观地说,台湾展览市场还是有一定空间的,展览仍是台湾企业拓展外销的重要渠道,美国、德国一些重要的电子类展览,来自台湾的展团常常是规模最大的。

厦门会展业与台湾业界的交流已积累了一定的经验,1997年开始举办的台交会从2000年第四届开始,成为大陆第一个由两岸专业机构共同主办的商品交易会。规模更大的"九八投洽会"也吸引了众多台湾企业和客商参展参会。厦门还成功举办了"海峡两岸图书交易会",并初步形成隔年轮流在厦门和台北分别举行的惯例。因此,厦台两地会展业已建立了良好的合作基础。推动两地会展业合作可以从以下几个方面着手。一是鼓励台湾会展业在厦门举办展览,对以台湾企业为主要参展对象的展览在税收、通关等方面给予方便,并对有发展潜力的展览提供一定补贴;二是鼓励台湾展览业者在厦门设立公司,组织大陆企业赴台参展;三是推动台交会与台湾业者进一步合作,与台湾同类展会共享展商和客商资源,也可争取让台交会隔年或一年两次分别在厦门和台湾某地轮流举办。

(六)服务外包产业

厦门是"中国服务外包示范城市",服务外包产业实现快速增长。厦门对台现代服务业合作区应将服务外包产业纳入对台合作的重点产业,制定对台招商方案,加大扶持力度,积极引导企业申请国家扶持资金,修订完善服务外包鼓励政策,引进服务外包人才,逐步扩大服务市场范围。

(七)教育培训业

在台湾教育培训产业中,技术与职业教育、语言培训和IT培训发展相对成熟。台湾技术与职业教育已形成了一个从中小学直至专科、本科、硕士班、博士班的完整体系,与普通教育基本平行发展。台湾把普通教育的完整体系称为"第一条国道",而把技术职业教育的完整体系称为"第二条国道"。长期以来,职业教育是台湾经济高速发展的重要支撑点。台湾的语言培训也曾风光一时,当时曾是全球汉语培训中心,外国人和东南亚华人学汉语大都选择去台湾。台湾学生到美国求学相当普遍,也带动了台湾英语培训的成长。台湾IT产业在全球具有领先水平,IT培训经验也十分丰富。

厦门自然环境优美、生活舒适,对吸引台商投资教育及各类培训中心具有明显的地理优势。长期以来,大陆教育普遍存在重普通教育轻职业教育的现象,技术工短缺的现象日趋严重。目前,国内很多城市都在纷纷建设大学城,厦门也提出来建设"教育之城"。厦门建设"教育之城"可以考虑把建设高水平的职业教育作为发展目标之一,并寻求和台湾业者合作,或推出职业教育招商项目,向台湾招商。此外,厦门还应充分利用环境、区域优势,鼓励台商投资语言和IT培训机构,共同把厦门打造成为一个职业培训中心。

(八)医疗保健业

医疗保健业是台湾发展比较成熟的服务业之一,其医疗保健系统较为完善,医疗成本相对合理。目前,台湾民众的健康指标、每千人医生数、每千人急性病床等已接近甚至超过发达国家和地区水平。特别值得一提的是,台湾医疗机构民营化和医院产权制度改革较为成功,民间企业以雄厚的财力纷纷投入医疗公益事业。1976年王永庆设立的长庚医院是台湾第一家设备齐全的大型民营医院;之后,国泰医院、亚东医院、奇美医院等纷纷兴起。私立医院创先引进医院管理的新观念,在营运方面相当有弹性,因而发展迅速。为改善公立医院的经营,台湾当局采取了"国"有民营体制,即医院的所有权仍归属政府所有,而经营权以委托、出租或成立医事财团法人机构的方式交给民间医疗机构经营,以现代化管理方法来提高医院营运效率,发展医疗事业。

厦门医疗产权制度改革正在起步,厦台医疗机构合作一方面可以学习和借鉴台湾医疗机构产权改革的经验,另一方面可通过吸收台湾有实力的民营医院投资,推动厦门医疗产业的发展。海沧长庚医院的设立,就对厦门丰富医疗资源、提高医疗水平产生了重要影响。进一步扩大吸引台湾医疗业者投资,鼓励台湾有影响的医疗机构与厦门现有的民营和外资医院合作、合资,有利于厦门对现有医疗资源进行较大幅度的整合,形成良性竞争的医疗市场环境,从而提高厦门现代服务业的发展水平。

四、厦门对台合作政策的基本思路

根据厦门与台湾服务业的发展趋势以及厦门所具备或面临的 SWOT 四要素,厦门对台合作政策先行先试应从以下几个方面着手:

(一)优化现代服务业发展布局,加快服务业集聚区建设

按照厦门市岛内外一体化发展规划,编制现代服务业发展总体规划和各服务业集聚区发展规划,通过科学合理的规划,进一步优化现代服务业的空间布局,引导企业向重点地区集聚,促进资源有效配置和高效利用。在推进厦门对台经济合作政策先行先试中,创新规划理念,形成与产业布局相衔接的空间安排,高水平开展合作区的综合规划,严格梳理已批项目和用地,厘清已批未建用地的产权关系,加大闲置土地处置力度,依法回收土地使用权,作为厦门对台现代服务业合作区的储备用地。

(二)加强两岸物流业合作,建设海西区有重要影响的供应链管理中心和航运衍生服务基地

按照两岸区域性物流中心的目标,促进两岸现代物流业的深度合作,形成高端物流业的集聚区,强化对海西地区制造业生产组织服务能力。一是发挥保税港区的政策优势,深化口岸管理体制改革,探索海关特殊监管区域的政策和机制创新,积极研究"启运港退税"政策,争取国家能够在厦门保税港区先行先试;二是深入推进出口加工区叠加保税物流功能试点,吸引国内外著名物流企业进区落户,指导区内企业开展国内贸易、物流配送、售后服务和研发业务;三是发展航运配套服务,推动两岸港口资源与物流体系的整合,建设两岸航运服务平台,引导航运业务管理中心、单证管理中心、结算中心、航运中介等在厦门设立机构,创设国际游艇交易市场;四是打造区域生产组织中枢和国际供应链管理中心,重点引进提供融资咨询、融资担保、结算、通关、信息管理及相关增值服务的供应链管理企业,鼓励发展以电子商务交易为平台的物流及相关增值服务;五是构建大陆东南地区物流信息交换中枢,整合交通、港口、银行、海关、工商、税务等相关部门的物流信息资源,建设公共物流信息平台。

(三)发挥软件园等载体作用,建立以信息技术引领产业升级的重要基地

加快推进网络经济与实体经济的融合发展,运用信息技术渗透引领制造

业的发展升级。在搞好产学研合作、科技成果转化的同时,大力发展服务外包业务,加大对软件研发、科技信息服务等项目的引进力度,发展软件和信息技术服务、信息内容服务,全面提升信息传输服务能力。一是加快发展系统集成、信息技术咨询及运营服务,以及移动电子商务、移动多媒体、移动搜索、移动支付等新业务,还要统筹规划建设信息基础设施,为信息服务业发展提供基础条件;二是突出发展互联网增值服务、移动通信增值服务,吸引台湾内外优秀的增值业务提供商、内容提供商和系统集成商落户合作区;三是探索两岸信息基础设施对接,借鉴台湾电信运营经验,推进厦门电信业务采用更优惠的通信资费方案,推动传统电信运营企业向综合信息服务企业转变,促进电信新业务、新服务发展;四是打造国际电子商务中心,建立安全、便捷、支持多币种的商务交易应用服务平台,加强与国际大型电子商务平台的对接;五是突出发展数字内容服务产业,把握互联网产业快速发展的有利时机,积极发展集宽带通信、移动多媒体和数字电视等新技术于一体的综合业务新媒体,开发网络内容、动画、游戏等衍生产品及周边服务,促进相关产业发展。

(四)汇聚科技服务和其他专业服务资源,构建区域性科技创新服务中心和生产性专业服务基地

一是创新发展科技服务,鼓励生产性服务业企业建设各类研究开发机构和增加科技投入,使企业成为研究开发投入的主体,不仅支持其在合作区构建技术转移平台和创业投资平台,设立技术评估、产权交易、成果转化等各类专业化服务的科技服务机构,而且支持其开展研发及工业设计、分析试验等服务,加快海西地区产业技术转移和创新成果转化,同时支持企业组建各种形式的战略联系,在关键领域形成具有自主知识产权的核心专利和技术标准;二是大力发展文化创意服务,探索文化创意产业的开放发展之路,促进两岸文化创意产业基地建设,吸引台湾知名设计机构和知名文化中介服务机构入驻,推动文化创意产业发展,打造两岸区域性文化创意中心;三是支持发展咨询服务和会展服务,引进台湾和国际知名咨询机构,发展规划咨询、认证咨询和管理咨询等高端咨询服务,提高厦门咨询业的国际化水平;四是发展医疗卫生服务,适当放宽台湾服务提供者在厦门设置医疗机构的准入条件,积极争取下放医疗机构审批权限,进一步优化各类医疗机构设立许可流程;五是有序发展会计和法律服务,适当放宽准入条件,探索下放审批权限,进一步开放法律和会计专业服务。

(五)以两岸合作为核心,加快构建向东承接台湾产业转移、向西拓展内陆腹地的区域合作格局

在不断深化两岸合作的基础上,全面推进对内对外开放,加强厦门与海西区其他城市和国内其他区域的协调发展,积极开展与世界主要经济体的合作,率先发展高水平的开放型经济。在两岸经济合作框架协议下,不断深化两岸合作,共同推动厦门现代服务业的发展。努力办好海峡论坛,搭建现代服务业合作开放的高层次国际化平台。吸收台湾工商企业界和专业服务人士参与厦门对台现代服务业合作区的管理事务。与台湾共同搭建面向国际社会推广厦门的形象和品牌,共同开展针对台湾和国际大型现代服务业企业的招商活动,合作引进国际高端服务企业。学习借鉴台湾发展现代服务业的经验,积极承接台湾服务业转移,大力引进跨国企业的区域性总部。发挥厦门区域生产性服务业中心的优势,主动服务引领海西的产业发展和转型升级,以提供更便捷的服务为目标,加强区域内交通等基础设施同城化建设。

(六)加快形成新型体制机制和政策框架,营造具有国际竞争力的营商环境

发挥对台政策先行先试的作用,积极探索有利于现代服务业集聚发展的体制机制和政策,将合作区打造成为营商环境优良的地区。一是明确厦门对台现代服务业合作区的运作模式,形成完善的决策机制、执行机制、协调机制,研究确定有利于合作区超常规发展相对独立的管理体制,建立市场化的薪酬激励制度,创新用人机制,营造高层次人才集聚的环境;二是加快营造促进现代服务业发展的法律环境,尽快出台厦门对台现代服务业合作区条例及管理办法,积极开展厦门现代服务业发展所需要的法规、细则的研究起草工作;三是营造吸引高层次人才的环境,积极引进台湾人力资源服务机构,培育提升本地人力资源机构,形成一批辐射海峡西岸经济区、具有国际竞争力的高端人力资源服务机构;四是鼓励引进和发展高级职业技能培训机构、高端人才中介机构及国际考试机构,加快探索吸引国际高层次人才资源的新模式,尽快制定人才引进的财税政策、住房政策和具体实施办法,吸引高层次人才到厦门工作,把厦门打造成两岸高层次人才创新创业基地。

(七)实施服务业品牌带动战略

厦门服务企业大多以中小企业为主,缺乏有品牌、有创新、有知名度、有辐

射力的龙头企业和大型企业集团。在服务行业内,培育若干品牌、龙头企业,可以产生较强的示范和带动效应,同时也增强厦门服务企业对外的辐射能力。因此,重点扶持技术含量与附加值高、有市场潜力的龙头企业,对品牌创立、管理与延伸进行战略规划,由传统的接单经营转向品牌经营。鼓励生产性服务企业以商标、专利等为纽带,进行跨地区、跨行业兼并和重组。引导中小企业灵活采用品牌特许经营、品牌租借、贴牌与创牌并行等形式,使自身的劳动力成本、营销渠道、客户资源等优势与知名品牌有机结合,扩大自身规模和实力。

第四节　两岸自贸区合作的发展方向

2015 年 4 月 21 日,福建自由贸易区正式挂牌。在当前两岸关系和平发展的形势下,福建应积极打好对台这张牌,在两岸经贸合作中先行先试,努力构筑大陆对台交流的前沿平台和对台经贸政策的试验窗口,推动"中国自由贸易试验区"建设的发展进程,促进两岸交流合作向更广范围、更大规模、更高层次迈进。

一、两岸自贸区合作的缘起

台湾"两岸共同市场基金会"荣誉董事长萧万长曾提出,两岸要避免"零和赛局",创造双赢,不仅要从国际经济新秩序角度思考,更要从两岸关系大局进行长远布局,以新的思维来建立新的经济合作架构,呼吁建立合作型自由贸易区,包括两岸各自定位、产业合作、两岸自贸区以及区域经济合作等,建议两岸产、官、学界共同成立研究小组,就两岸自贸区进行研讨,配合海峡两岸经济合作框架协议(ECFA)、两岸服贸、货贸协议等市场开放安排,另行协商建立配套合作及管理机制,并拟定具体可行的实施蓝图。

台湾方面希望两岸在自贸区领域进行合作,与台湾眼下面临的区域贸易格局有一定关联,在中韩、中澳自由贸易协定(FTA)相继签署以及两岸服贸协议生效受阻等多重因素的影响下,台湾方面担心自己难以融入未来亚洲区域经贸发展中。

中国大陆和台湾地区都面临两大经济趋势:一是国际经济的结构性变化。大陆正从世界工厂转变为世界市场,台湾也必须从以大陆为厂、代工制造的产业经营模式转型为以大陆为市场、价值取向的产业经营模式。二是两岸经贸关系的动态变化,包括大陆对台湾人才、技术及投资的强大磁场作用,产业分工从互补互利转变成相互竞争;经济制度以及管制差异造成两岸进入对方市场面临许多障碍。

中国大陆在新一轮的国际经济结构调整中,努力把握正确的经济转型方向:一方面积极推动和参与区域经济整合,进一步扩大对外开放,在一定范围内实施自由贸易区的试验政策;另一方面致力于深化市场改革,创新科学发展机制,这些都是中国能否从经济大国晋升为经济强国的关键所在。与此同时,台湾也从依赖中国大陆工厂转型为依赖中国大陆市场,积极对外商签自由贸易协议,参与区域经济整合,以提升竞争力。虽然马英九执政以来,两岸经贸开放与交流为台湾带来了和平红利,但是,国际经济形势变化和两岸经济转型压力,让台湾厂商面临日益激烈的市场竞争压力,中韩、中澳自由贸易区协议相继完成,加剧了台湾经济边缘化的趋势。由于受两岸政治因素的影响,台湾洽谈签署 FTA 以及参与 TPP(跨太平洋伙伴关系协议)、RCEP(区域全面经济伙伴关系)的阻力仍然很大。

台湾当局推动的"自由经济示范区"还未正式上路,而大陆推动的"中国自由贸易试验区"政策已从上海浦东扩大到广东、福建、天津等区域。台湾是选择"六海一空"作为先一步的开放,未来如果有其他地区符合条件,也同样可以申请开放,希望最终达到全台湾的开放;而中国大陆首先选择上海作为自贸区的开放试验,进而选择广东、天津、福建作为第二批自由贸易区的政策试验,未来还可能继续扩大到内陆地区,如重庆、武汉、成都、西安、郑州、兰州、昆明、乌鲁木齐等区域。两岸不约而同采取这种做法的主要原因在于应对全球快速自由化的经济体系。经济体系的开放对于国家或地区的长远发展至关重要,但是短时期内的某些产业难免会受到威胁。为了减少开放过程中的阻力,两岸都用试点的方式,等到对于开放有了更深层次的认识和积累经验之后,再采取更进一步的开放政策措施。

台湾企业期待与大陆合作开拓市场。网络应用、智能城市、文化创意、云计算、生物科技等台湾的优势产业,均可以通过两岸自贸区先行先试,与大陆进行深入合作。自贸区的优势在于开放人员、商品、信息、资金流动管制及政策优惠。当前两岸经贸交流正从制作业加速向技术转移、研发合作转变。台湾的中小型金融机构为台湾的中小企业发展提供了资金支持。业界人士建议,可以利用大陆自贸区的特殊政策,吸引台湾中小金融机构落户,服务两岸中小企业的转型发展,加速产业升级。未来应逐步建设具有两岸特色的自由贸易区合作模式,提升正面效益,降低可能的负面冲击,通过自贸区合作等新途径,开启两岸经贸合作的新局面。

台湾内部对两岸经贸关系的疑虑将不利于两岸关系长期稳定发展,两岸可以通过自由贸易(经济)区的合作,避开政治上的障碍和限制。在具体做法上,应该在 ECFA 等市场开放的基础上,另行协商建立配套合作以及管理机制,充分体现产业优势互补、人才以及资源互补、合作成果共享以及利益普及。

二、两岸自贸区合作的构想

两岸自贸区合作,应根据海峡两岸经济合作框架协议,配合两岸服贸、货贸协议等市场开放安排,共同协商建立与之相配套的合作及管理机制。在经济合作上,两岸应利用台湾的创新能量及大陆的内需市场,定位在"创新经济"和"世界市场"的合作方面。在两岸产业合作上,应利用台企在国际供应链的优势,结合大陆市场规模,共同开发全球市场。

随着福建自由贸易试验区的运营和实践,新一轮对台先行先试政策必将对两岸经济合作产生积极的正面作用。而台湾也提出"自由经济示范区"规划,力图在一定程度上重启"亚太经营中心"进程。对此,大陆自贸区的发展将对台湾自由经济示范区形成巨大的竞争压力,台湾学者表现出一定的焦虑感。在国际经济新秩序下,台湾和大陆经济合作要定位创新经济,合作进入世界市场,利用台湾企业的创新能量,以大陆庞大的内需市场作为两岸创新经济合作模式的练兵场,同步提升两岸经济的全球布局。在两岸产业合作上,从过去大陆对台招商引资,为台湾厂商提供优惠待遇,以大陆为工厂进行代工制造等垂直加工模式,迈向新的优势互补模式,即利用台湾产业在国际供应链方面的特殊优势,结合大陆市场巨大的规模优势,共同制定标准,共同开发,创造品牌,共同开发全球市场,让两岸产业同步发展壮大。因此,两岸建立可以共创双赢的合作型自贸区尤其必要。为充分发挥两岸的产业、人才以及资源优势,实现合作成果共享以及利益普及,建议两岸的产、官、学界共同设立研究小组,在两岸经济合作框架协议等市场开放的基础上,共同协商建立配套的合作和管理机制。

协商配套的合作以及管理机制是推进两岸自贸区合作的前提。随着两岸经济交流的深化,两岸经济合作已经进入新的阶段,需要新的思维来应对新的问题。因此,在相关合作的议题上,还需要有"摸着石头过河"的心理准备。自贸区的核心是体制创新而非政策优惠,这就需要用新的经济发展模式来建设自贸区。台湾对外开放的程度相对高、经历的时间长,两岸在这方面可以共同合作和探索,有助于自贸区规避潜在风险。

台湾的示范区可以发挥相应的示范作用。两岸自贸区合作的关键是要充分发挥企业应有的作用。在自贸区的建设过程中,可以有效借鉴台湾"前店后厂"的模式和"虚拟特区"的经验。其中,通过"前店后厂"的模式,可以形成海关特殊监管区与产业集中监管区相衔接的发展模式,不仅可以有效提升监管效率,而且可以在此基础上开展跨区合作的探索,为自贸区政策相应的延伸与推广创造良好条件。

有序安排是自贸区合作建设的重要条件。两岸在自贸区的建设过程中,要积极吸取以往经验,明确战略定位与目标,避免可能的失败情形。因此,首先要明确发展的路线图,加快取消服务业的管制,协调好各方关系。在新一轮自贸区的发展浪潮中,两岸均面对管理体制调整的巨大压力,有必要在有序安排的基础上形成良性的互动与合作。

两岸自贸区合作应成为两岸经济合作的升级版。在区域经济一体化的大趋势下,两岸经济合作面临新的发展瓶颈,在合作层次及合作领域方面尚未形成新的亮点与政策聚焦。在这种情况下,两岸自贸区合作可以成为两岸经济合作的新亮点,从制度、产业、政策协调等方面推进合作,而航运、金融和社会、文化等领域都可以成为合作的重点。

鉴于两岸都希望未来能有更大幅度的开放,而两岸服贸协议中的开放程度又相对不足,两岸在自贸区合作方面将有很多的合作机会。

第一,金融市场的合作。虽然目前两岸已经实现人民币的自由买卖,但是中国大陆对于全面开放两岸人民币的自由买卖仍有疑虑,使得台湾想成为人民币离岸中心的政策一直无法实现。如果建立两岸合作型自由贸易区,人民币的买卖可以完全没有限制,一方面台湾在自贸区内能够使用足够的人民币;另一方面,中国大陆也不必担心有过多的人民币流入台湾。因此,两岸金融合作是未来深具发展潜力的领域。

第二,运输与物流的合作。目前,两岸产品在通关方面所需时间较长,尤其是一方货物出关时要检查,另一方入关时又要再检查一次,花费许多时间。如果自贸区能够实现通关合作,只要有一方先前检查,另一方就可以自动放行,自贸区就可以大幅度缩短两岸物流的时间。如果这一重要试点能够成功,将来可以推向大陆与台湾的全区通关,这对于两岸货物运送会有很大帮助。

第三,两岸产业的合作。如果自贸区合作通关便利,加上大陆和台湾都不必征税,那么两岸就可以有很多产品在企业之间进行生产,再出口到第三方,也即未来两岸企业可以形成更多产业链的结合。

现阶段国际经济整合的速度发展迅猛,两岸都必须加快追上彼此的进度。由于两岸距离较近,加上台商在两岸之间已经有许多投资,两岸生产链条已经部分整合,现在更应利用自贸区合作的机会,加大力度寻求更多产业合作的机会,共同开发国际市场。

三、两岸自贸区合作的评价

台湾参与区域经济整合,首先应完成与大陆 ECFA 后续协议的签署,即货贸协议和贸易争端解决机制协议。如果要参与 RCEP(区域全面经济伙伴关系)或者 TPP(跨太平洋伙伴关系协定),台湾必须让其他成员认为台湾是积极正面的,而不是以"逐条审议"的心态面对谈判。两岸倘若要在自贸区领域进行合作,仍有较长一段路要走,而且台湾难以摆脱中国大陆单独参与区域经济一体化的整合中。

尽管《海峡两岸服贸贸易协议》在台湾暂时卡壳,但是岛内已有声音提出在自贸区领域先行合作。现在"自由经济示范区特别条例"草案正在台湾地区"立法院"审议,各界对政策内容仍有不同意见,尤其是两岸合作与否,还要获得民意的普遍共识,在政策推动上才会有基础。

由于两岸经济发展存在微妙的既竞争又合作的关系,台湾自由经济示范区和福建自由贸易试验区相继启动,让人对两岸经贸发展的竞争和合作关系产生诸多联想。在竞争方面,福建自贸区如果赢得跨国企业的青睐,台湾经济边缘化趋势将进一步加剧,岛内呼吁加快"台湾自由经济示范区"进程的声浪势必再起。在合作方面,不少专家认为两岸自贸区合作对台湾经贸国际化发展将会是一大助益。随着两岸推动经贸自由化政策,两岸自贸区合作可以促进两岸产业合作,台湾也可以通过推动两岸自贸区对接的契机,强化其在亚洲甚至全球经济的地位。

台湾在自贸区中可以获得两大优势:(1)享受区位优势,可以构筑辐射中心。台湾处于亚太区域的中心,具备优越的战略地位,是全世界各国进出中国大陆拓展市场的最佳跳板,未来两岸如果能够通过自贸区对接,台商将可以凭借中国大陆市场的腹地作为发展基础,使台湾成为亚太区域中心。不管是物流企业还是在亚太地区有运输需求的企业,都可以选择台湾作为集货中心及转运站,以强化企业在亚太市场的布局。除了地理优势外,未来自贸区将有可能朝着享有符合国民待遇的方向发展。如果顺利,更能促进台湾成为跨国企业在亚太区域的运营基地。(2)享受前期试权,可以强化产业集聚。未来两岸自贸区合作所实施的各项法规制度,台湾将相对享有先试的权利。因此,两岸自贸区如果能够对接的话,构建两岸经济连接的桥梁,共同发展两岸在国际上具有比较竞争优势的新战略产业,并建立价值链与供应链体系,将可以形成具备两岸特色的产业集群。在数位与云计算等服务产业方面,近年来台湾厂商就积极通过"新黄金三角",即结合日本技术、台湾运营和中国大陆人力资源的各方优势构建产业链。因此,自贸区将对两岸产业合作创造更大的便利。台湾企业善于运用广大华人市场作为台湾产业的养分,进一步提升品牌和服务,从而摆脱台湾市场过小的困境,朝着更为宽广的经营道路前行。

然而,由于两岸自贸区都还在起步和试验阶段,而且两岸自贸区的相关政策、长远目标以及两岸经济发展状况都不一致,实现两岸自贸区的对接仍然存在诸多障碍。(1)两岸开放基础存在差异。虽然两岸都以发展自由贸易为下一阶段促进产业升级的基础,但是台湾是在"全面开放"的经济架构上,突破行政与劳工管制。而大陆经济管制的成分较高,两岸发展的核心价值与定位都有差异,如何在公平互惠的原则下对接仍然存在多重障碍。(2)缺乏对接标准与原则。根据两岸自贸区的规划内容,台湾的自贸区以"六港一空"作为基础,然后通过"前店后厂"实现自由经济岛的愿景,无论是规划,还是长远目标,都较为全面。相比之下,福建自贸区是在特殊区域提供外资享有待遇。两岸自贸区的对接在资金进出、人员往来等自由化方式,以及投资、制造、服务、检疫等方面的规范标准都必须制定出一个共同原则,才能符合双方的利益。(3)两岸经济发展条件存在差异。过去两岸加入 WTO 时,台湾地区以"发达地区"身份加入,对 WTO 成员方开放市场幅度大,而中国大陆则以"发展中国家"身份加入,至今只开放了 12 项服务行业,其余服务业开放均有附带条件。在此前提下,两岸进行自贸区的对接是否能够在市场开放有待突破的条件下,实现市场、技术的互利互补,仍是很大的挑战。

第五节　两岸共同参与"一带一路"建设的契合点

随着"一带一路"战略的全面推进,两岸迎来了寻求进一步合作的新契机。台湾各界均有"积极看待'一带一路'发展"的呼声,大陆方面也欢迎台湾方面的加入,表示"台湾不应缺席"。因此,台湾以什么样的角色定位、怎样参与到"一带一路"的建设中来、两岸如何分享"一带一路"发展成果,成为一个值得探讨的重要议题。"一带一路"战略中体现了"合"的概念,包括文化上的包容、经济上的融合和区域上的整合。台湾参与到"一带一路"的建设中也可通过这几个方面切入：

一、依托文化纽带

"一带一路"倡议的提出本身就是基于"丝绸之路"这一文化符号的，其沿线覆盖了多个不同文化、语言、宗教信仰的国家。文化作为一个国家或地区的重要软实力，是推动经济合作与政治交流的重要载体。文化的包容性与多元性也是维护各国各地区间和平共处、谋求合作、稳定发展的重要保证。作为"一带一路"的提出者和倡议者，大陆一方面通过追溯历史，向世界展示与传播悠久而精深的中华文化，另一方面则试图以该战略倡导的文化包容性增进沿线各国各地区人民进行人文交流与文化互鉴。从台湾地区角度出发，其参与到"一带一路"中来，在文化交流与推动中所扮演的角色与其他国家地区是不同的。两岸同根同源，有着相同的文字、语言，同属中华民族文明的继承者和传播者，也有正当理由和必要性参与共同实现中华民族的伟大复兴，以共同的文化凝聚力推动双方展开合作，共享发展成果，也能够进一步巩固双方的民族认同感。

二、整合区域平台

首先，从"一带一路"路线图可以看出："一带"（丝绸之路经济带）着力开发大陆中西部地区，并向中亚、西亚、欧洲等区域延伸。台商在对外投资和产业转移方面有着丰富的经验和充分的比较优势，然而近年来却备受产业转型与升级的压力，早年于大陆沿海地区设立的台资企业也不得不面对生产要素成本不断上升的问题。若台资沿"一带"路线向中西部地区转移，依靠先进的技术、市场营销与管理经验、充沛的资金在开辟新的局面，中西部地区丰富的生产要素资源则可迎来深度开发的机遇，双方的比较优势均能得到合理发挥，从而达到互利共赢的局面。在互联互通的大背景下，产出的供销渠道将能得到畅通的保障，使产业链能够更好地衔接，并且"一带"路线也助力台湾打开沿线一些尚未深入开发的市场。

其次，"一路"（21世纪海上丝绸之路）则向东南亚地区扩展。台湾与作为"海上丝绸之路"核心区域的福建仅一水之隔，加之台湾本身优越的地理位置，加入"一路"有其天然的区位优势。若台资沿"一路"线路南下，也可寻求产业的梯度转移,通过与福建企业的合作,加速闽台产业对接,共同开发东南亚市场乃至亚太市场。

再次,"一带一路"的区域整合中心要依靠中国与有关国家既有的双边、多边机制,借助现有的、行之有效的区域合作平台。中国—东盟自由贸易区(CAFTA)的商签使台湾经济逐步被边缘化,台湾被排除在大陆、东盟各国的自贸区框架之外。由于促进两岸经贸往来正常化、制度化的 ECFA 后续协议在台湾遭到暂时搁置,台湾在区域经济一体化中处在一个较为被动的地位。由大陆与东盟各国主导的 RCEP 是"一带一路"框架下的区域合作重心平台。台湾参与大陆的"一带一路"战略,是其进入 RCEP 等其他自由贸易框架的重要突破口,不仅能在与大陆、东盟各国的贸易中获得优惠和便利,还可进一步开拓更广阔的市场空间。

三、推动经济融合

在"一带一路"的合作理念中,主动发展与沿线国家的经济合作伙伴关系,是打造这一共同体的主要途径。当前,中国大陆经济进入"新常态",经济增速趋缓,经济结构处在升级优化的阶段,产能过剩,经济发展思路也处于转变与适应转变的时期。如何在既有的发展成果与方式上谋求创新,是这一阶段的重要课题,而台湾也面临经济增长缓慢、产业转型升级、出口需求不足,双方都亟须谋求新的经济增长点。因此,在"一带一路"战略的机遇下寻找利益契合点是推动两岸经济融合的动力。

其一,目前大陆面对巨额外汇储备,台湾也在寻求资金出路,资金共同筹措代表了利益共享、回报共享,同时也风险共担,是双方合作的可行切入点。由大陆主导的亚洲基础设施投资银行旨在促进亚洲区域的建设互联互通化和经济一体化的进程,台湾未能成为亚投行意向创始成员后仍争取作为普通成员加入,已显示了其积极融入的态度。台湾在现代服务业方面具有比较优势,尤其是金融服务业相对成熟,这也是亚投行建设中所需要的。两岸可以就金融服务业中相关内容展开合作。

其次,历史上的"一带一路",即是依托于水陆交通干道,沟通东西方,从而进行政治、经济、文化等各领域交流。当前,"一带一路"的互联互通也依托于交通干道和基础设施建设,范围更加广泛。台湾在电子信息、机械、通信等领域均具有比较优势。然而,近年来台湾地区这些领域产品的出口呈现颓势,若参与"一带一路",无疑为这些产业开辟新的发展空间。

再次,作为区域经济整合、先行先试的重要平台,两岸自贸区对接也是重要的合作切入点。自贸区是对"一带一路"概念的一种呼应,而"一带一路"也在以自由贸易区的形式推动。当前,福建自贸区建设的最大特色就是对台先行先试,两岸自贸区对接可促进双方有序分工,相互借鉴,实现互利共赢,而台湾方面也可以以此为切入点,与作为"一路"核心区的福建,共同参与到"一带一路"建设中。

第十章

结 论

构建海峡两岸关系和平发展构架、促进两岸关系从和平发展逐步过渡到和平统一的战略思路与策略运用,可以高度归纳为"力""理""礼""利"四个字:

一、示之以力,以力固本

所谓"力",就是实力,也就是解决台湾问题现实存在的力量,即一个国家总体实力的综合表现,是全部实力以及国际影响力的合力。它一定是建立在经济实力基础上的综合国力,既包括经济力、科技力、国防力和资源力等在内的支配性"硬实力",即看得见、摸得着的物质力量和基础设施,也包括政治力、文教力和外交力在内的"软实力",即依靠政治制度的吸引力、文化价值的感召力、国民社会形象的亲和力、社会文明程度的向心力以及民族团结所生产的凝聚力等释放出来的无形影响力。其中经济力和科技力已经成为决定性因素。中国大陆遏制"台独"势力,维护两岸关系和平发展大局,主要是靠"硬实力",但是,争取台湾民心,促进和平统一,还是要靠"软实力"。创造两岸关系和平发展的有利条件和氛围、营造两岸和平统一的良好环境和土壤,最终还是取决于"软""硬"兼具的综合实力。中国大陆的"硬实力"已经越来越"硬"了,而且还在不断增长和扩大之中;但是,中国大陆的"软实力"还不够"软",还需要进一步积累和加强。两岸中国人和谐相处,团结一致,齐心协力,是完成国家统一、实现繁荣昌盛的重要保证。因此,示之以力,以力固本,就是以综合实力创造两岸关系和平发展的条件,以和平发展深化两岸信任,凝聚团结共识,推动两岸关系逐步迈向和平统一。

二、晓之以理,以理服人

所谓"理",就是"道理",也就是顺应"天理",即是两岸关系和平发展的"规律"或认识两岸关系发展趋势的"法门",通俗地说,就是按规矩"出牌"。老子在《道德经》中说:"人法地,地法天,天法道,道法自然。"天理被儒家看作本然之性,犹言天道。《庄子·天运》:"夫至乐者,先应之以人事,顺之以天理,行之以五德,应之以自然,然后调理四时,太和万物。"南朝的梁人江淹在《知己赋》言:"谈天理之开基,辩人道之始终。"作为自然和社会法则的"天理",人类的智慧可以根据其动态规律来主导事物向更高层面上发展。因此,两岸关系从和平发展过渡到和平统一的动态结果是可以由两岸中国人的智慧主导的。天理昭彰,在推动两岸关系和平发展进程中,"天理"就是争取台湾民心的正义之理,就是团结一切有利的力量,维护两岸关系和平发展与促进两岸和平统一的"民族大义",不仅要晓之以理,即"晓以民族大义",以理服人,而且还要恩服于人。

习近平提出:"摸着石头过河就是摸规律,从实践中获得真知。"这是对邓小平名言的真正诠释。当两岸关系和平发展进入"深水区"时,"浅水区"时"摸着石头过河"的实践活动已经大致完成,而"深水区"要摸更大的石头才行。但是,水深没顶,摸不着石头时,就要修一座桥,这座桥就是政治安排,或顶层设计,两岸和平协议就是引桥,而顶层设计的桥桩要严实扎根在岩石层上的,这个岩石就是以一个中国原则为基础的"九二共识"。通过"摸石头"的实践经验,发现和认识海峡两岸关系和平发展的客观规律。唯有把"顶层设计"或政治安排建立在"摸石头"的基础上,使主观设计符合客观规律,这种设计与理论才有生命力和可行价值。这就需要两岸中国人付出更大的政治勇气和智慧。探索海峡两岸关系和平发展规律,就是通过各种两岸交流产生碰撞和互动,通过双方不断融合再创新,从中摸索出符合两岸人民根本利益的发展规律,从而设计出一条符合这一客观规律的发展道路。经验是感性的、暂时的、表面的,而规律才是理性的、本质的、长久的。这个"理",表现在经济交流领域中,就是市场规律,就是遵循经济法则来处理两岸经济合作事宜。在低层次发生的裂痕,在同一层次是无法修复的,只有在更高的层次上才能弥合创伤再生新肌。让我们顺着时代的潮流前进,"因已变之势,复创造之规",乐观期待两岸关系和平发展与和平统一前景。

三、待之以礼,以礼动情

所谓"礼",就是"礼节",也是一种原则,即是一种观念形态或者行为规范,在两岸关系中表现为一种合作机制或制度化安排,包括政治关系架构、经济合作机制、社会联系规则和文化交流框架等。"礼"是社会的典章制度和道德规范,用于明是非,别同异,定亲疏,决嫌疑。在推动两岸关系发展进程中,是否遵循一个中国原则下的"九二共识",反对"台独",是甄别台湾岛内各政党、社会团体是否维护真正两岸关系和平发展大局的根本所在。《释名》曰:"礼,体也。言得事之体也。"《礼记·礼器》曰:"忠信,礼之本也;义理,礼之文也。无本不立,无文不行。"因此,在两岸关系中的"礼"就是一个中国原则,是处理两岸关系的根本,也是衡量岛内各政党和社会团体的一个标准,更是两岸关系和平发展的基本准则和政治基础。故《论语》曰:"不学礼,无以立。"作为一种基本准则,它是两岸社会政治制度关系的体现,是两岸社会交往中的基本仪式;作为一种道德规范,它是公权力部门的一切行为的标准和要求。而作为观念形态的礼,同"仁"是分不开的。孔子说:"人而不仁,如礼何?"他主张"道之以德,齐之以礼"的德治。孟子把"仁、义、礼、智"作为基本的道德规范,礼为"辞让之心",成为修身、齐家、治国、平天下的德行之一。《论语·学而》:"礼之用,和为贵,先王之道,斯为美。""和"就是两岸和谐相处,和睦共存,体现以"仁爱"为本的相处原则。

在长期的历史发展中,礼作为中国社会的道德规范和生活准则,对中华民族精神素质的修养起了重要作用。随着社会的变革和发展,礼不断被赋予新的内容,不断地发生着改变和调整。"礼"作为一种原则,包括"尊重"原则,要求在各种类型的交往活动中,以相互尊重为前提,要尊重对手,不损害对方利益,同时又要保持自尊,台湾人爱面子,讲义气,大陆要给予充分尊重;也包括"遵守"原则:遵守信用,两岸所签的各项协议都要遵照执行,贯彻落实;还包括"适度"原则:强调两岸交流与沟通一定要把握适度性,把握好一定的分寸,即使是政治上的让步或经济上的让利也要适度,不能操之过急;更包括"自律"原则:交流双方在要求对方尊重自己之前,首先应当检查自己的行为是否符合礼仪规范要求,不仅要真诚友善,而且要谦虚随和。政治学的最高境界,就是在不动声色之间有效化解对立面;政治家的最大胜算,就是最大限度地化敌为友。在推动两岸关系和平发展进程中,就是要发乎于心,动之以情,以礼待之,授之以礼,亲而有礼,以礼动情,以相互信任促进和谐相处,以相互协商化解歧义,从而达到"以民促官","以经促政"的效果。

四、惠之以利,互利双赢

所谓"利",就是对台湾民众具有向心力和吸引力的政治利益、经济利益等共同利益。《礼·坊记》曰：先财而后礼，则民利。易利者，义之和也。《注》师古曰：利谓便好也。"兄弟齐心，其利断金。"两岸双方只要同心同德，同心同行，就会无往而不胜。老子《道德经》曰："将欲去之，必固举之；将欲夺之，必固予之。将欲灭之，必先学之。"其主要含义是想要夺取它，必须暂时给予它。这句话流传至今，已经变成了"将欲取之必先予之"。大智慧者是大妥协、大让步，小智慧者是小妥协、小让步；决不妥协也决不让步者，其实是没有智慧的表现。明智的妥协是以独立为前提，以底线为原则的适当让步，以达成一种协议的局面。妥协就是"妥当地协调"，是一种寻找最佳问题解决办法的行为。在两岸关系发展过程中，要善于运用妥协，因为这是一种大智慧。大陆方面秉持"两岸一家亲"的理念发展两岸关系，彰显了大陆对台政策的无比大度与关怀。当前两岸经济合作面临重要的契机，大陆方面本着"两岸血浓于水"的理念，首先与台湾同胞分享大陆经济发展带来的机遇，在两岸经济合作中照顾台湾同胞的利益，在对外开放时先一步对台湾开放，扩大和深化两岸经济合作，促进两岸经济融合与共同发展、互利双赢。中央政府和大陆人民用实际行动履行诺言，举国上下欢迎台湾同胞赴内地投资经商、访问交流、旅游参观等，让他们享受多种优惠和照顾。尽管台湾发生了"太阳花学运"，大陆方面在处理台湾问题时仍然小心呵护，谨言慎行，仁至义尽。其实，《海峡两岸服贸贸易协议》可以说是又一份大陆对台让利的协议。其经济让利主要表现在三个方面：大陆对台开放项目远远多于台方；协议中有台方对陆方单方面的限制条款；在电子商务方面，大陆有意倾向台方，协助台湾地区与韩国竞争。该协议就是为了帮助台湾地区突破经济发展的瓶颈，为台湾经济突破困局寻找一个新的出路。大陆对台政策几十年如一日单方面倾斜和让利，唯有"两岸一家亲"可以解释得通。在推动两岸关系和平发展进程中，就是要做到惠之以利，以实际共同利益促进双方互惠合作，以直接"三通"和真诚的"心通"，促进政治、经济、社会和文化的紧密联系，达成"两岸命运共同体"的结果。

"日月尽随天北转，古今谁见海西流？"一个历经了无数天灾人祸而至今生生不息的中华民族，是不可能被一道浅浅的海峡永久隔开的。"月缺重圆会有期，人间何得久别离。"根据历史循环论，"天下大势，分久必合"。分合自有时，顺逆莫相违。所谓"顺"，就是顺潮流、顺民心、顺天道。"循流而下易以至，背风而驰易以远。"历史经验告诉我们，一个大国的鼎盛不会超过100年，一个大国的存在不会超过300年。风水轮流转，30年河东，30年河西，这是古人总结历史轮回的经验。"天道之数，至则反，盛则衰。"从世界社会经济繁荣的历史循环规律看，20世纪是美国人的世纪，即过去100年是美国鼎盛的时期；19世纪是英国人的世纪,即 200 年前是英国曾经鼎盛的时期;18 世纪是西欧大陆的世纪,即 300 年前曾是葡萄牙、西班牙、荷兰、法国等西欧诸国相继兴盛的时期;17 世纪是中、东欧的世纪,即 400 年前曾是德国、奥匈等中、东欧相继兴起的时期;16 世纪是俄罗斯人的世纪,即 500 年前曾是沙皇俄国扩张成欧亚大国到达鼎盛的时期;15 世纪则是突厥(土耳其)人的世纪,即 600 年前曾是奥斯曼帝国称霸亚、欧、非达到鼎盛的时期;而 14 世纪(700 年前)又回到了东方的中国,即明朝开始复兴以及随后郑和下西洋时代(中华文明的第七次复兴);再往前推 700 年,即公元 7 世纪是大唐鼎盛的时期(中华文明第六次大繁荣);以此类推,每前推 700 年,是中华文明又一次繁荣或兴盛的时期,即公元前 1世纪是汉代繁荣的时期(中华文明第五次兴盛),2800 年前的西周时期是中华文明兴盛的时代(中华文明第四次兴盛),3500 年前的商殷时期是中华文明形成的时代(中华文明第三次兴盛),4200 年前的夏禹时期是中华文明启蒙的时代(中华文明第二次兴盛),4900 年前的炎黄时期是中华文明发端的时代(中华文明第一次兴盛)。在近 5000 年的人类文明历史发展进程中,只有中国一个国家的文明演化进程从来没有中断过,先后经历了七次引领世界的人类文明和引以为豪的繁荣昌盛;在近 2000 年的中华文明发展进程中,东方中国出现每 700 年一次大繁荣、每 350 年还有一次小繁荣的历史循环现象;而且在每个大繁荣的强盛王朝前面,还有一个一时貌似强大但又相对短命的小王朝作为大王朝的历史铺垫和前奏,如汉朝前面的秦朝,唐朝前面的隋朝,明朝前面的元朝……在 21 世纪中叶,中国人能否迎来第八次社会经济发展的大繁荣,最终完成祖国统一大业、达成中国和平崛起的目标,从而实现中华民族伟大复兴的"中国梦"呢? 这还要看中国人的"造化"了。这个"造化"就是让两岸中国人潜藏的勇气、智慧和创造力最大限度地被释放出来。只要有足够的韬光养晦的精神、卧薪尝胆的毅力和东山再起的雄心,化育万物的春风,就能在历史的峡谷中穿行突破,溶解层层累积的千年冰封,将中华民族的百年创痕渐渐抚平于两岸交流与融合的历史潮流中,将海峡两岸的千重宿怨逐步化解于两岸关系和平发展的进程中,让中国人的百年梦想在两岸和平统一的进程中逐渐成为现实,让中华民族真正实现和平崛起,重新屹立于世界民族之林的顶峰。俯瞰神州,中国大陆综合实力不断增强,两岸关系和平发展不可逆转;放眼未来,中华民族伟大复兴的梦想终将成真,两岸和平统一前景绚烂。

参考文献

[1]包宗和、吴玉山编:《争辩中的两岸关系理论》,台湾三民书局 1990 年版。

[2]蔡东杰:《东亚区域发展的政治经济学》,台湾五南图书出版股份有限公司 2007 年版。

[3]蔡拓:《国际关系学》,南开大学出版社 2005 年版。

[4]蔡秀玲、陈萍:《海峡两岸直接"三通"与区域产业整合研究》,中国经济出版社 2004 年版。

[5]蔡学仪:《两岸经贸之政治经济分析》,台湾新文京开发出版股份有限公司 2003 年版。

[6]曹宏苓:《国际区域经济一体化》,上海外语教育出版社 2006 年版。

[7]曹小衡:《东亚经济格局变动与两岸经济一体化研究》,中国对外经济贸易出版社 2001 年版。

[8]陈春山:《两岸经贸政策解读:两岸关系与台湾经济之未来》,台湾月旦出版股份有限公司 1994 年版。

[9]陈孔立:《台湾学导论》,台湾博扬文化事业有限公司 2004 年版。

[10]陈漓高等:《世界经济概论》,首都经济贸易大学出版社 2006 年版。

[11]邓利娟、石正方主编:《海峡西岸经济区发展研究》,九州出版社 2008 年版。

[12]邓利娟主编:《21 世纪以来的台湾经济困境与转折》,九州出版社 2004 年版。

[13]段小梅:《台商投资祖国大陆的区位选择及其投资环境研究》,中国经济出版社 2006 年版。

[14]樊勇明主编:《西方国际政治经济学理论与流派》,上海人民出版社 2003 年版。

[15]范爱军:《经济全球化利益风险论》,经济科学出版社 2002 年版。

[16]高希均、李诚、林祖嘉编:《台湾突破:两岸经贸追踪》,台湾天下文化出版公司 1992 年版。

[17]高长:《大陆经改与两岸经贸关系》,台湾五南图书出版股份有限公司 2002 年版。

[18]葛永光:《文化多元主义与国家整合——兼论中国认同的形成与挑战》,台湾正中书局 1993 年版。

[19]海峡交流基金会、交流杂志社编:《两岸开放交流 20 年国际学术研讨会会议实录》,台湾海峡交流基金会 2008 年版。

[20]黄景贵主编:《海峡两岸产业发展与经营管理比较研究》,科学出版社 2007 年版。

[21]黄绍臻:《海峡经济区的战略构想——台湾海峡两岸关系走向》,社会科学文献出版社 2005 年版。

[22]暨南大学台湾经济研究所编:《经济全球化格局下的两岸产业分工与合作》,经济科学出版社 2006 年版。

[23]江宜桦:《自由主义、民族主义与国家认同》,台湾扬智文化事业股份有限公司 2000 年版。

[24]金应忠、倪世雄:《国际关系理论比较研究》,中国社会科学出版社 2003 年版。

[25][美]卡尔·多伊奇著,周启朋等译:《国际关系分析》,世界知识出版社 1992 年版。

[26][美]肯尼思·沃尔兹著,胡少华、王红缨译:《国际政治理论》,中国人民公安大学出版社 1992 年版。

[27]李保明:《两岸经济关系 20 年:突破与发展历程的实证分析》,人民出版社 2007 年版。

[28]李琮:《经济全球化新论》,中国社会科学出版社 2005 年版。

[29]李非:《21 世纪海峡两岸经济关系走向与对策》,九州出版社 2002 年版。

[30]李非:《海峡两岸经济关系通论》,鹭江出版社 2008 年版。

[31]李非:《台湾经济发展通论》,九州出版社 2004 年版。

[32]李鹏:《台海安全考察》,九州出版社 2005 年版。

[33]李英明:《全球化时代下的台湾和两岸关系》,台湾生智文化事业有限公司 2001 年版。

[34]林卿、郑胜利、黎无生:《两岸"三通"与闽台经贸合作》,中国经济出版社 2005 年版。

[35]林信华:《"超国家"社会学:两岸关系中的新台湾社会》,台湾韦伯文化国际出版有限公司 2003 年版。

[36]林祖嘉:《两岸经贸与大陆经济》,台湾天下远见出版股份有限公司

2005 年版。

[37]刘国深等:《台湾政治概论》,九州出版社 2006 年版。

[38]刘赛力主编:《中国对外经济关系》,中国经济出版社 1999 年版。

[39]刘文斌:《台湾"国家认同"变迁下的两岸关系》,台湾问津堂书局 2005 年版。

[40]刘文成:《两岸经贸大未来:迈向区域整合之路》,台湾生智文化事业 有限公司 2001 年版。

[41]刘映仙主编:《海峡两岸经贸关系探讨》,中国友谊出版公司 1993 年版。

[42]柳建平:《当代国际经济关系政治化问题研究》,人民出版社 2002 年版。

[43][美]罗伯特·基欧汉、约瑟夫·奈著,门洪华译:《权力与相互依赖》, 北京大学出版社 2002 年版。

[44][美]罗伯特·吉尔平著,杨宇光、杨炯译:《全球资本主义的挑战》,上 海人民出版社 2001 年版。

[45][美]罗伯特·吉尔平:《国际关系政治经济学》,经济科学出版社 1989 年版。

[46]马春文、张东辉主编:《发展经济学》,高等教育出版社 2005 年版。

[47]倪世雄等:《当代西方国际关系理论》,复旦大学出版社 2001 年版。

[48]牛南洁:《开放与经济增长》,中国发展出版社 2000 年版。

[49]彭素玲:《两岸经贸互动与台湾中期经济成长:总体经济联结模型分 析》,"行政院经济建设委员会",2004 年。

[50][日]山本吉宣著,桑月译:《国际相互依存》,经济日报出版社 1989 年版。

[51]商务印书馆编辑部编:《现代国外经济学论文选》,商务印书馆 1981 年版。

[52]邵宗海:《当代大陆政策》,台湾生智文化事业公司 2003 年版。

[53]邵宗海:《两岸关系》,台湾五南图书出版有限公司 2006 年版。

[54]邵宗海主编:《两岸关系论丛——从乙亥到乙卯年》,台湾华泰文化事 业公司 2000 年版。

[55]施正锋:《台湾人的民族认同》,台湾前卫出版社 2000 年版。

[56]石之瑜:《两岸关系概论》,台湾扬智文化事业股份有限公司 1998 年版。

[57]宋镇照:《发展政治经济学——理论与实践》,台湾五南图书出版有限公司 2005 年版。

[58]苏起:《危险边缘:从"两国论"到"一边一国"》,台湾天下远见出版股份有限公司 2003 年版。

[59]唐永红:《两岸经济一体化问题研究——区域一体化理论视角》,鹭江出版社 2007 年版。

[60][美]唐·埃思里奇:《应用经济学方法论》,经济科学出版社 1998 年版。

[61][巴西]特奥托尼奥·多斯桑托斯著,杨衍勇译:《帝国主义与依附》,社会科学文献出版社 1999 年版。

[62]佟家栋、周申:《国际贸易学——理论与政策》,高等教育出版社 2004 年版。

[63]童振源:《全球化下的两岸经济关系》,台湾生智文化事业有限公司 2003 年版。

[64]王高成主编:《台湾的战略未来》,台湾华扬文教事业股份有限公司 2006 年版。

[65]王昆义:《全球化与台湾》,台湾创世文化事业出版社 2001 年版。

[66][美]威廉·奥尔森著,王沿等译:《国际关系的理论和实践》,中国社会科学出版社 1989 年版。

[67]伍贻康:《区域整合体制创新》,上海财经大学出版社 2003 年版。

[68]夏潮基金会编:《中国意识与台湾意识》,台湾海峡学术出版社 1999 年版。

[69]萧万长:《一加一大于二:迈向两岸共同市场之路》,台湾天下远见出版股份有限公司 2005 年版。

[70][美]小约瑟夫·奈著,张小明译:《理解国际冲突:理论与历史》,上海世纪出版集团 2002 年版。

[71]"行政院大陆委员会"编印:《坚持"主权、民主、和平、对等"四原则的两岸关系》,"行政院大陆委员会",2008 年。

[72]徐淑敏:《敏感性与脆弱性:互赖理论下的两岸关系》,台湾时英出版社 2005 年版。

[73]许世楷、施正锋编:《台湾前途危机管理》,台湾前卫出版社 2001 年版。

[74][美]亚历山大·温特著,秦亚青译:《国际政治的社会理论》,上海世

纪出版集团 2000 年版。

[75]杨开煌:《出手》,台湾海峡学术出版社 2005 年版。

[76]杨连福:《人口问题与台湾政治变迁》,台湾博扬文化事业有限公司
2005 年版。

[77][英]伊恩·布朗利著,余敏友等译:《国际公法原理》,法律出版社
2003 年版。

[78]于宗先:《大陆经济台湾观》,台湾五南图书出版公司 2000 年版。

[79]于宗先:《蜕变中的台湾经济》,台湾三民书局 1993 年版。

[80]俞正梁等:《全球化时代的国际关系》,复旦大学出版社 2000 年版。

[81][匈]约瑟夫·努伊拉斯主编:《世界经济现行结构变化的理论问题》,
人民出版社 1984 年版。

[82][美]詹姆斯·多尔蒂、小罗伯特·普法尔茨格拉夫著,阎学通等译:
《争论中的国际关系理论》,世界知识出版社 2003 年版。

[83]张传国:《中国大陆利用台资政策评价与调控》,鹭江出版社 2007
年版。

[84]张敦富:《区域经济学原理》,中国轻工业出版社 1999 年版。

[85]张季良:《国际关系学概论》,世界知识出版社 1989 年版。

[86]张可云:《区域经济政策——理论基础与欧盟国家实践》,中国轻工业
出版社 2001 年版。

[87]张亚中:《全球化与两岸统合》,台湾联经出版事业股份有限公司
2003 年版。

[88]张玉冰:《大陆沿海与台湾地区竞争力比较研究》,九州出版社 2007
年版。

[89]中共中央党校、中共中央台办:《中共三代领导人谈台湾问题》,九州
出版社 2001 年版。

[90]中共中央台办、国务院台办:《中国台湾问题》,九州出版社 1998
年版。

[91]周添城:《两岸经贸的禁忌》,"中华征信所企业股份有限公司"1998
年版。

[92]周添城:《全球经贸的分合:区域化对全球化》,"中华征信所企业股份
有限公司"1999 年版。

[93]周志怀主编:《两岸关系和平发展与机遇管理》,九州出版社 2009
年版。

［94］朱延智:《两岸经贸》,台湾五南图书出版股份有限公司 2006 年版。

［95］庄万寿主编:《台湾"独立"的理论与历史》,台湾前卫出版社 2002年版。

［96］庄宗明、黄梅波等:《两岸经贸合作研究》,人民出版社 2007 年版。

［97］Anderson,James H.,*Tensions Across the Strait:China's Military Options Against Taiwan Short of War*,Heritage,Washington,Backgrounder No. 1328,September 1999.

［98］Alan D.Romberg.*Rein in at the Brink of the Precipice:American Policy toward Taiwan and U.S.-PRC Relations*,Washington,D.C.:Henry L.Stimson Center,2003.

［99］Avery Goldstei.*Rising to the Challenge:China's Grand Strategy and International Security*,PaloAlto,CA:Stanford University Press,2005.

［100］Bonnie Glaser and Brad Glosserman,*Promoting Confidence Building across the Taiwan Strait*,Center for Strategic and International Studies,Washington D.C.:2008.

［101］David Shambaugh ed.*Contemporary Taiwan*,New York:Oxford University,1998.

［102］Denney Roy.*Cross-Strait Economic Relations:Opportunities Outweigh Risks*,Honolulu:The Asia-Pacific Center for Security Studies,2004.

［103］George T.Crane & Abia Amawied.*The Theoretical Evolution of International Political Economy*,London:Oxford University Press,1997.

［104］Greg Austin,ed.,*Missile Diplomacy and Taiwan's Future: Innovations in Politics and Military Power*,Strategic and Defence Studies Centre,Research School of Pacific and Asian Studies,Canberra,Australian National University,1997.

［105］Michael S. Chase, Kevin L. Pollpeter, James C. Mulvenon, Shanghaied? *The Economic and Political Implications of Information of the Flow of Information Technology and Investment Across the Taiwan Strait*,Arlington:Rand Corporation,2004.

［106］Michael Swaine, Tuosheng Zhang, Danielle Cohen, *Managing Sino-American Crises:Case Studies and Analysis*,Washington D.C.:Carnegie Endowment for International Peace,2006.

［107］Richard C. Bush Ⅲ.*Untying the Knot Making Peace in the*

Taiwan Strait, Washington, D.C.: Brookings Institution Press, 2005.

[108] Robert G. Sutter. *Chinese Policy Priorities and Their Implications for the United States*, Washington D.C.: United States of America Press, 2001.

[109] Ted Galen Carpenter. *America's Coming War with China: a Collision Course over Taiwan*, N.Y.: Palgrave Macmillan, 2006.

[110]蔡宏明:《台湾经贸发展对两岸经贸互动之影响》,台湾《远景基金会季刊》2006 年第 2 期。

[111]曹小衡:《两岸经贸关系现状与经济合作机制内涵探讨》,《两岸关系》2009 年第 1 期。

[112]曾华群:《论内地与香港 CEPA 之性质》,《厦门大学学报》(哲学社会科学版)2004 年第 6 期。

[113]常欣欣:《和平与经济相互依赖关系的理论考察》,《北京行政学院学报》2001 年第 5 期。

[114]陈刚:《经济全球化与相互依赖》,《外交学院学报》2000 年第 2 期。

[115]陈丽明、张冠华:《新形势下加强两岸产业交流与合作的思考与探索》,《台湾研究》2009 年第 3 期。

[116]陈陆辉、耿曙、涂萍兰、黄冠博:《理性自利或感性认同?——影响台湾民众两岸经贸立场因素的分析》,台湾《东吴政治学报》2009 年第 2 期。

[117]陈添枝:《全球化与两岸经济关系》,台湾《经济论文丛刊》2003 年第 3 期。

[118]邓利娟:《循序渐进建立具有两岸特色的经济合作机制》,《两岸关系》2009 年第 3 期。

[119]丁志刚:《国际体系、相互依存、一体化、国际秩序》,《世界经济与政治》1997 年第 7 期。

[120]傅丰诚:《两岸经贸政策共识难成之因》,台湾《经济前瞻》2006 年第 2 期。

[121]高孔廉:《由两岸经贸政策看台湾经济出路》,台湾《经济前瞻》2003 年第 3 期。

[122]高长、王正旭:《两岸关系的回顾、新情势与前瞻》,台湾《远景基金会季刊》2008 年第 3 期。

[123]高长:《两岸经贸发展趋势与因应对策剖析》,台湾《理论与政策》第 11 卷第 4 期。

[124]顾岳:《相互依存与亚太地区的国家间合作》,《贵州师范大学学报》(社会科学版)2003 年第 4 期。

[125]华晓红、赵旭梅:《对祖国大陆与台湾地区经济依存关系的分析》,《国际贸易问题》2005 年第 4 期。

[126]黄镇台:《全球化下的两岸经贸政策与台湾竞争力》,台湾《"国家"政策论坛》2001 年第 6 期。

[127]简军波、丁冬汉:《国际机制的功能与道义》,《世界经济与政治》2002 年第 3 期。

[128]简军波:《落后国家与依附性发展》,《战略与管理》2002 年第 3 期。

[129]姜文学、梁春眉:《经济互补性、竞争性与中、日、韩 FTA 对象选择》,《财经问题研究》2005 年第 1 期。

[130]孔祥荣:《结构优化与对外贸易增长方式的转变》,《理论学刊》2007 年第 4 期。

[131]邝艳湘:《和平还是冲突:经济相互依赖的政治后果》,《国际论坛》2007 年第 3 期。

[132]邝艳湘:《经济互赖与国际和平》,《外交评论》2007 年第 1 期。

[133]李家泉:《在危机中前进的两岸关系——专家点评两岸关系的热点问题》,《台声》2003 年第 8 期。

[134]李鹏:《国际关系理论运用于两岸关系研究中的局限》,《台湾研究集刊》2003 年第 2 期。

[135]李晓勇:《国际经济关系与我国经济安全》,《中共云南省委党校学报》2003 年第 1 期。

[136]刘德厚:《论经济的政治功能及其结构体系问题》,《求索》1995 年第 1 期。

[137]刘国深:《两岸关系不稳态与制度创新》,《台湾研究集刊》2000 年第 3 期。

[138]刘国深:《两岸关系和平发展新课题浅析》,《台湾研究集刊》2008 年第 4 期。

[139]刘国深:《试论和平发展背景下的两岸共同治理》,《台湾研究集刊》2009 年第 4 期。

[140]刘国深:《试析现阶段两岸关系》,《台湾研究集刊》2003 年第 2 期。

[141]刘映仙:《世纪之交的海峡两岸经贸关系之刍议》,《台湾研究》1997 年第 3 期。

[142]刘震涛、王花蕾:《关于两岸特色经济合作机制目标探讨》,《国际经济评论》2009年第9—10期。

[143]卢泰宏、贺和平:《渠道理论中的相互依赖新模式》,《财贸经济》2004年第12期。

[144]陆燕:《贸易自由化、经济全球化与我国外经贸发展》,《经济研究参考》2001年第4期。

[145]潘文卿、李子奈:《祖国大陆经济对台商直接投资的依存研究:一个基于联接模型的分析》,《世界经济》2001年第10期。

[146]钱方明:《长三角与台湾经贸关系发展研究》,《嘉兴学院学报》2009年第5期。

[147]邱芝:《论欧洲一体化进程中集体认同的建构》,《世界经济与政治论坛》2007年第4期。

[148]任卫东:《全球化进程中的国家主权:原则、挑战及选择》,《国际关系学院学报》2005年第6期。

[149]邵宗海:《从政治角度看两岸经贸关系》,台湾《理论与政策》1998年第12卷第1期。

[150]沈丹阳:《海峡两岸贸易不平衡的现状、成因与可能的发展趋势》,《外贸调研》2004年第19期。

[151]盛九元:《建立两岸经济合作机制的方式与途径研究》,《世界经济与政治论坛》2009年第4期。

[152]石正方:《"三通"于两岸经济共同发展之效应分析》,《台湾研究集刊》2003年第2期。

[153]苏长和:《解读〈霸权之后〉——基欧汉与国际关系理论中的新自由制度主义》,《美国研究》2001年第1期。

[154]孙来斌、颜鹏飞:《依附论的历史演变与当代意蕴》,《马克思主义研究》2005年第4期。

[155]孙宁华、洪银兴:《新时期的两岸经贸关系:互补性、障碍和机遇》,《南京大学学报》(哲学·人文科学·社会科学)2001年第3期。

[156]孙平:《经济全球化与区域经济一体化》,《经济评论》2001年第4期。

[157]孙茹:《亚太多边安全合作与中美关系:制度的视角》,《美国研究》2005年第4期。

[158]童振源:《两岸经济全球分工与互赖》,台湾《经济情势暨评论》2001

年第 3 期。

[159]童振源:《两岸经济整合与台湾的"国家安全"顾虑》,台湾《远景基金会季刊》2003 年第 4 卷第 3 期。

[160]童振源:《评陈水扁经济安全发展战略的两岸经贸政策》,台湾《经济前瞻》2000 年总 68 期。

[161]万君康、肖文韬、冯艳飞:《国家经济安全理论述评》,《学术研究》2001 年第 9 期。

[162]王建民:《2005 年两岸金融往来与合作形势回顾》,《两岸关系》2006 年第 1 期。

[163]王建民:《两岸经贸关系发展的不对称性分析及思考》,《台湾研究》2004 年第 5 期。

[164]王明生、梨鹂:《国际机制概念新解》,《湖北行政学院学报》2007 年第 5 期。

[165]王茹:《两岸命运共同体与两岸公共生活的建构》,《台湾研究集刊》2006 年第 3 期。

[166]王哲:《引进外国直接投资对中国经济增长的作用》,《财经界》2006 年第 4 期。

[167]吴金城:《特殊的两岸经济相互依赖关系与意涵》,台湾《东亚论坛季刊》2009 年第 3 期。

[168]徐蓝:《经济全球化与民族国家的主权保护》,《世界历史》2007 年第 2 期。

[169]徐淑敏:《互赖理论中"敏感性与脆弱性"概念应用于两岸互动关系的操作化分析》,台湾《远景基金会季刊》2004 年第 4 期。

[170]杨仕乐:《中国威胁?——经济互赖与中国大陆的武力使用》,台湾《东亚研究》2004 年第 2 期。

[171]于津平:《中国与东亚主要国家和地区间比较优势与贸易互补性》,《世界经济》2003 年第 5 期。

[172]余万里:《相互依赖研究评述》,《欧洲研究》2003 年第 4 期。

[173]袁鹤龄:《两岸经贸与政治影响力关系之探讨》,《台湾政治学报》1997 年第 29 期。

[174]翟战利:《比较优势非对称性的静态研究》,《西安政治学院学报》2002 年第 6 期。

[175]张冠华:《两岸经济关系发展及其政经影响》,《台湾研究》2005 年第

2 期。

[176]张玉冰:《江苏与台湾经贸关系发展研究》,《江苏商论》2007 年第 8 期。

[177]章念驰、钟焰:《台资企业与长三角区域经济发展》,《浙江工贸职业技术学院学报》2007 年第 3 期。

[178]周雷、徐滢:《关于经济全球化中依附发展理论的思考》,《济南大学学报》2001 年第 1 期。

[179]周志怀:《酝酿结构性变化的两岸经贸关系》,《台湾研究》2001 年第 2 期。

[180]朱磊:《回望 2009:两岸关系改善,经贸交流突破连连》,《人民日报》(海外版)2010 年 1 月 7 日第 7 版。

[181]《全国人大常委会告台湾同胞书》,《人民日报》1979 年 1 月 1 日第 1 版。

[182]《中华人民共和国台湾同胞投资保护法》,《人民日报》1994 年 3 月 6 日第 4 版。

[183]《为促进祖国统一大业的完成而继续奋斗》,《人民日报》1995 年 1 月 31 日第 1 版。

[184]《反分裂国家法》,《人民日报》2005 年 3 月 15 日第 1 版。

[185]《以民为本　为民谋利　积极务实推进两岸"三通"》,《人民日报》2003 年 12 月 17 日第 1 版。

[186]陈明通:《两岸经贸卡在政治》,台湾《联合报》2007 年 6 月 23 日第 2 版。

[187]彭兴韵:《两岸金融业互动互利是必然选择》,《上海证券报》2006 年 4 月 17 日第 6 版。

[188]江丙坤:《经济依赖中国并非坏事》,台湾《自由时报》2009 年 2 月 5 日第 2 版。

[189]潘锡堂:《台湾不必对"海西区"存顾虑》,《海峡导报》2010 年 1 月 6 日第 15 版。

[190]佐利克:《美国应尽速与亚太国家签自由贸易协定》,台湾《"中国时报"》2002 年 2 月 2 日第 2 版。

[191]马英九:《两岸生意做大怎会打仗》,台湾《联合晚报》2009 年 11 月 20 日第 2 版。

[192]《李登辉称解决两岸紧张情势终将归诸经济力量》,台湾《"中央日

报"》1999 年 8 月 8 日第 2 版。

[193]许信良:《站在高处看两岸关系更全面》,《厦门日报》2007 年 4 月 11 日第 9 版。

[194]李义虎:《两岸关系缘何难以塑造理性预期》,香港《大公报》2003 年 8 月 29 日第 28 版。

[195]马英九:《这次胜选给台湾带来新时代》,台湾《联合报》2008 年 3 月 29 日第 2 版。

[196]尹启铭:《ECFA 不涉及统"独"问题》,台湾《联合报》2009 年 3 月 19 日第 2 版。

[197]台湾地区"陆委会":《两岸"直航"之影响评估》,http://www.mac.gov.tw/ct.asp? xItem=58241&ctNode=5645&mp=1,访问日期:2014 年 8 月 15 日。

[198]《国台办主任王毅在台商座谈会欢迎酒会上的致辞》,http://www.gwytb.gov.cn/gzyw/gzyw1.asp? gzyw_m_id=1674,访问日期:2014 年 8 月 27 日。

[199]蔡英文:《全球化下的两岸经贸关系》,http://www.mac.gov.tw/big5/cnews/ref921023.htm,访问日期:2014 年 10 月 23 日。

[200]《国务院台办新闻发布会实录》,http://www.gwytb.gov.cn/xwfbh/xwfbh0.asp? xwfbh_m_id=37,访问日期:2014 年 5 月 24 日。

[201]王建民:《对台经济制裁可能性不排除》,http://news.sina.com.cn/c/2004-06-04/04082711375s.shtml,访问日期:2014 年 6 月 4 日。

[202]《马英九展现对两岸经贸的自信》,http://www.huaxia.com/tslj/jjsp/2009/01/1300003.html,访问日期:2014 年 1 月 13 日。

[203]《马英九主持报告"两岸经济协议"记者会》,http://www.mac.gov.tw/ct.asp? xItem=74602&ctNode=5628&mp=2,访问日期:2014 年 2 月 9 日。

[204]《国务院支持福建省加快建设海峡西岸经济区的若干意见》,http://www.gov.cn/zwgk/2009-05/14/content_1314194.htm,访问日期:2014 年 5 月 14 日。

[205]唐永红:《海西先行先试与 ECFA 连接并行不悖》,http://www.chbcnet.com/news/zjzl/2009-12/21/content_129212.htm,访问日期:2014 年 12 月 21 日。

[206]《贾庆林就促进两岸交流提出四点看法》,http://www.gwytb.gov.

cn/zyjh/zyjh0.asp? zyjh_m_id＝1358,访问日期:2014 年 4 月 28 日。

[207]《反"台独"战争中国将付出什么代价?》,http://news.sina.com.cn/c/2003-12-04/13542283404.html,访问日期:2014 年 12 月 4 日。

[208]丁永康:《台湾 8 吋晶圆赴中国大陆设厂政经分析》,http://www.china.com.cn/chinese/zhuanti/179112.htm,访问日期:2014 年 7 月 26 日。

[209]《台湾民众统"独"立场趋势分布(1994—2007)》,http://esc.nccu.edu.tw/newchinese/data/tonduID.htm,访问日期:2014 年 7 月 26 日。

[210]《吕秀莲抛出"台湾地位未定论"激起公愤》,http://www.huaxia.com/zt/2001-02/9970.html,访问日期:2014 年 2 月 9 日。

[211]《两岸互动一年,马英九满意度民调》,http://www.gvm.com.tw/gvsrc/index.htm,访问日期:2014 年 10 月 7 日。

[212]王毅:《促进两岸交流大发展　开创和平发展新局面》,http://www.gwytb.gov.cn/gzyw/gzyw1.asp? gzyw_m_id＝1678,访问日期:2014 年 9 月 17 日。

[213]《马英九萧万长的全方位政策白皮书》,http://2008.ma19.net/policy4you/economy/reform,访问日期:2014 年 7 月 26 日。

[214]朱磊:《两岸签署经济合作协议的前景》,http://www1.chinataiwan.org/jinrong/zjzl/200903/t20090326_856838.htm,访问日期:2014 年 3 月 26 日。

[215]《温家宝:充分照顾台湾中小企业利益　我们可让利》,http://politics.people.com.cn/GB/1024/11041089.html,访问日期:2014 年 3 月 15 日。

[216]《国台办新闻发布会》,http://www.gwytb.gov.cn/xwfbh/xwfbh0.asp? xwfbh_m_id＝124,访问日期:2014 年 1 月 13 日。

[217]《两岸研究单位有关"两岸经济合作框架协议"研究的共同结论与建议》,http://www.caitec.org.cn/c/cn/news/2010-01/20/news_1761.html,访问日期:2014 年 1 月 27 日。

[218]马英九:《改革奋斗台湾再起》,http://www.mac.gov.tw/ct.asp? xItem＝72855&ctNode＝5628&mp＝2,访问日期:2014 年 1 月 1 日。

[219]《两岸经济协议的内涵与对台湾经济的影响》,http://www.cdnews.com.tw/cdnews_site/docDetail.jsp? coluid＝110&docid＝101029653,访问日期:2010 年 1 月 10 日。

[220]《CEPA? CECA? ECFA? 戳破马政府两岸经济协议的谎言》,

http://www.dpp.org.tw/news_content.php? menu_sn＝7&sub_menu＝
43&sn＝3644,访问日期:2014 年 1 月 26 日。

[221] 张冠华:《后"三通"时代的两岸经济关系》,http://www.
chinataiwan.org/taiyanhui/lunwenhuicui/200902/t20090218_832287.htm.,
访问日期:2014 年 2 月 18 日。

[222]胡锦涛:《坚定不移沿着中国特色社会主义道路前进 为全面建成
小康社会而奋斗——在中国共产党第十八次全国代表大会上的报告(2012 年
11 月 8 日)》,http://www.xj.xinhuanet.com/2012-11-19/c_113722546.htm,
访问日期:2014 年 1 月 1 日。

[223]端木来娣、陈斌华、张勇:《和平发展开新局,以胡锦涛同志为总书记
的党中央推动两岸关系和平发展纪实》,http://news.xinhua net.com/mrdx/
2012-11/05/c_131951073.htm,访问日期:2014 年 1 月 1 日。